BACH-JAHRBUCH

Im Auftrag der Neuen Bachgesellschaft
herausgegeben von
Peter Wollny

95. Jahrgang 2009

EVANGELISCHE VERLAGSANSTALT
LEIPZIG

VERÖFFENTLICHUNG DER NEUEN BACHGESELLSCHAFT
Internationale Vereinigung, Sitz Leipzig
VEREINSJAHR 2009

Wissenschaftliches Gremium
Pieter Dirksen (Wadenoijen), Stephen Roe (London),
Christoph Wolff (Cambridge, MA und Leipzig), Jean-Claude Zehnder (Basel)

Die redaktionelle Arbeit wurde unterstützt
durch das Bach-Archiv Leipzig – Stiftung bürgerlichen Rechts.
Der Druck wurde gefördert durch die Stadt Leipzig.

Das Bach-Jahrbuch ist urheberrechtlich geschützt.
Jede Verwertung außerhalb der engen Grenzen des Urheberrechtsgesetzes
ist ohne Zustimmung unzulässig und strafbar. Dies gilt
insbesondere für Vervielfältigungen, Übersetzungen, Mikroverfilmungen
und die Einspeicherung und Verarbeitung in elektronischen Systemen.

Geschäftsstelle der Neuen Bachgesellschaft: Burgstraße 1–5, 04109 Leipzig
Anschrift für Briefsendungen: PF 10 07 27, 04007 Leipzig

Anschrift des Herausgebers:
PD Dr. Peter Wollny, Bach-Archiv Leipzig, Thomaskirchhof 16, 04109 Leipzig
Anschrift für Briefsendungen: PF 10 13 49, 04013 Leipzig
Redaktionsschluß: 1. August 2009

Evangelische Verlagsanstalt GmbH, Leipzig, 2009
Printed in Germany. H 7330
Notensatz: Frank Litterscheid, Hehlen
Gesamtherstellung: DZA Druckerei zu Altenburg GmbH, Altenburg
ISSN 0084-7682
ISBN 978-3-374-02749-1

INHALT

Tatjana Schabalina (St. Petersburg), „Texte zur Music" in Sankt Petersburg – Weitere Funde 11

Tanja Kovačević und Yo Tomita (Belfast), Neue Quellen zu Johann Sebastian Bachs Violinsoli (BWV 1001–1006). Zur Rekonstruktion eines wichtigen Überlieferungszweigs 49

Ernst Koch (Leipzig), „Aus der Tieffen ..." – Zum Entstehungskontext der Kantate BWV 131 von Johann Sebastian Bach 75

Andreas Glöckner (Leipzig), Ein weiterer Kantatenjahrgang Gottfried Heinrich Stölzels in Bachs Aufführungsrepertoire? 95

Uwe Wolf (Leipzig), Oliver Hahn (Berlin) und Timo Wolff (Berlin), Wer schrieb was? Röntgenfluoreszenzanalyse am Autograph von J. S. Bachs Messe in h-Moll BWV 232 117

Peter Wollny (Leipzig), Beobachtungen am Autograph der h-Moll-Messe 135

Michael Maul (Leipzig), „Die große catholische Messe". Bach, Graf Questenberg und die „Musicalische Congregation" in Wien 153

Christoph Wolff (Cambridge, MA und Leipzig), Carl Philipp Emanuel Bachs Trio in d-Moll (BWV 1036/Wq 145) 177

Kleine Beiträge

Hans-Joachim Schulze (Leipzig), Johann Sebastian Bachs Himmelfahrts-Oratorium und Picanders Geburtstagskantate für „Herrn J. W. C. D." 191

Maria Hübner (Leipzig) und Stefan Krabath (Dresden), Archäologische Funde aus den mutmaßlichen Gräbern von Johann Sebastian und Anna Magdalena Bach 200

Ulf Wellner (Lübeck), Ein unbekanntes Möbelstück aus dem Besitz Johann Sebastian Bachs 214

Michael Maul (Leipzig), Ein neues Dokument zu Bachs Instrumentenverleih .. 226

Besprechungen

Jürgen Neubacher, Georg Philipp Telemanns Hamburger Kirchenmusik und ihre Aufführungsbedingungen (1721–1767). Organisationsstruktur, Musiker, Besetzungspraktiken. Mit einer umfangreichen Quellendokumentation. Hildesheim – Zürich – New York: Georg Olms Verlag 2009 (Magdeburger Telemann-Studien. XX.). 585 S. (Hans-Joachim Schulze, Leipzig) 233

The Century of Bach and Mozart. Perspectives on Historiography, Composition, Theory and Performance. In Honor of Christoph Wolff, hrsg. von Sean Gallagher und Thomas Forrest Kelly. Cambridge, MA: Harvard University Press, 2008 (Isham Library Papers. 7; Harvard Publications in Music. 22.). 427 S. (*Stephen Roe*, London) 239

About Bach, hrsg. von Gregory G. Butler, George B. Stauffer und Mary Dalton Greer, Urbana und Chicago: University of Illinois Press 2008. 216 S. (*Peter Wollny*, Leipzig) 243

Neue Bachgesellschaft e.V. Leipzig
Mitglieder der leitenden Gremien 247

Die Beiträge
von Tatjana Schabalina · Tanja Kovačević und Yo Tomita · Ernst Koch ·
Andreas Glöckner · Uwe Wolf · Peter Wollny · Michael Maul ·
Christoph Wolff · Maria Hübner
sind Hans-Joachim Schulze zum 75. Geburtstag am 3. Dezember 2009
gewidmet

ABKÜRZUNGEN

1. Allgemein

Am.B.	= Amalien-Bibliothek (Dauerleihgabe in D-B)
BC	= *Bach Compendium. Analytisch-bibliographisches Repertorium der Werke Johann Sebastian Bachs von Hans-Joachim Schulze und Christoph Wolff*, Bd. I/1–4, Leipzig 1986–1989
BG	= *J. S. Bachs Werke. Gesamtausgabe der Bachgesellschaft*, Leipzig 1851–1899
BJ	= *Bach-Jahrbuch*
BWV	= Wolfgang Schmieder, *Thematisch-systematisches Verzeichnis der musikalischen Werke von Johann Sebastian Bach. Bach-Werke-Verzeichnis*, Leipzig 1950
BWV²	= *Bach-Werke-Verzeichnis* (wie oben); 2. *überarbeitete und erweiterte Ausgabe*, Wiesbaden 1990
BWV²ᵃ	= *Bach-Werke-Verzeichnis. Kleine Ausgabe nach der von Wolfgang Schmieder vorgelegten 2. Ausgabe, hrsg. von Alfred Dürr und Yoshitake Kobayashi, unter Mitarbeit von Kirsten Beißwenger*, Wiesbaden und Leipzig 1998
BzBF	= *Beiträge zur Bach-Forschung*, Leipzig 1982–1991
CPEB Briefe I, II	= *Carl Philipp Emanuel Bach. Briefe und Dokumente. Kritische Gesamtausgabe*, hrsg. und kommentiert von Ernst Suchalla, 2 Bde., Göttingen 1994 (Veröffentlichungen der Joachim Jungius-Gesellschaft der Wissenschaften. 80.)
CPEB:CW	= *Carl Philipp Emanuel Bach: The Complete Works*, Los Altos 2005 ff.
DDT	= *Denkmäler Deutscher Tonkunst, herausgegeben von der Musikgeschichtlichen Kommission*, Leipzig 1892–1931
Dok I–VII	= *Bach-Dokumente, herausgegeben vom Bach-Archiv Leipzig. Supplement zu Johann Sebastian Bach. Neue Ausgabe sämtlicher Werke.* Band I: *Schriftstücke von der Hand Johann Sebastian Bachs. Vorgelegt und erläutert von Werner Neumann und Hans-Joachim Schulze*, Leipzig und Kassel 1963 Band II: *Fremdschriftliche und gedruckte Dokumente zur Lebensgeschichte Johann Sebastian Bachs 1685–1750. Vorgelegt und erläutert von Werner Neumann und Hans-Joachim Schulze*, Leipzig und Kassel 1969 Band III: *Dokumente zum Nachwirken Johann Sebastian Bachs 1750–1800. Vorgelegt und erläutert von Hans-Joachim Schulze*, Leipzig und Kassel 1972

	Band IV: Werner Neumann, *Bilddokumente zur Lebensgeschichte Johann Sebastian Bachs*, Leipzig und Kassel 1979
	Band V: *Dokumente zu Leben, Werk und Nachwirken Johann Sebastian Bachs 1685–1800. Neue Dokumente. Nachträge und Berichtigungen zu Band I–III. Vorgelegt und erläutert von Hans-Joachim Schulze unter Mitarbeit von Andreas Glöckner*, Kassel 2007
	Band VI: *Ausgewählte Dokumente zum Nachwirken Johann Sebastian Bachs 1801–1850. Herausgegeben und erläutert von Andreas Glöckner, Anselm Hartinger und Karen Lehmann*, Kassel 2007
	Band VII: *Johann Nikolaus Forkel. Ueber Johann Sebastian Bachs Leben, Kunst und Kunstwerke (Leipzig 1802). Editionen. Quellen. Materialien. Vorgelegt und erläutert von Christoph Wolff unter Mitarbeit von Michael Maul*, Kassel 2008
Dürr Chr 2	= Alfred Dürr, *Zur Chronologie der Leipziger Vokalwerke J. S. Bachs. Zweite Auflage: Mit Anmerkungen und Nachträgen versehener Nachdruck aus Bach-Jahrbuch 1957*, Kassel 1976 (Musikwissenschaftliche Arbeiten, hrsg. von der Gesellschaft für Musikforschung. 26.)
Dürr KT	= Alfred Dürr, *Die Kantaten Johann Sebastian Bachs mit ihren Texten*, Kassel und München 1985
Eitner Q	= Robert Eitner, *Biographisch-bibliographisches Quellenlexikon der Musiker und Musikgelehrten*, 10 Bde., Leipzig 1900–1904
Erler I–III	= Georg Erler, *Die jüngere Matrikel der Universität Leipzig 1559–1809 als Personen- und Ortsregister bearbeitet und durch Nachträge aus den Promotionslisten ergänzt*, 3 Bde., Leipzig 1909
	Band I: *Die Immatrikulationen vom Wintersemester 1559 bis zum Sommersemester 1634*
	Band II: *Die Immatrikulationen vom Wintersemester 1634 bis zum Sommersemester 1709*
	Band III: *Die Immatrikulationen vom Wintersemester 1709 bis zum Sommersemester 1809*
Gerber ATL	= Ernst Ludwig Gerber, *Historisch-Biographisches Lexikon der Tonkünstler*, Teil 1–2, Leipzig 1790–1792
Gerber NTL	= Ernst Ludwig Gerber, *Neues historisch-biographisches Lexikon der Tonkünstler*, Teil 1–4, Leipzig 1812–1814
H	= E. Eugene Helm, *Thematic Catalogue of the Works of Carl Philipp Emanuel Bach*, New Haven und London 1989

Jahrbuch MBM	= *Jahrbuch der Ständigen Konferenz Mitteldeutsche Barockmusik*
Jahrbuch SIM	= *Jahrbuch des Staatlichen Instituts für Musikforschung Preußischer Kulturbesitz Berlin*
Kalendarium ³2008	= *Kalendarium zur Lebensgeschichte Johann Sebastian Bachs. Erweiterte Neuausgabe herausgegeben von Andreas Glöckner*, Leipzig und Stuttgart 2008 (Edition Bach-Archiv Leipzig)
Kobayashi Chr	= Yoshitake Kobayashi, *Zur Chronologie der Spätwerke Johann Sebastian Bachs. Kompositions- und Aufführungstätigkeit von 1736 bis 1750*, in: Bach-Jahrbuch 74 (1988), S. 7–72
LBzBF	= *Leipziger Beiträge zur Bach-Forschung*, Hildesheim 1995 ff.
Mf	= *Die Musikforschung*
MGG	= *Die Musik in Geschichte und Gegenwart. Allgemeine Enzyklopädie der Musik*, hrsg. von Friedrich Blume, Kassel 1949–1979
MGG²	= *Die Musik in Geschichte und Gegenwart. Allgemeine Enzyklopädie der Musik. Begründet von Friedrich Blume. Zweite neubearbeitete Ausgabe*, hrsg. von Ludwig Finscher, Kassel und Stuttgart 1994–2007
NBA	= *Neue Bach-Ausgabe. Johann Sebastian Bach. Neue Ausgabe sämtlicher Werke. Herausgegeben vom Johann-Sebastian-Bach-Institut Göttingen und vom Bach-Archiv Leipzig*, Leipzig und Kassel 1954–2007
New Grove 2001	= *The New Grove Dictionary of Music and Musicians. Second Edition. Edited by Stanley Sadie*, London 2001
NV	= *Verzeichniß des musikalischen Nachlasses des verstorbenen Capellmeisters Carl Philipp Emanuel Bach*, Hamburg 1790. – Faksimileausgaben: 1. *The Catalogue of Carl Philipp Emanuel Bach's Estate*, hrsg. von R. Wade, New York und London 1981; 2. *C. P. E. Bach. Autobiography. Verzeichniß des musikalischen Nachlasses*, Buren 1991 (Facsimiles of Early Biographies. 4.)
RISM A/I	= *Répertoire International des Sources Musicales. Internationales Quellenlexikon der Musik*, Serie A/I: *Einzeldrucke vor 1800*, Kassel 1971–2003
RISM A/II	= *Répertoire International des Sources Musicales. Internationales Quellenlexikon der Musik*, Serie A/II: *Musikhandschriften nach 1600, 16. Ausgabe (CD-Rom)*, München 2008

Schulze Bach-Überlieferung	= Hans-Joachim Schulze, *Studien zur Bach-Überlieferung im 18. Jahrhundert*, Leipzig und Dresden 1984
Schulze K	= Hans-Joachim Schulze, *Die Bach-Kantaten. Einführungen zu sämtlichen Kantaten Johann Sebastian Bachs*, Leipzig und Stuttgart 2006 (Edition Bach-Archiv Leipzig)
Spitta I, II	= Philipp Spitta, *Johann Sebastian Bach*, Bd. I, Leipzig 1873; Bd. II, Leipzig 1880
TBSt 1, 2/3, 4/5	= *Tübinger Bach-Studien*, hrsg. von Walter Gerstenberg. Heft 1: Georg von Dadelsen, *Bemerkungen zur Handschrift Johann Sebastian Bachs, seiner Familie und seines Kreises*, Trossingen 1957 Heft 2/3: Paul Kast, *Die Bach-Handschriften der Berliner Staatsbibliothek*, Trossingen 1958 Heft 4/5: Georg von Dadelsen, *Beiträge zur Chronologie der Werke Johann Sebastian Bachs*, Trossingen 1958
TVWV	= Werner Menke, *Thematisches Verzeichnis der Vokalwerke von Georg Philipp Telemann*, 2 Bde., Frankfurt am Main 1981, 1983
Weiß	= *Katalog der Wasserzeichen in Bachs Originalhandschriften*, von Wisso Weiß, unter musikwissenschaftlicher Mitarbeit von Yoshitake Kobayashi, 2 Bde., Leipzig und Kassel 1985 (NBA IX/1)
Wq	= Alfred Wotquenne, *Thematisches Verzeichnis der Werke von Carl Philipp Emanuel Bach*, Leipzig 1905, Reprint Wiesbaden 1968
Zedler	= Johann Heinrich Zedler, *Grosses vollständiges Universal Lexikon aller Wissenschaften und Künste* […], Halle und Leipzig 1732–1754 (Reprint Graz 1999)

2. Bibliotheken

A-GÖ	= Göttweig, Benediktinerstift, Musikarchiv
A-Wgm	= Wien, Gesellschaft der Musikfreunde
A-Wn	= Wien, Österreichische Nationalbibliothek, Musiksammlung
A-Wst	= Wien, Wienbibliothek im Rathaus (ehemals Stadt- und Landesbibliothek)
A-Wsa	= Wien, Stadtarchiv
A-Wst	= Wien, Stadtbibliothek, Musiksammlung
BB, SBB	= Königliche Bibliothek (später Preußische Staatsbibliothek) Berlin. Als Abkürzung für die Signaturen der Bach-Hand-

	schriften (*Mus. ms. Bach P* bzw. *St*) dienen *P* und *St*; siehe auch D-B
B-Bc	= Bruxelles, Conservatoire Royal de Musique, Bibliothèque
D-B	= Staatsbibliothek zu Berlin – Preußischer Kulturbesitz, Musikabteilung mit Mendelssohn-Archiv (siehe auch BB und SBB)
D-Dlb	= Dresden, Sächsische Landesbibliothek – Staats- und Universitätsbibliothek
D-F	= Frankfurt/Main, Stadt- und Universitätsbibliothek
D-GOl	= Gotha, Forschungs- und Landesbibliothek
D-HAu	= Halle/Saale, Martin-Luther-Universität, Universitäts- und Landesbibliothek
D-LEb	= Leipzig, Bach-Archiv
D-SWl	= Schwerin, Mecklenburgische Landesbibliothek, Musiksammlung
F-Pn	= Paris, Bibliothèque Nationale
GB-Lbl	= London, The British Library
GB-Mp	= Manchester, Central Library, Henry Watson Music Library
PL-GD	= Gdansk, Biblioteka Gdanska Polskiej Akademii Nauk (Danzig, Bibliothek der Polnischen Akademie der Wissenschaften)
PL-Kj	= Kraków, Biblioteka Jagiellońska
RUS-SPsc	= St. Petersburg, Rossiyskaya Natsional'naya Biblioteka

„Texte zur Music" in Sankt Petersburg – Weitere Funde

Von Tatjana Schabalina (Sankt Petersburg)

Mit den im Bach-Jahrbuch 2008 vorgestellten Textdrucken zur geistlichen und weltlichen Musikpflege in Leipzig aus der Zeit des ausgehenden 17. bis zur Mitte des 18. Jahrhunderts sind die Ressourcen der Russischen Nationalbibliothek noch längst nicht erschöpft.[1] Die Fortsetzung meiner Arbeit in den Jahren 2008 und 2009 hat zu neuen Ergebnissen geführt, die ich im folgenden vorstellen möchte. Neben Textdrucken zu unbekannten Werken von Leipziger Komponisten der Bach-Zeit und von Bach-Schülern sind auch neue Funde zum Schaffen von Johann Sebastian Bach zu verzeichnen, die wiederum bislang unbekannte biographische Zusammenhänge dokumentieren und einige unserer Wissenslücken schließen.

Meinen Ausführungen sei ein Verzeichnis der neu aufgefundenen Leipziger Texte vorangestellt.[2]

---

[1] Siehe T. Schabalina, *„Texte zur Music" in Sankt Petersburg. Neue Quellen zur Leipziger Musikgeschichte sowie zur Kompositions- und Aufführungstätigkeit Johann Sebastian Bachs*, BJ 2008, S. 33–98. Auf Petersburg als Fundort von Leipziger Kantatentextdrucken hatte vor mehr als dreißig Jahren bereits Wolf Hobohm (*Neue „Texte zur Leipziger Kirchen-Music"*, BJ 1973, S. 5–32) aufmerksam gemacht. – Aus Umfangsgründen muß eine Studie der Verfasserin zum Parodieverfahren in den Kantaten BWV 34 und 34a zurückgestellt werden (Anmerkung der Redaktion).

[2] Neben diesen singulären Exemplaren stieß ich auf folgende Konkordanzen zu bereits bekannten Leipziger Drucken:
  – J. H. Schein, *SYMBOLUM* | Oder | Täglicher TrostSpruch/ | *Psalm.* 73. vers. 28. | Mit welchem / auff seinem langwierigen Creutz- und | Siechbettlein / sich getröstet/ | Weiland der Ehrwürdige/ HochAchtbare und | Hochgelarte Herr | *Vincentius* Schmuck […], Leipzig 1628; Signatur: *16.110.3.77k* (vgl. RISM A/I/7: S 1428 und A/I/14: SS 1428)
  – J. B. Carpzov, Kurtz Verzeichniß | derer | Anno 1689. | […] gehaltenen | Lehr- und Lieder- | Predigten, Leipzig [1690]; Signatur: *15.7.4.39* (vgl. DDT 58/59, S. XXXIII f.)
  – Die Freundlichkeit | wurde | an dem hohen Geburtsfeste | Der Hochgebohrnen | Reichsgräfinn | Johannen Henrietten | Constantien, | Gräfinn von Manteufel, | mit | unterthänigster Ehrerbietung | schuldigst besungen | von | J. F. M. || Leipzig | gedruckt bey Bernhard Christoph Breitkopf. | 1742; Signatur: *6.34.5.377* (auch erhalten in D-HAu, *an Pon. Zc 5355, 2° [14]*; der Autor der Dichtung ist Johann Friedrich May).

Texte zu weltlichen Werken:[3]

1. Signatur: *6.34.5.336*
Der | Besänfftigte *MARS*, | In einem | *DRAMATE* | vorgestellet. ‖ LEIPZIG, gedruckt bey Gottfried Rothen.

2. Signatur: *6.34.4.58*
Die Garten-Lust/ | Dem | Enoch Richterischen | Garten zu Ehren / | In nachgesetzter Ode/ | Besungen | Von | Denen Königl. Pohln. und Churfürstl. Sächs. | Freybergischen Berg-*Hautboisten*, | In Leipzig | Nach der Oster-Messe 1744.

3. Signatur: *6.34.4.66*
Die | Gartenlust: | in dem | Enoch-Richterischen | Garten-*CONCERT*, | am Sonntage in der Zahlwoche, | Nachmittags um 4. Uhr, | Musicalisch | aufgeführet: | in | Leipzig | den 16. May 1745. ‖ Gedruckt, mit Stopffelischen Schrifften.

4. Signatur: *6.34.4.433*
Bey dem | In dem Magdalenischen *Gymnasio* | den 19. *Decmbr. Anno* 1743. | von | *M. ATTILIO REGULO* | angestellten | *ACTU PRÆMIALI* | ward nachfolgendes nach der *Composition* | Johann Christoph Altnickol | abgesungen.

Texte zur Kirchenmusik:[4]

5. Signatur: *17.141.2.111*
Texte | Zur Leipziger | Kirchen-*Music,* | Auf den | XIII. XIV. XV. XVI. Sonntag | nach *Trinitatis*, | Ingleichen | Auf das Fest St. Michaelis | 1724. ‖ Leipzig, | Gedruckt bey Immanuel Tietzen.

---

[3] Am Rande sei auf folgenden Druck hingewiesen, der die deutsche Fassung eines französischen Opernlibrettos enthält, jedoch nicht mit den Aufführungen des Leipziger Opernhauses in Zusammenhang steht: Ludwig des Grossen/ | Königs in Franckreich/ | Trauer-Klage/ | Und wohlbedächtliches | Testament/ | Welches derselbe nach Ubergab der Welt- | berühmten und importanten Vestung | Ryssel | aufgesetzt; | In einer darüber zu Paris gehaltenen | *OPERA* | vorgestellet/ | und nun aus dem Frantzösischen ins Hochteutsche | übersetzet. ‖ Gedruckt zur Leipziger Neu-Jahr-Meß. | 1709; Signatur: *6.44.1.81*.

[4] Ferner ist noch der in Leipzig hergestellte, jedoch offenbar die Musikpflege in einem der umliegenden Dörfer dokumentierende Textdruck einer Passionsarie zu nennen: Die | Gerechten Thränen | über | JEsu Leiden | und Sterben/ | Wolte in gegenwärtiger | *PASSIONS-ARIA*, | Allen und jeden | Hohen und Niedrigen | *PATRONIS* | und | Liebhabern JEsu/ | Aus sonderbahrer *Affection* und Gemüths-Neigung | darstellen | J. S. H. | L. Mod. & Organist. ‖ Gedruckt zu Leipzig, 1716; Signatur: *6.36.2.2797*.

6. Signatur: *15.56.7.59*
[Cantaten | Auf die Sonn- | und | Fest-Tage | durch | das gantze Jahr, | verfertiget | durch | Picandern. | Leipzig, 1728.]

7. Signatur: *17.139.1.43*
Das | Leiden und Sterben | unsers | Herrn Jesu Christi | nach dem | Evangelisten Marco | mit | untermischten Arien und Choralen | in der | Kirche zu S. *Thomæ* | am Char-Freytage des *1744* Jahres | besungen | von dem | *CHORO MUSICO*.

I. Vier Hefte mit Texten zu weltlichen Werken

6.34.5.336 – Der Besänfftigte Mars
Dieses Heft (8 Seiten, 20 × 15,7 cm) enthält den Text einer großen weltlichen Kantate mit den allegorischen Figuren Mars, Germania und Irene. Leider fehlen das Datum und jegliche Einzelheiten der Aufführung; Librettist und Komponist sind nicht bekannt. Die Gestaltung der Titelseite ähnelt der zum Textheft von Bachs Kantate „Der Streit zwischen Phoebus und Pan" (RUS-SPsc, Signatur *6.35.1.410*); sogar die Typographie des Wortes „*DRAMATE*" in den Titeln der beiden Kantaten stimmt vollkommen überein. Es ist also möglich, daß beide Hefte von demselben Drucker hergestellt wurden. Stil der Dichtung, Gestaltung des Drucks und Wirkungszeit des Druckers legen eine Aufführung der Kantate in den 1710er oder 1720er Jahren nahe.[5] Das Werk besteht aus fünf „Aufftritten" und teilt mit den Libretti der Leipziger Opern aus den ersten beiden Jahrzehnten des 18. Jahrhunderts eine Reihe von Merkmalen. Die Incipits der Sätze lauten:

Der erste Aufftrit. MARS. GERMANIA.
MARS. ARIA: Blitz, Donner und Hagel, ihr rächenden Wercke
[Recit.]: Erzittre nur, du armes Land!
GERMANIA. ARIA: Brich mein Hertze! Brecht ihr Augen!
[Recit.]: Jedoch, wie lange soll ich weinen?
ARIA: Komm Irene, Komm, du schöne (Da capo)
[Recit.]: Wiewohl mein Ruffen scheint vergebens

Der andere Aufftrit. MARS. GERMANIA.
[Recit.]: Mars: Europa zittert noch
ARIA: Mars, auf, auf, und rüste dich!
[Recit., Mars, Germania]: Was lebt, muß sich vor meinem Throne bücken

---
[5] Der Leipziger Drucker Gottfried Roth (Rothe) kann zwischen 1712 und seinem Todesjahr 1729 nachgewiesen werden. Siehe D. L. Paisey, *Deutsche Buchdrucker, Buchhändler und Verleger 1701–1750*, Wiesbaden 1988 (Beiträge zum Buch- und Bibliothekswesen. 26.), S. 215.

Der dritte Aufftrit. MARS. GERMANIA.
MARS. ARIA: Mars behält die Oberhand
Germ.: Der Himmel wird mich hören
ARIA: Komm, Irene, komm, du schöne (Da capo)

Der vierdte Aufftrit. IRENE. GERMANIA. MARS.
[Recit., Irene, Germania, Mars]: Wer ruffet mich? Wer klaget da?
ARIA: Wo Irenens Palmen blühen (Da capo)

Der fünffte Aufftrit. IRENE. MARS. GERMANIA.
[Recit., Mars]: Mir grauet fast
ARIA: Mars beherscht den Creiß der Erden
[Recit., Irene, Germania, Mars]: Mars, prahle nicht
ARIA. TUTTI: Das furchtsame Hallen der Krieges-Trompeten

6.34.4.58 und *6.34.4.66*
Die beiden nächsten kleinformatigen Hefte enthalten Texte, die Aufführungen im Garten des bekannten Leipziger Kaffeehausbesitzers Enoch Richter dokumentieren. Richter erbte sein Etablissement 1741 von Gottfried Zimmermann. Einer Notiz im *Journal des Luxus und der Moden* vom 21. Juni 1800 zufolge fand sich in diesem Kaffeehaus und dem dazugehörenden Garten („nach Maaßgabe der Jahrszeit") in den 1740er bis 1750er Jahren „eine musikübende Gesellschaft zusammen, welche … wöchentliche Concerte hielt."[6] Weiter heißt es: „Bejahrtere Männer erinnern sich noch, den würdigen Sebastian Bach mit eigner Lebhaftigkeit hier dirigiren gesehen zu haben". Die neu aufgefundenen Hefte stammen aus den Jahren 1744 und 1745, und es ist durchaus möglich, daß Bach noch in dieser Zeit gelegentlich an Konzerten in Richters Garten teilnahm. Doch auch wenn die aufgefundenen Texte mit ihm selbst nicht direkt in Verbindung zu bringen sind, sind sie zweifellos für das bürgerliche Musikleben Leipzigs um die Mitte des 18. Jahrhunderts von Bedeutung.[7]
Der Text des ersten Heftes („Die Garten-Lust") hat deutlich scherzhaften Charakter. Die Mitteilung im Titel, derzufolge die „Freybergischen Berg-*Hautboisten*" an der Aufführung mitwirkten, läßt sich vielleicht mit einem – dokumentarisch allerdings nicht belegten – Besuch von Bachs ehemaligem Schüler Johann Friedrich Doles (1715–1797) in Verbindung bringen, der seit 1744 als Kantor in Freiberg wirkte. Das Heft hat einen Umfang von vier Seiten, das Format ist 22,5×16,5 cm. Die Incipits der Sätze lauten:

---

[6] Dok III, Nr. 1037 (S. 599).
[7] Zu weiteren Aufführungen im Richterschen Kaffeehaus siehe A. Schering, *Musikgeschichte Leipzigs*, Bd. 3: *Johann Sebastian Bach und das Musikleben Leipzigs im 18. Jahrhundert*, Leipzig 1941, S. 256–259.

MARCH.
I. Auf! auf! auf! Gang und Lauf
II. Kommt und seht: Alles steht
III. Wählt nur, wählt, Und befehlt
IV. Kein Revier, Kein Quartier
V. Bier, Caffe, Wein und Thee
VI. Geld, Geld, Geld, Schreyt die Welt

Das zweite Heft hat einen Umfang von acht Seiten vom Format 21,5 × 14 cm. Die Incipits der Sätze lauten:

Aria. Tutti: Willkommen ihr Stunden vergnügender Zeit (V[om] A[nfang])
Recit. Die Göttin des Frühlings: Was hör ich hier?
Aria: Brich herfür mit Stoltz und Prangen (V. A.)
Recit. Die Gartenlust: O schöne Frühlings-Zeit!
Aria: Spielt und schertzt (V. A.)
Recit. Die Gartenlust: Ja! spielt nur und verspielt!
Aria: Gartenlust und Schlittenfahren (V. A.)
Recit. Die Gartenlust: Das ist die schöne Frucht
Aria: Sich mit Lust die Zeit vertreiben (V. A.)
Recit.: Drum packe dich nur fort
Aria. Tutti: Willkommen ihr Stunden vergnügender Zeit (V. A.)

6.34.4.433

Dieser Druck (2 Seiten, 22,6 × 16 cm) dokumentiert eine verschollene Komposition von Johann Christoph Altnickol (1719–1759), dem berühmten Schüler und späteren Schwiegersohn Bachs. Das Blatt ist auf den 19. Dezember 1743 datiert; damit entstammt es der Zeit vor Altnickols Übersiedlung nach Leipzig und stellt den bisher frühesten Nachweis von Altnickols kompositorischem Schaffen dar. Zu dieser Zeit (1740–1744) wirkte Altnickol als „Choralist" an der Hauptkirche St. Maria Magdalena in Breslau.[8] Fünf Monate nach der Aufführung seiner Kantate siedelte er nach Leipzig über und wurde Student an der dortigen Universität. Der in der Russischen Nationalbibliothek aufgefundene Text nennt seinen Namen im Titel, was für die damalige Zeit äußerst selten ist; anscheinend war sein Ruf als Komponist schon zu jener Zeit hinreichend gefestigt. Es sei daran erinnert, daß in dem Zeugnis, das Bach ihm am 1. Januar 1748 ausstellte, besonders betont wird, daß

Herr Altnickol nicht alleine unserm *Choro Musico* in die vier Jahre fleißig *assistiret*, also und dergestalt, daß er nicht alleine mit seiner Vokal-Stimme, sondern auch auf verschiedenen *Instrumenten* dasjenige *praestiret*, so man von einem geschickten

---
[8] Siehe B. Wiermann, *Altnickol, Faber, Fulde – drei Breslauer Choralisten im Umfeld Johann Sebastian Bachs*, BJ 2003, S. 259–265.

Musico verlangen kan; wie denn nicht weniger verschiedene wohlgerathene Kirchen-*Compositiones* seiner Arbeit unsres Orthes viele *Adprobation* gefunden.[9]

Der Text reflektiert das hohe Niveau der Theaterdarbietungen im Breslauer Magdalenen-Gymnasium. Bei diesen Anlässen wechselten die gespielten Szenen mit Aufführungen musikalischer Werke ab.[10] Die Incipits der Sätze lauten:

Actu I. Scen. I:
Keine Freyheit ist zu hoffen

Klagt nicht über das Verhängnüß

Scen. II:
Auf! Römer, auf, zur Freude! (Da Capo)

Scen. V:
Springt mit mir an diesem Feste

Actu V. Scen. III:
Helden Muth und Glücke

Schluß-Chor:
Kommt, Verehrer seltner Sachen

Auf! bückt euch vor Friedrichs erhabenem Throne (Da Capo)

II. Ein Heft mit Texten zu Kantaten J. S. Bachs aus dem Jahr 1724

Das unter der Signatur *17.141.2.111* aufbewahrte Heft enthält die Texte zu fünf Kantaten für den 13. bis 16. Sonntag nach Trinitatis und das Michaelisfest des Jahres 1724. Es entspricht in jeder Hinsicht den bisher bekannten von Immanuel Tietze im Laufe der 1720er Jahre veröffentlichten Textheften zur Leipziger Kirchenmusik, die Wolf Hobohm und ich bereits früher entdeckt haben. Wie die anderen in der Russischen Nationalbibliothek bewahrten Kantatentexthefte enthält auch dieser Druck keine Hinweise auf frühere Besitzer, keine Stempel, ex libris oder andere Erkennungszeichen, mit deren Hilfe festzustellen wäre, wie sie nach St. Petersburg gelangt sein könnten. Das vorliegende Heft ist heute mit einem grau-blauen Umschlag versehen, der von den Mitarbeitern der Bibliothek erst in jüngster Zeit angefertigt wurde.

---

[9] Dok I, Nr. 82 (S. 150).
[10] Ich bedanke mich bei Irmgard Scheitler, die mir liebenswürdigerweise Einzelheiten über die musikalisch-theatralischen Actus in Breslauer Gymnasien mitgeteilt hat.

Das Heft umfaßt 16 Seiten vom Format 15,8 × 9,5 cm (siehe Abb. 1–8). Die Rückseite des Titelblatts ist leer. Der Text der ersten Kantate (aufgeführt am 13. Sonntag nach Trinitatis in der Thomaskirche) beginnt auf der dritten Seite. Die Incipits der Sätze lauten:

Choral: Allein zu dir, HErr JEsu Christ
Recit.: Mein GOtt und Richter wilt du mich
Aria: Wie furchtsam wanckten meine Schritte (Da Capo)
Recit.: Mein GOtt! verwirff mich nicht
Aria: GOtt, der du die Liebe heißt
Chor: Ehr sey GOtt in dem höchsten Thron

Wie unschwer zu sehen ist, handelt es sich hier um Bachs Choralkantate BWV 33. Für dieses Werk konnte Alfred Dürr anhand des Schreiber- und Wasserzeichenbefunds der musikalischen Originalquellen den 3. September 1724 als Tag der Erstaufführung bestimmen.[11] Dies wird durch den neu aufgefundenen Textdruck bestätigt.

Der Petersburger Textdruck weist gegenüber den musikalischen Quellen folgende Varianten auf:

– Komposita werden mit Koppelungsstrich geschrieben („Vergebungs-Wort", „Sünden-Lasten", „Trost-Wort", „Gewissens-Streit").
– In Dativkonstruktionen wird anstelle von „-em" die Schlußsilbe „-en" verwendet, zum Beispiel „Von deinen Angesicht" anstelle von „Von deinem Angesicht" (zweites Rezitativ, dritte Zeile).
– Die letzte Zeile des Schlußchorals lautet „und dort hernach in Ewigkeit" (gegenüber „Und folgends in der Ewigkeit" in den Originalstimmen).
– Ferner finden sich geringfügige orthographische Abweichungen.

Am Fuß der fünften Seite beginnt der Text der für den 14. Sonntag nach Trinitatis bestimmten Kantate, die in der Nikolaikirche aufgeführt wurde. Die Incipits der Sätze lauten:

Chor: JEsu, der du meine Seele
Aria: Wir eilen mit schwachen doch emsigen Schritten (Da Capo)
Recit.: Ach ich bin ein Kind der Sünden
Aria: Das Blut so meine Schuld durchstreicht
Recit.: Die Wunden, Nägel, Cron, und Grab
Aria: Nun, du wirst mein Gewissen stillen
Chor: HErr, ich gläube, hilff mir Schwachen

Der Text entspricht Bachs Choralkantate BWV 78. Wie im vorigen Fall wird die Datierung der Erstaufführung in der Nikolaikirche auf den 14. Sonntag

---

[11] Siehe Dürr Chr 2, S. 74; dort auch Angaben zur Datierung der übrigen in diesem Textheft enthaltenen Kantaten.

nach Trinitatis (10. September) 1724 bestätigt. Der Textdruck weist, abgesehen von geringfügigen orthographischen Abweichungen und gelegentlich geänderter Interpunktion, folgende Varianten auf:

– In der vierten Zeile von Satz 1 heißt es im Textdruck „Sünden-Noth" („und der schweren Sünden-Noth"), während die Originalstimmen an dieser Stelle „Seelen-Noth" lesen.
– In der dritten Zeile von Satz 6 heißt es im Textdruck „Und deine Treue wird erfüllen" (statt „Ja, deine Treue wirds erfüllen"). Die vierte Zeile („Weil mir dein Wort die Hoffnung beut") fehlt im Textdruck. In der originalen Basso-Stimme (D-LEb, *St Thom 78*) ist an dieser Stelle der ursprüngliche, von Kopistenhand geschriebene Text durchgestrichen und von Bach eigenhändig durch den neuen Text ersetzt.

Da Texthefte häufig schon im voraus gedruckt wurden, ist nicht auszuschließen, daß Bach noch während des Komponierens kleinere Änderungen einfügte, die er in seine Partituren und folglich für die Aufführung übernahm, auch wenn sie sich von dem bereits gedruckten und für die Kirchgänger vorbereiteten Text unterschieden.

Die Seiten 8 unten bis 11 oben enthalten den Text der Kantate zum 15. Sonntag nach Trinitatis. Dieses Werk wurde wiederum in der Thomaskirche aufgeführt. Die Incipits der Sätze lauten:

Chor: Was GOtt thut, das ist wohlgethan
Recit.: Sein Wort der Wahrheit stehet fest
Aria: Erschüttre dich nur nicht, verzagte Seele (Da Capo)
Recit.: Nun der von Ewigkeit geschloßne Bund
Aria: Wenn des Creutzes Bitterkeiten
Chor: Was GOtt thut, das ist wohl gethan

Auch dieser Text entspricht einer Choralkantate Bachs – BWV 99. Wie anhand der musikalischen Quellen festgestellt werden konnte, wurde diese Kantate am 15. Sonntag nach Trinitatis des Jahres 1724 (17. September) zum ersten Mal aufgeführt. Dank der Entdeckung dieses bisher unbekannten Textdrucks gibt es nun einen dokumentarischen Beleg für diese Datierung. Die Unterschiede im Text sind geringfügig und betreffen im wesentlichen orthographische Details.

Auf den Seiten 11–13 folgt der Text der am 16. Sonntag nach Trinitatis in der Nikolaikirche aufgeführten Kantate. Die Incipits der Sätze lauten:

Chor: Liebster GOtt, wenn werd ich sterben
Aria: Was wilst du dich, mein Geist, entsetzen
Recit.: Zwar fühlt mein schwaches Hertz
Aria: Doch weichet ihr tollen vergeblichen Sorgen (Da Capo)
Recit.: Behalte nur, o Welt, das Meine
Chor: Herrscher über Tod und Leben

Der Text entspricht Bachs Choralkantate BWV 8. Die Aufführung der ersten Fassung dieses Werks in E-Dur wird seit Dürrs Chronologiestudien mit dem 16. Sonntag nach Trinitatis des Jahres 1724 (24. September) in Verbindung gebracht. Auch in diesem Fall wird die Datierung von der neuen Quelle bestätigt. Folgende Textvarianten sind festzustellen:

– In Satz 3 lautet das letzte Wort „verstieben"; NBA und andere Ausgaben lesen hier durchweg irrtümlich „vertrieben", obwohl auch in der originalen Alto-Stimme „verstieben" steht.
– In Satz 6 steht in der zweiten und dritten Zeile: „lasse mich den Geist aufgeben" (statt „Lehre mich den Geist aufgeben" in den Originalstimmen).
– Die übrigen Unterschiede beziehen sich lediglich auf orthographische Details.

Als letztes findet sich auf den Seiten 13–15 der Text der Kantate zum Michaelisfest, die an diesem Tag in beiden Leipziger Hauptkirchen aufgeführt wurde („Früh zu St. Thomä, und Nachmittage zu St. Nicolai"). Die Incipits der Sätze lauten:

Chorus: HErr GOtt, dich loben alle wir
Recit.: Ihr heller Glantz und hohe Weißheit zeigt
Aria: Der alte Drache brennt vor Neid (Da Capo)
Recit.: Wohl aber uns, daß Tag und Nacht
Aria: Laß, o Fürst der Cherubinen (Da Capo)
Chor: Darum wir billich loben dich

Der Text entspricht Bachs Choralkantate BWV 130. Wie in allen oben aufgeführten Fällen belegt die neue Quelle die bisher angenommene Datierung und bezeugt, daß die Erstaufführung der Kantate „Herr Gott, dich loben alle wir" tatsächlich am Michaelisfest des Jahres 1724 (29. September) stattfand. Die Unterschiede der Textfassungen betreffen lediglich orthographische Details. Somit bildet das neu aufgefundene Heft zur Leipziger Kirchenmusik einen willkommenen dokumentarischen Beleg für Bachs Kantatenaufführungen im September 1724. Daß die Datierungen aller in diesem Heft enthaltenen Kantaten ausnahmslos mit den anhand diplomatischer Indizien ermittelten Terminen übereinstimmen, ist eine willkommene Bestätigung für die Richtigkeit der sogenannten neuen Chronologie. Die Datierung der Choralkantaten auf den Zeitraum von 1735 bis 1744 war bekanntlich eine wichtige Prämisse für Philipp Spittas Bach-Bild, und ihre Neudatierung in den 1950er Jahren führte zu tiefgreifenden Änderungen in unserer Vorstellung von Bachs Lebens- und Schaffensgeschichte. Wenn man berücksichtigt, daß die vor drei Jahrzehnten von Wolf Hobohm aufgefundenen Texte des Jahres 1724 dasselbe Ergebnis zeitigten, so gibt es nun genügend Gründe dafür, die Datierung der Kantaten dieses Jahrgangs für absolut gesichert zu erachten und die zeitliche Fixierung ihrer Entstehung als unabhängig belegt anzusehen. Die Bestimmung der Kirchen, in denen diese Werke erklangen, liefert weitere kennenswerte Details zur

Aufführungsgeschichte von Bachs Kantaten in Leipzig. Anhand der nunmehr sechs greifbaren Hefte zu Kirchenkantaten Bachs aus den 1720er Jahren, der Fragmente des Jahrgangs von Gottfried Heinrich Stölzel von 1735/36 und der Texthefte zu Werken von Johann Kuhnau läßt sich ein detailliertes Bild von der damaligen Kantaten-Aufführungspraxis in den beiden Leipziger Hauptkirchen an den Sonn- und Festtagen des Kirchenjahres zusammenfügen.

Die hier vorgestellten sowie zahlreiche weitere Textdrucke befinden sich allem Anschein nach bereits seit Ende des 18. Jahrhunderts in Sankt Petersburg. Vielleicht ist es nicht übertrieben zu behaupten, daß, hätte Spitta zum Zeitpunkt der Veröffentlichung seiner Monographie über J. S. Bach diese Texte und ihre Datierung gekannt, die Bach-Forschung in vielem anders verlaufen wäre.

III. Der Picander-Jahrgang von 1728

Die im September 2008 geglückte Entdeckung eines unbekannten Exemplars des Erstdrucks des berühmten Picander-Jahrgangs von 1728 ist ein weiterer Fund, der die uns bekannten gedruckten Quellen der Werke Bachs ergänzt (siehe Abb. 9–16). Da das bis dahin einzige bekannte Exemplar (D-Dlb, *Lit. Germ. rec. B. 1126*)[12] seit 1945 vermißt wird, hat der Petersburger Band besondere Bedeutung und kann bei der Lösung einiger mit diesem Jahrgang verknüpfter Probleme behilflich sein.

Das Petersburger Exemplar befindet sich in Saal 15 („Geschichte des Kultus") der Russischen Nationalbibliothek unter der Signatur *15.56.7.59*. Das Format beträgt 15,5×9,2 cm; Einband und Pappdeckel in grau-blauer Farbe stammen aus der ersten Hälfte des 18. Jahrhunderts. Der Text endet auf Seite 166, zwei weitere leere Seiten sind nicht paginiert.[13] Leider ist das Exemplar nicht ganz vollständig erhalten; es beginnt mit Seite 13. Allem Anschein nach befand sich der Band bereits in diesem Zustand, bevor er in die damalige Kaiserliche Öffentliche Bibliothek gelangte. Dies belegen die Vermerke „Cantica", „Arien auf die Son- und Fest-tage des Jahrs" und andere handschriftliche Zusätze, die ein früherer Besitzer auf den ersten beiden Seiten anbrachte (siehe Abb. 9). Die genannten Notizen stammen von der Hand des bekannten Vertreters der polnischen Aufklärung und Sammlers seltener Bücher Józef Andrzej Załuski (1702–1774). Wie ich schon im BJ 2008 erläutert habe, wurde die sehr reiche Bibliothek der Brüder Załuski im Jahre 1795 auf Befehl der russischen Kaiserin Katharina II. von Warschau nach St. Petersburg gebracht, wo sie den Grundstock der Kaiserlichen Öffentlichen Bibliothek

---

[12] Vgl. Dok II, Nr. 243.
[13] Im Unterschied zu den Einzelheften mit Texten zur Leipziger Kirchenmusik ist dieser Sammelband durchweg paginiert.

bildete.[14] Obwohl viele Bücher und Handschriften dieser Sammlung in den 1920er Jahren an Polen zurückgegeben wurden, befinden sich in der Russischen Nationalbibliothek auch heute noch zahlreiche Bände aus der Sammlung Załuski. Es sei darauf hingewiesen, daß auch einige andere Texte zu Kantaten-Jahrgängen deutscher Komponisten des 18. Jahrhunderts in der Petersburger Sammlung ähnliche handschriftliche Vermerke und Eintragungen von der Hand Załuskis aufweisen, darunter nicht selten auch die Angabe „Cantica". Anscheinend hatte Załuski ein besonderes Interesse an derartigen „Texten zur Musik", und so blieben dank seiner Bibliothek viele dieser Jahrgänge erhalten.

Es folgt eine Übersicht über die Abfolge der Kantatendichtungen in dem Petersburger Exemplar:

S. 13: 6. Sonntag nach Trinitatis: [GOtt, gieb mir ein versöhnlich Hertze]
S. 15: 7. Sonntag nach Trinitatis: Ach GOtt! ich bin von dir
S. 17: 8. Sonntag nach Trinitatis: HErr, stärcke meinen schwachen Glauben
S. 20: 9. Sonntag nach Trinitatis: Mein JEsu, was meine, Ist alles das deine
S. 22: 10. Sonntag nach Trinitatis: Laßt meine Thränen euch bewegen
S. 24: 11. Sonntag nach Trinitatis: Ich scheue mich, gerechter GOtt, dich anzubeten
S. 26: 12. Sonntag nach Trinitatis: Ich bin wie einer, der nicht höret
S. 28: 13. Sonntag nach Trinitatis: Können meine nasse Wangen
S. 31: 14. Sonntag nach Trinitatis: Schöpffer aller Dinge
S. 33: 15. Sonntag nach Trinitatis: Arm und dennoch frölich seyn
S. 35: 16. Sonntag nach Trinitatis: Schließet euch, ihr müden Augen
S. 37: 17. Sonntag nach Trinitatis: Stoltz und Pracht ist der Welt, und GOtt veracht
S. 39: 18. Sonntag nach Trinitatis: Ich liebe GOtt vor allen Dingen
S. 41:   Michaelisfest: Man singet mit Freuden vom Sieg
S. 43: 19. Sonntag nach Trinitatis: GOtt, du Richter der Gedancken
S. 45: 20. Sonntag nach Trinitatis: Ach ruffe mich bald
S. 47: 21. Sonntag nach Trinitatis: Ich habe meine Zuversicht
S. 50: 22. Sonntag nach Trinitatis: Gedult, mein GOtt, Gedult!
S. 52: 23. Sonntag nach Trinitatis: Schnöde Schönheit dieser Welt
S. 54: 24. Sonntag nach Trinitatis: Küsse, mein Hertze, mit Freuden die Ruthe
S. 56: 25. Sonntag nach Trinitatis: Eile, rette deine Seele
S. 58: 26. Sonntag nach Trinitatis: Kömmt denn nicht mein JEsus bald?
S. 61: 1. Advent: Machet die Thore weit
S. 64: 2. Advent: Erwache doch, mein Hertze
S. 66: 3. Advent: Alle Plagen, Alle Pein
S. 69: 4. Advent: Vergiß es, doch, mein Hertze, nicht
S. 71: 1. Weyhnacht: Ehre sey GOtt in der Höhe
S. 74: 2. Weyhnacht: Kehret wieder, kommt zurücke
S. 76: 3. Weyhnacht: Ich bin in dich entzündt
S. 78:   Sonntag nach Weyhnachten: Niemand kan die Lieb ergründen
S. 81:   Neujahr: GOtt, wie dein Nahme
S. 83:   Sonntag nach Neujahr: Steh auf mein Hertz

---

[14] Siehe Schabalina (wie Fußnote 1), S. 33 f.

S. 85: Erscheinung Christi: Dieses ist der Tag
S. 87: 1. Sonntag nach Epiphanias: Ich bin betrübt
S. 89: 2. Sonntag nach Epiphanias: Ich hab in mir ein frölich Hertze
S. 91: 3. Sonntag nach Epiphanias: Ich steh mit einem Fuß im Grabe
S. 93: 4. Sonntag nach Epiphanias: Wie bist du doch in mir
S. 95: Mariä Reinigung: HErr, nun lässest du deinen Diener
S. 97: 5. Sonntag nach Epiphanias: Erwache, du verschlaffnes Hertze
S. 99: 6. Sonntag nach Epiphanias: Valet will ich dir geben
S. 101: Septuagesimä: Ich bin vergnügt mit meinem Stande
S. 103: Sexagesimä: Sey getreu biß in den Tod
S. 106: Estomihi: Sehet! Wir gehen hinauf, gen Jerusalem
S. 109: Invocavit: Weg mein Hertz mit den Gedancken
S. 111: Reminiscere: Ich stürme den Himmel mit meinem Gebethe
S. 113: Oculi: Schliesse dich, mein Hertze, zu
S. 115: Lätare: Wer nur den lieben GOtt läst walten
S. 117: Judica: Boese Welt, schmäh immerhin
S. 119: Verkündigung Mariä: Der HErr ist mit mir
S. 121: 1. Ostertag: Es hat überwunden Der Löwe, der Held
S. 123: 2. Ostertag: Ich bin ein Pilgrim auf der Welt
S. 125: 3. Ostertag: JEsus: Ich lebe, mein Hertze, zu deinem Ergötzen
S. 127: Quasimodogeniti: Welt, behalte du das deine
S. 129: Misericordias Domini: Ich kan mich besser nicht versorgen
S. 131: Jubilate: Faße dich betrübter Sinn
S. 134: Cantate: Ja! ja! ich bin nun gantz verlassen
S. 137: Rogate: Ich schreye laut mit meiner Stimme
S. 139: Himmelfahrt: Alles, alles Himmel-werts
S. 142: Exaudi: Qväle dich nur nicht, mein Hertz
S. 144: 1. Pfingsttag: Raset und brauset, ihr hefftigen Winde
S. 147: 2. Pfingsttag: Ich liebe den Höchsten von gantzen Gemüthe
S. 149: 3. Pfingsttag: Ich klopff an deine Gnaden Thür
S. 152: Trinitatis: GOtt will mich in den Himmel haben
S. 154: 1. Sonntag nach Trinitatis: Welt, dein Purpur stinckt mich an
S. 158: 2. Sonntag nach Trinitatis: Kommt, eilet, ihr Gäste, zum seeligen Mahle
S. 161: 3. Sonntag nach Trinitatis: Wohin? mein Hertz
S. 164: 4. Sonntag nach Trinitatis: Laß sie spotten, laß sie lachen

Trotz des fehlenden Titels ergibt sich aus dem Vergleich mit den Beschreibungen von Philipp Spitta[15] und Rudolf Wustmann[16] eindeutig, daß es sich bei dem Petersburger Exemplar tatsächlich um den Erstdruck des Picander-Jahrgangs von 1728 handelt. Wustmanns Seitenangaben für die Dichtungen zu erhaltenen Vertonungen Bachs stimmen genau mit der vorliegenden Ausgabe überein, und auch der merkwürdige Abschluß des Bandes mit dem Text zum vierten Sonntag nach Trinitatis ist hier zu finden. Dementsprechend muß der

---

[15] Spitta II, S. 172 ff.
[16] R. Wustmann, *Joh. Seb. Bachs Kantatentexte*, Leipzig 1913, S. 275 ff.

Jahrgang mit dem Johannisfest begonnen haben, danach folgten die Kantaten zum 5. Sonntag nach Trinitatis, zu Mariae Heimsuchung, zum 6. Sonntag nach Trinitatis und so weiter. Eine solch ungewöhnliche Abfolge ist bislang bei keinem anderen Kantatenzyklus der Zeit beobachtet worden.

Spitta hat bekanntlich den Titel des Erstdrucks wiedergegeben; dieser lautet: *Cantaten | Auf die Sonn- | und | Fest-Tage | durch | das gantze Jahr, | verfertiget | durch | Picandern. | Leipzig, 1728.*[17] Außerdem zitiert er eine Passage aus dem Vorwort (datiert 24. Juni), in der Picander sich auf den Namen Bachs beruft:

> Gott zu Ehren, dem Verlangen guter Freunde zur Folge und vieler Andacht zur Beförderung habe ich mich entschlossen, gegenwärtige Cantaten zu verfertigen. Ich habe solches Vorhaben desto lieber unternommen, weil ich mir schmeicheln darf, daß vielleicht der Mangel der poetischen Anmuth durch die Lieblichkeit des unvergleichlichen Herrn Capell-Meisters, Bachs, dürfte ersetzet, und diese Lieder in den Haupt-Kirchen des andächtigen Leipzigs angestimmet werden.[18]

Die Texte dieses Jahrgangs wurden ein weiteres Mal im dritten Band von Picanders Sammlung *Ernst-Schertzhaffte und Satÿrische Gedichte* (Leipzig 1732, S. 79–188) abgedruckt. In dieser Ausgabe wurde das Vorwort weggelassen, das Jahr auf 1729 geändert und die ursprüngliche Reihenfolge der Texte normalisiert (der Jahrgang beginnt hier mit dem 1. Advent).

Die Problematik dieses Zyklus war lange Zeit Gegenstand der wissenschaftlichen Diskussion. Diese kreiste um die Fragen, ob Bach den Jahrgang tatsächlich komponiert hat, wie zuverlässig die Angaben des Nekrologs bezüglich der fünf Kantatenjahrgänge Bachs sind und welche musikalischen Lösungen die Dichtungen Bach abverlangt hätten. Diesen und anderen Problemen des Picander-Jahrgangs widmen sich Studien von William H. Scheide,[19] Alfred Dürr,[20] Klaus Häfner,[21] Klaus Hofmann[22] und anderen.

---

[17] Spitta II, S. 172.

[18] Ebenda, S. 174 f.; siehe auch Dok II, Nr. 243.

[19] W. H. Scheide, *Ist Mizlers Bericht über Bachs Kantaten korrekt?*, in: Mf 14 (1961), S. 60–63; ders., *Nochmals Mizlers Kantatenbericht – Eine Erwiderung*, ebenda, S. 423–427; ders., *Bach und der Picander-Jahrgang – Eine Erwiderung*, BJ 1980, S. 47–51; sowie ders., *Eindeutigkeit und Mehrdeutigkeit in Picanders Kantatenjahrgangs-Vorbemerkung und im Werkverzeichnis des Nekrologs auf Johann Sebastian Bach*, BJ 1983, S. 109–113.

[20] A. Dürr, *Wieviele Kantatenjahrgänge hat Bach komponiert? Eine Entgegnung*, in: Mf 14 (1961), S. 192–195.

[21] K. Häfner, *Der Picander-Jahrgang*, BJ 1975, S. 70–113; ders., *Picander, der Textdichter von Bachs viertem Kantatenjahrgang: Ein neuer Hinweis*, in: Mf 35 (1982), S. 156–162; sowie ders., *Aspekte des Parodieverfahrens bei Johann Sebastian Bach. Beiträge zur Wiederentdeckung verschollener Vokalwerke*, Laaber 1987, S. 21 ff. und 520 ff.

[22] K. Hofmann, *Anmerkungen zum Problem „Picander-Jahrgang"*, in: Bach in Leip-

Dank der Auffindung des Petersburger Exemplars können einige dieser Fragen nun beantwortet werden. So vermutete Klaus Häfner, daß der Druck von 1728 (PJ I) gegenüber dem Wiederabdruck von 1732 (PJ II) eine kleinere Zahl von Kantaten enthielt,[23] da der 2.–4. Advent und die Sonntage Invocavit bis Judica in der Gottesdienstordnung der Leipziger Kirchen jener Zeit als „tempus clausum" galten und folglich im Erstdruck übersprungen worden sein müßten. Außerdem gab es 1728 keinen Sonntag nach Weihnachten und 1729 keinen 6. Sonntag nach Epiphanias. Würden die Dichtungen auf alle diese Sonntage im Erstdruck fehlen, wäre die praktische Bestimmung des Picander-Jahrgangs bewiesen und die Wahrscheinlichkeit groß, daß im Laufe des Jahres 1728/29 in den Leipziger Kirchen Bachsche Vertonungen der Dichtungen erklangen. Diese Argumentation impliziert allerdings Zweifel an der Zuverlässigkeit von Spittas Mitteilungen über den Erstdruck von 1728:

Daß Spitta dies [das Fehlen der angegebenen Sonntage] nicht bemerkte, könnte sich damit erklären lassen, daß die anzunehmenden Lücken sich ungefähr in der Mitte von PJ I befanden. Wenn Spitta PJ I und PJ II nicht eingehend miteinander verglich, sondern sich auf Beginn und Schluß von PJ I beschränkte und die Mitte etwas flüchtiger durchblätterte – was bei der ungeheuren Fülle der von ihm eingesehenen Quellen nur allzu verständlich wäre –, dann kann ihm das leicht entgangen sein.[24]

Zur weiteren Untermauerung seines Vorwurfs führte Häfner den Umstand an, daß Spitta auch andere Details nicht vermerkte (zum Beispiel die Unterschiede zwischen der gedruckten und der von Bach vertonten Fassung der Dichtung auf den Sonntag Estomihi „Sehet! Wir gehen hinauf, gen Jerusalem" BWV 159).

Zur Erklärung des ungewöhnlichen Zyklusbeginns im Erstdruck von 1728 vermutete Häfner, Bach habe den Jahrgang ursprünglich wie in Leipzig üblich mit dem 1. Sonntag nach Trinitatis beginnen lassen wollen, dann aber den Termin wegen Verzögerungen bei der Drucklegung der Texte um einige Wochen verschieben müssen.[25] Walter Blankenburg vertrat sogar die Ansicht, Bach habe mit der Aufführung seiner Vertonungen erst am 1. Advent 1728 begonnen.[26] Mit dem nunmehr greifbaren Exemplar des Erstdrucks ist gesichert, daß Spittas Beschreibung im Prinzip richtig war. Die am Johannisfest einsetzende und mit dem 4. Sonntag nach Trinitatis endende Abfolge der Texte ist tatsächlich „gegen allen Brauch". Zudem fällt auf, daß sämtliche Texte, die Picander 1732

---

zig – Bach und Leipzig. Konferenzbericht Leipzig 2000, hrsg. von U. Leisinger, Hildesheim 2002 (LBzBF 5), S. 69–87.

[23] Häfner, *Der Picander-Jahrgang* (wie Fußnote 21), S. 77.
[24] Ebenda.
[25] Ebenda, S. 80.
[26] W. Blankenburg, *Die Bachforschung seit etwa 1965. Ergebnisse – Probleme – Aufgaben*, in: Acta Musicologica 50 (1978), S. 109.

veröffentlichte – darunter auch die Dichtungen auf die tempus-clausum-Sonntage –, ausnahmslos bereits im Erstdruck enthalten sind. Ein Vergleich der beiden Ausgaben zeigt, daß der Nachdruck eine größere Textdichte aufweist: Während im Erstdruck jede Kantate etwa 2–2½ Seiten einnimmt, beansprucht derselbe Text im Druck von 1732 durchschnittlich 1,6 Seiten. Somit sind auch William H. Scheides Berechnungen zur Verteilung der Texte im Erstdruck zutreffend.[27] Die Platzersparnis gegenüber dem Erstdruck wird nicht zuletzt auch durch Kürzung der abschließenden Choralstrophen erzielt (während in PJ I die Schlußchoräle für jede Kantate vollständig wiedergegeben sind, enthält PJ II meist nur Textmarken).[28]

Weitreichende Konsequenzen hat die Feststellung, daß Häfners These einer Veröffentlichung von PJ I in vier Lieferungen sich anhand des Petersburger Exemplars zweifelsfrei belegen läßt.[29] Bezeichnenderweise ist auf Seite 80, nach der Dichtung auf den Sonntag nach Weihnachten, viel Platz freigelassen worden (der Schluß der Kantate umfaßt nur einige wenige Zeilen oben auf der Seite); die nächste Kantate beginnt auf Seite 81. Der freie Platz auf Seite 80 wurde mit einer Vignette ausgefüllt und es fehlt der Kustos am Ende des Blattes (siehe Abb. 13). In der Tat sieht diese Seite wie das Ende einer Lieferung aus. Eine ähnliche Gestaltung findet man auf Seite 120, nach dem Text der Kantate zu Mariae Verkündigung. Alle übrigen Kantaten des Sammelbands folgen hingegen unmittelbar aufeinander, nicht selten stehen am Fuß einer Seite zwei oder drei Zeilen einer neuen Dichtung (siehe Abb. 14). Auf Seite 40, im Anschluß an die Kantate zum 18. Sonntag nach Trinitatis, findet sich keine

---

[27] Scheide, *Bach und der Picander-Jahrgang* (wie Fußnote 19), S. 51.

[28] Der Vollständigkeit halber sei hier auf einige abweichende Lesarten zwischen PJ I und PJ II hingewiesen, die bislang nicht bemerkt wurden. Meist handelt es sich um geringfügige orthographische Varianten, zum Beispiel „Sieht" – „Siehet", „Seligkeit" – „Seeligkeit", „bescheert" – „beschehrt", „Nechsten" – „Nächsten". Daneben enthält der Druck von 1732 Fehler, die im Erstdruck nicht anzutreffen sind; zum Beispiel heißt es in der Kantate zum 4. Sonntag nach Trinitatis in der dritten Zeile des Rezitativs „So lästert mich nur immerhin" im Erstdruck „so arg ihr seyd", im Nachdruck von 1732 aber „so arg ihr seyb"; in der Kantate zum 6. Sonntag nach Trinitatis lautet die zweite Zeile der Arie „Ich meyn es gut" im Erstdruck „Und bin auch Freund mit meinen Feinden", 1732 hingegen „Und bin auch Freud mit meinen Feinden". Die wichtigsten Unterschiede finden sich in der Kantate zum 1. Weihnachtstag; im Rezitativ „O! Liebe, der kein Lieben gleich" lautet die 8. Zeile im Erstdruck „Das ewiglich verlohren", im Nachdruck aber „Nicht ewig sey verlohren", was im gegebenen Zusammenhang sinnvoller ist (siehe auch Wustmann, wie Fußnote 16, S. 297).

[29] Siehe Häfner, *Picander, der Textdichter* (wie Fußnote 21), S. 160 ff., und Häfner, *Aspekte des Parodieverfahrens* (wie Fußnote 21), S. 28 ff. Es sei daran erinnert, daß die Arbeiten Häfners lebhafte Diskussionen auslösten und namentlich seine Idee einer Veröffentlichung von PJ I in separaten „Lieferungen" der Kritik ausgesetzt war.

Vignette; allerdings nimmt der Text hier die ganze Seite in Anspruch. Daß aber auch hier eine Zäsur vorliegt, zeigt der fehlerhafte Kustos an: Er lautet „Am", obwohl der Titel der nächsten Kantate mit „Auf" beginnt (siehe Abb. 10). Somit bieten die Gestaltung des Drucks und einige weitere im folgenden zu diskutierende Besonderheiten genügend Gründe, den Band als aus vier Teilen oder Lieferungen bestehend anzusehen:

   I: Seiten   1–40 (Titel, Vorwort und 16 Kantaten)[30]
  II: Seiten 41–80 (17 Kantaten)
 III: Seiten 81–120 (19 Kantaten)
 IV: Seiten 121–168 (18 Kantaten und 2 leere Seiten)

Ein weiteres Argument für die vierteilige Anlage des Bandes ist die Lagenordnung:

   I: $[1 \times IV] + 1 \times IV + 1 \times II$
  II: $1 \times IV + 1 \times IV + 1 \times II$
 III: $1 \times IV + 1 \times IV + 1 \times II$
 IV: $1 \times IV + 1 \times IV + 1 \times IV$

Dieser Lagenordnung entspricht die Zählung der Druckbogen mit Buchstaben, die jeweils mittig am Fuß der recto-Seiten plaziert sind. Auch die Beobachtung, daß die ersten drei Teile im Unterschied zu den vorangehenden Quaternionen mit einem Binio enden, bekräftigt die Annahme einer Ausfertigung in Lieferungen, denn andernfalls hätte das ganze Buch einheitlich aus Quaternionen bestehen können. Ein weiteres Indiz sind Spuren einer älteren Heftung. Am inneren Rand sämtlicher Blätter finden sich jeweils oben und unten zwei gut sichtbare Einstiche. Diese Löcher stimmen innerhalb der oben angegebenen vier Teile in ihrer Position überein, nicht jedoch über deren Grenzen hinweg. Daraus folgt, daß die vier Teile (bestehend aus dreimal 20 und einmal 24 Blättern) zunächst separat geheftet waren.

Die Veröffentlichung von Kantaten-Zyklen in mehreren Heften war in der Leipziger Praxis jener Zeit durchaus üblich. Der erhalten gebliebene Teil eines Jahrgangs von Johann Kuhnau aus dem Jahr 1709/10 (*Texte | zur Leipziger | Kirchen-Music, | auff das mit GOtt angefangene | Kirchen-Jahr/ | vom ersten Advent-Sonntage | dieses zu Ende lauffenden | 1709ten Jahres/ | biß wieder dahin/ | ANNO 1710*) gibt Grund zu der Annahme, daß auch er in vier Lieferungen gedruckt wurde,[31] und die Leipziger Ausgabe des „Saitenspiel"-Jahr-

---

[30] Der Verlust der ersten Blätter erlaubt bezüglich des Umfangs der ersten Lieferung nur Mutmaßungen. Es bleibt unklar, mit welcher Seite die Paginierung begann, das heißt, ob das Vorwort und der Titel mit einbezogen waren. Wenn wir jedoch davon ausgehen, daß jede Kantate 2–2½ Seiten beansprucht, dann dürften die ersten drei Kantaten 6–7 Seiten eingenommen haben. Dem entsprechend hätten Titelei und Vorwort die ersten 5–6 Seiten umfaßt, was durchaus plausibel erscheint.

[31] Siehe Häfner, *Aspekte des Parodieverfahrens* (wie Fußnote 21), S. 29; P. Wollny,

gangs von Benjamin Schmolck aus dem Jahr 1735/36 erschien in einzelnen Heften zu je vier Kantaten mit fortlaufender Paginierung.[32]

Wie bereits verschiedentlich erläutert wurde, unterschied man im 18. Jahrhundert zwischen „idealen" und „praktischen" Kantaten-Zyklen. Der erste Typ enthält Texte zu allen denkbaren Sonn- und Festtagen des Kirchenjahres, der zweite berücksichtigt die Gegebenheiten eines bestimmten Jahres einschließlich regionaler Besonderheiten.[33] In dieser Beziehung ist der Picander-Jahrgang von 1728/29 ein Rätsel. Einige seiner Merkmale, wie das Einbeziehen von Texten auf alle Sonn- und Festtage des Kirchenjahres einschließlich der in der Leipziger Kirchenordnung musikfreien Zeit, deuten auf den „idealen" Typ. Andere Aspekte – etwa die Veröffentlichung in vier Lieferungen, die für Bachs Jahrgänge typische spezifische Reihenfolge der Texte sowie der zitierte Passus aus dem Vorwort – deuten auf eine intendierte praktische Nutzung. Vielleicht verfolgte Picander mit seiner Veröffentlichung mehrere Ziele zugleich und beabsichtigte einerseits, Bach mit den nötigen Texten für das gesamte Kirchenjahr zu versorgen, während er andererseits in seinen Zyklus Texte einfügte, die in anderen Städten und in verschiedenen Jahren genutzt werden konnten. Es ist auch nicht auszuschließen, daß Picander seinen ursprünglichen Plan, einen Jahrgang speziell für Bach zu schreiben, im Laufe der Vorbereitung erweiterte und einen Kantaten-Zyklus lieferte, der die Aspekte „ideal" und „praktisch" vereinigt. Nicht unwichtig erscheint in diesem Zusammenhang der Umstand, daß er etwa um diese Zeit auch mit der Veröffentlichung seiner *Ernst-Schertzhafften und Satÿrischen Gedichte* begann, deren erster Band zum Zeitpunkt der Abfassung des Jahrgangs 1728/29 bereits erschienen war (Leipzig 1727). Vielleicht faßte er während der Arbeit an den Kantatendichtungen den Plan, den Zyklus in einen seiner Sammelbände einzubeziehen, und beschränkte sich deswegen nicht nur auf die für das konkrete Jahr benötigten Texte. Die Veröffentlichung in vier Lieferungen scheint sich jedenfalls am ehesten mit der Annahme von regelmäßigen Kantatenaufführungen vereinbaren zu lassen.

Das Hauptproblem dieses Jahrgangs – wieviele Kantaten tatsächlich von Bach vertont wurden – ist bis heute ungelöst,[34] und es hat den Anschein, daß es bis

---

„Bekennen will ich seinen Namen" – Authentizität, Bestimmung und Kontext der Arie BWV 200. Anmerkungen zu Johann Sebastian Bachs Rezeption von Werken Gottfried Heinrich Stölzels, BJ 2008, S. 138.

[32] Siehe Wollny (wie Fußnote 31), S. 137 ff.; M.-R. Pfau, *Ein unbekanntes Leipziger Kantatentextheft aus dem Jahr 1735: Neues zum Thema Bach und Stölzel*, BJ 2008, S. 102 ff.

[33] Siehe W. Hobohm, *Kantatentextsammlungen der ersten Hälfte des 18. Jahrhunderts – Texte zur Musik?*, BJ 1997, S. 185–192; Pfau (wie Fußnote 32), S. 106 ff.

[34] Gegenwärtig sind nur neun Werke bekannt, die diesem Jahrgang zugeordnet werden können (BWV 145, 149, 156, 159, 171, 174, 188, 197a, Anh. 190). Von diesen sind die meisten entweder in fragmentarischen Autographen oder in späteren Abschriften

zur Auffindung neuer musikalischer Quellen kaum möglich sein wird, hier zu einer zuverlässigen Antwort zu gelangen. Die jüngsten Funde in St. Petersburg liefern allerdings zumindest einige neue Indizien. Eines der Hauptargumente gegen eine Vertonung durch Bach war bisher die Annahme, daß der Komponist ab dem Frühjahr 1726 nicht mehr regelmäßig Figuralstücke für die beiden Hauptkirchen schrieb: „Auch gibt es keine andere Spur von Beweisen dafür, daß Bach nach 1726 sich noch für längere Zeiträume auf die Komposition von Kantaten konzentrierte. Alles, was bisher entdeckt worden ist, zeigt viel eher, daß seine Interessen sich seit dem Jahr, in dem die erste Partita veröffentlicht wurde, von der Kantatenkomposition entfernten und nie mehr mit der alten Intensität zu ihr zurückkehrten".[35] Auch eine zeitweilige Unterbrechung der Produktion wurde angenommen: „Es ist denkbar, daß in Bachs Schaffen seit Februar 1727 eine ähnliche Kantaten-Pause eintrat wie schon im Sommer und Herbst 1725".[36]

Heute wissen wir, daß dies nicht der Fall war. Anhand des Texthefts aus dem Jahr 1727 (RUS-SPsc, Signatur *15.62.6.94*)[37] konnte belegt werden, daß Bach an den drei Pfingsttagen und dem Trinitatis-Fest dieses Jahres vier Kantaten aufführte, von denen immerhin zwei neu komponiert waren. Es ist kaum anzunehmen, daß dies ein Einzelfall war. Im Gegenteil: der Fund nährt die Vermutung, Bach habe für die vorangehenden und folgenden Sonn- und Festtage ebenfalls neue Werke komponiert und diese im Wechsel mit älteren Kompositionen dargeboten. Wenn dies zutrifft, dann könnten die im Jahr 1727 und in der ersten Hälfte des Jahres 1728 aufgeführten Kantaten (bis zum 24. Juni 1728, mit Ausnahme der Zeitspanne vom 13. Sonntag nach Trinitatis bis zum Sonntag nach Neujahr, in der wegen der Trauerzeit für die sächsische Kurfürstin Christiane Eberhardine keine Figuralmusik erklang) Bachs vierten Leipziger Jahrgang gebildet haben.[38] Wahrscheinlich handelte es sich bei diesem um eine Art „gemischten" Jahrgang, ähnlich dem ersten, in dem Bach zahlreiche früher komponierte Kantaten wiederholte und durch neue Werke

---

überliefert. Einen Fingerzeig für die Datierung der Werkgruppe gibt die in den Originalstimmen zu BWV 174 zu findende Jahreszahl 1729.

[35] Scheide, *Nochmals Mizlers Kantatenbericht* (wie Fußnote 19), S. 426. Siehe auch Blankenburg (wie Fußnote 26), S. 109.
[36] *Bach Handbuch*, hrsg. von K. Küster, Kassel 1999, S. 336.
[37] Siehe Schabalina (wie Fußnote 1), S. 65–77.
[38] Die Kantaten zu Pfingsten und Trinitatis des Jahres 1727, deren Texte sich im Heft *15.62.6.94* befinden, können kaum mit Bachs drittem Jahrgang zu tun haben (zumindest ist dort bereits eine Kantate zum Trinitatis-Fest vorhanden); ebenso wenig gehören sie zum Picander-Jahrgang. Somit erscheint ihre Zugehörigkeit zu einem heute verschollenen Jahrgang 1727/28 plausibel. Siehe hierzu auch Georg von Dadelsens Hypothese, die verschollenen Kantaten des Jahres 1727 könnten den vierten Jahrgang gebildet haben (TBSt 4/5, S. 130).

ergänzte. Der Picander-Jahrgang aber (wenn er tatsächlich von Bach vertont wurde), könnte dann der fünfte gewesen sein, und in diesem Fall entspricht die Zahl der Jahrgänge den Angaben des Nekrologs.[39] Diese Vermutung ist zugegebenermaßen gewagt, und in der Tat gibt es weiterhin keine hinreichenden Indizien, die sie bestätigen oder widerlegen könnten. Das Auftauchen des Texthefts von 1727 führt uns erneut vor Augen, wie lückenhaft unser Wissen über diese Periode von Bachs Schaffen infolge des Fehlens von Originalquellen ist. Die neuen Texthefte belegen immerhin, daß Bach Ende Mai und Anfang Juni 1727 weiterhin Kantaten für die Leipziger Hauptkirchen komponierte; und da in dieser Zeitspanne solch repräsentative Werke wie BWV 34 und BWV 129 entstanden, ist die Meinung kaum noch aufrechtzuerhalten, Bach habe zu diesem Zeitpunkt das Interesse an der Gattung Kantate verloren.

Ein zentrales Argument gegen Bachs vollständige Vertonung des Picander-Jahrgangs beruht auf der für ihn untypischen Form der Dichtungen:

Der Picander-Jahrgang umfaßt 71 Kantaten. 52 beginnen mit Arien, 9 mit Rezitativen und 10 mit Bibeltexten, die sich für Chorsätze eignen. 45 der ersten Gruppe oder nahezu zwei Drittel des ganzen Jahrgangs haben die Form Aria – Rezitativ – Aria – Rezitativ – Choral. Dieses Zahlenverhältnis unterscheidet sich sehr deutlich von dem der erhaltenen Kantaten Bachs. [...] Wir haben daher Grund zu der Annahme, daß Bach solcher nachdrücklichen Bevorzugung der Soloformen abgeneigt war, und abgesehen von BWV 51 scheint sich unter seinen späteren Werken keine einzige Solo-Kirchen-Kantate zu finden.[40]

Die Auffindung des Texthefts von 1727 und weiterer Texthefte in der Russischen Nationalbibliothek ermöglicht es uns, auch dieses Argument zu entkräften. Wie anhand der originalen Textdrucke zu sehen ist, werden die Chorsätze von Bachs Kantaten häufig als „Aria" bezeichnet – zum Beispiel im Textheft *15.62.6.94* der erste und der letzte Satz von BWV 34 sowie sämtliche Sätze von BWV 129 (Aria, Vers 1–5). Auch die Chorsätze anderer Bach-Kantaten (Schlußsatz von BWV 181 und 134, Eingangschöre von BWV 31 und 66)

---

[39] Die Notwendigkeit einer neuen Zuordnung von Bachs Kantaten läßt sich an den Kantaten zum Trinitatis-Fest anschaulich demonstrieren:
I. Jahrgang: BWV 165 und BWV 194 [Wiederaufführung?] (4. Juni 1724)
II. Jahrgang: BWV 176 (27. Mai 1725)
III. Jahrgang: BWV 194, neue Fassung (16. Juni 1726)
IV. Jahrgang: BWV 129 (8. Juni 1727)
V. Jahrgang: „Gott will mich in den Himmel haben" (12. Juni 1729, Vertonung durch Bach nur vermutet).
Die Kantatenjahrgänge werden hier chronologisch nach ihrer Entstehungszeit betrachtet. Die Frage einer späteren Zusammenstellung durch Bachs Erben bleibt dabei unberücksichtigt.

[40] Scheide, *Nochmals Mizlers Kantatenbericht* (wie Fußnote 19), S. 425 f.

sind in den zugehörigen Textheften mit dem Titel „Aria" überschrieben. Da die Texte im voraus gedruckt wurden – nicht selten sogar bevor die Musik komponiert war –, könnte die Erklärung für derartig unspezifische Überschriften, die gleichermaßen einen Chor und ein Solo bezeichnen konnten, darin liegen, daß sie dem Komponisten bei der Vertonung eines Satzes größere Flexibilität erlaubten. Somit könnten viele Sätze, die im Picander-Jahrgang die Bezeichnung „Aria" tragen, in Wirklichkeit nicht Solo-, sondern – entsprechend dem von Bach bevorzugten Satztyp – Chorsätze gewesen sein.[41]

IV. Die Markus-Passion von 1744

Die nun vorzustellende, Anfang 2009 in der Russischen Nationalbibliothek aufgefundene Quelle enthält den Text der Passionsmusik, die 1744 in der Thomaskirche aufgeführt wurde. Das Heft (24 Seiten, 15,6 × 10 cm) wird ebenso wie der oben diskutierte Textdruck zu den Kantaten des Jahres 1724 in Saal 17 der Bibliothek aufbewahrt (siehe auch Abb. 17–23). Es wurde in jüngerer Zeit mit einem grau-blauen Pappeinband versehen. Der Buchschmuck ist denkbar schlicht; auf der Titelseite fehlen jegliche dekorativen Elemente, wie sie uns in den von Immanuel Tietze hergestellten Textheften aus den 1720er Jahren zum Beispiel durchweg begegnen. Nur auf den Seiten 3 und 24 finden sich Anfangs- und Schlußvignetten. Die Titelseite trägt am oberen linken Rand mit brauner Tinte die handschriftliche Chiffre „452" und unten mit Blaustift die Standortnummer *17.139.1.43*. Leider enthält das Heft keine Stempel oder Notizen früherer Besitzer und auch sonst keine weiteren Merkmale, die Rückschlüsse auf seine Herkunft erlauben würden.

Eine bemerkenswerte Besonderheit des Titels besteht darin, daß die Angaben zu Ort („Thomæ") und Jahr der Aufführung („1744") nicht gedruckt sind, sondern von Hand mit brauner Tinte nachgetragen wurden (siehe Abb. 17). Dies läßt nur eine mögliche Erklärung zu: Das Textheft sollte nicht ausschließlich in einem bestimmten Jahr, sondern vielfach verwendbar sein. Aus diesem Grund heißt es in der 10. Zeile lediglich „Kirche zu S.   ", die leere Stelle wurde für eine nachträgliche Nennung der Kirche freigelassen. Ein solches Vorgehen erforderte bei einem mehrfach verwendbaren Text schon allein der für Leipzig typische turnusmäßige Wechsel zwischen den beiden Hauptkirchen. Es ist auch möglich, daß zum Zeitpunkt der Drucklegung des Hefts

---

[41] Obwohl dieses Problem schon früher erkannt wurde (siehe W. Neumann, *Über Ausmaß und Wesen des Bachschen Parodieverfahrens*, BJ 1965, S. 63–85, speziell S. 63; Häfner, *Der Picander-Jahrgang*, wie Fußnote 21, S. 96 f.), liefern die in der Russischen Nationalbibliothek aufgefundenen Textdrucke eine erweiterte Diskussionsgrundlage.

Zweifel hinsichtlich des Aufführungsorts auftraten und daher eine Spezifizierung der Kirche nicht ratsam erschien.

Daß die nachgetragenen Angaben von Bachs Hand stammen, ist nicht auszuschließen. Ein Vergleich zeigt zahlreiche Übereinstimmungen mit gesicherten Autographen aus den 1740er Jahren. Bachs Schreibweise der lateinischen Majuskel „T" variiert zwischen den Handschriften des kalligraphischen und des flüchtigeren Gebrauchstyps. Während im letzten Fall der Buchstabe „T" in einem Zug geschrieben und direkt mit dem folgendem Kleinbuchstaben „h" verbunden ist (siehe unten, Beispiel 1 d und e), ist er in den langsamer geschriebenen kalligraphischen Handschriften in der Regel in zwei Zügen ausgeführt und nicht mit dem nachfolgenden Kleinbuchstaben verbunden (siehe Beispiel 1 b und c). Charakteristisch ist die Neigung des Querbalkens wie auch dessen geschwungener Beginn. Hinsichtlich der Form der anderen Buchstaben sind ebenfalls gemeinsame Merkmale zu erkennen:

Beispiel 1

a)	b)	c)	d)	e)
Markus-Passion	18. April 1743[42]	12. März 1748	13. April 1745	13. Mai 1744 (2)

Desgleichen sind Übereinstimmungen in der Schreibweise der Jahreszahl zu erkennen. Auch hier ist es wichtig, zwischen kalligraphisch und flüchtig geschriebenen Zahlen zu differenzieren. Im zweiten Fall tendiert Bach dazu, die Ziffern 1 und 7 ligaturartig zu verbinden. Im ersten Fall hingegen stehen die Ziffern separat. Folgende Beispiele mögen auch ohne detaillierte Erläuterungen die Ähnlichkeiten verdeutlichen:[43]

a) b) c) d)

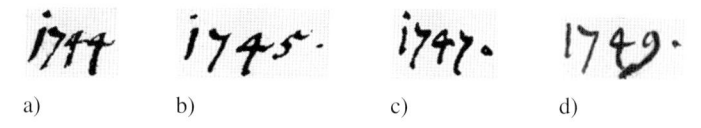

---

[42] Die Proben sind folgenden Dokumenten entnommen: b) Zeugnis für Christian Beck (siehe *Johann Sebastian Bach. Vier Zeugnisse für Präfekten des Thomanerchores 1743–1749*, Faksimile und Transkription, hrsg. von A. Glöckner, Kassel 2009, S. 5); c) Zeugnis für Johann Wilhelm Cunis (ebenda, S. 7); d) Zeugnis für Christian Gottlob Fleckeisen (ebenda, S. 6); e) Zeugnis für Johann Georg Heinrich (Dok I, Nr. 79).

[43] a) Textheft zur Markus-Passion 1744; b) Zeugnis für Johann Christoph Altnickol (vgl. Dok IV, S. 331); c) Stammbucheintrag für Johann Gottfried Fulde (siehe Dok IV, Nr. 584); d) Zeugnis für Johann Nathanael Bammler (siehe *Johann Sebastian Bach. Vier Zeugnisse*, wie Fußnote 42, S. 8).

Die Kürze der handschriftlichen Einträge im Textheft von 1744 erlaubt zwar keine absolut sichere Zuordnung, doch ist die Wahrscheinlichkeit groß, daß die Angaben zur Kirche und zum Aufführungsjahr von der Hand J. S. Bachs stammen.

Das Heft enthält den Text von Bachs verschollener Markus-Passion BWV 247. Bislang war dieses Werk lediglich aus dem 1732 veröffentlichten dritten Teil von Picanders *Ernst-Schertzhafften und Satÿrischen Gedichten* bekannt. Dort findet sich der Text auf den Seiten 49 bis 67 und ist mit folgender Überschrift versehen: „*TEXTE* | Zur Paßions-*Music* nach dem E- | vangelisten Marco am Char-Freytage | 1731." Obwohl weder der Name des Komponisten noch der Aufführungsort angegeben ist, wurde die Zuweisung an Bach nie in Frage gestellt. Die im Titel angegebene Jahreszahl war bislang der einzige Nachweis für eine Aufführung der Passion.[44] Daß dieser ersten Darbietung weitere Aufführungen folgten, belegt erst das Petersburger Heft. Die Gewohnheit, beim Druck von Texten zur Musik auf der Titelseite für etwaige Präzisierungen (in der Regel die Angabe des Datums) Platz zu lassen, war damals sehr verbreitet.[45] Aufgrund der oben geschilderten Besonderheiten der Titelseite ist anzunehmen, daß die Markus-Passion nicht nur 1744, sondern auch in anderen Jahren aufgeführt wurde.

Ein Vergleich der Textfassungen im dritten Band von Picanders *Ernst-Schertzhafften und Satÿrischen Gedichten* und in dem neu aufgefundenen Einzelheft zeigt deutlich, daß Bach die Passion 1744 nicht unverändert wieder aufnahm, sondern seinen Hörern eine neue Fassung präsentierte, wie er es auch mit der Johannes- und der Matthäus-Passion tat. Im folgenden seien die wichtigsten Abweichungen in der Textfassung von 1744 genannt:

– Die erste Variante betrifft das Rezitativ des Evangelisten „Und murreten über sie" (BWV 247/6). In der Fassung von 1731 folgt es unmittelbar nach dem Chor „Was soll doch dieser Unrath?" und steht damit vor dem Choral „Sie stellen uns wie Ketzern nach". In der Fassung von 1744 hingegen erscheint es nach dem genannten Choral und ist so mit dem Rezitativ „Jesus aber sprach" (BWV 247/8–10) zu einem

---

[44] Siehe Spitta II, S. 334; F. Smend, *Bachs Markus-Passion*, BJ 1940–1948, S. 1–35; NBA II/5 Krit. Bericht (A. Dürr, 1974), S. 248; BWV, S. 363; BWV[2a], S. 270; Kalendarium [3]2008, S. 60. Als Datum der Erstaufführung der Markus-Passion schlug Arnold Schering das Jahr 1729 vor (siehe A. Schering, *Zur Markus-Passion und zur „vierten" Passion*, BJ 1939, S. 1–32), doch fand sich für diese Hypothese keine Bestätigung; heute wird allgemein das Jahr 1731 favorisiert. Ebensowenig konnte sich Gustav Adolph Theill mit seiner Datierung auf den 26. März 1728 durchsetzen; vgl. G. A. Theill, *Die Markuspassion von Joh. Seb. Bach (BWV 247). Entstehung – Vergessen – Wiederentdeckung – Rekonstruktion*, 2., erweiterte Auflage, Kahl 1981, S. 19.

[45] Beispiele für diese Praxis im Bestand der Russischen Nationalbibliothek finden sich unter den Signaturen *6.36.2.1368* und *6.36.2.1391*.

Satzkomplex vereinigt. Obwohl der Evangelientext (Mk 15,5) mit den Worten „Und murreten über sie" endet, hielt Bach die Umstellung anscheinend aus musikalisch-dramaturgischen Gründen und wegen der besseren Anbindung des Chorals an den vorausgehenden Chor für notwendig.
– In der Textfassung von 1731 ist BWV 247/13 als „Chorus" bezeichnet, 1744 hingegen als „Jünger" (das vorhergehende Rezitativ des Evangelisten endet mit den Worten: „… sprachen seine Jünger zu Ihm").
– Die Sätze „Und sie wurden traurig" sowie „Und der andere: Bin ichs?" (BWV 247/18–19) sind in der Textfassung von 1731 mit „Evang." überschrieben. Diese Besonderheit ist bereits mehrmals diskutiert worden[46] und wurde als Bachs bewußter Bruch mit der traditionellen Vertonung der Worte „Bin ichs?" erklärt. Während diese Passage in der zweiten Auflage des dritten Teils von Picanders *Ernst-Scherzhafften und Satÿrischen Gedichten* (1737) unverändert bleibt, erscheint im Textheft von 1744 an dieser Stelle eine bedeutende Modifikation: Die Worte „Und sie wurden traurig, und sagten zu Ihm: einer nach dem andern" sind dem Evangelisten zugewiesen, die daran anschließende Passage „Bin ichs? Und der andere: Bin ichs?" sind hingegen mit „Chorus" bezeichnet. Falls im Erstdruck (und auch in der Ausgabe von 1737) an dieser Stelle nicht einfach ein Fehler vorliegt (die Bezeichnung zweier aufeinander folgender Sätze mit „Evang." erscheint wenig sinnvoll), dann signalisiert der Wechsel von Rezitativ zu Chorsatz bei den Worten „Bin ichs?" ein nachträgliches Einschwenken auf die Tradition (vgl. etwa Satz 9e der Matthäus-Passion BWV 244).
– Nach dem Rezitativ des Petrus „Ja, wenn ich mit dir sterben müßte, wollte ich dich nicht verleugnen" (BWV 247/36) folgt im Text von 1744 eine Arie, die in der früheren Fassung nicht enthalten ist (siehe auch Abb. 19):

Ich lasse dich, mein JEsu, nicht,
Wo du verdirbst, will ich verderben.
Durch Creutz und Schmach
Folg ich dir nach
Und wo du stirbst, da will ich sterben.
                Da Capo

Daran schließt sich entsprechend der Fassung von 1731 das Rezitativ des Evangelisten „Desselbigen gleichen sagten sie alle" (BWV 247/37) an. Obwohl der letzte Passus von Mk 14,31 durch die Hinzufügung der neuen Arie vom restlichen Vers getrennt wird, erscheint diese Stelle mit dem Treueschwur Petri als einer der ausdruckvollsten dramatischen Momente der Markus-Passion. Der Text der neu hinzugefügten Arie dient als Bestätigung und Bekräftigung dieses Schwurs. Da dieser Satz in keiner der heute bekannten Quellen auftaucht, liegt die Annahme nahe, daß er eigens für die 1744 revidierte Fassung der Markus-Passion geschrieben wurde; er ergänzt mithin die Zahl der von Bach vertonten Arien. Ob Picander der Verfasser der neuen Ariendichtung ist, muß derzeit offenbleiben. Der späteste bisher bekannte Text von Picander zu einer Komposition Bachs, die Bauernkantate BWV 212, stammt

---
[46] Siehe etwa Smend (wie Fußnote 44), S. 3ff.

aus dem Jahr 1742. Es ist nun jedoch wahrscheinlich, daß Bachs Zusammenarbeit mit Picander sich bis ins Jahr 1744 fortsetzte.
- Im zweiten Teil der Passion (der wie im Textdruck von 1731 mit dem Vermerk „Nach der Predigt" versehen ist) wurde eine weitere Arie hinzugefügt. Auch sie steht an einer dramaturgisch wichtigen Stelle, am Ende des Dialogs zwischen Jesus und Pilatus. Die Arie folgt auf den Satz des Evangelisten „Jesus aber antwortete nichts mehr, also, daß sich auch Pilatus darüber verwunderte" und befindet sich damit innerhalb des umfangreichen Evangelistenrezitativs BWV 247/96. Der Text der Arie lautet (siehe auch Abb. 21–22):

Will ich doch gar gerne schweigen,
Böse Welt, verfolge mich:
Aber Du, mein lieber GOtt,
Siehest meiner Feinde Spott,
Du wirst auch mein Unschuld zeigen.
     Da Capo

Danach nimmt der Evangelist die Schilderung der Verurteilung Jesu wieder auf: „Er pflegete aber ihnen auf das Oster-Fest …". Die neue Arie bildet eine Meditation über das Gespräch zwischen Jesus und Pilatus und fungiert zugleich als strukturelle Zäsur zur Barrabas-Episode. So finden sich in der Fassung von 1744 statt eines einzigen langen Rezitativs nun drei Sätze. Auch der Text dieser zweiten Arie läßt sich bislang nicht anderweitig nachweisen. Möglicherweise wurde auch er von Bach (und Picander?) speziell für die spätere Fassung der Markus-Passion geschrieben, jedenfalls aber bildet er eine zweite Erweiterung im Verzeichnis der heute bekannten Arien Bachs.[47]
- Weitere Änderungen betreffen die Hinzufügung einzelner Wörter und die Umgestaltung einiger Passagen. Zum Beispiel lautet in dem Choral „Betrübtes Hertz" (BWV 247/41) die vierte Zeile statt „All dein Creutz, Noth und Klagen" nunmehr „All dein Creutz, Noth und Plagen". Im Rezitativ des Jesus „Simon, schläfest du?" (BWV 247/46) wurden in der Passage „Vermögtest du nicht eine Stunde zu wachen?" die Worte „mit mir" hinzugefügt, wodurch der Text eine viel persönlichere Wendung erhält. Im nachfolgenden Rezitativ von Jesus „Ach! wollt ihr nun schlafen und ruhen?" ist der letzte Satz um das Wort „Siehe" erweitert. In dem Choral „Jesus ohne Missethat" (BWV 247/56) ist in der fünften Zeile „böse" durch „arge" ersetzt worden (zwar der Bedeutung nach ähnlich, jedoch anscheinend wichtig genug, um eine gezielte Änderung zu bedingen). Im nächsten Choral „Ich will hier bei dir

---

[47] In Picanders Jahrgang von 1728 enthält die für den 19. Sonntag nach Trinitatis bestimmte Kantatendichtung eine sprachlich und formal ganz ähnliche (allerdings um eine Zeile kürzere) Arie:

Will ich doch gar gerne leiden,
 Weil mich kein Verbrechen kränkt.
 Was die Welt von mir gedenkt,
Soll der jüngste Tag entscheiden.
     Da Capo

stehen" (BWV 247/58) ist in der zweiten Zeile das erste Wort ausgetauscht worden, womit der Satz eine ganz andere Bedeutung erhält: Statt „Verlasse mich doch nicht" in der Fassung von 1731 heißt es 1744 „Verachte mich doch nicht". In dem Choral „Herr, ich habe mißgehandelt" (BWV 247/89) lauten die letzten beiden Zeilen in der Fassung von 1731 „Und ietzt wolt ich gern aus Schrecken / Mich für deinem Zorn verstecken", in der Fassung von 1744 heißt es hingegen „Und nun will ich mich aus Schrecken, / Herr, vor deinen Zorn verstecken". Außer den hier genannten gibt es noch eine ganze Reihe ähnlicher Varianten. Es ist schwer zu sagen, ob diese Änderungen und Zusätze mittels Korrekturen in das Aufführungsmaterial von 1731 eingetragen wurden, oder ob Bach 1744 eine neue Partitur und neue Stimmen herstellte.
– Schließlich lassen sich noch zahlreiche kleinere Varianten feststellen. Einige von ihnen sind eindeutig als gezielte Verbesserungen zu erkennen; so wurde in dem Choral „Man hat dich sehr hart verhöhnet" (BWV 247/110) in der vierten Zeile „beweget" durch „bewegt" ersetzt, um einen sauberen Reim mit Zeile 2 zu erzielen. Die übrigen Abweichungen sind durch die zeittypische Variabilität der Orthographie bedingt.

Das Textbuch von 1744 belegt, daß Bach die Markus-Passion in seiner späteren Leipziger Zeit einer gründlichen Revision unterzog und erneut aufführte. Neben den vorstehend geschilderten kleineren Eingriffen erscheint speziell der Zusatz neuer Arien bedeutungsvoll. In der ursprünglichen Konzeption des Werks ist die Zahl der betrachtenden Sätze vergleichsweise klein (unter 132 Sätzen finden sich lediglich sechs Arien). Die beiden zusätzlichen Arien – je eine im ersten und im zweiten Teil – verschieben das Verhältnis der unterschiedlichen musikalischen Ebenen spürbar, zumal ihnen eine wichtige dramaturgische Rolle zufällt. Angesichts des Verlusts der Musik kommt dem Petersburger Textdruck zur Markus-Passion eine zentrale Bedeutung für unsere Kenntnis dieses verschollenen Leipziger Werks zu.

Doch auch mit Blick auf Bachs Aufführungskalender eröffnet der Fund neue Perspektiven, denn bislang konnte für das Jahr 1744 überhaupt kein einziges Werk sicher benannt werden.[48] An Darbietungen von Passionsmusiken in Bachs letztem Lebensjahrzehnt sind überhaupt nur die Matthäus-Passion für 1742 und die Johannes-Passion (Fassung IV) für 1749 hinreichend sicher belegt. Dennoch mußte – trotz zahlreicher offener Fragen – auch in dieser Zeit von einer ungebrochenen Folge von Passionsaufführungen ausgegangen werden, die nach wie vor den Höhepunkt des kirchenmusikalischen Kalenders bildeten.[49] Die Petersburger Textdruckfunde bestätigen diese und andere Vermutungen der Bach-Forschung und bereichern unser gesichertes Wissen um zahlreiche wichtige Fakten.

---

[48] Siehe Kalendarium ³2008, S. 83 f.
[49] Vgl. Dok II, Nr. 180, und C. Wolff, *Johann Sebastian Bach*, Frankfurt/Main 2000, S. 455.

Der Dank der Verfasserin gilt den Mitarbeitern der Russischen Nationalbibliothek sowie Dr. Peter Wollny für seine wissenschaftliche Unterstützung. Außerdem bedankt sich die Autorin bei Viera Lippoldova und Maxim Serebrennikov für ihre Hilfe bei der Ermittlung der Literatur. Die Arbeit mit den Quellen in Berlin und Leipzig wurde durch ein Stipendium des George Bell Institute (Großbritannien) und der Kreisau-Stiftung ermöglicht; beiden sei hier ebenfalls gedankt.

Übersetzung:
Albina Bojarkina und *Alejandro Contreras Koob* (Sankt Petersburg)

Abbildungen
(mit freundlicher Genehmigung der Russischen Nationalbibliothek St. Petersburg)

Abb. 1–8: RUS-SPsc, *17.141.2.111*, *Texte Zur Leipziger Kirchen-Music, Auf den XIII. XIV. XV. XVI. Sonntag nach Trinitatis, Ingleichen Auf das Fest St. Michaelis 1724. Leipzig, Gedruckt bey Immanuel Tietzen*, S. 1–15

Abb. 9–16: RUS-SPsc, *15.56.7.59*, [Cantaten Auf die Sonn- und Fest-Tage durch das gantze Jahr, verfertiget durch Picandern. Leipzig, 1728], S. 13, 40/41, 70/71, 72/73, 80/81, 100/101, 146/147, 148/149

Abb. 17–23: RUS-SPsc, *17.139.1.43, Das | Leiden und Sterben | unsers | Herrn Jesu Christi | nach dem | Evangelisten Marco | mit | untermischten Arien und Choralen | in der | Kirche zu S. Thomæ | am Char-Freytage des 1744 Jahres | besungen | von dem | CHORO MUSICO*, S. 1, 2/3, 8/9, 12/13, 16/17, 18/19, 24

„Texte zur Music" in Sankt Petersburg – Weitere Funde 37

Abb. 1.

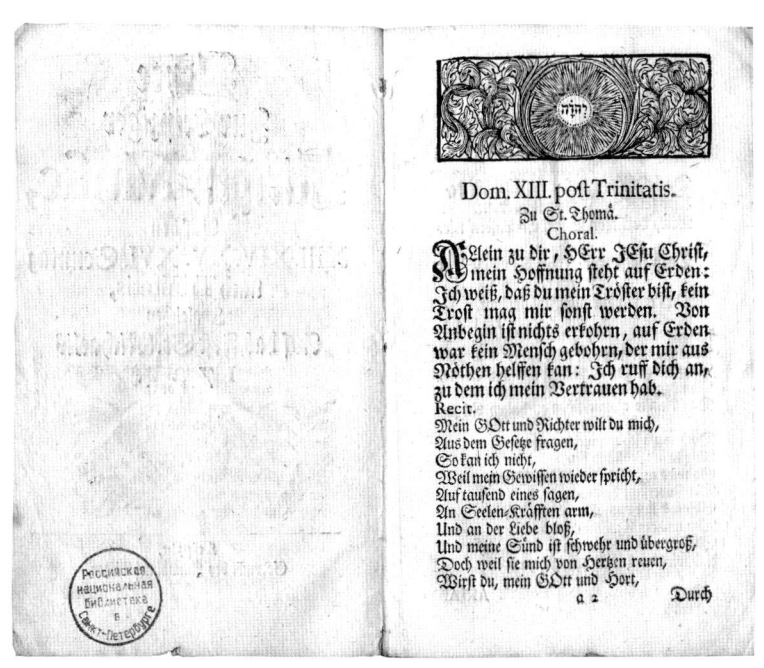

Abb. 2.

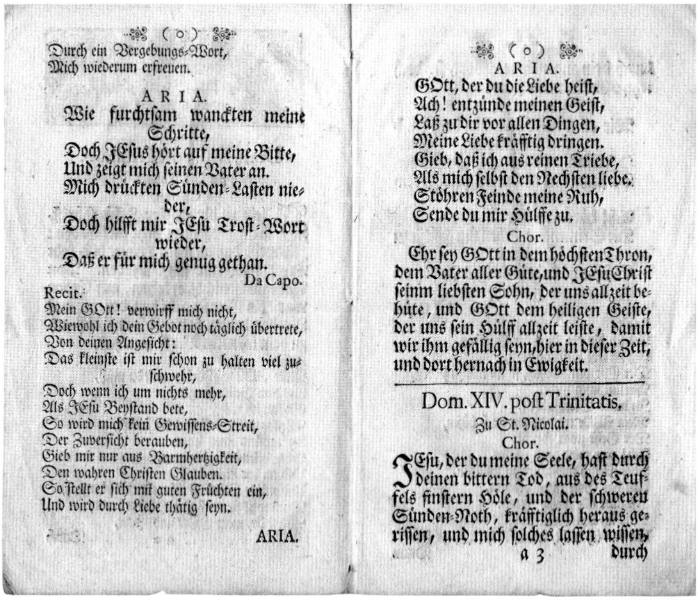

(o)
Durch ein Vergebungs-Wort,
Mich wiederum erfreuen.

A R I A.
Wie furchtsam wanckten meine Schritte,
Doch JEsus hört auf meine Bitte,
Und zeigt mich seinen Vater an.
Mich drückten Sünden-Lasten nieder,
Doch hilfft mir JEsu Trost-Wort wieder,
Daß er für mich genug gethan.
Da Capo.

Recit.
Mein GOtt! verwirff mich nicht,
Wiewohl ich dein Gebot noch täglich übertrete,
Von deinen Angesicht:
Das kleinste ist mir schon zu halten viel zu schwehr,
Doch wenn ich um nichts mehr,
Als JEsu Beystand bete,
So wird mich kein Gewissens-Streit,
Der Zuversicht berauben,
Gieb mir nur aus Barmhertzigkeit,
Den wahren Christen Glauben.
So stellt er sich mit guten Früchten ein,
Und wird durch Liebe thätig seyn.

ARIA.

(o)
A R I A.
GOtt, der du die Liebe heist,
Ach! entzünde meinen Geist,
Laß zu dir vor allen Dingen,
Meine Liebe kräfftig dringen.
Gieb, daß ich aus reinen Triebe,
Als mich selbst den Nechsten liebe.
Stöhren Feinde meine Ruh,
Sende du mir Hülffe zu.

Chor.
Ehr sey GOtt in dem höchsten Thron, dem Vater aller Güte, und JEsu Christ seinm liebsten Sohn, der uns allzeit behüte, und GOtt dem heiligen Geiste, der uns sein Hülff allzeit leiste, damit wir ihm gefällig seyn, hier in dieser Zeit, und dort hernach in Ewigkeit.

Dom. XIV. post Trinitatis.
Zu St. Nicolai.
Chor.
JEsu, der du meine Seele, hast durch deinen bittern Tod, aus des Teufels finstern Höle, und der schweren Sünden-Noth, kräfftiglich heraus gerissen, und mich solches lassen wissen,
a 3 durch

Abb. 3.

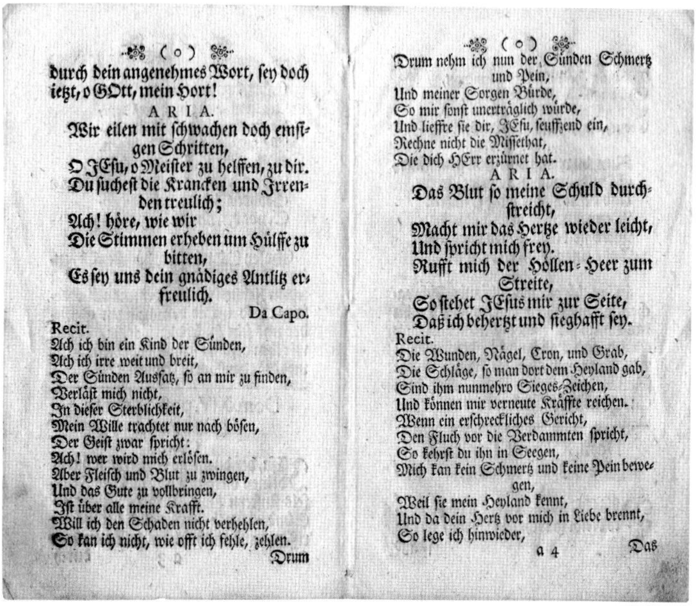

(o)
durch dein angenehmes Wort, sey doch ietzt, o GOtt, mein Hort!

A R I A.
Wir eilen mit schwachen doch emsigen Schritten,
O JEsu, o Meister zu helffen, zu dir.
Du suchest die Krancken und Irrenden treulich;
Ach! höre, wie wir
Die Stimmen erheben um Hülffe zu bitten,
Es sey uns dein gnädiges Antlitz erfreulich.
Da Capo.

Recit.
Ach ich bin ein Kind der Sünden,
Ach ich irre weit und breit,
Der Sünden Aussatz, so an mir zu finden,
Verläst mich nicht,
In dieser Sterblichkeit,
Mein Wille trachtet nur nach bösen,
Der Geist zwar spricht:
Ach! wer wird mich erlösen.
Aber Fleisch und Blut zu zwingen,
Und das Gute zu vollbringen,
Ist über alle meine Krafft.
Will ich den Schaden nicht verhehlen,
So kan ich nicht, wie offt ich fehle, zehlen.
Drum

(o)
Drum nehm ich nun der Sünden Schmertz und Pein,
Und meiner Sorgen Bürde,
So mir sonst unerträglich würde,
Und lieffre sie dir, JEsu, seuffzend ein,
Rechne nicht die Missethat,
Die dich HErr erzürnet hat.

A R I A.
Das Blut so meine Schuld durchstreicht,
Macht mir das Hertze wieder leicht,
Und spricht mich frey.
Rufft mich der Höllen-Heer zum Streite,
So stehet JEsus mir zur Seite,
Daß ich behertzt und sieghafft sey.

Recit.
Die Wunden, Nägel, Cron, und Grab,
Die Schläge, so man dort dem Heyland gab,
Sind ihm nunmehro Sieges-Zeichen,
Und können mir verneute Kräffte reichen.
Wenn ein erschreckliches Gericht,
Den Fluch vor die Verdammten spricht,
So kehrst du ihn in Seegen,
Mich kan kein Schmertz und keine Pein bewegen,
Weil sie mein Heyland kennt,
Und da dein Hertz vor mich in Liebe brennt,
So lege ich hinwieder,
a 4 Das

Abb. 4.

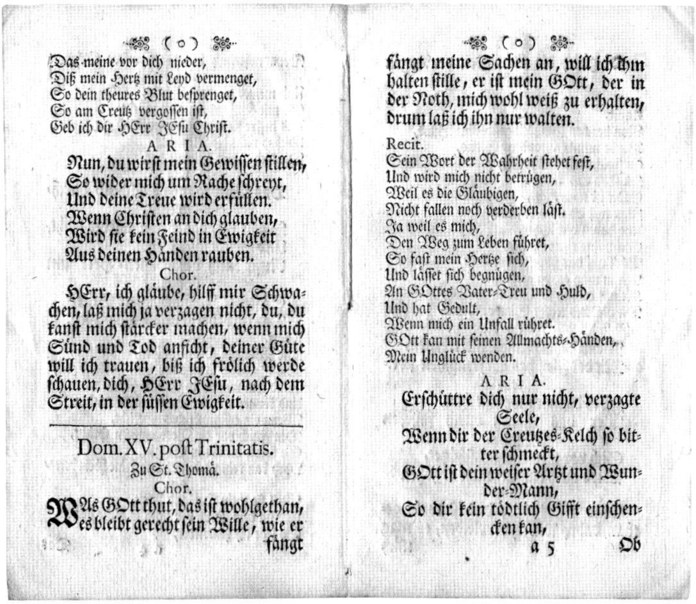

"Texte zur Music" in Sankt Petersburg – Weitere Funde   39

Das meine vor dich nieder,
Diß mein Hertz mit Leyd vermenget,
So dein theures Blut besprenget,
So am Creutz vergossen ist,
Geb ich dir HErr JEsu Christ.

ARIA.
Nun, du wirst mein Gewissen stillen,
So wider mich um Rache schreyt,
Und deine Treue wird erfüllen.
Wenn Christen an dich glauben,
Wird sie kein Feind in Ewigkeit
Aus deinen Händen rauben.

Chor.
HErr, ich gläube, hilff mir Schwachen, laß mich ja verzagen nicht, du, du kanst mich stärcker machen, wenn mich Sünd und Tod ansicht, deiner Güte will ich trauen, biß ich frölich werde schauen, dich, HErr JEsu, nach dem Streit, in der süssen Ewigkeit.

Dom. XV. post Trinitatis.
Zu St. Thomä.

Chor.
Was GOtt thut, das ist wohlgethan, es bleibt gerecht sein Wille, wie er fängt

fängt meine Sachen an, will ich ihm halten stille, er ist mein GOtt, der in der Noth, mich wohl weiß zu erhalten, drum laß ich ihn nur walten.

Recit.
Sein Wort der Wahrheit stehet fest,
Und wird mich nicht betrügen,
Weil es die Gläubigen,
Nicht fallen noch verderben läst.
Ja weil es mich,
Den Weg zum Leben führet,
So fast mein Hertze sich,
Und lässet sich begnügen,
An GOttes Vater-Treu und Huld,
Und hat Geduld,
Wenn mich ein Unfall rühret.
GOtt kan mit seinen Allmachts-Händen,
Mein Unglück wenden.

ARIA.
Erschüttre dich nur nicht, verzagte Seele,
Wenn dir der Creutzes-Kelch so bitter schmeckt,
GOtt ist dein weiser Artzt und Wunder-Mann,
So dir kein tödtlich Gifft einschencken kan,

Ob

Abb. 5.

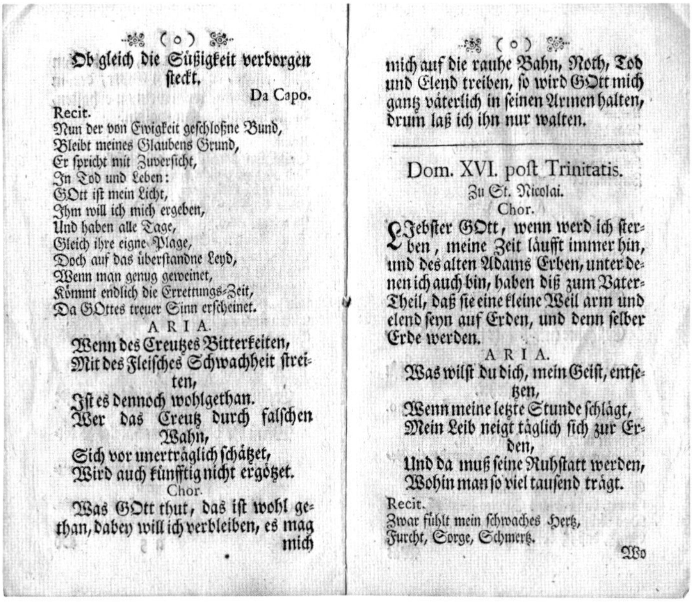

Ob gleich die Süßigkeit verborgen steckt,
Da Capo.

Recit.
Nun der von Ewigkeit geschloßne Bund,
Bleibt meines Glaubens Grund,
Er spricht mit Zuversicht,
In Tod und Leben:
GOtt ist mein Licht,
Ihm will ich mich ergeben,
Und haben alle Tage,
Gleich ihre eigne Plage,
Doch auf das überstandne Leyd,
Wenn man genug geweinet,
Kömmt endlich die Errettungs-Zeit,
Da GOttes treuer Sinn erscheinet.

ARIA.
Wenn des Creutzes Bitterkeiten,
Mit des Fleisches Schwachheit streiten,
Ist es dennoch wohlgethan.
Wer das Creutz durch falschen Wahn,
Sich vor unerträglich schätzet,
Wird auch künfftig nicht ergötzet.

Chor.
Was GOtt thut, das ist wohl gethan, dabey will ich verbleiben, es mag mich

mich auf die rauhe Bahn, Noth, Tod und Elend treiben, so wird GOtt mich gantz väterlich in seinen Armen halten, drum laß ich ihn nur walten.

Dom. XVI. post Trinitatis.
Zu St. Nicolai.

Chor.
Liebster GOtt, wenn werd ich sterben, meine Zeit läufft immer hin, und des alten Adams Erben, unter denen ich auch bin, haben diß zum Vater-Theil, daß sie eine kleine Weil arm und elend seyn auf Erden, und denn selber Erde werden.

ARIA.
Was wilst du dich, mein Geist, entsetzen,
Wenn meine letzte Stunde schlägt,
Mein Leib neigt täglich sich zur Erden,
Und da muß seine Ruhstatt werden,
Wohin man so viel tausend trägt.

Recit.
Zwar fühlt mein schwaches Hertz,
Furcht, Sorge, Schmertz,

Wo

Abb. 6.

Wo wird mein Leib die Ruhe finden,
Wer wird die Seele doch,
Vom aufgelegten Sünden-Joch
Befreyen und entbinden?
Das Meine wird zerstreut,
Und wohin, werden meine Lieben,
In ihrer Traurigkeit,
Zertrennt verstieben?

ARIA.
Doch weichet ihr tollen vergeblichen
Sorgen,
Mich ruffet mein JEsus, wer solte
nicht gehn?
Nichts was mir gefällt
Besitzet die Welt,
Erscheine mir seliger frölicher Morgen,
Verkläheret und herrlich vor JEsu
zu stehn.
Da Capo.
Recit.
Behalte nur, o Welt, das Meine,
Du nimmst ja selbst mein Fleisch und mein Gebeine,
So nimm auch meine Armuth hin:
Genug, daß mir aus GOttes Ueberfluß,
Das höchste Gut dort werden muß,
Genug, daß ich dort reich und seelig bin,
Was

Was aber ist von mir zu erben,
Als meines GOttes Vater Treu?
Die wird ja alle Morgen neu,
Und kan nicht sterben.
Chor.
Herrscher über Tod und Leben, mach einmahl mein Ende gut, lasse mich den Geist aufgeben, mit recht wohlgefaßten Muth, hilff daß ich ein ehrlich Grab neben frommen Christen hab, und auch endlich in der Erde nimmermehr zu schanden werde.

Am St. Michaelis-Feste.
Früh zu St. Thomä, und Nachmittage zu St. Nicolai.
Chorus.
HErr GOtt, dich loben alle wir, und sollen billich dancken dir, für dein Geschöpff, der Engel schon, die um dich schwebn in deinen Thron.
Recit.
Ihr heller Glantz und hohe Weißheit zeigt,
Wie GOtt sich zu uns Menschen neigt,
Der solche Helden, solche Waffen,
Vor uns geschaffen.
Sie

Abb. 7.

Sie ruhen ihm zu Ehren nicht,
Ihr gantzer Fleiß ist nur dahin gericht,
Daß sie, HErr Christe, um dich seyn,
Und um dein armes Häufflein.
Wie nöthig ist doch diese Wacht,
Bey Satans Grimm und Macht?
ARIA.
Der alte Drache brennt vor Neid,
Und dichtet stets auf neues Leid,
Daß er das kleine Häufflein trennet.
Er tilgte gern was GOttes ist,
Bald braucht er List,
Weil er nicht Rast noch Ruhe kennet.
Da Capo.
Recit.
Wohl aber uns, daß Tag und Nacht,
Die Schaar der Engel wacht,
Des Satans Anschlag zu zerstöhren,
Ein Daniel, so unter Löwen sitzt.
Erfähret, wie ihr die Hand des Engels schützt,
Wenn dort die Gluth,
In Babels Ofen keinen Schaden thut,
So lassen Gläubige ein Dancklied hören;
So stellt sich in Gefahr,
Noch ietzt der Engel Hülffe dar.
ARIA.
Laß, o Fürst der Cherubinen,
Dieser Helden hohe Schaar
Immer-

Immerdar
Deine Gläubigen bedienen,
Daß sie auf Elias Wagen
Sie zu dir gen Himmel tragen.
Da Capo.
Chor.
Darum wir billich loben dich, und dancken dir, GOtt, ewiglich, wie auch der lieben Engel-Schaar dich preisen heut und immerdar.
Und bitten dich, wollst allezeit, dieselben heissen seyn bereit, zu schützen deine kleine Heerd, so hält dein göttlich Wort in Werth.

Abb. 8.

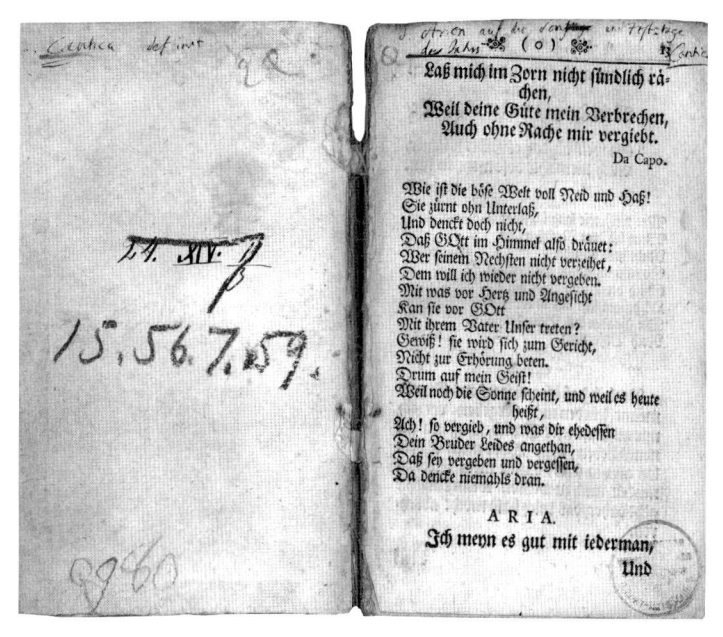

Laß mich im Zorn nicht sündlich rächen,
Weil deine Güte mein Verbrechen,
Auch ohne Rache mir vergiebt.
Da Capo.

Wie ist die böse Welt voll Neid und Haß!
Sie zürnt ohn Unterlaß,
Und denckt doch nicht,
Daß GOtt im Himmel also dräuet:
Wer seinem Nechsten nicht verzeihet,
Dem will ich wieder nicht vergeben.
Mit was vor Hertz und Angesicht
Kan sie vor GOtt
Mit ihrem Vater Unser treten?
Gewiß! sie wird sich zum Gerichte,
Nicht zur Erhörung beten.
Drum auf mein Geist!
Weil noch die Sonne scheint, und weil es heute heißt,
Ach! so vergieb, und was dir ehedessen
Dein Bruder Leides angethan,
Daß sey vergeben und vergessen,
Da dencke niemahls dran.

ARIA.
Ich meyn es gut mit iederman,
Und

Abb. 9.

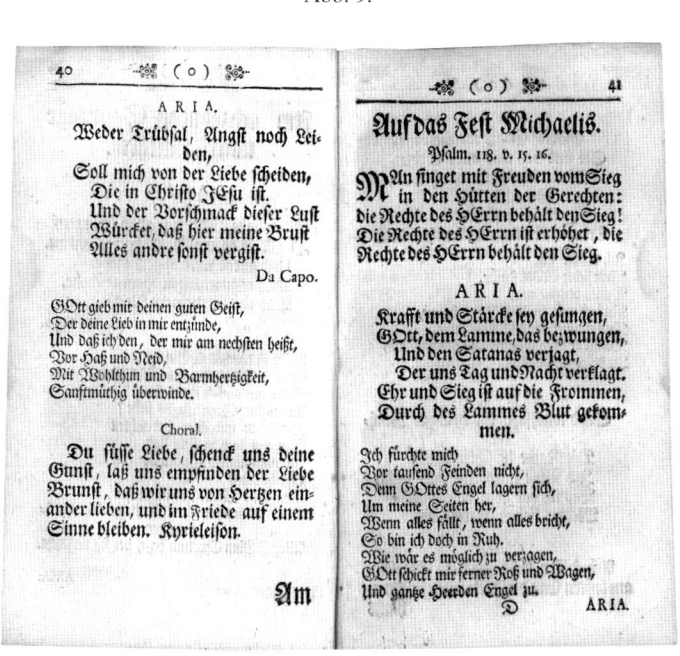

ARIA.
Weder Trübsal, Angst noch Leiden,
Soll mich von der Liebe scheiden,
Die in Christo JEsu ist.
Und der Vorschmack dieser Lust
Würcket, daß hier meine Brust
Alles andre sonst vergist.
Da Capo.

GOtt gieb mir deinen guten Geist,
Der deine Lieb in mir entzünde,
Und daß ich den, der mir am nechsten heißt,
Vor Haß und Neid,
Mit Wohlthun und Barmhertzigkeit,
Sanftmüthig überwinde.

Choral.
Du süsse Liebe, schenck uns deine Gunst, laß uns empfinden der Liebe Brunst, daß wir uns von Hertzen einander lieben, und im Friede auf einem Sinne bleiben. Kyrieleison.

Am

Auf das Fest Michaelis.
Psalm. 118. v. 15. 16.
MAn singet mit Freuden vom Sieg
in den Hütten der Gerechten:
die Rechte des HErrn behält den Sieg!
Die Rechte des HErrn ist erhöhet, die Rechte des HErrn behält den Sieg.

ARIA.
Krafft und Stärcke sey gesungen,
GOtt, dem Lamme, das bezwungen,
Und den Satanas verjagt,
Der uns Tag und Nacht verklagt.
Ehr und Sieg ist auf die Frommen,
Durch des Lammes Blut gekommen.

Ich fürchte mich
Vor tausend Feinden nicht,
Denn GOttes Engel lagern sich,
Um meine Seiten her,
Wenn alles fällt, wenn alles bricht,
So bin ich doch in Ruh.
Wie wär es möglich zu verzagen,
GOtt schickt mir ferner Roß und Wagen,
Und gantze Heerden Engel zu.
ARIA.

Abb. 10.

ARIA.

Weder Leiden, Blut noch Grab,
Trennet mich von Christo ab.
Seinem Worte will ich gläuben,
Und getreu
Auch in aller Tyranney
Biß zum letzten Oden bleiben.

Verachte mich, Welt, immerhin,
Daß ich bey dir nichts großes bin,
Bleib immer, wer du bist,
Ich bin ein Christ,
Mehr kan und will ich nicht auf Erden,
Als so, geehret werden.

Choral.

JESu! meine Freude, meines Hertzens Weyde, JESu, meine Zier: Ach! wie lang, ach! lange, ist dem Hertzen bange, und verlangt nach dir. GOttes Lamm, mein Bräutigam, auſſer dir soll mir auf Erden, nichts sonst liebers werden.

Am ersten heiligen Weyhnachts-Feyer-Tage.

Luc. II, 14.

Ehre sey GOtt in der Höhe, Friede auf Erden und den Menschen ein Wohlgefallen.

ARIA.

Erzehlet ihr Himmel die Ehre GOttes,
Ihr Veste, verkündiget seine Macht.
Doch vergesset nicht dabey,
Seine Liebe, seine Treu,
Die er an denen Verlohrnen vollbracht.
Da Capo.

O! Liebe, der kein Lieben gleich,
Der hochgelobte GOttes Sohn
Verläßt sein Himmelreich;
Ein Printz verläßt den Königs-Thron,

Abb. 11.

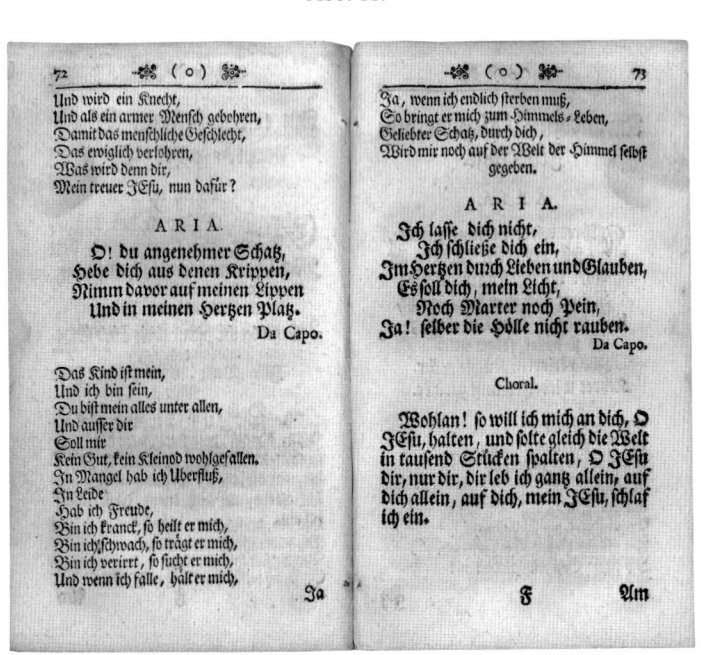

Und wird ein Knecht,
Und als ein armer Mensch gebohren,
Damit das menschliche Geschlecht,
Das ewiglich verlohren,
Was wird denn dir,
Mein treuer JEsu, nun dafür?

ARIA.

O! du angenehmer Schatz,
Hebe dich aus denen Krippen,
Nimm davor auf meinen Lippen
Und in meinen Hertzen Platz.
Da Capo.

Das Kind ist mein,
Und ich bin sein,
Du bist mein alles unter allen,
Und auſſer dir
Soll mir
Kein Gut, kein Kleinod wohlgefallen.
In Mangel hab ich Uberfluß,
In Leide
Hab ich Freude,
Bin ich kranck, so heilt er mich,
Bin ich schwach, so trägt er mich,
Bin ich verirrt, so sucht er mich,
Und wenn ich falle, hält er mich,

Ja, wenn ich endlich sterben muß,
So bringt er mich zum Himmels-Leben,
Geliebter Schatz, durch dich,
Wird mir noch auf der Welt der Himmel selbst gegeben.

ARIA.

Ich laſſe dich nicht,
Ich schließe dich ein,
Im Hertzen durch Lieben und Glauben,
Es soll dich, mein Licht,
Noch Marter noch Pein,
Ja! selber die Hölle nicht rauben.
Da Capo.

Choral.

Wohlan! so will ich mich an dich, O JEsu, halten, und solte gleich die Welt in tausend Stücken spalten, O JEsu dir, nur dir, dir leb ich gantz allein, auf dich allein, auf dich, mein JEsu, schlaf ich ein.

Abb. 12.

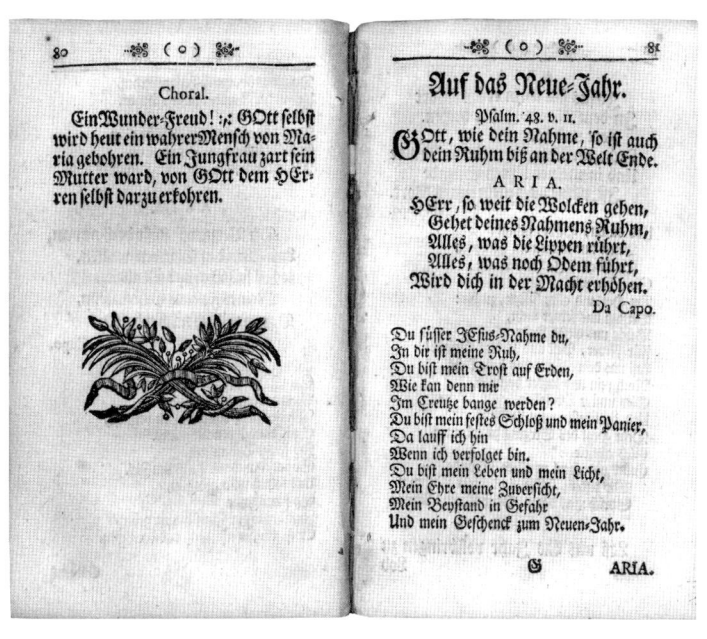

Abb. 13.

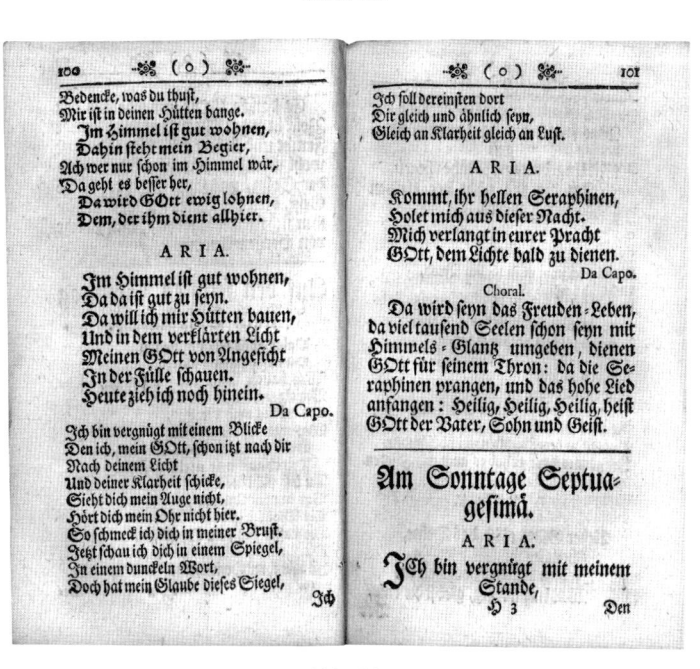

Choral.

Ein Wunder-Freud! :/: GOtt selbst wird heut ein wahrer Mensch von Maria gebohren. Ein Jungfrau zart sein Mutter ward, von GOtt dem HErren selbst darzu erkohren.

Auf das Neue-Jahr.

Psalm. 48. v. 11.

GOtt, wie dein Nahme, so ist auch dein Ruhm biß an der Welt Ende.

ARIA.

HErr, so weit die Wolcken gehen,
Gehet deines Nahmens Ruhm,
Alles, was die Lippen rührt,
Alles, was noch Odem führt,
Wird dich in der Nacht erhöhen.
Da Capo.

Du süsser JEsus-Nahme du,
In dir ist meine Ruh,
Du bist mein Trost auf Erden,
Wie kan denn mir
Im Creutze bange werden?
Du bist mein festes Schloß und mein Panier,
Da lauff ich hin
Wenn ich verfolget bin.
Du bist mein Leben und mein Licht,
Mein Ehre meine Zuversicht,
Mein Beystand in Gefahr
Und mein Geschenck zum Neuen-Jahr.

ARIA.

Abb. 14.

Bedencke, was du thust,
Mir ist in deinen Hütten bange.
Im Himmel ist gut wohnen,
Dahin steht mein Begier,
Ach wer nur schon im Himmel wär,
Da geht es besser her,
Da wird GOtt ewig lohnen,
Dem, der ihm dient allhier.

ARIA.

Im Himmel ist gut wohnen,
Da da ist gut zu seyn.
Da will ich mir Hütten bauen,
Und in dem verklärten Licht
Meinen GOtt von Angesicht
In der Fülle schauen.
Heute zieh ich noch hinein.
Da Capo.

Ich bin vergnügt mit einem Blicke
Den ich, mein GOtt, schon itzt nach dir
Nach deinem Licht
Und deiner Klarheit schicke,
Sieht dich mein Auge nicht,
Hört dich mein Ohr nicht hier,
So schmeck ich dich in meiner Brust.
Jetzt schau ich dich in einem Spiegel,
In einem dunckeln Wort,
Doch hat mein Glaube dieses Siegel,
Ich soll dereinsten dort
Dir gleich und ähnlich seyn,
Gleich an Klarheit gleich an Lust.

ARIA.

Kommt, ihr hellen Seraphinen,
Holet mich aus dieser Nacht.
Mich verlangt in eurer Pracht
GOtt, dem Lichte bald zu dienen.
Da Capo.

Choral.

Da wird seyn das Freuden-Leben, da viel tausend Seelen schon seyn mit Himmels-Glantz umgeben, dienen GOtt für seinem Thron: da die Seraphinen prangen, und das hohe Lied anfangen: Heilig, Heilig, Heilig, heist GOtt der Vater, Sohn und Geist.

Am Sonntage Septuagesimä.

ARIA.

Ich bin vergnügt mit meinem Stande,

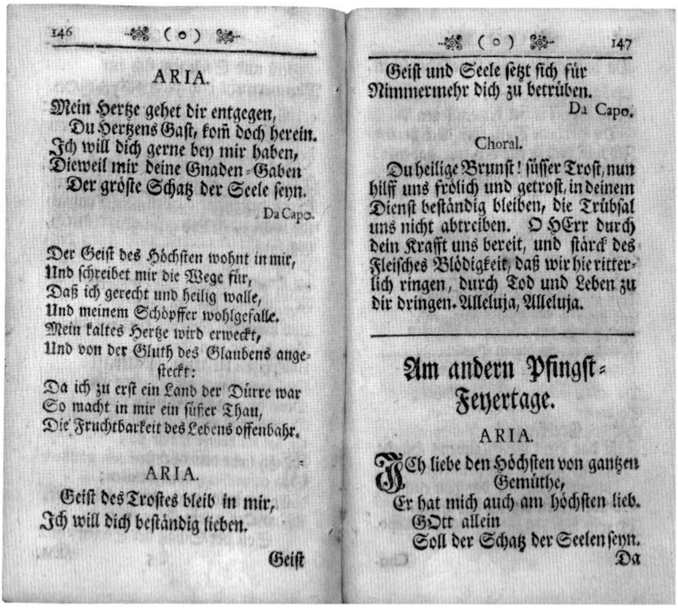

146 (o)

ARIA.

Mein Hertze gehet dir entgegen,
Du Hertzens Gast, kom̃ doch herein.
Ich will dich gerne bey mir haben,
Dieweil mir deine Gnaden-Gaben
Der gröste Schatz der Seele seyn.
Da Capo.

Der Geist des Höchsten wohnt in mir,
Und schreibet mir die Wege für,
Daß ich gerecht und heilig walle,
Und meinem Schöpffer wohlgefalle.
Mein kaltes Hertze wird erweckt,
Und von der Gluth des Glaubens angesteckt:
Da ich zu erst ein Land der Dürre war
So macht in mir ein süßer Thau,
Die Fruchtbarkeit des Lebens offenbahr.

ARIA.

Geist des Trostes bleib in mir,
Ich will dich beständig lieben.
Geist

(o) 147

Geist und Seele setzt sich für
Nimmermehr dich zu betrüben.
Da Capo.

Choral.

Du heilige Brunst! süsser Trost, nun hilff uns frölich und getrost, in deinem Dienst beständig bleiben, die Trübsal uns nicht abtreiben. O HErr durch dein Krafft uns bereit, und stärck des Fleisches Blödigkeit, daß wir hie ritterlich ringen, durch Tod und Leben zu dir dringen. Alleluja, Alleluja.

Am andern Pfingst-Feyertage.

ARIA.

Ich liebe den Höchsten von gantzen Gemüthe,
Er hat mich auch am höchsten lieb.
GOtt allein
Soll der Schatz der Seelen seyn.
Da

Abb. 15.

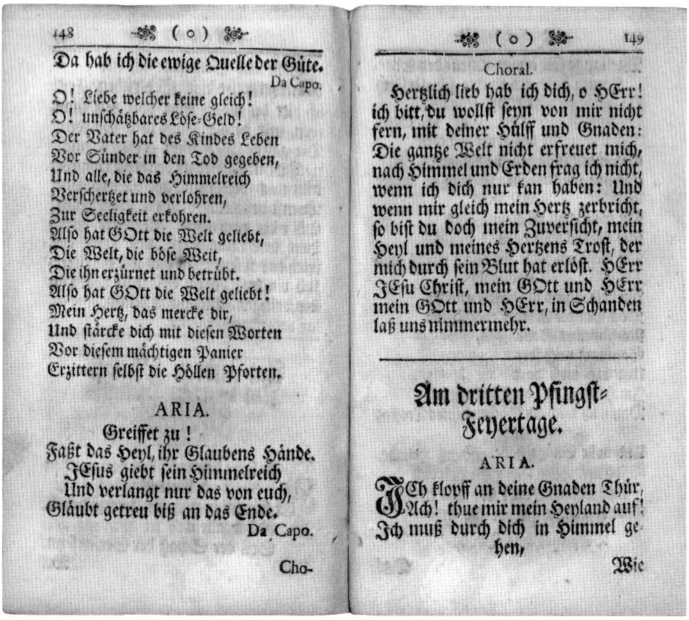

148 (o)

Da hab ich die ewige Quelle der Güte.
Da Capo.

O! Liebe welcher keine gleich!
O! unschätzbares Löse-Geld!
Der Vater hat des Kindes Leben
Vor Sünder in den Tod gegeben,
Und alle, die das Himmelreich
Verschertzet und verlohren,
Zur Seeligkeit erkohren.
Also hat GOtt die Welt geliebt,
Die Welt, die böse Welt,
Die ihn erzürnet und betrübt.
Also hat GOtt die Welt geliebt!
Mein Hertz, das mercke dir,
Und stärcke dich mit diesen Worten
Vor diesem mächtigen Panier
Erzittern selbst die Höllen Pforten.

ARIA.

Greiffet zu!
Faßt das Heyl, ihr Glaubens Hände.
JEsus giebt sein Himmelreich
Und verlangt nur das von euch,
Gläubt getreu biß an das Ende.
Da Capo.
Cho-

(o) 149

Choral.

Hertzlich lieb hab ich dich, o HErr! ich bitt, du wollst seyn von mir nicht fern, mit deiner Hülff und Gnaden: Die gantze Welt nicht erfreuet mich, nach Himmel und Erden frag ich nicht, wenn ich dich nur kan haben: Und wenn mir gleich mein Hertz zerbricht, so bist du doch mein Zuversicht, mein Heyl und meines Hertzens Trost, der mich durch sein Blut hat erlöst. HErr JEsu Christ, mein GOtt und HErr mein GOtt und HErr, in Schanden laß uns nimmermehr.

Am dritten Pfingst-Feyertage.

ARIA.

Ich klopff an deine Gnaden Thür,
Ach! thue mir mein Heyland auf!
Ich muß durch dich in Himmel gehen,
Wie

Abb. 16.

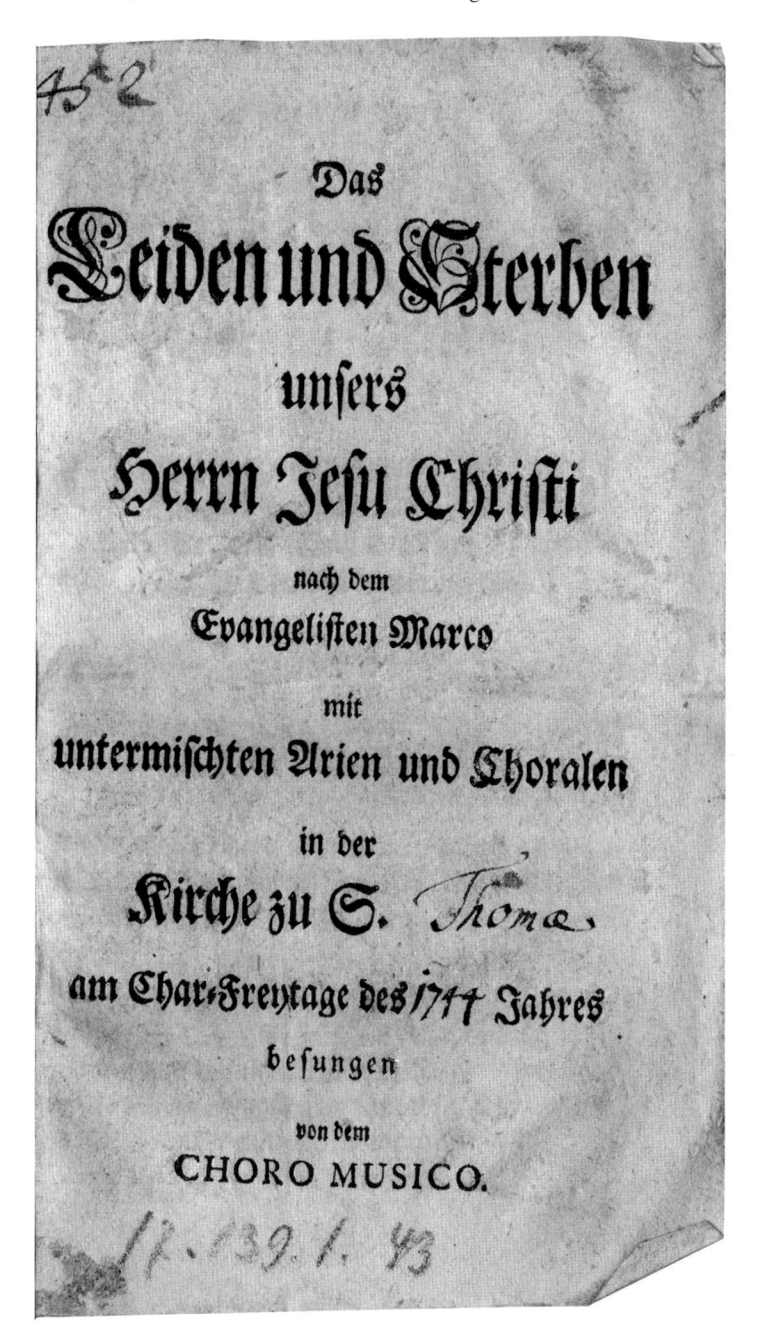

Das
Leiden und Sterben
unsers
Herrn Jesu Christi
nach dem
Evangelisten Marco
mit
untermischten Arien und Choralen
in der
Kirche zu S. Thomæ
am Char-Freytage des 1711 Jahres
besungen
von dem
CHORO MUSICO.

Abb. 17.

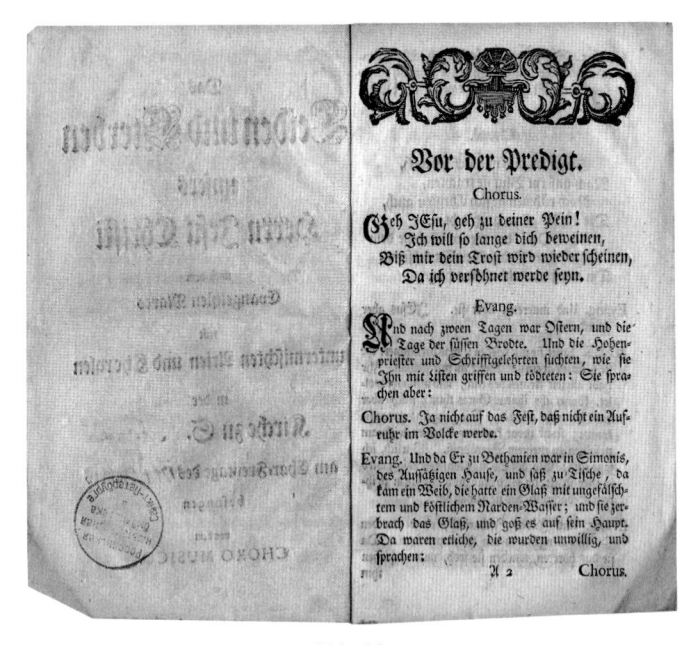

Abb. 18.

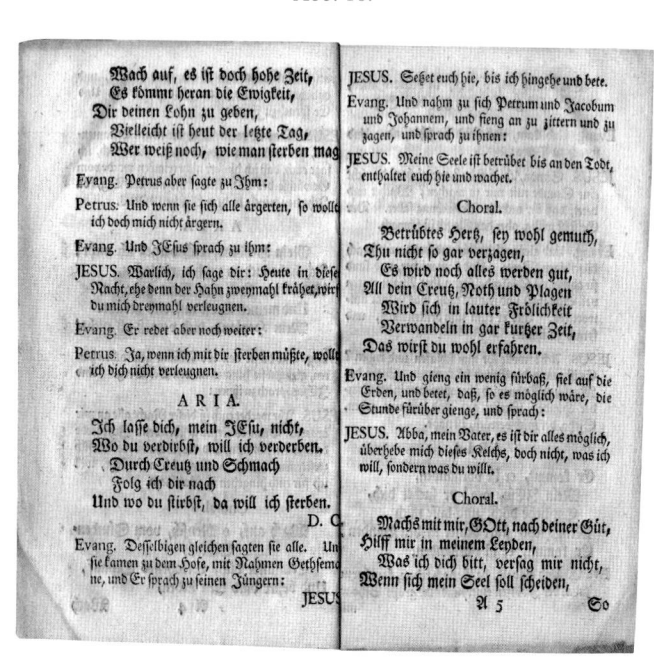

Vor der Predigt.

Chorus.

Geh JEsu, geh zu deiner Pein!
Ich will so lange dich beweinen,
Biß mir dein Trost wird wieder scheinen,
Da ich versöhnet werde seyn.

Evang.

Und nach zween Tagen war Ostern, und die Tage der süssen Brodte. Und die Hohenpriester und Schrifftgelehrten suchten, wie sie Ihn mit Listen griffen und tödteten: Sie sprachen aber:

Chorus. Ja nicht auf das Fest, daß nicht ein Aufruhr im Volcke werde.

Evang. Und da Er zu Bethanien war in Simonis, des Aussätzigen Hause, und saß zu Tische, da kam ein Weib, die hatte ein Glaß mit ungefälschtem und köstlichem Narden-Wasser: und sie zerbrach das Glaß, und goß es auf sein Haupt. Da waren etliche, die wurden unwillig, und sprachen:

A 2   Chorus.

Wach auf, es ist doch hohe Zeit,
Es kömmt heran die Ewigkeit,
Dir deinen Lohn zu geben,
Vielleicht ist heut der letzte Tag,
Wer weiß noch, wie man sterben mag.

Evang. Petrus aber sagte zu Ihm:

Petrus. Und wenn sie sich alle ärgerten, so wollt ich doch mich nicht ärgern.

Evang. Und JEsus sprach zu ihm:

JESUS. Warlich, ich sage dir: Heute in dieser Nacht, ehe denn der Hahn zweymahl krähet, wirst du mich dreymahl verleugnen.

Evang. Er redet aber noch weiter:

Petrus. Ja, wenn ich mit dir sterben müßte, wollt ich dich nicht verleugnen.

ARIA.

Ich lasse dich, mein JEsu, nicht,
Wo du verdirbst, will ich verderben.
Durch Creutz und Schmach
Folg ich dir nach
Und wo du stirbst, da will ich sterben.

D. C.

Evang. Desselbigen gleichen sagten sie alle. Und sie kamen zu dem Hofe, mit Nahmen Gethsemane, und Er sprach zu seinen Jüngern:

JESUS.

JESUS. Setzet euch hie, bis ich hingehe und bete.

Evang. Und nahm zu sich Petrum und Jacobum und Johannem, und fieng an zu zittern und zu zagen, und sprach zu ihnen:

JESUS. Meine Seele ist betrübet bis an den Todt, enthaltet euch hie und wachet.

Choral.

Betrübtes Hertz, sey wohl gemuth,
Thu nicht so gar verzagen,
Es wird noch alles werden gut,
All dein Creutz, Noth und Plagen
Wird sich in lauter Frölichkeit
Verwandeln in gar kurtzer Zeit,
Das wirst du wohl erfahren.

Evang. Und gieng ein wenig fürbaß, fiel auf die Erden, und betet, daß, so es möglich wäre, die Stunde fürüber gienge, und sprach:

JESUS. Abba, mein Vater, es ist dir alles möglich, überhebe mich dieses Kelchs, doch nicht, was ich will, sondern was du willt.

Choral.

Machs mit mir, GOtt, nach deiner Güt,
Hilff mir in meinem Leyden,
Was ich dich bitt, versag mir nicht,
Wenn sich mein Seel soll scheiden,

A 5   So

Abb. 19.

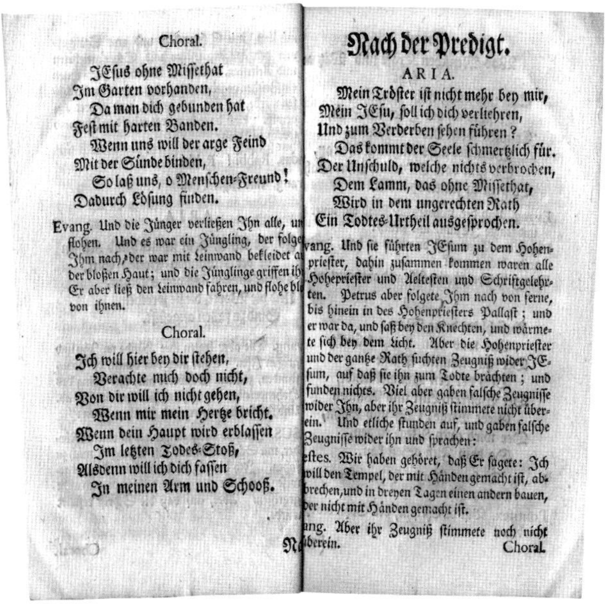

Choral.

JEsus ohne Missethat
Im Garten vorhanden,
Da man dich gebunden hat
Fest mit harten Banden.
Wenn uns will der arge Feind
Mit der Sünde binden,
So laß uns, o Menschen-Freund!
Dadurch Lösung finden.

Evang. Und die Jünger verließen Ihn alle, un
flohen. Und es war ein Jüngling, der folge
Ihm nach, der war mit Leinwand bekleidet a
der bloßen Haut; und die Jünglinge griffen ih
Er aber ließ den Leinwand fahren, und flohe bl
von ihnen.

Choral.

Ich will hier bey dir stehen,
Verachte mich doch nicht,
Von dir will ich nicht gehen,
Wenn mir mein Hertze bricht.
Wenn dein Haupt wird erblassen
Im letzten Todes-Stoß,
Alsdenn will ich dich fassen
In meinen Arm und Schooß.

Na

Nach der Predigt.

ARIA.

Mein Tröster ist nicht mehr bey mir,
Mein JEsu, soll ich dich verliehren,
Und zum Verderben sehen führen?
Das kommt der Seele schmertzlich für.
Der Unschuld, welche nichts verbrochen,
Dem Lamm, das ohne Missethat,
Wird in dem ungerechten Rath
Ein Todtes-Urtheil ausgesprochen.

vang. Und sie führten JEsum zu dem Hohenpriester, dahin zusammen kommen waren alle
Hohepriester und Aeltesten und Schriftgelehr-
ten. Petrus aber folgete Ihm nach von ferne,
bis hinein in des Hohenpriesters Pallast; und
er war da, und saß bey den Knechten, und wärme-
te sich bey dem Licht. Aber die Hohenpriester
und der gantze Rath suchten Zeugniß wider JE-
sum, auf daß sie ihn zum Tode brächten; und
funden nichts. Viel aber gaben falsche Zeugnisse
wider Ihn, aber ihr Zeugniß stimmete nicht überein. Und etliche stunden auf, und gaben falsche
Zeugnisse wider ihn und sprachen:

estes. Wir haben gehöret, daß Er sagete: Ich
will den Tempel, der mit Händen gemacht ist, ab-
brechen, und in dreyen Tagen einen andern bauen,
der nicht mit Händen gemacht ist.

ng. Aber ihr Zeugniß stimmete noch nicht
überein.

Choral.

Abb. 20.

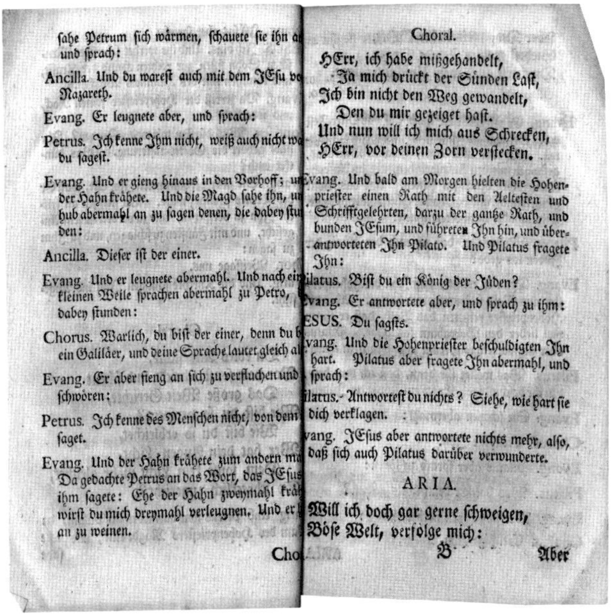

sahe Petrum sich wärmen, schauete sie ihn a
und sprach:

Ancilla. Und du warest auch mit dem JEsu vo
Nazareth.

Evang. Er leugnete aber, und sprach:

Petrus. Ich kenne Ihm nicht, weiß auch nicht wa
du sagest.

Evang. Und er gieng hinaus in den Vorhoff; u
der Hahn krähete. Und die Magd sahe ihn, u
hub abermahl an zu sagen denen, die dabey stu
den:

Ancilla. Dieser ist der einer.

Evang. Und er leugnete abermahl. Und nach ei
kleinen Weile sprachen abermahl zu Petro,
dabey stunden:

Chorus. Warlich, du bist der einer, denn du b
ein Galiläer, und deine Sprache lautet gleich a

Evang. Er aber fieng an sich zu verfluchen und
schwören:

Petrus. Ich kenne des Menschen nicht, von dem
saget.

Evang. Und der Hahn krähete zum andern m
Da gedachte Petrus an das Wort, das JEsu
ihm sagete: Ehe der Hahn zweymahl kräh
wirst du mich dreymahl verleugnen. Und er
an zu weinen.

Cho

Choral.

HErr, ich habe mißgehandelt,
Ja mich drückt der Sünden Last,
Ich bin nicht den Weg gewandelt,
Den du mir gezeiget hast.
Und nun will ich mich aus Schrecken,
HErr, vor deinen Zorn verstecken.

vang. Und bald am Morgen hielten die Hohenpriester einen Rath mit den Aeltesten und
Schrifftgelehrten, darzu der gantze Rath, und
bunden JEsum, und führeten Ihn hin, und über-
antworteten Ihn Pilato. Und Pilatus fragete
Ihn:

ilatus. Bist du ein König der Jüden?

vang. Er antwortete aber, und sprach zu ihm:

ESUS. Du sagsts.

vang. Und die Hohenpriester beschuldigten Ihn
hart. Pilatus aber fragete Ihn abermahl, und
sprach:

ilatus. Antwortest du nichts? Siehe, wie hart sie
dich verklagen.

vang. JEsus aber antwortete nichts mehr, also,
daß sich auch Pilatus darüber verwunderte.

ARIA.

Will ich doch gar gerne schweigen,
Böse Welt, verfolge mich:

B Aber

Abb. 21.

Aber Du, mein lieber GOtt,
Siehest meiner Feinde Spott,
Du wirst auch mein Unschuld zeigen.
Da Capo.

Evang. Er pflegete aber ihnen auf das Oster-Fest einen Gefangenen loß zu geben, welchen sie begehrten. Es war aber einer, genannt Barrabas, gefangen mit den Aufrührischen, die im Aufruhr einen Mord begangen hatten. Und das Volck gieng hinauf, und bat, daß er thäte, wie er pflegete. Pilatus aber antwortete ihnen:

Pilatus. Wollet ihr, daß ich euch den König der Jüden los gebe?

Evang. Denn er wußte, daß Ihn die Hohenpriester aus Neid überantwortet hatten. Aber die Hohenpriester reitzeten das Volck, daß er ihnen viel lieber den Barrabam los gäbe. Pilatus aber antwortete wiederum und sprach zu ihnen:

Pilatus. Was wollet ihr denn, daß ich thue dem, den ihr beschuldiget, Er sey ein König der Jüden?

Evang. Sie schryen abermahl:

Chorus. Creutzige Ihn.

Evang. Pilatus aber sprach zu ihnen:

Pilatus. Was hat Er denn übels gethan?

Evang. Aber sie schryen noch vielmehr:

Chorus. Creutzige Ihn.

ARIA.

ARIA.

Angenehmtes Mord-Geschrey,
JEsus soll am Creutze sterben,
Nur damit ich vom Verderben
Der verdammten Seelen frey.
Und damit mir Creutz und Leyden
Sanfte zu ertragen sey.
Angenehmtes Mord-Geschrey!

Evang. Pilatus aber gedachte dem Volck genug zu thun, und gab ihnen Barrabam loß; und überantwortete ihnen JEsum, daß Er gegeißelt und gecreutziget würde. Die Kriegs-Knechte aber führeten Ihn hinein in das Richt-Hauß, und riefen zusammen die gantze Schaar; und zogen Ihm einen Purpur an, und flochten eine Dornen-Crone, und setzten sie Ihm auf. Und fingen an, Ihn zu grüßen:

Chorus. Gegrüßet seyst du, der Jüden König.

Evang. Und schlugen Ihn das Haupt mit dem Rohr, und verspeyeten Ihn, und fielen auf die Knie, und beteten Ihn an.

Choral.

Man hat dich sehr hart verhöhnet,
Dich mit grossen Schimpf belegt,
Und mit Dornen gar gecrönet:
Was hat dich darzu bewegt?

B 2 Daß

Abb. 22.

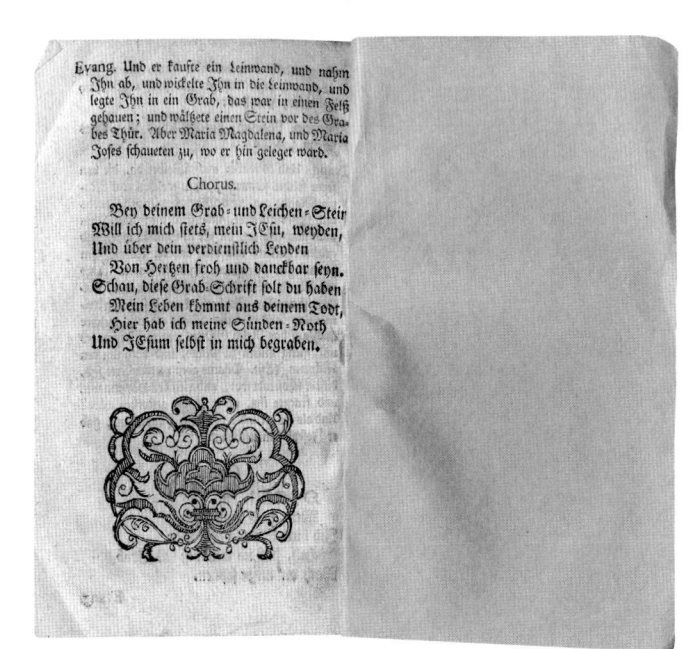

Evang. Und er kauffte ein Leinwand, und nahm Ihn ab, und wickelte Ihn in die Leinwand, und legte Ihn in ein Grab, das war in einen Felß gehauen; und wältzete einen Stein vor des Grabes Thür. Aber Maria Magdalena, und Maria Joses schaueten zu, wo er hin geleget ward.

Chorus.

Bey deinem Grab- und Leichen-Stein
Will ich mich stets, mein JEsu, weyden,
Und über dein verdienstlich Leyden
Von Hertzen froh und danckbar seyn.
Schau, diese Grab-Schrifft solt du haben
Mein Leben kömmt aus deinem Todt,
Hier hab ich meine Sünden-Noth
Und JEsum selbst in mich begraben.

Abb. 23.

Neue Quellen zu Johann Sebastian Bachs Violinsoli (BWV 1001–1006)
Zur Rekonstruktion eines wichtigen Überlieferungszweigs

Von Tanja Kovačević und Yo Tomita (Belfast)

Seit dem Erscheinen des Kritischen Berichts zu den im Rahmen der NBA veröffentlichten Sonaten und Partiten für Violine solo[1] tauchen immer wieder neue Abschriften entweder der vollständigen Sammlung oder einzelner Werke auf. Zu den jüngsten Erweiterungen der Quellenliste gehört eine Gruppe von Abschriften, die einem Überlieferungszweig Berliner Ursprungs angehören (drei der Abschriften wurden auch in Berlin angefertigt). Zwei Quellen aus dieser Gruppe waren der Forschung bisher nicht bekannt, andere wurden in der einschlägigen Literatur nur kurz erwähnt.[2] Eine weitere noch nicht ausgewertete Abschrift liegt außerhalb des hier untersuchten Überlieferungszweigs und wird daher im vorliegenden Kontext nicht berücksichtigt.[3] Die Herkunft einer bereits seit langem bekannten Quelle (*P 573*) hingegen muß angesichts der hier darzulegenden Erkenntnisse neu bewertet werden. Zudem wird unsere Studie weitere Indizien zur Überlieferung von Bachs Autograph beisteuern, dessen Besitzgang für die Jahre vor 1842 bisher noch ungeklärt ist.[4]

---

[1] NBA VI/1 (G. Haußwald, 1958).
[2] Der umfassendste Überblick zur Quellenlage findet sich bei C. Fanselau, *Mehrstimmigkeit in J. S. Bachs Werken für Melodieinstrumente ohne Begleitung*, Sinzig 2000, S. 319–341. Fanselau hat sämtliche „versprengten Hinweise" auf die erhaltenen wie auch die verschollenen Quellen gesammelt, gesteht aber ein, daß „diese Indizien … zunächst nur Bausteine" sind und hofft, „daß sich daraus später einmal ein vollständiges Mosaik und eine schlüssige Filiation aller Quellen ergibt" (S. 331).
[3] D-SWl, *Mus. 942*, beschrieben bei Fanselau (wie Fußnote 2), S. 334–335. Zu weiteren Hinweisen auf den Vorbesitzer der Handschrift siehe NBA IV/11 Krit. Bericht (P. Wollny, 2004), S. 180–184.
[4] Die Inschrift auf dem Vorsatzblatt des Autographs (*P 967*) lautet „Louisa Bach | Bückeburg | 1842". Haußwald vermutet, daß die Handschrift nach Bachs Tod in den Besitz von dessen zweitjüngstem Sohn Johann Christoph Friedrich überging. Dieser vererbte sie an seine Tochter Christiane Louisa Bach (1762–1852), auf die sich die Widmung höchstwahrscheinlich bezieht (vgl. NBA VI/1 Krit. Bericht, S. 25). Peter Wollny hat vor einigen Jahren die Möglichkeit erwogen, daß die Handschrift erst 1842 in den Besitz der Familie gelangte. Siehe *J. S. Bach. Drei Sonaten und drei Partiten für Violine solo BWV 1001–1006. Revidierte Ausgabe von Peter Wollny*, Kassel 2001, S. V.

Bemerkungen zu den Quellen und ihren Schreibern

Quelle **W**[5] wurde erstmals 1924 in dem von Georg Kinsky für das Auktionshaus Lempertz in Köln erarbeiteten Katalog der Sammlung Erich Prieger (1849–1913) erwähnt; dort heißt es unter der Losnummer 173: „6 Sonaten u. Partiten f. Violine allein. (‚Sei Solo a Violino senza Basso accompagnato … da … Joh: Seb: Bach anno 1720 …‘)", und die Handschrift wird als „eine für die Textkritik des berühmten Werkes wichtige alte Abschrift" bewertet.[6] Bei einem von Kinsky ebenfalls erwähnten, der Handschrift beiliegenden Dokument[7] handelt es sich um ein noch heute vorhandenes handschriftliches Lesartenverzeichnis von der Hand Priegers. Die Handschrift selbst umfaßt 22 Bll. (XI) vom Format 35,5 × 22 cm; als Wasserzeichen sind 1. ein achtzackiger Stern mit Mittelkreis und 2. der Buchstabe W zu erkennen.

Während bekannt ist, daß Prieger Bachs autographe Reinschrift der Soli nach 1892 aus dem Nachlaß Wilhelm Rusts erwarb,[8] wissen wir nicht, wann er in den Besitz von Quelle **W** kam. Wahrscheinlich besaß er sie bereits, als er das Autograph auslieh; doch auch die Möglichkeit einer späteren Erwerbung läßt sich nicht ausschließen. Bei der Chiffre „No. 13" auf der Titelseite könnte es sich um die Losnummer einer früheren Auktion handeln, auf der Prieger die Handschrift möglicherweise ersteigerte.

Im Jahr 1964 wurde die damals in den USA befindliche Handschrift von dem Oxforder Antiquar Albi Rosenthal mit einem Hinweis auf den Geiger und Musikwissenschaftler Fritz Rothschild (1891–1975) als Besitzer zum Verkauf angeboten.[9] Anscheinend fand sich aber kein Interessent, denn die Handschrift scheint bis zu seinem Tod bei Rothschild verblieben zu sein und gelangte dann

---

[5] Die in diesem Beitrag verwendeten Sigla beziehen sich auf den jeweiligen gegenwärtigen Aufbewahrungsort der Quellen und folgen nicht dem von der NBA benutzten System. Bereits bekannte Quellen werden anhand ihrer Bibliothekssignaturen zitiert.

[6] Georg Kinsky, *Musiksammlung aus dem Nachlasse † Dr. Erich Prieger-Bonn …, III. Teil. Musikbriefe, Handschriften, Musikalien … Versteigerung: 15. Juli 1924 … durch M. Lempertz' Buchhandlung und Antiquariat*, Köln 1924, S. 19. Fanselaus Beschreibung von Quelle W basiert weitgehend auf Kinskys Eintrag, da die Handschrift zu der Zeit nicht zugänglich war. Siehe Fanselau (wie Fußnote 2) S. 337–338.

[7] „Beiliegend ein (im Auftrage von Prieger verfertigtes) Verzeichnis aller Abweichungen zwischen der vorlieg. Kopie und dem Autograph im Besitze der Familie Rust v. J. 1720 …"; siehe Kinsky (wie Fußnote 6), S. 19.

[8] Siehe NBA VI/1 Krit. Bericht, S. 25.

[9] Siehe Fanselau (wie Fußnote 2), S. 338. Zwischen der Auktion von 1924 und Rothschilds Erwerbung der Handschrift könnte es noch einen weiteren Zwischenbesitzer gegeben haben.

in den Besitz seiner vormaligen Klavierbegleiterin Carla Badaracco, die sie 2003 der Wienbibliothek im Rathaus vermachte.[10]

Der Wasserzeichenbefund von **W** gibt nur einen vagen Hinweis auf die Entstehungszeit (der Wasserzeichentyp ist zwischen 1747 und 1807 nachgewiesen[11]); eine weitere Eingrenzung erlauben die auf **W** zurückgehenden Abschriften, von denen zumindest eine aus dem Zeitraum zwischen Anfang der 1740er und Ende der 1760er Jahre stammt. Eine genauere Datierung ließe sich vielleicht ermitteln, wenn es gelänge, die anscheinend von Kinsky ausgelöste Verwirrung um die Identität des Kopisten zu klären. Kinsky nennt als Schreiber von **W** „S. Hering" und verweist auf die Losnummer 159 des Prieger-Katalogs, die sich auf die heute verschollene Abschrift des Wohltemperierten Klaviers II bezieht, deren Titelseite den Vermerk „anno 1742. | S. Hering" trug.[12] Es ist nicht bekannt, ob Kinsky seine Zuweisung ausschließlich auf den Verweis „Possess: Hering" auf dem Titelblatt von **W** stützte oder ob er selbst die Handschrift der beiden Quellen genauer untersuchte. Allerdings hat die Verwirrung damit noch kein Ende. Der Eintrag im Göttinger Bach-Katalog bezeichnet den Kopisten von **W** als „J. F. Hering", also den von der Bach-Forschung lange Zeit als Anonymus 300 geführten Berliner Musiker Johann Friedrich Hering (1724–1810),[13] der in einem zeitgenössischen Dokument einmal als ein „eifriger Sammler und ausschließlicher Verehrer Bachischer Produkte"[14] beschrieben wurde. Hering stand in engem persönlichem Kontakt zu C. P. E. Bach,[15] und es ist belegt, daß dieser ihm Autographe seines Vaters zur Abschrift zugänglich machte. Die Verbindung zwischen den beiden Musikern dauerte auch nach C. P. E. Bachs Weggang aus Berlin fort.[16]

Unseres Erachtens besteht kein Zweifel daran, daß die Titelseite und der gesamte Notentext von **W** von ein und derselben Hand herrühren. Zudem enthält die Abschrift zahlreiche Hinweise darauf, daß sie von einem unerfahrenen und wohl jungen Schreiber kopiert wurde, dessen Schrift noch ungeformt und variabel ist und dem die Individualität eines erfahrenen Kopisten fehlt. In der

---

[10] Wir sind Dr. Karl Ulz (Wienbibliothek im Rathaus) für diese Auskunft zu Dank verpflichtet.

[11] Vgl. W. Enßlin, *Die Bach-Quellen der Sing-Akademie zu Berlin*, LBzBF 8, S. 678 (WZ 244).

[12] Kinsky (wie Fußnote 6), S. 17.

[13] Siehe http://gwdu64.gwdg.de (Stand: 3. Februar 2009); Lebensdaten nach B. Faulstich, *Die Musikaliensammlung der Familie von Voß. Ein Beitrag zur Berliner Musikgeschichte um 1800*, Kassel 1997 (Catalogus Musicus. 16.), S. 515.

[14] Dok III, Nr. 984, S. 530–531. Siehe auch P. Wollny, *Ein „musikalischer Veteran Berlins". Der Schreiber Anonymus 300 und seine Bedeutung für die Berliner Bach-Überlieferung*, in: Jahrbuch SIM 1995, S. 80–113, speziell S. 84.

[15] Wollny (wie Fußnote 14), S. 84.

[16] Ebenda, S. 84–85.

Tat fällt bei einem Vergleich von Quelle **W** mit Bachs autographer Reinschrift (siehe Abb. 5) ein außergewöhnlich hohes Maß von Nachahmung auf. Hieraus ergibt sich der zwingende Beweis, daß tatsächlich das Autograph als Vorlage diente. Allerdings erschwert dies eine Bestimmung von charakteristischen Schriftzügen des Kopisten. Trotzdem sind zumindest einige Eigenheiten erkennbar, entweder unmittelbar, wie in dem herzförmigen „V" und dem „B" mit seinem brezelförmigen unteren Ende, oder wenn Zeichen durch imitative Buchstaben ersetzt werden, wie es bei „P" oder „C" (Taktvorzeichnung) der Fall ist. Abgesehen von diesen Eigenheiten der Notation und weiter unten zu diskutierenden quellenkritischen Kriterien reflektieren auch Ungenauigkeiten beim Kopieren von Titeln und Überschriften die mangelnde Kenntnis des Schreibers selbst der von Musikern ständig verwendeten grundlegenden Terminologie und Konventionen.

Weitere Vergleiche vor allem mit dem frühen Schriftstadium der betreffenden Kopisten[17] haben ergeben, daß zwischen der Handschrift in **W** und gesicherten Schriftzeugnissen J. F. und S. Herings eindeutige Unterschiede bestehen. Obwohl **W** und die von J. F. Hering kopierten Handschriften einige allgemeine Charakteristika teilen – etwa die Größe der Notenköpfe, den Abstand zwischen den Noten, die Balkung und die Form der Achtel- und Sechzehntelfähnchen –, überwiegen bei genauerem Hinsehen doch die Unterschiede. Um nur einige zu nennen: Wo die C-Taktvorzeichnung in **W** nicht Bachs C nachahmt, hat sie einen Haken am oberen Ende und erstreckt sich von der obersten bis zur untersten Linie des Systems, während J. F. Herings C-Taktvorzeichnungen wesentlich kleiner sind; in **W** sind abwärts gerichtete Notenhälse rechts kaudiert, während J. F. Hering sie grundsätzlich links ansetzt; und trotz der Unerfahrenheit des Kopisten erscheinen die Titel in **W** an der Unterseite gerader ausgerichtet und die Buchstaben von der Größe her gleichmäßiger, wodurch die Schrift ordentlicher und eleganter wirkt als die von J. F. Hering. Ein ähnliches Bild ergibt sich bei einem Vergleich der Quelle mit der Handschrift S. Herings.

Viele der Abschriften, an denen einer der beiden Schreiber namens Hering oder aber auch beide mitwirkten, haben sich als gemeinschaftliche Arbeit mehrerer Kopisten erwiesen. Peter Wollny hat auf eine Reihe von Abschriften von Kompositionen J. S. Bachs, Kirnbergers und J. G. Grauns aufmerksam gemacht, die zwischen 1758 und 1760 von einem unbekannten Schreiber in Berlin kopiert wurden und von denen einige den Vermerk „Hering | 1760" oder eine ähnliche Notiz tragen, während andere mit „F. A. Klügling" signiert sind.[18] Der letztgenannte Namenszug dürfte sich auf den Kirnberger-Schüler

---

[17] Eine Beschreibung der Charakteristika der drei unterscheidbaren Stadien in der Handschrift von J. F. Hering findet sich ebenda, S. 87 f.
[18] Ebenda, S. 99.

Friedrich August Klügling (geb. 1744) beziehen, der im Jahre 1760 von Berlin nach Danzig ging und zur Zeit der Anfertigung der hier untersuchten Handschriften etwa vierzehn bis sechzehn Jahre alt gewesen sein muß.[19] Auch wenn es sich bei dem Schreiber von **W** nicht um den als Klügling bestimmten Kopisten handelt, wäre denkbar, daß wir hier ein weiteres Mitglied der Gruppe nicht identifizierter Schreiber um Hering vor uns haben, vielleicht einen Verwandten gleichen Namens oder einen Schüler.
Angesichts des hohen Grades der Schriftassimilation in **W** können wir allerdings auch die Möglichkeit nicht gänzlich ausschließen, daß sie von einem der beiden Herings in sehr jungen Jahren kopiert wurde, bevor seine Handschrift persönlichere Züge ausbildete. Leider läßt sich dies ohne weitere Schriftproben aus dieser frühen Entwicklungsphase nicht herausfinden. Vielleicht ergeben sich weitere Hinweise, wenn die verschollene Hering-Abschrift des Wohltemperierten Klaviers II wieder auftauchen sollte.

Quelle **L** wurde einer handschriftlichen Notiz auf dem Vorsatzblatt zufolge im Jahr 1883 vom British Museum (heute British Library) erworben, wo sie seither nicht weiter beachtet wurde.[20] Bei dem auf dem Vorsatzblatt genannten Vorbesitzer handelt es sich wahrscheinlich um den aus Berlin gebürtigen Viola-d'Amore-Spieler, Kapellmeister des Siebten Husarenregiments und Komponisten Carli Zoeller (1840–1889). Dieser vielgereiste Musiker ließ sich 1873 in London nieder. Er hatte am Berliner Konservatorium bei Hubert Ries (1802–1886) Violine und bei August Eduard Grell (1800–1886) Kontrapunkt studiert.[21] Grell ist der Bach-Forschung als Besitzer einer beträchtlichen Zahl von Bach-Handschriften bekannt. Daher ist es durchaus möglich, daß Zoeller

---

[19] Ebenda; siehe auch F.-J. Fétis, *Biographie universelle des musiciens et bibliographie générale de la musique*, zweite Auflage, Bd. 5, Paris 1863, S. 61; Gerber NTL, Bd. 1, S. 736, und H. Rauschning, *Geschichte der Musik und Musikpflege in Danzig. Von den Anfängen bis zur Auflösung der Kirchenkapellen*, Danzig 1931, S. 349 f.

[20] Die Handschrift ist nicht erwähnt im Register von A. Hughes-Hughes, *Catalogue of Manuscript Music in the British Museum*, Bd. III: *Instrumental Music, Treatises, etc.*, London 1909, erscheint wohl aber im Katalog selbst auf S. 167 als „Add. 32156. Paper; ff. 21. 18th cent. Folio. Sonatas for the violin, without accompaniment, each followed by ‚partia', *sc.* partita or suite, by Johann Sebastian Bach, as published by the Bach Gesellschaft in 1880". The *Catalogue of Additions to the Manuscripts in the British Museum in the Years MDCCCLXXXII.–MDCCCLXXXVII.*, London 1889, S. 83, erwähnt das Werk wie folgt: „32, 156. ‚Violin-soli ohne Begleitung': three sonatas for the violin, each followed by a ‚partia' or ‚suite de pièces'; by Johann Sebastian Bach. Paper; ff. 21. xviiith cent. Folio".

[21] Siehe Zoellers Nachruf in *Musical Times* 30 (1889), S. 485; siehe auch E. Heron-Allen und J. Moran, Artikel *Zoeller, Carli*, in: New Grove 2001, Bd. 27, S. 861.

Quelle **L** von ihm erwarb. Eine solche Vermutung muß natürlich Spekulation bleiben, denn die Handschrift hätte ebensogut auch Hubert Ries gehört haben können, oder Zoeller erstand sie später auf einer seiner zahlreichen Reisen, die er gezielt zum Ankauf von Musikalien für das British Museum unternahm. Dieses erwarb in den 1880er Jahren einen beträchtlichen Fundus von Handschriften mit Werken verschiedener Komponisten. Viele dieser Quellen tragen Vermerke wie „copied from the originals at Berlin and Dresden by Carli Zoeller" oder „copied in the libraries of the ‚Gesellschaft der Musikfreunde' and M. Artaria at Vienna". In einem seiner Briefe schreibt Zoeller von seiner Absicht, nach Prag zu reisen, um weitere Partituren zu kopieren.[22]

Quelle **L** umfaßt 21 Bll. (III + 1 + III + IV) vom Format 35×21 cm (beschnitten); ein Wasserzeichen ist nicht zu erkennen. Der Schreiber ist Anonymus 401 und möglicherweise identisch mit dem Kopisten namens Kühn,[23] der einer in der zweiten Hälfte des 18. Jahrhundert in Berlin tätigen Gruppe von professionellen Kopisten zuzuordnen ist und von dem wir wissen, daß er für Kirnberger und die Amalienbibliothek arbeitete.[24] Von seiner Hand existieren zwei weitere Abschriften von Bachs Violinsoli, die zum Bestand der Amalienbibliothek gehören (*Am.B. 70a* und *Am.B. 70b*). Diese gehen auf eine ganz andere Quellengruppe zurück, zu der auch die verschollene Baillot-Handschrift (siehe weiter unten) und die Simrock-Ausgabe von 1802 gehören.

Quelle **M**[25] trägt einen Stempel, dem zu entnehmen ist, daß die Handschrift 1933 der Henry Watson Music Library der Manchester Central Library vermacht wurde. Im Schenkungsregister der Bibliothek finden sich unter den Einträgen für die Jahre 1930 und 1932 zwei Vermächtnisse einer Mrs. M. Leese im Namen von Joseph Leese. Zwar wird eine Bach-Handschrift nicht speziell erwähnt, doch erlaubt die Nennung eines „unfinished book on Bach's method" die Vermutung, daß Joseph Leese zumindest ein Liebhaber-Interesse an der Musik Bachs hatte. Der zweite Eintrag erwähnt „33 MSS of misc. music".[26]

---

[22] Der Briefwechsel zu Zoellers Verkaufsangeboten von Handschriften an das British Museum, in dem Quelle **L** auf den Wert von 2 £ geschätzt wurde, wird heute im Archiv des Department of Western Manuscripts aufbewahrt. Freundliche Mitteilung von Dr. Nicholas Bell, British Library.

[23] Dok III, Nr. 878 [b], S. 375.

[24] Unser Dank gilt Dr. Peter Wollny, der diesen Kopisten für uns identifiziert hat.

[25] Wir danken Dr. Rachel Cowgil, die die Information über die Existenz dieser Quelle von dem Oxforder Musikhistoriker Dr. Harry Diack Johnstone an uns weitergeleitet hat.

[26] Die Bibliothek bewahrt noch alte Katalogkarten, die sich auf das Vermächtnis von Joseph Leese beziehen, es ist jedoch nicht mehr möglich, bestimmte Teile der Stif-

Auf der Innenseite des Umschlags findet sich der Besitzvermerk von Louis Spohr (1784–1859).[27] Nach Herfried Homburg gab Spohr in dem Zeitraum zwischen 1822 und 1825 eine Abschrift der „3 Sonaten und 3 Partiten für Geige" nach einer im Besitz von Christian Friedrich Lueder (1781–1861) befindlichen Handschrift in Auftrag.[28] Der von Homburg genannte Titel hat erstaunliche Ähnlichkeit mit dem von Quelle **M** („Drey Sonaten | und | Drey Partieen für die Violine allein | von | Johann Sebastian Bach"). Er entspricht keinem der Titel auf den übrigen erhaltenen Quellen.

Einige Jahre zuvor (1820) war Spohr einem Engagement nach England gefolgt und hatte dort während seines fünfmonatigen Aufenthalts eine Reihe von öffentlichen und privaten Konzerten gegeben.[29] Diese zählten zu seinen letzten Auftritten als Violinvirtuose.[30] Falls Spohr jemals Bachs Soli in England spielte, so am ehesten während dieser Konzertreise. Möglicherweise ließ er die Handschrift in England zurück und wollte sie bei seiner Rückkehr nach Deutschland ersetzen; zu diesem Zweck könnte er sich dann an seinen Freund, den Musikaliensammler Lueder gewandt haben. In Anbetracht fehlender Beweise muß dies natürlich Spekulation bleiben. Ob Spohr die Handschrift in England erwarb oder sie aus Deutschland mitnahm, oder ob diese unabhängig von Spohr ihren Weg nach England fand, bleibt weiterhin offen.

---

  tung zu lokalisieren. Wir danken Mrs. Roz Edwards von der Henry Watson Music Library für Auskünfte zu den Einträgen im Schenkungsregister.

[27] Spohr war Gründungsmitglied der Bach-Gesellschaft und hatte sich wahrscheinlich schon in seiner Jugend in Braunschweig für Bach begeistert. Zu seinen frühen Begegnungen mit der Musik Bachs lassen sich nur Vermutungen anstellen, während sein Interesse in späteren Jahren besser dokumentiert ist. Siehe H. Becker, *Einflüsse musikalischer Traditionen in Louis Spohrs Braunschweiger Jugendjahren*, in: Louis Spohr: Festschrift und Ausstellungskatalog zum 200. Geburtstag, hrsg. von. H. Becker und R. Krempien, Kassel 1984. Eine Probe von Spohrs Handschrift findet sich bei E. Naumann, *Illustrirte Musikgeschichte. Die Entwicklung der Tonkunst aus frühesten Anfängen bis auf die Gegenwart*, Bd. 2, Berlin und Stuttgart 1885, S. 813.

[28] Siehe H. Homburg, *Louis Spohr und die Bach-Renaissance*, BJ 1960, S. 71. Diese Passage scheint die einzige Erwähnung von Bachs Violinsoli in der Spohr-Literatur zu enthalten, leider jedoch ohne Nennung der Quelle. Möglicherweise entstammt sie der Korrespondenz zwischen Spohr und Lueder, die Homburg für seinen Aufsatz herangezogen hat und die sich gegenwärtig in der Universitätsbibliothek Kassel (Signatur: *4° Ms. Hass. 287*) befindet.

[29] Vgl. *Louis Spohr's Autobiography*, London 1878, S. 66.

[30] Während seiner späteren Englandbesuche konzentrierte Spohr sich vor allem auf das Komponieren und Dirigieren. Siehe C. Brown, *Louis Spohr: a critical biography*, Cambridge 1984, S. 127.

Ein weiterer früher Besitzvermerk bringt die Handschrift mit Carl Friedrich Zelter (1758–1832) in Verbindung, der die Titelseite schrieb.[31] Das Wasserzeichen des Vorsatzblatts entspricht einem Typ, der gelegentlich in den Bach-Handschriften der Sing-Akademie vorkommt. Die Ziffern „79. I 18. V." geben höchstwahrscheinlich das Datum von Zelters Erwerbung der Handschrift an (18. Mai 1779). Es ist anzunehmen, daß Zelter zu dieser Zeit bereits ein ausgezeichneter Geiger war, da er noch im selben Jahr professionell aufzutreten begann.[32] Obwohl Quelle **M** sich 1832 wahrscheinlich nicht mehr in Zelters Besitz befand, da sie in Poelchaus Zelter-Katalog nicht erwähnt wird, bestehen hier trotzdem noch gewisse Zweifel, denn ein späterer Katalog von Siegfried Wilhelm Dehn enthält einen Eintrag, der sich auf Bachs Violinsoli bezieht.[33] Quelle **M** umfaßt 20 Bll. (5×II) und ein Vorsatzblatt vom Format 35,5 × 22,5 cm (beschnitten); nur in letzterem ist als Wasserzeichen eine Heraldische Lilie über dem Schriftzug *GOTTES | FORT* zu erkennen. **M** wurde von Anonymus 303 kopiert, einem professionellen Kopisten, der zwischen den 1740er und 1760er Jahren tätig war und während dessen Berliner Zeit auch für C. P. E. Bach arbeitete.[34] Seine vergleichsweise lange Wirkungszeit sowie die Tatsache, daß ihm unter den sechs Hauptkopisten C. P. E. Bachs die größte Zahl der erhaltenen Abschriften von dessen Werken zuzuschreiben ist, unterstreichen die zentrale Bedeutung dieses Schreibers.[35]

Anmerkungen zur frühen Rezeption von Bachs Violinsoli in England

Man würde erwarten, daß die Popularität von Bachs Solowerken für unbegleitete Violine nach Erscheinen der Erstveröffentlichung im Jahre 1802 bei Simrock stieg und die Zahl der öffentlichen wie auch privaten Aufführungen

---

[31] Für Proben von Zelters Handschrift siehe die Titelseiten von D-B, *SA 150, SA 2590, SA 2591, SA 3627*. Vgl. auch Enßlin (wie Fußnote 11), Bd. 2, S. 604–606 und 619.

[32] I. Sellack und H.-G. Ottenberg, *Zelter, Carl Friedrich*, in: MGG², Personenteil, Bd. 17, Sp. 1402.

[33] In Dehns Katalog (D-B, *Mus. ms. theor. Kat. 429*) finden sich die Violinsoli auf S. 75 („XI. Anhang"). Der Eintrag lautet: „VI Sonaten für die Violine allein. I D dur, E moll, G dur, B dur, G moll, A dur". Wir danken Alison Dunlop für ihre Hilfe. Die anscheinend zufällig angeordnete Liste der Tonarten bleibt rätselhaft.

[34] Siehe W. Horn, *Carl Philipp Emanuel Bach, Frühe Klaviersonaten: Eine Studie zur „Form" der ersten Sätze nebst einer kritischen Untersuchung der Quellen*, Hamburg 1988, S. 196. Wir danken Dr. Peter Wollny, der diesen Kopisten für uns identifiziert hat.

[35] Siehe auch K. Kubota, *C. P. E. Bach Kenkyu. Kaitei to Henkyoku. A study of his revisions and arrangements*, Tokio 2000, S. 37.

spürbar zunahm. Es ist daher etwas entmutigend feststellen zu müssen, daß es aus der Zeit vor Mendelssohn und Ferdinand David nur vereinzelte Hinweise auf derartige Darbietungen gibt, vor allem außerhalb Deutschlands. Diese sind in der Tat so selten, daß man sich verpflichtet fühlt, auf die wenigen ermittelten Konzerte hinzuweisen.

Es wird vermutet, daß der deutsche Geiger Johann Peter Salomon (1745–1815), der 1781 nach England übersiedelte, die Soli um die Jahrhundertwende als erster dem englischen Publikum nahebrachte.[36] Leider konnten bisher keine verläßlichen Belege für diese Annahme ermittelt werden. Verbürgt ist lediglich, daß Salomon eines von Bachs Soli 1810 auf dem Benefizkonzert in den Hanover Square Rooms und ein weiteres Mal 1811 spielte.[37]

Mehrere Hinweise auf die Soli finden sich in den Briefen von Samuel Wesley (1766–1837). Nach Aussage eines Briefs aus dem Jahr 1814 an Vincent Novello veranstaltete der Geiger George Polgreen Bridgetower (1779?–1860) in seinem Haus ein Privatkonzert und spielte bei dieser Gelegenheit die Ciaconna aus Partita II (BWV 1004) und die Fuge aus Sonata III (BWV 1005).[38] In zwei Briefen an Bridgetower aus dem folgenden Jahr berichtet Wesley, daß Salomon sowohl eine Abschrift der Soli besaß, die er Wesley lieh, als auch ein Exemplar der 1802 bei Simrock erschienenen Ausgabe.[39]

Spohr berichtet in seiner Autobiographie von einem Mann namens Wilhelm Johanning, der während seiner ersten Englandreise für ihn als Dolmetscher arbeitete und mit dem er sich anfreundete.[40] Johanning war 28 Jahre lang Salomons Bediensteter gewesen und wurde nach dessen Tod sein Haupterbe.[41] Könnte er vielleicht eine Handschrift der Violinsoli aus dem Besitz seines verstorbenen Dienstherrn an Spohr weitergegeben haben?

Quelle **R** befindet sich seit 1981 in Privatbesitz in den USA.[42] Sie wurde anscheinend früher mit einer verschollenen Handschrift verwechselt, deren

---

[36] Siehe R. Pascall, *Ein Überblick der frühen Bach-Rezeption in England bis ca. 1860*, in: Johann Sebastian Bach. Beiträge zur Wirkungsgeschichte, hrsg. von I. Fuchs, Wien 1992, S. 147–165.

[37] Für Einzelheiten zu dem Benefizkonzert von 1810 siehe F. G. Edwards, *Bach's music in England (continued)*, in: Musical Times 37 (1896), S. 645. Die Ankündigung des Konzerts von 1811 findet sich in der *Times* vom 24. April 1811, S. 3, Sp. B. Keiner der Artikel erwähnt, welche Soli Salomon spielte.

[38] *The Letters of Samuel Wesley. Professional and Social Correspondence, 1797–1837*, hrsg. von P. Olleson, Oxford 2001, S. 218.

[39] Ebenda, S. 252 und 256.

[40] Spohr (wie Fußnote 29), S. 72 ff.

[41] Ebenda, S. 83; siehe auch [W. Ayrton], *Memoir of Johann Peter Salomon*, in: The Harmonicon 8 (1830), S. 45–47.

[42] Unser aufrichtiger Dank gilt Dr. Louise Goldberg, der ehemaligen Leiterin der

Provenienz unter anderem mit Gaviniès, Fétis und Baillot in Verbindung gebracht wird.[43] Ein Vergleich von **R** mit einer Faksimileseite der verschollenen Handschrift hat inzwischen jedoch diesen Irrtum aufgeklärt.[44] Die gegenwärtige Besitzerin von **R**, Louise Goldberg, erwarb die Handschrift über „aGatherin", einen amerikanischen Antiquar, nach dessen Auskunft die Handschrift Eugene Gracieux Fizandie und später dessen Söhnen Felix und Eugene gehörte. Anscheinend waren alle drei Mitglieder dieser französischen Immigrantenfamilie Musiker, wobei Eugene sen. und Felix auch Streichinstrumente spielten. Einer von ihnen, wahrscheinlich der Vater, veröffentlichte eine Operette, während Felix Fizandie sich auch mit dem Handel von europäischen Musikalien beschäftigte.[45]

Alfred Dürr und Yoshitake Kobayashi haben die Vermutung geäußert,[46] daß der Kopist von **R** höchstwahrscheinlich identisch ist mit dem Schreiber von *P 525* (Abschrift der Schübler-Choräle), dessen Tätigkeit sich für die zweite Hälfte des 18. Jahrhunderts belegen läßt.[47] Dürr vermutete aufgrund der Tatsache, daß *P 525* aus dem Nachlaß von Johann Christian Westphal (1773–1828), einem Sohn des Hamburger Musikalienhändlers Johann Christoph Westphal (1727?–1799), stammt, auch für **R** eine Hamburger Provenienz. Diese Hypothese wird zusätzlich unterstützt durch die Nennung sowohl der Soli als auch der Schübler-Choräle in Westphals Verkaufskatalogen von 1777/78, 1782 und 1784.[48]

Quelle **R** umfaßt 26 Bll. (VI + VII) vom Format 35 × 21,5 cm (beschnitten). Das in **R** erkennbare Wasserzeichen (gekrönter Buchstabe C, gekröntes Doppel-C und Buchstaben CFB) findet sich auch in zahlreichen Abschriften von Werken C. P. E. Bachs aus der Musikaliensammlung des Schweriner Organisten Johann Jacob Heinrich Westphal (der übrigens nicht mit dem Ham-

---

Rare Books Collection der Sibley Music Library, University of Rochester (NY), die uns die in ihrem Besitz befindliche Handschrift untersuchen ließ und uns vielfältig unterstützte.

[43] Siehe U. Leisinger und P. Wollny, *Die Bach-Quellen der Bibliotheken in Brüssel. Katalog*, Hildesheim 1997, S. 76 (LBzBF 2), S. 76. Siehe auch Fanselau (wie Fußnote 2) S. 335–336.

[44] Das Faksimile ist abgebildet in F.-J. Fétis, *Galerie des musiciens célèbres, compositeurs, chanteurs et instrumentistes, contenant leurs portraits lithographiés par les meilleurs artistes, des facsimilés et leurs notices biographiques* (Paris, o. J.); das einzige bekannte Exemplar befindet sich in F-Pn, *V. 723*. Wir danken Dr. Clemens Fanselau, der uns Einblick in seine Unterlagen gewährte, in denen sich ein Abdruck des Faksimiles befand.

[45] Freundliche Mitteilung von Dr. Goldberg.

[46] Briefliche Mitteilung an Dr. Goldberg.

[47] Siehe TBSt 2/3. Siehe auch NBA Krit. Bericht IV/1 (H.-H. Löhlein, 1987), S. 139.

[48] Dok III, Nr. 789, S. 266–275.

burger Musikalienhändler verwandt war).[49] Die meisten, wenn nicht alle dieser Quellen wurden von Johann Heinrich Michel (1739–1810) geschrieben, einem von C. P. E. Bachs wichtigsten Hamburger Kopisten,[50] der, wie Anonymus 305,[51] für den Musikalienhändler Westphal tätig war.

Weitere Hinweise auf die Zugehörigkeit von **R** zur Hamburger Tradition liefert das Schriftbild, das der Handschrift von Anonymus 305 wie auch der von Michel bemerkenswert ähnlich ist. Besonders auffallend hierbei sind neben der Gesamterscheinung und der sauberen Ausführung auch die Ähnlichkeit der Buchstabenformen und bestimmter Einzelheiten wie die Schlüssel und die typische Gestalt des Wiederholungszeichens. Die charakteristischen Schleifen und Girlanden, die sich in den Buchstaben V, A, S und F des Kopisten von **R** finden, fehlen allerdings in den Schriftzügen von Anonymus 305 und Michel. Unbezweifelbar ist hingegen, daß der unbekannte Kopist mit dem Schreiber von *P 525* identisch ist. Eine weitere Arbeit von seiner Hand ist A. F. C. Kollmans Exemplar des Wohltemperierten Klaviers II, das in der Universitätsbibliothek von St. Andrews in Schottland aufbewahrt wird.[52]

Zu den Titelseiten

Der originale Titel von Quelle **W** enthält weitere Hinweise auf ihre Vorlage. Sie folgt Bachs Autograph *P 967* im Wortlaut wie auch in der Gestaltung. Die einzigen Zusätze sind der Besitzvermerk unten auf der Seite und das Wort „Sing^re" vor Bachs Namen, das vermutlich dem italienischen „Sig^re" (= Signore) entspricht.

Von den oben detailliert beschriebenen Handschriften besitzt nur **W** noch ihr originales Titelblatt. Immerhin ist von einer weiteren diesem Überlieferungszweig angehörenden Quelle, *P 573*,[53] der originale Titel noch erhalten; er hat den folgenden Wortlaut: „Sei. Solo | à | Violino | Senza | Basso | Accompagnato | Libro. Primo | da | Signore Giov. Seb. Bach | Possessore | Giov. Godofr. Ber-

---

[49] Leisinger/Wollny (wie Fußnote 43), S. 311 ff.
[50] K. Kubota, *C. P. E. Bach: A Study of His Revisions and Arrangements*, Tokio 2004, S. 30–32, zitiert bei J. Neubacher, *Der Organist Johann Gottfried Rist (1741–1795) und der Bratschist Ludwig August Christoph Hopff (1715–1798): zwei Hamburger Notenkopisten Carl Philipp Emanuel Bachs*, BJ 2005, S. 115.
[51] Ebenda, S. 35. Es sei hier angemerkt, daß wir hinter den für Anonymus 305 in Anspruch genommenen Quellen mehrere verschiedene Schreiber vermuten.
[52] Signatur: *ms M24.B2*. Siehe Y. Tomita, *Dawn of the English Bach Awakening Manifested in the „48"*, in: The English Bach Awakening: Knowledge of J. S. Bach and his Music in England, 1750–1830, hrsg. von M. Kassler, Aldershot 2004, S. 112 ff.
[53] Siehe NBA VI/1 Krit. Bericht, S. 22.

ger". Es fällt auf, daß beide Namen italienisiert sind und die Anrede ausgeschrieben ist. Daraus können wir schließen, daß eine nach *P 967* gestaltete Titelseite für diesen Überlieferungszweig typisch war.[54]

Die deutschen Titelseiten von **M** und **L** widersprechen dieser Hypothese nicht, da es sich hier um spätere Ergänzungen von Zelter beziehungsweise Zoeller handelt. Möglicherweise enthielten die originalen Titelseiten – ebenso wie Quelle **R**, die überhaupt keinen Titel hat – irgendwelche Zusätze, etwa Hinweise auf Vorbesitzer, die zu entfernen ratsam schien.

Der Eintrag in Rellstabs Verkaufskatalog von 1784 bietet hierzu eine plausible Erklärung. Dort finden wir für die Soli zwei Einträge in deutscher Sprache, zunächst „Sonaten und Fugen für die Violin allein von J. Seb. Bach" (S. 19) und sodann „Bach, Joh. Seb. 6 Sonaten und Fugen für die Violin allein ohne Baß" (S. 75).[55] Dies sind offensichtlich freie Übersetzungen der italienischen Titel, ergänzt durch die irrtümliche Bezeichnung „Sonaten und Fugen". Es wäre vorstellbar, daß Rellstab sich von den geänderten Titeln ein breiteres Interesse und höhere Verkaufszahlen erhoffte: nicht nur war ein deutscher Titel für ein deutsches Publikum leichter verständlich und attraktiver,[56] die im Titel erwähnten „Fugen" erinnern zudem unmittelbar an Bachs berühmte „Präludien und Fugen". Bemerkenswerterweise findet sich ein ähnlicher inkorrekter Eintrag – „Bach, Joh. Seb. 6 Sonaten und Fugen für die Violine alleine" – auch in dem im selben Jahr erschienenen Verkaufskatalog von J. C. Westphal.[57] Dies deutet darauf hin, daß eine Verbindung zwischen den von beiden Musikalienhändlern angebotenen Abschriften besteht. Diese Verbindung wird auch von quellenkritischen Befunden bestätigt, wie noch zu zeigen sein wird. Es ist also denkbar, daß einige oder alle fraglichen Quellen zeitweilig mit einem frei übersetzten deutschen Titel versehen waren.

---

[54] Nach Dörffel trug die verschollene Baillot-Handschrift den Titel *Sei Solo | à | Violino | senza | Basso | accompagnato. | da | Joh: Seb: Bach.* Obwohl Dörffel in seiner Beurteilung des Notentexts auf Irrtümer hinweist, die mit einem anderen Überlieferungszweig in Verbindung stehen, der nicht von Quelle **W** abhängig ist, eröffnet die Tatsache, daß die Handschrift von dem Berliner Kopisten Anonymus 402 angefertigt wurde, die Möglichkeit, daß der italienische Titel auf *P 967* zurückgeht. Siehe A. Dörffel, *Bemerkungen zu Jahrgang XXVII* [Solosonaten für Violine], in: BG 41 (1894), XLIV–XLV.

[55] Dok V, Nr. C 890a, S. 233–234.

[56] Martin Zenck sieht in der „national begründeten Moralisierung" einen der wichtigsten Beweggründe für Rellstabs schlaue Werbestrategie. Ein deutscher Titel könnte als ein Nacheifern dieses Vorgehens aufgefaßt werden. Siehe M. Zenck, *Die Bach-Rezeption des späten Beethoven. Zum Verhältnis von Musikhistoriographie und Rezeptionsgeschichtsschreibung der „Klassik"*, Stuttgart und Wiesbaden 1986, S. 32.

[57] Dok III, Nr. 789, S. 272.

Andreas Moser berichtete 1920 über eine in Dresden überlieferte Handschrift, deren Titelseite den folgenden Wortlaut besaß: „Sei Solo a Violino senza Basso Accompagnato del Sig[re] Bach".[58] Haußwald und Gerber geben die Signatur dieser seit 1945 verschollenen Dresdner Quelle mit *1 R/1* an.[59] Obwohl Studeny in seiner Beschreibung eine andere Satzfolge mitteilt,[60] wäre es trotzdem möglich, daß es sich hier um eine weitere Quelle handelte, die – unmittelbar oder mittelbar – auf **W** zurückging (worauf die Zuschreibung „del Sig[re] Bach" hinweist), ohne notwendigerweise direkt mit *P 573* verwandt zu sein.[61]

Zur Abhängigkeit der Quellen

Fanselau, der lediglich die Entsprechungen zwischen den Titeln und besonders die Jahresangabe „1720" betrachtete, vermutete, daß **W** direkt oder indirekt auf Bachs autographe Reinschrift *P 967* zurückgehen könnte.[62] Ein Vergleich der beiden Quellen erbringt zahlreiche Belege dafür, daß dies tatsächlich der Fall war. *P 967* umfaßt 22 Blätter (mit fünf unbeschriebenen Seiten am Schluß); die ungewöhnliche Lagenordnung von **W** (elf ineinander gelegte Bögen) ist daher kaum ein Zufall: Der Kopist kannte die genaue Zahl der zu füllenden Seiten und versuchte daher, sich so genau wie möglich an der Vorlage zu orientieren. Andernfalls hätte er angesichts eines so umfangreichen Faszikels riskiert, eine große Zahl unbenutzter Seiten übrig zu haben oder aber zusätzliche Blätter zu benötigen. Auch der Schreibvorgang wird durch die Lagenordnung nicht gerade erleichtert. Wir müssen diese Entscheidung also wiederum der Unerfahrenheit des Kopisten zuschreiben. Es überrascht daher auch nicht, daß Quelle **W** neben der Disposition auch zahlreiche kalligraphische Eigenheiten von Bachs Autograph übernimmt, angefangen von der Ausrichtung der Notenhälse und der Balkung (Takt 6, Zählzeit 2) bis zur Gestalt der Wellenlinie (Takt 17, Zählzeit 3–4; vgl. Abb. 1). Der Kopist folgt dem Autograph sogar dort, wo Platzmangel eine weniger logische oder

---

[58] A. Moser, *Zu Joh. Seb. Bachs Sonaten und Partiten für Violine allein*, BJ 1920, S. 35.
[59] Siehe NBA VI/1 Krit. Bericht, S. 24.
[60] Siehe B. Studeny, *Beiträge zur Geschichte der Violinsonate im 18. Jahrhundert*, München 1911, S. 31–32 (Fußnote 6).
[61] Der Zusatz der Bezeichnung „Sig[re]" zu der von Bach benutzten Präposition „da" ohne den Partikel „il" führte zu der ungrammatischen Konstruktion im Titel von Quelle **W**, die dann in *P 573* übernommen wurde. In diesem Zusammenhang erscheint die Zuweisung „del" in *1 R/1* als der Versuch des Kopisten, die fehlerhafte Grammatik seiner Vorlage zu korrigieren.
[62] Siehe Fanselau (wie Fußnote 2), S. 337.

konventionelle Bogensetzung bedingte (während an den entsprechenden Stellen in **W** durchaus genügend Raum zur Verfügung stand). Die überzeugendsten Hinweise dafür, daß **W** direkt von *P 967* kopiert wurde, liefern die Stellen, an denen Unklarheiten in Bachs Autograph entziffert und gedeutet wurden. Besonders augenscheinlich wird hier auch die Unerfahrenheit des Kopisten. Aus der Vielzahl der Belege seien hier einige wenige herausgegriffen. In Takt 27 der g-Moll-Fuge aus BWV 1001/2 scheinen im Autograph zwei Pausen direkt übereinander zu stehen. Wie aus Beispiel 1 zu ersehen ist, gehört die obere jedoch zum oberen System. Dort schrieb der Kopist in der Tat eine Pause, wo sie hingehörte; als er jedoch den fraglichen Takt erreichte, kopierte er die Pause ein zweites Mal, diesmal als gehöre sie zum unteren System. Ein weiterer Fall solch mechanischen Kopierens ist in Beispiel 2 zu sehen: Auf der letzten Zählzeit von Takt 76 desselben Satzes scheint Bach zunächst eine Achtelpause geschrieben zu haben. Diese korrigierte er zu einer Viertelpause, woraus sich ein eigenwillig geformter Schnörkel ergab. Der Kopist war sich offensichtlich nicht sicher, wie er diesen Schnörkel zu lesen hatte und übernahm ihn daher in der vorgefundenen Form.

Beispiel 1:
BWV 1001/2, Ende von Takt 27 (unteres System), darüber Ausschnitt aus Takt 24

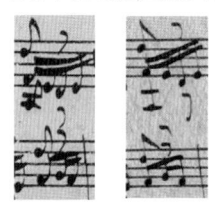

P 967   Quelle **W**

Beispiel 2: BWV 1001/2, Ende von Takt 76

P 967   Quelle **W**

Immerhin hat der Kopist seine Aufgabe mit großer Sorgfalt erfüllt und sich bemüht, eine möglichst saubere Abschrift zu produzieren. So entschied er sich in BWV 1006/3 dafür, von der Vorlage abzuweichen, um nicht wie Bach auch die Blattränder vollschreiben zu müssen. In **W** wird die Notation zum Ende dieses Satzes hin immer gedrängter.

Angesichts der zahlreichen Fehler kann **W** nicht als eine zuverlässige Abschrift gelten. Abbildung 1 zeigt eine Reihe solcher Fehler, etwa falsch plazierte Notenköpfe (Takt 11, Zählzeit 2) und unkorrekt gezogene Balken (Takt 6, Zählzeit 1 und Takt 18, Zählzeit 3). Auch die Notenschrift enthält Hinweise darauf, daß der Kopist mit der Musik hinter den zu kopierenden Noten nicht wirklich vertraut war. Die schlechte Ausrichtung der Noten, die übermäßig großzügigen Abstände zwischen den Hilfslinien und die zufällige und uneinheitliche Plazierung von Bögen sind ebenso Kennzeichen einer unerfahrenen Kopistenhand wie die orthographischen Fehler bei Satztiteln (z. B. „Gavatte"). Es sei noch ergänzt, daß Bachs Vermerk „al riverso", der in Takt 201 der C-Dur-Fuge (BWV 1005/2) das Erscheinen des Themas in der Umkehrung anzeigt, in der Abschrift als „al arpeg" wiedergegeben ist – auch dies ein auf Unerfahrenheit zurückzuführender Fehler.

Von größerer Bedeutung für die vorliegende Studie sind allerdings die zahlreichen gravierenden Textverderbnisse dieser Abschrift,[63] die eindeutig zeigen, daß **W** nicht nur den hier besprochenen drei neuen Quellen als Vorlage diente, sondern auch für *P 573* – eine Quelle, von der bisher angenommen wurde, J. G. Berger habe sie entweder nach *P 967* oder nach *P 968* kopiert.[64] Tatsächlich aber folgt Bergers Abschrift getreu dem Notentext von **W**. Sie ist ordentlich und sauber und reflektiert die Arbeit eines offensichtlich sehr versierten Kopisten. Er korrigiert gelegentlich eigenständig offensichtliche Irrtümer in den Notenwerten, läßt aber dort leere Stellen, wo er im Notentext seiner Vorlage für ihn unerklärbare Abweichungen findet.[65]

Textkritische Hinweise belegen, daß **L**, **M** und **R** zu einem Überlieferungszweig gehören, der über eine verschollene Zwischenquelle auf **W** zurückgeht. Denn die drei Quellen enthalten nicht nur sämtliche Textverderbnisse und Varianten von **W**, sondern weisen weitere Fehler und Ungenauigkeiten auf.[66] Trotz ihrer Fehlerhaftigkeit lassen sie erkennen, daß ihre Vorlage in Bezug auf

---

[63] Einige der schwerwiegendsten Verderbnisse sind: BWV 1001/1: T. 8, Zählzeit 1–2 (Rhythmus); T. 16–17 (2 Takte fehlen); BWV 1001/2: T. 26 (fehlerhafte Stimmführung); BWV 1001/2: T. 34 (halber Takt ausgelassen); BWV 1001/4: T. 78 (Takt doppelt kopiert); BWV 1002/2: T. 22 (eine Taktzeit ausgelassen); BWV 1003/1: T. 11 (schwerwiegender melodischer Fehler auf Zählzeit 2); BWV 1003/1: T. 18 (schwerwiegender rhythmischer Fehler auf Zählzeit 3); BWV 1004/5: T. 231 (eine Zählzeit fehlerhaft); BWV 1005/1: T. 42 (eine Zählzeit fehlerhaft); BWV 1006/4: T. 9 (eine Zählzeit fehlt).

[64] Siehe NBA VI/1 Krit. Bericht, S. 49. Siehe auch die revidierte Ausgabe von P. Wollny (wie Fußnote 4), S. VII.

[65] BWV 1001/1: T. 8, Zählzeit 1–2; BWV 1002/2: T. 22, Zählzeit 3 bis T. 23, Zählzeit 2; BWV 1004/5: T. 231; BWV 1006/4: T. 9, Zählzeit 3.

[66] Größere Textlücken finden sich in BWV 1001/2 (T. 19 fehlt); BWV 1005/4 (T. 9–12 fehlen); BWV 1006/5 (T. 3–10 fehlen).

Notierungskonventionen gründlich revidiert worden war. Dies zeigt sich unter anderem an der Tilgung redundanter Akzidenzien und in der Wiederherstellung einiger der in **W** ausgelassenen Bögen. Es hat allerdings auch den Anschein, daß insgesamt mehr Bögen und Verzierungen verlorengingen als rekonstruiert wurden. Gegenüber anderen Überlieferungszweigen enthält die Quellengruppe zusätzliche falsche Lesarten, auch wenn einige von diesen, wie sich anhand der Autopsie der Originale zeigt, später berichtigt wurden.

L stammt von einem frühen Stadium der verschollenen Zwischenquelle ab (im Stemma auf S. 69 als X1 bezeichnet). Die Anlage der Quelle verrät, daß ihr Schreiber – Anonymus 401 – ein sehr zuverlässiger Kopist war. Die Handschrift enthält nur wenige Korrekturen. Der Schreiber stellte nicht nur viele der in den Quellen **W** und X1 abhanden gekommenen Bögen wieder her, sondern versuchte darüber hinaus, auch andere Fehler aus dem musikalischen Zusammenhang heraus zu berichtigen.[67] Abbildung 2 zeigt die erste Seite von BWV 1001/2, wo in Takt 42 eine solche Korrektur auftritt. Diese Abschrift ist die einzige Quelle, die für den ersten Satz von BWV 1003 die Bezeichnung „Adagio" verwendet. Bachs originale Tempoangabe „Grave" fehlt in **W**, und dies erklärt, warum sämtliche anderen Abschriften dieser Gruppe den Satz unbezeichnet lassen.

M ist mit **L** nahe verwandt, wahrscheinlich handelt es sich um eine Schwesterquelle. Obwohl sie alle Fehler von X1 enthält, erlaubt eine hinreichende Zahl von musikalischen und orthographischen Abweichungen den Schluß, daß **M** nicht direkt von dieser Vorlage abhängig ist. Im Gegensatz zu ihrer Schwesterquelle zeigt **M** allerdings kaum Anzeichen selbständiger redaktioneller Eingriffe ihres Kopisten. Selbst Tonhöhenfehler, die den Tonumfang der Violine unterschreiten, blieben unverändert stehen.[68] Allerdings enthält die Handschrift eine große Zahl von späteren Korrekturen in Tinte und Bleistift, was diese Quelle besonders interessant macht.

Nach der Verteilung der Varianten zu schließen, erscheint die Vermutung gerechtfertigt, daß **M** zu einem bestimmten Zeitpunkt gemeinsam mit ihrer Vorlage X1 korrigiert wurde, wodurch letztere in das Stadium X2, die Mater von **R**, überführt wurde.[69] Viele der hier eingetragenen Revisionen weisen

---

[67] Die auffälligsten Konjekturen von rhythmischen Fehlern sind: BWV 1001: T. 3, Zählzeit 4 (Quelle **W** hat ♪♪♪♪♪♪♪♪, allerdings wurde den beiden letzten Noten ein zusätzlicher Balken hinzugefügt (128stel-Note); T. 18, Zählzeit 1 (♪♪♪♪♪♪); T. 21, zweite Hälfte von Zählzeit 4 (♪♪); BWV 1001/2: T. 94, Zählzeit 1 (♪♪♪♪♪♪); BWV 1005/1: T. 12, Zählzeit 3 (♪♪♪♪♪♪♪).

[68] Siehe zum Beispiel BWV 1004/5: T. 143, Zählzeit 2, fis (g in Quelle **L**); BWV 1005/2: T. 325, letzte Note im Baß: Hier wurde die Tonhöhe durch das Tilgen einer der Hilfslinien nachträglich von ges nach b korrigiert; es ist allerdings nicht klar, ob dies auf den Kopisten zurückgeht oder bei einer späteren Korrektur erfolgte.

[69] Hierzu einige Beispiele: BWV 1001/3: T. 8, Zählzeit 3, ♭ zur 11. Note hinzugefügt

keinerlei Verbindungen zu anderen Quellen dieser Gruppe auf. Eine von ihnen hingegen, die mit Bleistift eingetragenen Tonbuchstaben „a | f" in Takt 28 von BWV 1001/2, korrespondiert mit einer sonst nur noch in *P 267* anzutreffenden Lesart. Beachtenswert ist zudem, daß die mit Bleistift eingetragenen Seitenverweise, die gelegentlich in **M** auftauchen (S. 2–28), mit der Paginierung von *P 267* (S. 2–32) übereinstimmen – ein weiteres Anzeichen dafür, das der Besitzer von **M** die Abschrift *P 267* konsultierte.

Wie oben erwähnt wurde, befand **M** sich einst im Besitz Spohrs, dessen Nachtrag (mit Bleistift) der ursprünglich fehlenden Takte 16–17 von BWV 1001/1 am Fuß der ersten Seite zu erkennen ist (siehe Abb. 3). Als Vorlage kann ihm offensichtlich nicht eine Handschrift des hier diskutierten Überlieferungszweigs gedient haben; eine genauere Eingrenzung fällt jedoch schwer, da der Notentext keine Merkmale aufweist, die eine Bestimmung der Vorlage ermöglichen würden. Andere Bleistiftkorrekturen der Abschrift betreffen sowohl einige weit verbreitete Lesarten (darunter solche der Simrock-Ausgabe), als auch singuläre Varianten wie die Eintragungen in BWV 1002/5–6.[70] Darüber hinaus wurden in der gesamten Abschrift einige Spielanweisungen hinzugefügt. Der am stärksten annotierte Satz ist BWV 1006/3; er enthält Anweisungen für Auf- und Abstriche sowie für den Gebrauch des „spiccato", die nach Ansicht von Clive Brown vermutlich nicht von Spohr stammen.[71]

Aus textkritischer Sicht am weitesten von **W** entfernt ist die von X2 abhängige Quelle **R**. Obwohl sie viele der unserer Quellengruppe gemeinsamen Merkmale enthält, wurde sie in bestimmten Aspekten überaus gründlich redigiert, einschließlich des Versuchs, die Akzidenziensetzung und polyphone Notierung zu modernisieren und insgesamt den Notentext zu verbessern. Wie Abbildung 4 zu entnehmen ist, finden sich in den Takten 22 und 24 zwei anspruchsvolle Varianten: zum einen einige zusätzlich hinzufügte Noten zur Weiterführung einer implizierten Sequenz, zum anderen der Einsatz eines übermäßigen Terzquartakkords statt des Septakkords der Doppeldominante. Ein solches Maß an Engagement zur Erzielung eines möglichst perfekten Notentexts weist auf einen professionellen Musikalienhändler. Basierend auf der oben diskutierten Herkunft der Quelle könnte es sich bei der Handschrift um eine

---

(wie in Bachs Autograph); BWV 1002/1: T. 6, Zählzeit 4, Rhythmus korrigiert von ♫♫♫ zu ♫♫♫ (hier handelt es sich um eine Konjektur; Bach schrieb ♫♫♫); BWV 1002/4: T. 41, 4. Note korrigiert von fis' zu g' (wie in Bachs Autograph); T. 72, 2. Note korrigiert von g' zu fis' (daraus ergibt sich eine Variante); BWV 1002/8: T. 41, Zählzeit 2, 4. Note von fis" zu g" (wie in Bachs Autograph).

[70] In T. 7 von BWV 1002/5 wurde die Melodie von e" d" e" d" cis" h' zu d" cis" e" d" cis" h' verändert; in T.17, wurde im Tenor die Note g' durch e' ersetzt; in BWV 1002/6, T. 15, wurde die vorletzte Note a' zu e" geändert.

[71] C. Brown, *Bowing Styles, Vibrato and Portamento in Nineteenth-Century Violin Playing*, in: Journal of the Royal Musical Association 113 (1988), S. 97–128.

der von Westphals Musikalienhandlung 1784 annoncierten Verkaufshandschriften handeln. Weitere Untersuchungen zu Westphals Redaktionstätigkeit, zu den Wasserzeichen und zur Identität der von ihm beschäftigten Kopisten könnten diese Hypothese möglicherweise bestätigen.

In Anbetracht der Beziehungen zwischen den Quellen scheint Bachs Autograph sich zur Zeit der Anfertigung von **W** bei C. P. E. Bach in Berlin befunden zu haben. Wie weiter oben besprochen, wurde das Jahr 1747 als *terminus post quem* vorgeschlagen, während der *terminus ante quem* die 1760er Jahre wären; dies entspricht dem Datierungsspielraum von **M**, der auf der nachgewiesenen Tätigkeitszeit ihres Kopisten basierte. Wenn aber das Autograph sich zu dieser Zeit bei C. P. E. Bach befand, stellt sich die Frage, warum Handschrift **M** auf der fehlerhaften Quelle **W** basierte, obwohl sie von einem der wichtigsten Berliner Kopisten C. P. E. Bachs (Anonymous 303) geschrieben wurde. Wie bereits früher erkannt wurde,[72] tauschte C. P. E. Bach Handschriften mit seinen Brüdern; könnte es daher sein, daß er das Autograph seines Vaters bereits an seinen jüngeren Bruder J. C. F. Bach gesandt hatte, als er eine weitere Kopie benötigte? Eine andere, plausiblere Erklärung umgeht C. P. E. Bach und nimmt an, daß **M** gar nicht von diesem in Auftrag gegeben wurde, sondern von jemand anderem, der keinen Zugang zu dem Autograph hatte.

Fazit

Die meisten Schlußfolgerungen bezüglich der Rezeption von Bachs Violinsoli in der zweiten Hälfte des 18. Jahrhunderts basieren auf der vielzitierten Bemerkung Forkels: „Die Violinsolos wurden lange Jahre hindurch von den größten Violinisten allgemein für das beste Mittel gehalten, einen Lehrbegierigen seines Instruments völlig mächtig zu machen".[73] Diese Mitteilung basiert offenkundig auf einem früheren Brief C. P. E. Bachs an Forkel, in dem dieser bemerkt, das Werk sei von „einem der größten Geiger"[74] hochgeschätzt worden. Dominik Sackmann vertrat zwar die Ansicht, in Ermangelung konkreter Beweise könnten diese und ähnliche Aussagen nur sehr bedingt als Beleg für eine weite Verbreitung der Violinsoli gelten.[75] Die von uns untersuchten Quellen zeichnen jedoch das Bild einer enthusiastischen Rezeption

---

[72] P. Wollny, *Johann Christoph Friedrich Bach und die Teilung des väterlichen Erbes*, BJ 2001, S. 55–70.

[73] J. N. Forkel, *Ueber Johann Sebastian Bachs Leben, Kunst und Kunstwerke*, Leipzig 1802, S. 61 (Dok VII, S. 81).

[74] Dok III, Nr. 801 (S. 285).

[75] D. Sackmann, *Triumph des Geistes über die Materie. Mutmaßungen über Johann Sebastian Bachs „Sei Solo a Violino senza Basso accompagnato" (BWV 1001–1006)*

des Zyklus im späten 18. Jahrhundert. Dies entspricht der 1920 von Moser geäußerten Behauptung, die bisher jedoch nicht nachweisbar war.[76] Es wurde bereits darauf hingewiesen, dass Quelle **R** mit dem Verkaufsangebot des Hamburger Musikalienhändlers Westphal (1784) in Zusammenhang steht. Neuere Erkenntnisse zu Rellstabs Berliner Geschäftstätigkeit vermitteln für die preußische Hauptstadt ein ähnliches Bild: Auch dort wurde im selben Jahr eine Abschrift dieses Werks zum Verkauf angeboten. Wäre daher nicht die Annahme plausibel, dass es sich bei Quelle **L**, ebenfalls eine professionell hergestellte Abschrift, um Rellstabs Reaktion auf seine Hamburger Gegenspieler (oder umgekehrt) handelte? Sollte diese Hypothese zutreffen, dann wären die Anzeigen als die konkurrierenden Bemühungen zweier Händler um die Verbreitung von Bachs Violinsoli zu deuten. Wie Rellstabs Geschäftstätigkeit im Jahre 1790 zeigt, setzte sich dieser Trend durch die Vernetzung und Zusammenarbeit mit anderen Musikalienhändlern in zahlreichen bedeutenden Städten Europas fort.[77]

Entsprechend kündigte der 1799 erschienene Katalog des Wiener Musikalienhändlers Johann Traeg den Verkauf von „Bach (Seb.) 3 Parthien" an, was Haußwald und Gerber sowie zu einem späteren Zeitpunkt auch Schulze als (wahrscheinlich) auf die gesamte Sammlung bezogen interpretierten.[78] 1804 bot Traeg „Bach, J. S. 3 Son. senza Basso" zum Verkauf an, höchstwahrscheinlich als Handschrift.[79] Fanselau erwägt, daß diese Einträge sich auf zwei unterschiedliche, heute verschollene Handschriften beziehen, denn es wäre, wie er schreibt, „kaum sinnvoll gewesen, [das Werk] im Traeg-Nachtrag ein zweites Mal zu verzeichnen"; dennoch favorisiert auch er die Vermutung, daß beide Einträge sich auf den Gesamtzyklus beziehen.[80] Es ist zwar nie eine Handschrift mit nur einem der beiden Teilzyklen aufgetaucht, doch wenn man eine Parallele zu der einzigartigen Wiener Rezeption des Wohltemperierten Klaviers II zieht, das weitgehend geteilt in Sammlungen von jeweils Fugen

---

  mit einem Seitenblick auf die „6 Suites a Violoncello Solo" (BWV 1007–1012), Stuttgart 2008, S. 18 ff.
[76] Siehe Moser (wie Fußnote 58) S. 34.
[77] Rellstab beschäftigte in Breslau, Königsberg, Wien, Leipzig und Hamburg Agenten, die für ihn Subskriptionen sammelten. Siehe Dok III, Nr. 955, S. 488.
[78] Siehe NBA VI/1 Krit. Bericht, S. 24 und Dok III, Nr. 1027, S. 590.
[79] *Erster Nachtrag zu dem Verzeichnisse alter und neuer geschriebener als gestochener Musikalien, welche in der Kunst- und Musikalienhandlung des Johann Traeg und Sohn, in Wien zu haben sind*, Wien 1804, Nr. 197, S. 21; siehe den Reprint bei A. Weinmann, *Johann Traeg. Die Musikalienverzeichnisse von 1799 und 1804*, Wien 1973 (Beiträge zur Geschichte des Alt-Wiener Musikverlages, Reihe 2, Folge 17, Bd. 1).
[80] Fanselau (wie Fußnote 2), S. 334.

oder Präludien überliefert wurde,[81] so erscheint es denkbar, daß in Wien auch die Sonaten und die Partiten separat verkauft wurden – vielleicht weil in den Augen der Wiener Musikliebhaber so die Vorzüge der jeweiligen Gattung besonders deutlich zur Geltung kamen.

Unsere Studie hat gezeigt, daß die untersuchten Handschriften insgesamt etwas stärker korrumpiert sind als die, die auf anderen Wegen überliefert wurden – etwa dem, der zu den beiden Abschriften in der Amalienbibliothek, der verschollenen Baillot-Handschrift und der Simrock-Ausgabe führte. Wie wir wissen, beklagte Rellstab die Textqualität der Abschriften des Wohltemperierten Klaviers, die zu der Zeit angeboten wurden, als er den Subskriptionsaufruf für seine „richtig gedruckte" Ausgabe des Werks startete.[82] Eine in diesem Zusammenhang ernsthaft zu stellende Frage ist, ob Rellstabs Zeitgenossen seine Ansichten teilten. Wurden die von uns besprochenen Abschriften seinerzeit überhaupt als korrumpierte Kopien angesehen? Dies scheint der Trend des Musikalienhandels zumindest zu implizieren – mit seinen gleichzeitigen Ankündigungen in zwei großen deutschen Städten und einer vergleichbar intensiven Revisionstätigkeit, die in die Herstellung der Verkaufskopien von Bachs Violinsoli investiert wurde.

Für die freundlich erteilte Genehmigung zur Veröffentlichung von Abbildungen danken die Autoren der Wienbibliothek im Rathaus, Musiksammlung (Abb. 1), The British Library Board (Abb. 2), The Henry Watson Music Library, Manchester Library and Information Services (Abb. 3), Dr. Louise Goldberg, Rochester, NY (Abb. 4). Zudem sei Prof. Ian Woodfield und Joel Winckler für ihre hilfreichen Bemerkungen gedankt.

Übersetzung: Stephanie Wollny

---

[81] Vgl. die Einträge „24 Fughe" und „48 Präludien" in Dok III, Nr. 1027, S. 591. Eine ausführliche Studie über Sammlungen ausschließlich von Fugen aus dem Wohltemperierten Klavier II findet sich bei Y. Tomita, *The Sources of J. S. Bach's Well-Tempered Clavier II in Vienna 1777–1801*, in: Bach. The Journal of the Riemenschneider Bach Institute, 29 (1998), S. 8–79; sowie Y. Tomita, *Bach Reception in Pre-Classical Vienna: Baron van Swieten's Circle Edits the „Well-Tempered Clavier" II*, in: Music and Letters 81 (2000), S. 364–391.

[82] Siehe Dok III, Nr. 955, S. 487.

Neue Quellen zu Bachs Violinsoli 69

Anhang:
Stemma zur Darstellung der ermittelten Quellenfiliation

Erhaltene Quellen sind mit einem Kasten versehen, verschollene in gepunkteten Kreisen. Die vertikale Anordnung spiegelt die chronologische Abfolge, die horizontale entspricht der stemmatischen Entfernung vom Autograph. Die Stärke der Verbindungslinien signalisiert den Grad der Abhängigkeit.

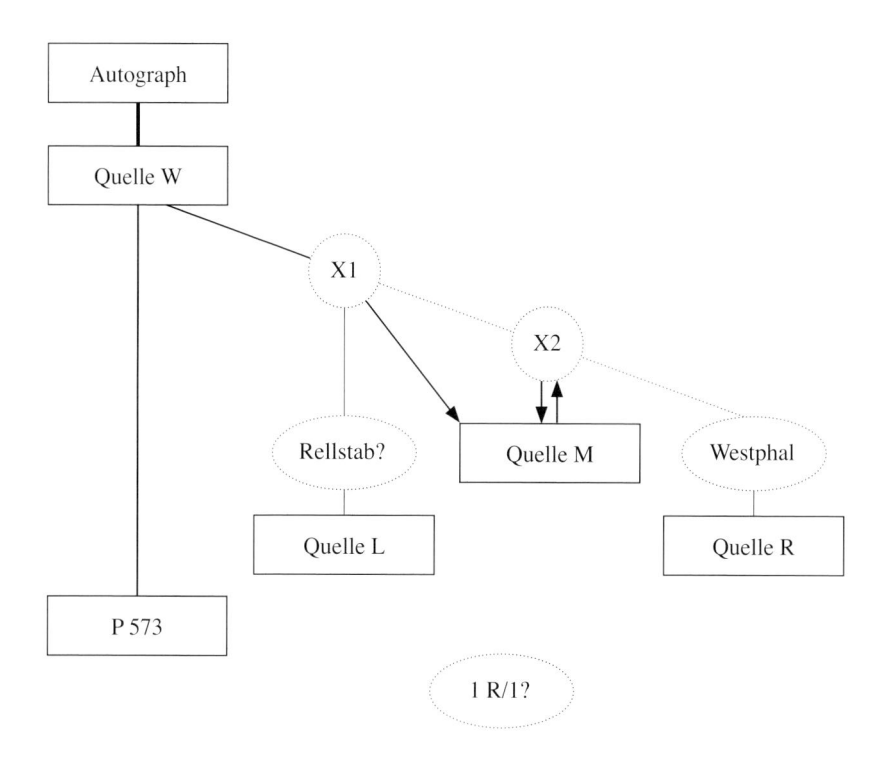

```
┌──────────┐
│ Autograph│
└────┬─────┘
     │
┌────┴─────┐
│ Quelle W │
└────┬─────┘
     │       ╲
     │        ╲      ┌·········┐
     │         ╲·····│   X1    │
     │              └····┬····┘         ┌·········┐
     │                   │         ·····│   X2    │·····
     │                   │        ·     └····┬····┘     ·
     │                   │       ·           ↕          ·
     │           ┌·······┴·┐  ┌──────────┐  ┌··········┐
     │           │Rellstab?│  │ Quelle M │  │ Westphal │
     │           └····┬····┘  └──────────┘  └·····┬····┘
     │                │                           │
┌────┴─────┐     ┌────┴─────┐               ┌─────┴────┐
│  P 573   │     │ Quelle L │               │ Quelle R │
└──────────┘     └──────────┘               └──────────┘

                         ┌·········┐
                         │  1 R/1? │
                         └·········┘
```

Abb. 1. A-Wst, *MH16561*, Bl. 8r: BWV 1003/1

Abb. 2. GB-Lbl, *Add.32156*, Bl. 1v: BWV 1001/2 (Beginn)

Abb. 3. GB-Mp, *BRm812Ba31*, Bl. 1r: BWV 1001/1

Abb. 4. Privatbesitz L. Goldberg, Rochester (NY), Bl. 10v: BWV 1003/2

Beschreibung	Autograph (P 967)	Nachahmung in W	Alternative Form in W
Buchstabe P: Titel von BWV 1006			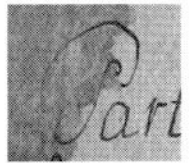
Buchstabe V in Wendevermerken: BWV 1002/4			
BWV 1003/2			
Taktvorzeichnung ₵: Beginn von BWV 1004/1			
Taktvorzeichnung ₵: Beginn von BWV 1005/2	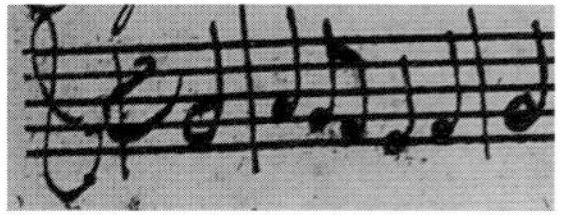		
Beginn von BWV 1003/3			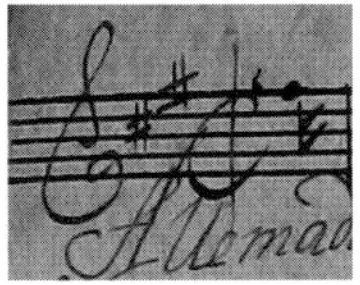

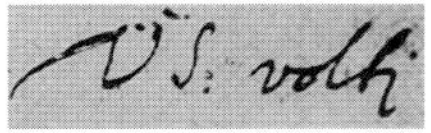

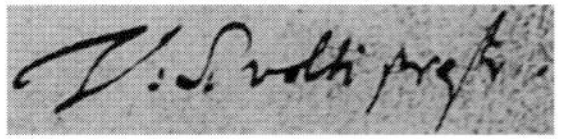

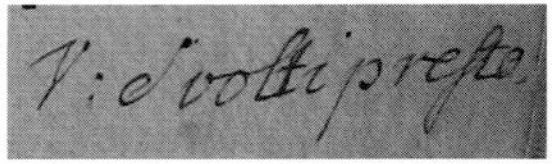

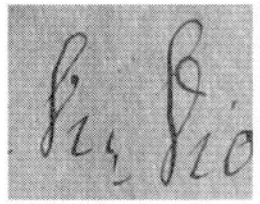

Abb. 5. Beispiele für Schriftassimilation in Quelle W

„Aus der Tieffen …" – Zum Entstehungskontext der Kantate BWV 131 von Johann Sebastian Bach

Von Ernst Koch (Leipzig)

Die Kantate „Aus der Tiefen rufe ich, Herr, zu dir" von Johann Sebastian Bach ist mehrfach Gegenstand von intensiven Untersuchungen gewesen. Zu nennen sind vor allem die Arbeiten von Alfred Dürr,[1] Jan Maegaard,[2] Gerhard Herz,[3] Ulrich Meyer,[4] Martin Weber,[5] Martin Petzoldt[6] und Hans-Joachim Schulze.[7] Hinsichtlich der Datierung der Komposition bestehen lediglich leichte Unsicherheiten, die sich, vorgegeben durch die Zeit von Bachs Aufenthalt in Mühlhausen, auf die Alternative zwischen den Jahren 1707 und 1708 beschränken,[8] wobei die Entscheidung für 1707 inzwischen zu überwiegen scheint. Einmütigkeit besteht darüber, daß eine genauere Datierung nicht möglich ist, da für sie ein unmittelbarer Anlaß nachweisbar sein müßte. Vorgeschlagen werden unter Hinweis auf das gottesdienstliche Proprium der 11. Sonntag nach Trinitatis (4. September) 1707[9] oder auch ein nach Mitte Juni 1707 veranstalteter Bußtagsgottesdienst im Anschluß an die Brandkatastrophe in Mühlhausen vom 29./30. Mai 1707, die sich im unmittelbaren zeitlichen Vorfeld des

---

[1] Dürr KT, S. 848–851.

[2] J. Maegaard, „… eine regulirte kirchen music …". The connotation of a term, in: Festskrift Jens Peter Larsen, Kopenhagen 1972, S. 141–159, speziell S. 144–147.

[3] G. Herz, BWV 131. Bach's First Cantata, in: Studies in Eighteenth-Century Music. A Tribute to Karl Geiringer on his Seventieth Birthday, hrsg. von H. C. Robbins Landon, New York 1979, S. 272–291.

[4] U. Meyer, Text und Musik in Bachs frühen Kantaten, dargestellt an BWV 131 „Aus der Tiefen", in: Johann Sebastian Bachs Kantaten zum Thema Tod und Sterben und ihr literarisches Umfeld, hrsg. von R. Steiger, Wiesbaden 2000 (Wolfenbütteler Forschungen. 90.), S. 75–85.

[5] M. Weber, „Aus der Tiefen rufe ich dich". Die Theologie von Psalm 130 und ihre Rezeption in der Musik, Leipzig 2003 (Arbeiten zur Bibel und ihrer Geschichte. 13.), speziell S. 219–232 und 250–303.

[6] M. Petzoldt, Bach-Kommentar. Theologisch-musikwissenschaftliche Kommentierung der geistlichen Vokalwerke Johann Sebastians Bachs, Bd. 1: Die geistlichen Kantaten des 1. bis 27. Trinitatissonntages, Kassel 2004, S. 257–263.

[7] Schulze K, S. 622–625.

[8] Vgl. ebenda, S. 622.

[9] M. Petzoldt, Bachstätten. Ein Reiseführer zu Johann Sebastian Bach, Frankfurt und Leipzig 2000, S. 186 f.; ders., Mitten in den Leiden ein Trostwort. Bachs Verständnis des „De profundis", in: Musik und Kirche 73 (2003), S. 300; F. Walter, Artikel Mühlhausen, in: Das Bach-Lexikon, hrsg. von M. Heinemann, Laaber 2000, S. 377.

Arbeitsbeginns von Bach ereignete.[10] Der letztgenannte Datierungsvorschlag ist allerdings im Blick auf den Einsatz solch aufwendiger Kirchenmusik an Bußtagen unwahrscheinlich. Nicht zuletzt durch die Einwände von Martin Petzoldt[11] verworfen wurden Erwägungen zu einem möglichen Zusammenhang der Entstehung der Kantate mit den innerstädtischen theologischen Konflikten unter den Mühlhäuser Geistlichen, in die Bach hineingeraten sein könnte. Dennoch wird diesem Aspekt noch einmal Aufmerksamkeit zu widmen sein.

1. Zur kirchlich-theologischen Situation in Mühlhausen zu Beginn des 18. Jahrhunderts

Für die Kirchengeschichte Mühlhausens am Anfang des 18. Jahrhunderts zur Zeit von Johann Sebastian Bachs dortigem Wirken konnte sich die Forschung bis vor kurzer Zeit lediglich auf die Bach-Biographie von Philipp Spitta berufen. Ihm als Einzigem kam das Verdienst zu, sich von den Quellen her gründlich mit den Vorgängen in der Stadt befaßt zu haben.[12] Martin Petzoldt konnte Spittas Ausführungen durch den Hinweis auf weitere Quellen ergänzen und Spezifizierungen an dem von diesem erhobenen Befund vornehmen.[13] Inzwischen liegen zwei Studien vor, die unter erheblicher Erweiterung der Quellenbasis neue Aspekte aufzuweisen versucht haben. Auf diese Aufsätze[14] wird im folgenden Bezug genommen.

---

[10] Dürr KT, S. 850; Weber (wie Fußnote 5), S. 220, Anmerkung 108 und S. 302; K. Küster, *Nebenaufgaben des Organisten, Aktionsfeld des Director musices. Die Vokalmusik*, in: Bach-Handbuch, hrsg. von K. Küster, Kassel 1999, S. 93–534, speziell S. 136.

[11] M. Petzoldt, *Johann Sebastian Bach in theologischer Interaktion. Persönlichkeiten in seinem beruflichen Umfeld*, in: Über Leben, Kunst und Kunstwerke: Aspekte musikalischer Biographie. Johann Sebastian Bach im Zentrum. Festschrift Hans-Joachim Schulze, hrsg. von C. Wolff, Leipzig 1999, S. 141; ders., *Bachstätten* (wie Fußnote 9), S. 184–185; ders., *Liturgische und theologische Aspekte zu den Texten der frühesten Kantaten*, in: Die Welt der Bach-Kantaten, Bd. 1: Von Arnstadt bis in die Köthener Zeit, 2. Auflage, Stuttgart und Kassel 2000, S. 122–123.

[12] Spitta I, S. 354–360.

[13] Petzoldt (wie Fußnote 9); sowie ders., *Die geistige Landschaft Thüringens zur Zeit des jungen Bach*, in: Der junge Bach – weil er nicht aufzuhalten … Erste Thüringer Landesausstellung, Begleitbuch, hrsg. von R. Emans, Erfurt 2000, S. 219–221.

[14] E. Koch, *Die Anfänge des Pietismus in der Reichsstadt Mühlhausen in Thüringen*, in: Zeitschrift des Vereins für Thüringische Geschichte 59/60 (2005/06), S. 99–130; ders., *Theologische Aspekte der Auseinandersetzungen um den Pietismus in Mühlhausen in Thüringen zwischen 1690 und 1710*, in: Herbergen der Christenheit. Jahrbuch für deutsche Kirchengeschichte 31 (2007), Leipzig 2008, S. 13–25. Johannes

Die Jahre nach 1691 führten insofern zu einer gewissen Unruhe im kirchlichen Leben der thüringischen Reichsstadt, als mit dem Amtsantritt von Johann Adolph Frohne (1652–1713) als Superintendent (mit Dienstsitz an der Pfarrkirche Divi Blasii) ein Theologe das leitende geistliche Amt übernahm, der sich zielstrebig dafür einsetzte, mit der aufstrebenden pietistischen Bewegung verbundene Änderungen des kirchlichen Lebens durchzusetzen. Frohne machte zunächst die Pfarrerschaft mit den theologischen Akzentuierungen dieser Bewegung vertraut, während er gleichzeitig den Rat der Stadt dazu bewegte, gegen Mißstände im sittlichen Leben der Bürger und in der Unterweisung von Kindern und Erwachsenen vorzugehen und die erwarteten Lehrerfolge zu kontrollieren. Im Druck erhaltene Predigten Frohnes geben Zeugnis davon, wie der Superintendent die theologischen Grundlagen seiner Ziele auch in der Öffentlichkeit vorstellte und propagierte. Ein weiteres Signal für Veränderungen war die 1698 unter Umgehung der innerstädtischen Zensur in Nordhausen erfolgte Neuveröffentlichung von Johann Arndts *Vier Büchern vom wahren Christentum* (in dieser Gestalt zuerst erschienen 1610), speziell das Vorwort, das Frohne dem Band beifügte. Die Schrift stellte thesenartig das Muster eines wahren Christen vor Augen, an dessen Lebensänderung im Sinne kontrollierbaren sittlichen Fortschritts die Wiedergeburt eines Menschen ablesbar werden sollte.

Ebenso deutlich sprach ein weiteres Signal. Frohne ersetzte Leonhart Hutters *Compendium locorum theologicorum* (1609) als bisher in Geltung stehendes Schullehrbuch für den theologischen Elementarunterricht am Gymnasium durch die Neuausgabe einer eigenen Veröffentlichung aus seiner Dienstzeit in Lemgo, den *Nucleus omnium ferme theologicarum definitionum* (3. Ausgabe, Mühlhausen 1698), der künftig dem Unterricht vom 2. Schuljahr an zugrunde lag.[15] Drei seiner Söhne ließ Frohne in Halle studieren, wo die Umgestaltung

---

Wallmann hat mich auf die notwendige Korrektur folgender Einzelheiten in der erstgenannten Veröffentlichung aufmerksam gemacht: S. 121, Zeile 5 und Fußnote 109 muß jeweils das Simon Philipp Klettwig betreffende Datum 1695 durch 1698 ersetzt werden. Die Fundortangabe zu Klettwigs Veröffentlichung ist zu erweitern durch Universitäts- und Landesbibliothek Halle/Saale und Sächsische Landes- und Universitätsbibliothek Dresden. Bei dem S. 121, Zeile 15 genannten Magister handelt es sich um den Langensalzaer Archidiakon Magister Tobias Kühnhardt (Brief vom 10. Juli 2008).

[15] Zur Bedeutung von Hutters Compendium für das 17. und 18. Jahrhundert vgl. L. Hutter, *Compendium Locorum Theologicorum ex Scripturis Sacris et Libro Concordiae. Kritisch herausgegeben, kommentiert und mit einem Nachwort sowie einer Bibliographie sämtlicher Drucke des Compendium versehen von Johann Anselm Steiger*, Teilband 1, Stuttgart und Bad Cannstatt 2006 (Doctrina et pietas. II/3.), speziell S. 747–783.

des Theologiestudiums im Sinne von August Hermann Francke als Vertreter des Pietismus in Gang gekommen war.

Auf diese Situation traf der als Archidiakon (mit dem Titel Pfarrer) an St. Marien in Mühlhausen berufene Heldrunger Superintendent Georg Christian Eilmar (1665–1715), der Ende März 1699 seine Antrittspredigt hielt. Dieser hatte bereits vor seinem Amtsantritt Kontakte in der Stadt gehabt und erfuhr sofort den öffentlichen Widerspruch des Superintendenten gegen den Inhalt seiner ersten Predigt. Eilmar, der nach eigener Erwähnung Balthasar Bebel (1632–1686) als seinen Lehrer ansah, also in Straßburg studiert haben muß,[16] hatte seine theologische Prägung während seines Studiums in Wittenberg empfangen, dessen Theologische Fakultät sich als Hort des Widerstands gegen die pietistische Bewegung erwiesen hatte. Bereits vor seinem Dienstantritt war er unter anderem in Langensalza mit pietistischen Strömungen in Konflikt geraten.

Der Mühlhäuser Rat blieb vorerst machtlos gegen die sich nun entspinnenden, auch bis in die außerstädtische Öffentlichkeit ausgreifenden Kontroversen. Ein Ratsdekret vom 23. Mai 1699, das jede Polemik innerhalb von Gottesdiensten verbot, blieb fruchtlos. In den folgenden Jahren kam es zum Austausch von Streitschriften, deren Veröffentlichung nur teilweise durch die städtische Zensurbehörde gedeckt war. Auch diese Form der Auseinandersetzung wurde zunächst am 28. April 1705 und nochmals am 23. August 1706 durch den Rat verboten. Den Streitparteien wurde auferlegt, ihre Positionen dem Rat gegenüber in knapper Form darzulegen. Eine gegen Eilmar gerichtete Streitschrift des Gothaer Subkonrektors Johann Conrad Kesler veranlaßte den Rat am 20. März 1707, dem Archidiakon jede weitere Äußerung auch dem Rat gegenüber zu verbieten. Nachdem dieser sich bereits 1705 mit der Bitte um Gutachten in einer Einzelfrage der Kontroverse an die Theologischen Fakultäten Jena und Helmstedt gewandt hatte, wiederholte er dieses Ersuchen im Jahre 1707 Helmstedt gegenüber. Das neue Gutachten vom 8. Februar 1708 erreichte den Rat am 13. März 1708. Es ermahnte zum Frieden und gab in der Sache teils Frohne, teils Eilmar recht.

Eilmar zeigte sich von der Entwicklung der Dinge so stark betroffen, daß er zunächst seinen Weggang aus Mühlhausen erwog, dann aber bereits im Sommer 1707 wieder von diesem Plan Abstand nahm. Vermutlich hatte er Fürsprecher innerhalb der Stadt. Zum 8. Mai 1708 wurden die beiden Theologen ins Rathaus eingeladen, um sich durch Handschlag miteinander zu versöhnen und sich gegenseitig zu entschuldigen. Eilmar unterzog sich dem Vorgang mit Zeichen leichten Unwillens und verabschiedete sich mit der Begründung, er

---

[16] G. C. Eilmar, *Gülden Kleinod Evangelischer Kirchen* […], Leipzig und Nordhausen 1701, S. 17.

könne aus dienstlichen Gründen die sofortige schriftliche Ausfertigung des Protokolls nicht abwarten.

Der Vergleich vom 8. Mai 1708 brachte lediglich eine Befriedung der Situation, keine Klärung der Sachfragen. Die beiden Theologen dachten auch in den folgenden Jahren nicht daran, ihre jeweiligen Positionen aufzugeben. 1709 trug Eilmar sich erneut mit dem Gedanken, die Stadt zu verlassen. Stattdessen wurde er nach dem Tode von Johann Adolph Frohne im Jahre 1713 dessen Nachfolger.

2. Georg Christian Eilmar als Theologe

Eilmar war noch vor seinem Dienstantritt in Mühlhausen im Oktober 1698 in Wittenberg zum Licentiaten promoviert worden. Auch von seinen Wittenberger Lehrern war er auf die aufstrebende pietistische Bewegung aufmerksam gemacht und für die durch theologische Akzentverschiebungen erregten Gefährdungen sensibilisiert worden. Diese Gefährdungen betrafen nach Eilmars Einsicht keineswegs ausschließlich überlieferte Lehrbestände, sondern griffen tief in die Praxis des Glaubens ein. Lag vom Pietismus beeinflußten Theologen – so auch Eilmars Vorgesetztem und Kollegen Frohne – an der Reform des ihrer Meinung nach in Formalismus erstarrten kirchlichen Lebens, so glaubte Eilmar zu beobachten, wie sich im Zuge der Durchsetzung von pietistischen Reformen unter der Hand Grundüberzeugungen der Wittenberger Reformation zum Schaden des gelebten Glaubens verwandelten. Hier war theologische Verantwortung und mit ihr die Sorgfalt des Seelsorgers gefragt.

Eilmar und Frohne teilten die Überzeugung, daß der Kern der biblischen Botschaft der Freispruch des sündigen Menschen in seiner Rechtfertigung durch Gott sei. Während für Frohne allerdings die Folgen dieses Freispruchs in einer schrittweise sich vollziehenden, spürbaren Besserung und die ständig wiederholte Mahnung dazu im Mittelpunkt des Interesses standen, ging es Eilmar um den Schutz des Gewissens vor Überforderung. Eilmars Widerspruch gegen die pietistische Bewegung und damit auch gegen Frohne konzentrierte sich in einer theologisch alternativen Gewichtung der Rechtfertigung einerseits und ihrer Folgen andererseits. Er war, wie er außerhalb des unmittelbaren Zusammenhangs seiner Kontroverse mit seinem Vorgesetzten und Kollegen einmal formulierte, der Überzeugung: „Die Lehre unser Kirchen von der Rechtfertigung eines armen Sünders für GOtt ist die wichtigste unter allen."[17] Deshalb ging es ihm darum, die Rechtfertigung des Sünders von ihren Folgen in seiner

---

[17] Eilmar, *Gantz eigentliche Ubereinstimmung/ des so genanten Apostolischen Wegweisers/ DEMOCRITI CHRISTIANI zur wahren Gerechtigkeit/ mit dem gefährlichen Seelen-Gift derer SOCINIANER und FANATICORUM* […], o. O. 1709, S. 37.

Erneuerung zu unterscheiden. Er wollte unter allen Umständen vermeiden, die von Gott zugesprochene Vergebung an eine vom Menschen zu erbringende Bedingung zu binden, und sei es auch nur an die Reue des Menschen oder an einen guten Vorsatz. „Durch die Vergebung sind wir gerecht/ durch Erneueru[n]g erweisen wir uns/ als Gerechte."[18]

In der konkreten Auseinandersetzung spitzten sich die Gegensätze zwischen den beiden Theologen unter anderem auf zwei Teilthemen der Theologie der Buße zu: den Unterschied zwischen der so genannten großen und kleinen Buße und die Rolle der Reue innerhalb des Vorgangs der Buße.

Johann Adolph Frohne hielt es aufgrund seiner Sicht der Rechtfertigung als eines unumkehrbaren Prozesses von der Sünde zur Wiedergeburt in Aufnahme der Position des Erfurter Theologen Johann Melchior Stenger[19] für wichtig, in Auslegung von 1. Korinther 10,12 zwischen einer Buße der Stehenden und einer Buße der Gefallenen zu unterscheiden. Den Unterschied wollte er darin sehen, „dass bey Busse der Stehenden die Büssenden sind wiedergebohren/ bey der Busse der Gefallenen aber die Büssenden sind Unwiedergebohrne […] Entweder der Büssende ist wiedergebohren oder er ist nicht wiedergebohren."[20] Für Frohne war die Buße der Stehenden lediglich die tägliche Buße der Gerechtfertigten, die, um das Leben in der Gnade zu stärken und zu bewahren, jederzeit über ihre Schwächen beunruhigt und über ihre Unvollkommenheiten betrübt sind.[21] Diesen Unvollkommenheiten kam also für den Superintendenten keine Sündenqualität in strengem Sinne zu.

Eilmar hingegen stellte sich energisch auf die Seite zweifelnder und angefochtener Gemeindeglieder und weigerte sich, sie auf sich selbst und ihren geistlichen Fortschritt zu verweisen, wenn es um die Gewißheit ihrer Rechtfertigung ging. In einer Wochenpredigt über 1. Mose 8,1, gehalten am 2. Dezember 1709, betonte er, daß wahre Christen viel von Leiden zu berichten hätten, vor allem von Anfechtungen in ihrem Glauben – Unruhe der Seelen sei bedrohlicher als leiblicher Schmerz. Geistliche Anfechtungen zeigten sich in Zweifeln, aber auch in der nicht nachlassenden Neigung zu großen Sündenfällen. Die höchste Anfechtung jedoch sei die Ungewissheit, ob man bei Gott in Gnade stehe. An Noah sei zu erkennen, wie hart er angegriffen und wie

---

[18] Eilmar, *Kern der Evangelischen Lehre/ in der AUSPURGISCHEN CONFESSION vorgetragen* […], Mühlhausen 1701, S. 181–184.

[19] Vgl. U. Sträter, *Philipp Jakob Spener und der „Stengersche Streit"*, in: Pietismus und Neuzeit 18 (1992), speziell S. 48–53.

[20] J. A. Frohne, *Verthädigung des Rechts des geistlichen Priesters zu Ministerial-Wercken in allerley Nothfällen/* […], Mühlhausen 1706, S. 139.

[21] *POEnitentia stantium est poenitentia qvotidiana justificatorum, qvi de infirmitatibus suis omni tempore sunt sollicti & de imperfectionibus suis dolent, ad vitam gratiae confortandum & conservandum.* J. A. Frohne, *NUCLEUS OMNIUM FERME DEFINITIONUM THEOLOGICARUM* […], 3. Ausgabe Mühlhausen 1698, S. 28.

kräftig er darin aufgerichtet worden sei. Seine Anfechtung habe darin ihren Höhepunkt erreicht, daß Gott nicht mit ihm geredet habe. So werde das vorläufige Ausbleiben göttlicher Hilfe zur Höllenangst, wie an den Klagen und Gebeten zu erkennen sei, die die Psalmen enthielten, so zum Beispiel Psalm 10,1 und Psalm 13,3. Auch David habe dies so erfahren. „Es ist ihm/ als schwebete er in einem erstaunenden Abgrunde/ aus der Tieffe ruff ich HERR zu dir/ Psalm CXXX.1."[22] Solche Anfechtungen gehen bis hin zu Selbstmordgedanken.[23] Eilmar hatte bereits 1704/05 in den Frühgottesdiensten an St. Marien das ganze Hiobbuch als Trostbuch für die „armen Creutzträger" und „ein Zeugniß von dem innersten Grund deß menschlichen Hertzens" ausgelegt[24] und war dabei auch auf die Klagen über das „geistliche Unvermögen im wahren Christenthum" zu sprechen gekommen.[25] Ihnen war nur durch das Bekenntnis der Sünde und den in der Absolution erfolgenden Freispruch des Sünders beizukommen, durch den in Rückkehr zur Taufe der Zuspruch der Rechtfertigung des Sünders durch Gott vollzogen wurde.

Aus den gleichen Motiven heraus formulierte Eilmar seinen Widerspruch gegen Frohne, was die Rolle der Reue innerhalb des Bußvorgangs betraf. Hier witterte der Pfarrer an St. Marien eine Bedrohung für den im Glauben angefochtenen Christen, der in Sünde gefallen war, nach Vergebung fragte und in Versuchung stand, die Wirklichkeit der Vergebung am Maße seiner Reue messen zu lassen. Frohne hatte Eilmar vor dem Mühlhäuser Konsistorium bezichtigt, „er lehre nicht durchgängig recht von den Stücken der Busse/ nicht recht von der Reu/ auch nicht recht vom Glauben/ der nach gethaner Reu gerecht macht [...] Die Reu ist nicht ein blosse passion, sondern sie ist auch ein action des Menschen durch die Kräfte des Geistes."[26] Eilmar widmete dieser Sachfrage 1705 eine eigene Monographie, in der er Philipp Jakob Spener als Kronzeugen der pietistischen Bewegung unmittelbar angriff.[27]

Es sei ausdrücklich bemerkt, daß Eilmar Frohnes Position mit Recht dem Pietismus zuwies, der der Tendenz zuneigte, die Vergewisserung im Glauben aus dem von außen kommenden Zuspruch des Wortes Gottes in die Selbstgewißheit des gläubigen Subjekts zu verlagern. Hinter dem Konflikt zwischen den

---

[22] Eilmar, *Der hohen Geistlichen Anfechtung/ Ob Habe Gott unser im Creutz vergessen* [...], Langensalza [1709], S. 34.
[23] Ebenda, S. 37–38.
[24] Eilmar, *Der Wohlgeplagte/ und kräfftig getröstete Hiob/ Oder Unterschiedliche Betrachtungen/ Auß dessen Creutz- und Trost-Buche* [...], Mühlhausen [1707], Bl. 4v und S. 50.
[25] Ebenda, S. 480.
[26] Frohne, *Verthädigung* (wie Fußnote 20), S. 98 und 113.
[27] Eilmar, *Die Pietisterey/ Als Das gröste Hindernis wahrer Gottseeligkeit/ Aus der Lehre Von der Busse/ Bloß nach derselben ersten Theil Der Reue/ Zur Warnung für jener/* [...], Wittenberg 1705, Bl. E 2v–r.

beiden Theologen stand ein Konflikt über das Grundverständnis der Bibel und die Möglichkeiten des glaubenden Menschen. Wenn bei Martin Petzoldt der Eindruck erweckt wird, daß es der Konflikt zwischen Frohne und dem Franziskaner-Provinzial Edmund Baumann war, der zu den direkten Auseinandersetzungen zwischen Eilmar und Frohne führte,[28] so trifft das nicht zu. „[…] die Streitigkeit vom geistlichen Priesterthum ist die kleineste/ und gar nicht das Haupt-Werck zwischen uns", äußerte Eilmar im Jahre 1705.[29]

3. Kontroversen über das Kirchenlied und Positionen zur Musiktheologie

Ebenso wie die Bußtheologie gehörte auch die kritische Wahrnehmung des gottesdienstlichen Lebens und des Umgangs mit der Kirchenmusik in der Stadt zu den frühen Kritikpunkten Eilmars gegenüber seinem Superintendenten. In der umfangreichen Eingabe, die das städtische Konsistorium Anfang August 1699 erreichte,[30] monierte Eilmar, daß in das 1686 von Frohnes Vater edierte und 1697 neu aufgelegte Mühlhäuser Gesangbuch je ein Lied von August Hermann Francke und Joachim Justus Breithaupt aufgenommen worden sei. Diese Kritik begleitete die Kommunikation zwischen den beiden Theologen bis 1708. Eilmar spezifizierte 1706 seine Vorbehalte gegenüber Franckes Lied „Gott Lob, ein Schritt zur Ewigkeit", indem er auf die Liedstrophe einging, in der es hieß: „O JEsu! Meine Seele ist zu dir schon aufgeflogen […] ich bin schon in der Ewigkeit/ weil ich in JEsu lebe". Er beanstandete, diese Strophe sei weder im Geist noch in der Wahrheit gesungen,[31] „denn wo wird eine gläubige Seele in der Einwohnung GOttes gäntzlich ausgesogen/ dass sie zu einem Nichts/ oder in GOtt zerschmelzet wird?" Jeder Christ wisse doch als Glied der streitenden Kirche, solange sie auf der Erde existiere, daß in ihr noch die Sünde lebe und der Tod nicht überstanden sei. Eilmar warf diesem Liedtext Enthusiasmus und Böhmismus vor, also den verderblichen Einfluß Jakob Böhmes.[32] Seine Kritik betraf auch eine Textänderung in der 4. Strophe des Liedes „Ich ruf zu dir, Herr Jesu Christ" – Eilmar sah Martin Luther als Verfasser an –, die im Mühlhäuser Gesangbuch lautet: „Es kann niemand erwer-

---

[28] Petzoldt, *Bachstätten* (wie Fußnote 9), S. 184.
[29] Eilmar, *Gottgeheiligte Oster-Gedanken/ Von dern falschen Glossen der Pietisten und Chiliasten gereinigt* […], Mühlhausen 1705, S. 38.
[30] Eilmar, *Theologische Streit-Puncten*; vgl. Koch (wie Fußnote 14), S. 112–113 (mit Fußnote 70), S. 57–58.
[31] Vgl. Joh. 4,25.
[32] Eilmar, *Abgenöthigter Verthädigung Seiner Gerechten Sache/ In der Theologischen Streitigkeit mit Hrn. D. Frohnen/ auch Pastore und Superint.* […] Erste Lage, o. O. 1706, S. 19–20.

ben noch ererben durch Werck dein Gnade und Gunst", während es seiner Meinung nach heißen mußte: „durch Wercke deine Gnad". Er hielt Frohne vor, die Korrektur sei „gantz unbehörig […] das Lied ist nicht sein/ […] sondern D. Lutheri", und der „gemeine Mann" werde durch solch eine Korrektur nur verunsichert. Außerdem sei sie „nach der prosodie nicht richtig/ hergegen Lutheri Klang ist just und gut", und durch die Textänderung „[w]ird in der Kirche ein seltzamer Klang/ dass einem die Ohren wehe thun", wenn nämlich das Volk das Wort „Gnad" singt und gleichzeitig der Kantor mit dem Chor die Silbe „Gunst" auszuhalten hat.[33] Ein weiterer Kritikpunkt Eilmars betraf einen Text im Mühlhäuser Gebetbuch von 1686.[34] Das bedeutete, daß, wie später bemerkt wurde, bereits Johann Adolph Frohnes Vater als Superintendent der Stadt Textänderungen in den von ihm herausgegebenen Gesangbüchern befürwortet hatte.[35]

Frohne ging nach der Lektüre von Eilmars Buch ausführlich auf dessen Kritik ein und betonte, daß sie eigentlich den damaligen Kantor Andreas Stier – inzwischen Pfarrer in Ammern bei Mühlhausen – treffe, für dessen Arbeit Frohnes Vater zuständig gewesen sei. Auch erledige sich der entsprechende Vorwurf Eilmars gegenüber einem angeblich von Angelus Silesius gedichteten Lied von selbst, weil die Zuweisung der Verfasserschaft nicht zutreffe. Er selbst habe in den Anhang des Gesangbuchs außer Franckes Lied auf Wunsch „Christlicher vornehmer Leute" ein Lied aufgenommen („Mein Gott, das Herze bring ich dir"), das angeblich Joachim Justus Breithaupt zum Verfasser habe. Inzwischen habe sich auf Nachfrage herausgestellt, daß weder das eine noch das andere Lied von den genannten Verfassern stamme, und so sei der Name der Verfasser in der Ausgabe des Gesangbuchs von 1703 getilgt worden.

Die Kritik an der Textänderung des Liedes „Ich ruf zu dir, Herr Jesu Christ" – als dessen Verfasser inzwischen Johann Agricola ermittelt werden konnte – nahm Frohne auf, indem er auf die derzeitige Ungewißheit der Verfasserschaft hinwies; das Nordhäuser Gesangbuch nenne Paul Speratus. Die umstrittene Textänderung finde sich auch im Mindener Gesangbuch. Sie sei auch aus rhythmischen Gründen vorzuziehen, jedoch habe Frohne des Vorwurfs der Disharmonie wegen den Kantor konsultiert, der jedoch von solchen Schwierigkeiten nichts wisse. Sollte es dennoch zu ungleichem Textgesang kommen, habe der Kantor sich nach dem Gesang der Gemeinde zu richten, auch könne

---

[33] Ebenda, S. 20.
[34] Ebenda, S. 21.
[35] Christian Wilhelm Volland an Ernst Salomo Cyprian, Brief vom 19. April 1723; zitiert nach T. Wotschke, *Mühlhäuser Superintendentenbriefe*, in: Mühlhäuser Geschichtsblätter 23 (1922/23), S. 244–245, Fußnote 12. Daß es sich nicht um Johann Adolph Frohne handelte, wie Wotschke behauptet, geht aus dem Inhalt von dessen Bezugstext hervor.

der geänderte Text im Schulunterricht gelernt werden, falls Eilmar dies wünsche.[36]
Die Kontroverse über die Liedtexte im Mühlhäuser Gesangbuch kam schließlich nochmals im Responsum der Theologischen Fakultät Helmstedt vom 8. Februar 1708 zur Sprache. Dort wurde empfohlen, die umstrittenen Lieder aus dem Gesangbuch zu entfernen und die Druckbogen umzudrucken.
Von Frohne stammte auch der Vorwurf gegen Eilmar, er habe bei besonders feierlichen Anlässen eigene Verordnungen für den Gottesdienst erlassen und Lesungen, Predigttexte und Lieder eigenständig bestimmt, so zum Beispiel bei der Huldigungspredigt zur Krönung des Kaisers Joseph I. Als er beim Dankfest für die kaiserlichen Siege in Spanien und den Niederlanden ebenso gehandelt habe, habe Frohne ihm die Texte zurückgeschickt und ihre Verwendung nicht gestattet.[37] Die bisher bekannten Quellen geben zur Verifizierung der Vorwürfe nichts her. Nachweisbar ist lediglich ein Huldigungsgedicht für Graf Albrecht Anton von Schwarzburg während dessen stellvertretendem Huldigungsempfang für Kaiser Joseph I. am 27. Oktober 1705, das Eilmar aus Anlaß „einer geringsten Abend-Music" verfaßte.[38]
Für Eilmar bestand ein enger Zusammenhang zwischen der von ihm attackierten Bußtheologie und der Einstellung zum Kirchenlied. Im vorletzten Abschnitt seiner Abrechnung mit der pietistischen Bußtheologie betonte er, daß die lutherische Kirche die Zugehörigkeit der Reue zur Buße nicht nur im Katechismus und der Auslegung der Augsburgischen Konfession vertrete, sondern auch in ihrer Predigtweise, indem sie zurechtweisend und strafend vom Gesetz spreche und es als einen Spiegel der Sünde gebrauche,[39] ferner „wenn sie ihre sehr schönen alten Buszgesänge anstimmet/ als *Herr Jesu Christ du höchstes Guth etc. Aus tieffer Noth etc. Aus der tieffen ruffe ich etc.* und solche mit grosser Seelen Freude und Bewegung der armen Sünder gebrauchet/ weit anders/ als in den neuen Liedern der Neulinge es klingt/ wovon die Kirchen sollen angefüllet werden/ darinn aber weder Theologie, noch Krafft und Safft/ sondern lauter elende Zeig Stimperey und Wolcken ohne

---

[36] J. A. Frohne, *Anhang/ an die Verthädigung des Rechts des geistl. Priesters gehörig/ darinne das abgetroschene Stroh/ welches in Hn. D. Eilmars [...] itzt neu heraus gegebener Abgenöthigten Verthädigung seiner gerechten Sache etc. zufinden ist* [...], Mühlhausen 1706, S. 20–21.

[37] Ebenda, S. 10.

[38] *Aller-Unterthänigste Devotion Gegen Den neuen Römischen MONARCHEN [...] HERRN JOSEPHUM [...] Unsern allergnädigsten Kayser [...] Dem Hochgebohrnen Grafen und Herrn HERRN Albrecht Anthon, [...] Graffen zu Schwartzburg [...] erstattet und verfasset durch D. Georg Christian Eilmar Past. B.M.V.*, Langensalza 1705.

[39] „Siegel" der Sünden (Eilmar, *Pietisterey*, wie Fußnote 27, Bl. E 1r) ist wohl ein Druckfehler für „Spiegel" der Sünden.

Regen/ ja irriger Wahn ist/ die hergegen die alten Geistreichen Gesänge der Kirchen nur unterdrucken. Wollte einer ein Lied machen/ so möchte er es für sich behalten/ und ihm in seinen vier Pfählen zehnerley Melodey geben/ solche zum öffentlichen Gebrauch darlegen/ das ist ausser den Schrancken geschritten."[40] Eilmar wies auf kirchenrechtliche Bestimmungen hin, die eindeutig festlegten, daß neue Lieder ohne Prüfung durch Geistliche nicht eingeführt werden dürften. Er zitierte Tiburtius Rangos Kritik des Liedes „Mein Jesu, der du mich zum Lust Spiel ewiglich/ hast erwählet" in dessen Bericht von der Musik.[41]

Im übrigen dauerten in Mühlhausen die Auseinandersetzungen um Veränderung von Gesangbuchliedern noch jahrzehntelang fort. Sie vermischten sich mit der Kritik an Änderungen im Katechismustext, die von Johann Adolph Frohne veranlaßt worden waren.[42]

Johann Adolph Frohne nahm zu gottesdienstlicher Musik und geistlichem Gesang eine eigene Stellung ein. In der Einweihungspredigt nach der Innenerneuerung der Kirche St. Maria Magdalena im Jahre 1701 legte er den 100. Psalm aus und erklärte, die „evangelische Tempel-Weihe" müsse außer durch Lehre, Gottesdienst, Beichte, Absolution und Buße auch erfolgen „durch geistliche Lob- und Danck-Lieder/ die theils gesungen/ theils mit allerhand Musicalischen Instrumenten gespielet werden […] Solch Jauchtzen und Frolocken [gemäß Psalm 100, 2] geschicht wenn geistliche Lieder gesungen und gespielet werden/ alwo die lieblichen und abwechselnden Stimmern der Singenden/ wie auch die anmutigen Melodeyen/ die durch Spielwercke und Instrumenta erwecket werden/ ein liebliches Jauchtzen und Frolocken machen". Frohne berief sich auf die Auslegung von Psalm 1 durch Basilius den Großen (329/30–379 n. Chr.), der geschrieben hatte, das Frohlocken sei ein Freudenlied derer, die sich über die Liebe und Wohltaten Gottes freuten, sie mit dem Munde priesen, ihm dafür dankten und mit fröhlicher Stimme Gott Loblieder sangen, „auch oftermal dieselbe mit Instrumental-Music desto lieblicher und herrlicher machen".[43] In dem acht Jahre später veröffentlichten Predigtdruck ist zu lesen: „Es ist neben andern mit Jauchzen und Frolocken abgesungen worden das schöne Aufmunterungs-Lied/ welches vormals unser

---

[40] Ebenda, Bl. E 1r.
[41] Ebenda, Bl. E 1v. Vgl. auch D. M. McMullen, *Melodien geistlicher Lieder und ihre kontroverse Diskussion zur Bach-Zeit: Pietistische kontra orthodox-lutherische Auffassungen im Umkreis des Geist-reichen Gesang-Buches (Halle 1704) von Johann Anastasius Freylinghausen*, in: „Geist-reicher" Gesang: Halle und das pietistische Lied, hrsg. von G. Busch und W. Miersemann, Tübingen 1997, S. 202.
[42] Vgl. Wotschke (wie Fußnote 35), S. 242–250, speziell S. 242–243, sowie S. 253, 262, 264 und 273–274.
[43] J. A. Frohne, *Christliche Einweihungs-Predigt/ als die von innen erneuerte Kirche Mariae Magdalenae […] eingeweihet*, Mühlhausen 1709, S. 12–16.

Mühlhäusischer Asaph/ (der nunmehro selige Her Joh. Georg Ahle) zur Einweihung der Aller-Heiligen-Kirche gesetzet hatte: Lobt ihr Frommen nah und fern."[44]

Diese Predigt gab zusammen mit der Vorrede zum Mühlhäuser Gesangbuch von 1712 die Grundzüge von Frohnes Auffassung von der Kirchenmusik wieder. In dieser Vorrede bezeichnete er das Lob Gottes als das „vortreflichste/ herrlichste/ rühmlichste/ lieblichste und nützlichste Werck der Menschen", zu dem Gott sie erschaffen habe. „Dazu sind wir durch Christum erlöset und so theur erkauffet/ daß wir GOTT preisen sollen an unserm Leib und an unserm Geist/ welche sind Gottes 1. Cor. 6/20. Darzu sind wir vom H. Geist beruffen/ erleuchtet/ bekehret/ wiedergeboren/ gerechtfertiget und geheiliget/ daß wir als das Volck des Eigenthums/ das Königliche Priesterthum/ das heilige Volck verkündigen sollen die Tugend dessen/ der uns beruffen hat von der Finsternis zu seinem wunderbaren Licht 1. Petr. 2/9." Frohne untermauerte diese seine Sicht mit einer Fülle von biblischen Zitaten, die zum Lob Gottes auffordern, sowie mit dem Hinweis: „Es ist uns armen Sündern die gröste Ehre/ daß wir einem so hohen und mächtigen HERREN mit unserem geringen Lob/ armen Gebet/ und unreinen Lippen dienen dürffen […] Er vergibt uns unsre Sünd/ und erläßt uns die Straffen. Er wartet auf unsre Bekehrung/ er straft uns nicht so schnell und so hart als wirs verdienet haben." Nochmals kam Frohne auf die Begründung für das Gotteslob in der Rolle der Menschen als Geschöpfe Gottes zurück, die unter seiner Vorsehung leben. Wiederum mit einer großen Zahl von Bibelzitaten mahnte er dazu, nicht zu schweigen, Gott reichlich zu loben und dadurch schon während des Lebens den Engeln gleich zu werden, nicht vergeblich geschaffen, erlöst und geheiligt worden zu sein. „Durch das Lob Gottes wird alle Arbeit leicht und gesegnet […] Die Danckbaren und Lobvollen Hertzen sind die tieffen Thäler/ in welche GOtt die Ströme seiner Gnade/ Barmhertzigkeit und Segens fliessen läst […] Wer solches Trostes und Segens will fähig und theilhaftig werden/ der muß sich im Lobe GOttes fleißig üben/ und auch die Mittel/ so zu solchem Lob beförderlich sind/ nicht verachten/ sondern sich derselben bedienen und gebrauchen. Zu solchen Mitteln gehören unter andern Geistreiche Gesänge und Gesangbücher/ durch welche Christliche Hertzen zum Andächtigem Lobe GOttes geführet und ermuntert werden."[45]

Frohnes Gesangbuchvorrede, die einerseits deutliche Spuren seiner Theologie mit der Betonung von Bekehrung und Wiedergeburt aufweist, andererseits

---

[44] Ebenda, S. 18–19.
[45] Vorrede zu *Vermehrtes Gesang-Buch/ worinne Herrn D. Martini Lutheri, Hrn. M. Ludov. Helmboldt, und anderer so fremder als einheimischer gottseliger Poeten und frommer Christen etc. Geistreiche Lieder befindlichen […] zum Vierdtenmal heraus gegeben*, Mühlhausen 1712, Bl.)o(2r–6v.

auch Traditionelles enthält, wie es sich in anderen Gesangbuchvorreden des 17. und 18. Jahrhunderts findet, läßt ihre Eigentümlichkeit erst bei einem genaueren Vergleich mit anderen Gesangbuchvorreden erkennen. Spezifisches zu seiner Auffassung von der Kirchenmusik allerdings zeigte sich in der letzten, 1707 erschienenen Ausgabe seines theologischen Schullehrbuchs, das auch in Mühlhausen eingeführt worden war und Begriffserklärungen aus dem Gesamtgebiet der Theologie bot. Neben dem Stichwort des Lobes Gottes (Laus Dei) hatte der Autor hier erstmals das Stichwort Musica aufgenommen und neben dem Oberbegriff in drei Einzelbegriffen erläutert: Musica Harmonica – Musica chromatica – Musica Organica & Instrumentalis.

Unter Musica Harmonica verstand er den gemeinsamen Gesang einer Gruppe (coetus), der, wenn mit Würde und Ergebung gesungen, außerordentliches Ansehen genieße, Gott gefalle, den Teufel in die Flucht schlage und den menschlichen Sinn wunderbar berühre und bewege und geistliche Freude errege.[46]

Eine deutlich andere Beurteilung erfuhr die Musica chromatica. Bei ihr handelte es sich nach Frohne um einen kunstfertig-künstlichen Umgang mit Musik in subtiler Gewandheit mit Wechsel der Töne, Beugung und Zäsuren der Stimmen und anderen Kunststücken, bei deren Gebrauch im Gottesdienst, übrigens mit gebotener Mäßigung, der Reiz der Leichtfertigkeit und Neuheit zu vermeiden sei.[47]

Auch der Musica Organica et Instrumentalis kam für Frohne der Charakter von Kunstmusik zu, die allerdings nicht durch die menschliche Stimme, sondern durch den Klang verschiedener Instrumente zustande komme und mit ihrer bewundernswerten Kunst Gott als den Urheber und höchsten Künstler feiere. Sie könne nach dem Beispiel und der Mahnung Davids, jedoch mit gebotener Mäßigung, in den Gottesdiensten dargeboten werden, wie Frohne mit Verweis auf Psalm 150, 3–6 feststellt.[48]

---

[46] „MUsica Harmonica est cum integer coetus concinit, qui concentus, si fit cum gravitate & devotione, egregiam habet autoritatem, Deo placet, Diabolum fugat, animumque hominis mire afficit, movet & spirituale gaudium excitat." J. A. Frohne, *THEOLOGIA DEFINITIVA comprehendens 1845. DEFINITIONES THEOLOGICAS, tam Theoreticas, quam Practicas, in usum non solum Incipientium, sed & proficientium SS. Theologiae conscriptas* […], Frankfurt und Leipzig 1707, S. 599 (Nr. 1594).

[47] „MUsica chromatica, απο των χρωμάτων i.e. coloribus seu coloraturas dicta, est artificiosa modulatio, quae fit subtili solertia, variatione tonorum, inflexione & incisione vocum aliisque artificiis, in cujus usu, qui alioquin debet esse moderatus, prurigo levitates ac novitatis in coetu sacro est declinanda." Ebenda (Nr. 1595).

[48] „MUsica Organica & Instrumentalis est musica artificiosa, qvae non viva voce, sed sonitu variorum Instrumentorum perficitur, suaque miranda arte Deum Autorem & Artificem supremum celebrat, quae ad exemplum monitumque Davidis, debita

Die zweimalige Betonung der Mäßigung im Umgang mit Kunstmusik erinnert an Philipp Jakob Speners Ablehnung der Aufnahme von italienischer Figuralmusik in den Gottesdienst – bei Spener allerdings aus Gründen der mangelnden Verständlichkeit.[49] Was aber mag dazu geführt haben, daß der Mühlhäuser Superintendent das Thema der Musik im Jahre 1707 erstmals in seine Sammlung theologischer Definitionen aufnahm? Gab es dafür aktuelle Anlässe? War er durch die Situation genötigt? Standen hinter dieser Entscheidung gezielte Anfragen – vielleicht aus dem Gymnasium, dessen Oberaufsicht zu seinen Dienstpflichten gehörte? Diese Fragen lassen sich derzeit nicht beantworten. Sie gehören dennoch in den Entstehungskontext der Kantate BWV 131 von Johann Sebastian Bach.

4. Bemerkungen zu Text und Komposition der Kantate BWV 131

Der Versuch, die Entstehung der Kantate „Aus der Tiefen rufe ich, Herr zu dir" in die umschriebenen Zusammenhänge einzuordnen, wird sich sowohl vor allzu schnellen Behauptungen als auch vor übereilten Schlüssen hüten müssen und damit zu rechnen haben, daß auch bei einigermaßen gesicherten Ergebnissen nicht alle Fragen beantwortbar sind.

Zunächst soll sich der Blick auf den Text der Kantate richten. BWV 131 ist die einzige Kantate in Bachs Werk, die einen vollständigen Psalm vertont, verbunden mit zwei Liedstrophen aus der zweiten Hälfte des 16. Jahrhunderts. Aufgrund der vielzitierten Nachbemerkung Bachs zu der Kantate – „Auff begehren *Tit: Herrn D: Georg: Christ:* Eilmars in die *Music* gebracht von *Joh: Seb: Bach Org: Molhusinô*"[50] (Gerhard Herz nannte sie ein „erstaunliches Postscriptum")[51] – müssen zur Erklärung des Tatbestands neben musikgeschichtlichen Erwägungen auch der genannte Mühlhäuser Archidiakon und Pfarrer und seine theologische Position herangezogen werden. Die einschlägigen musik- und literaturgeschichtlichen Erwägungen verweisen einerseits auf die Verankerung des Textes in der Kirchenmusik des 17. Jahrhunderts,[52] zeigen andererseits aber auch Zurückhaltung gegenüber einer Überschätzung der literarischen Gestalt der Kantate als „konservativ" und betonen die partielle Gleichzeitigkeit einer am 17. Jahrhundert orientierten und vom Kan-

---

tamen moderatione, in sacris conventibus adhiberi potest. Ps. 159, 3–6." Ebenda (Nr. 1596).

[49] Vgl. R. Bayreuther, Artikel *Spener, Philipp Jakob*, in: MGG², Personenteil, Bd. 15, Sp. 1167–1169.

[50] Dok III, S. 638.

[51] G. Herz, *Bach-Quellen in Amerika*, Kassel 1984, S. 39.

[52] Küster (wie Fußnote 10), S. 132.

tatenstil Erdmann Neumeisters gestützten Textgestalt und damit eine Übergangssituation.[53] Was Mühlhausen betrifft, mag auch der konservative Musikgeschmack der beiden Mühlhäuser Organisten Ahle[54] die Rezeption gerade dieser Textzusammenstellung positiv beeinflußt haben.

Im Blick auf die theologische Position Georg Christian Eilmars sind die Auslegungstradition des komponierten Textes einerseits und die Stellung dieses Theologen zum Kirchenlied und zum Bibeltext andererseits in Betracht zu ziehen. Psalm 130 gehörte nach weit zurückreichender christlicher Tradition zur Gruppe der so genannten sieben Bußpsalmen, unter denen er die sechste Stelle einnahm. Das bedeutet, daß er von vornherein als eines der klassischen Bußgebete verstanden wurde und eine eigene Rolle in der Bußfrömmigkeit spielte. Hierfür kann in der dichten Auslegungstradition im Gefolge der Wittenberger Reformation seit Martin Luther neben einer ganzen Reihe weiterer Theologen die Deutung des Psalms durch den Straßburger Theologen Johann Schmidt (1594–1658) als typisch gelten. Eilmar kann mit Schmidts Auslegung während seiner Studienzeit in Straßburg bekannt geworden sein. Dieser bezeichnete den Psalm 130 in Anlehnung an Cyrill von Jerusalem (um 313–386/87) als „ein vortreflich Exemplar vnnd spiegel eines rechten büssenden sünders".[55] Die dort genannte Tiefe der Sünde „weiß vnd versteht kein Mensch in dieser Welt/ er sey auch so heilig als er wolle. Dies tieffe kann von niemand ergründet werden." Die Heiden wüßten nichts oder wenig von den verkehrten Gedanken und Affekten. Noch tiefer im Menschen wohne die Erbsünde, „da ist vnser vnwissenheit noch grösser/ es ligt dieselbe noch tieffer in vns verborgen/ also das jhren grund niemand erreichen kann".[56]

Jede Sünde rufe Gottes Zorn herauf und stürze in tiefe Anfechtung.[57] Gläubige wie Ungläubige gerieten oft „in schwere Anfechtungen vnd Hertzensangst

---

[53] Ebenda, S. 104. Vgl. M. Rathey, *Textsyntax und Prosodie in der Aufklärung und bei Johann Sebastian Bach*, in: Musik & Ästhetik 8 (2004), S. 32–33 und 38–39 (in Anlehnung an und Weiterführung von F. Krummacher).

[54] Schulze K, S. 597 f. und 623.

[55] J. Schmidt, *Der Hundert vnd dreissigst Psalm Davids/ In Dreyzehen vnterschiedlichen Predigten erklärt vnd außgelegt* […], Straßburg 1628, S. 3. Weitere Auflage: Straßburg 1661; Zitate nach der Ausgabe von 1628.

[56] Ebenda, S. 12–14. Vgl. dazu die Aussage Luthers in den Schmalkaldischen Artikeln von 1536, die über das Konkordienbuch von 1580 in die Bekenntnisschriften der evangelisch-lutherischen Kirche eingegangen ist: „Solche Erbsunde ist so gar ein tief bose Verderbung der Natur, daß sie kein Vernunft nicht kennet, sondern muß aus der Schrift Offenbarung gegläubt werden" (*Die Bekenntnisschriften der evangelisch-lutherischen Kirche. Herausgegeben im Gedenkjahr der Augsburgischen Konfession 1530*, 11. Auflage, Göttingen 1992, S. 434, Zeile 8–10).

[57] Schmidt (wie Fußnote 55), S. 19–20.

wegen jhrer begangenen Sünden",[58] auch für Glaubende sei die Sünde unentrinnbar.[59] Das Gebet, das zu Gott ruft, gründet sich gerade bei der Bitte um Vergebung auf das Gebot und die Verheißung Gottes und auf herzliche Demut, erfordere inbrünstige Andacht und Beständigkeit und sei mit Mißfallen und Haß gegenüber der Übertretung von Gottes Gebot verbunden.[60] Die Vergebung Gottes aber „ist vniversalis & totalis, das ist/ die sich auff alle Sünde ins gemein/ sie sey groß oder klein/ schwer oder gering/ wie auch auff alle Straffen der Sünden/ ja auch auff alle Zeit vnd Ort erstreckt/ wenn vnnd wo man gesündiget hat."[61] Sie gelte auch bei schweren, wissentlich und vorsätzlich nach der Taufe begangenen Sünden, wenn die Vergebung gesucht und zur Taufe zurückgekehrt werde.[62] Für die Auslegung von Psalm 130,7–8 bedeute das: Israel meine wohl das ganze jüdische Volk, aber eben auch „die gemeine Christliche Kirch zu allen Zeiten […] Wir alle/ die wir alhie beysamen sitzen vnd Gottes wort miteinander handeln sind der Israel: vns alle vnd einen jeden insonderheit redet David alhier an vnd rühret jhm sein hertz mit seiner Vermahnung vnd Trost". Es sei gut, versichert Schmidt, daß „[ihr] den tieffen Jammer/ darinn jhr stecket/ betrachtet/ vnnd für dem zorn Gottes erschreckt […] aber darbey muß mans nicht bleiben lassen/ sondern auch auß den Evangelischen Gnaden verheissungen gute/ Glaubige Hoffnung schöpffen/ man werde Vergebung erlangen: Wenn schon allerley zweifelige kleinmütige gedancken sich in den Hertzen regen/ muß man denselben widerstehen vnd sich halten an das Wort/ welches nicht triegen kann."[63] Die Erlösung durch Vergebung gelte „allen Sünden auch der bösen wurtzel der erbsünd/ mit der wir vns sonst/ so lang wir leben/ auch nach vnserer Bekehrung vnd Rechtfertigung leider schleppen müssen/ werden erlöset vnd gantz Heilig vnd selig gemacht werden."[64]

Der Text von BWV 131 nimmt zusätzlich zwei Strophen auf, die einem explizit der Buße gewidmeten Gebetslied aus der zweiten Hälfte des 16. Jahrhunderts entnommen sind, das von Psalm 51, einem weiteren Bußpsalm, angeregt und noch Anfang des 18. Jahrhunderts in den Gesangbüchern weit verbreitet war: „Herr Jesu Christ, du höchstes Gut".[65] Von dem Bußprediger Bartholomäus Ringwaldt (1530–1599) gedichtet, entstammte es einer Zeit, die mit großer Spannung auf das Ende der Welt wartete. Die in Bachs Komposition zu

---

[58] Ebenda, S. 64.
[59] Ebenda, S. 96–101.
[60] Ebenda, S. 26–43.
[61] Ebenda, S. 121.
[62] Ebenda, S. 128.
[63] Ebenda, S. 235–236.
[64] Ebenda, S. 267.
[65] Das Mühlhäuser Gesangbuch von 1712 (vgl. Fußnote 45) enthielt das Lied unter der Nummer 181 (S. 234–236).

findende kunstvolle Verschränkung der beiden Liedstrophen mit dem Text von Psalm 130 unterstützte dialogisierend den klagenden Charakter des Psalms.[66]

Gewiß sprach die Auswahl gerade dieses Liedtextes für die Besorgnis von Georg Christian Eilmar, daß die sich ausbreitende Frömmigkeitsbewegung, für die in Mühlhausen auch Johann Adolph Frohne stand, ganz andere Liedtexte favorisierte als solche aus der Reformationszeit. Eilmar fühlte sich und seine theologische Position in einem Lied wie dem von Bartholomäus Ringwaldt besser verstanden als in den „Liedern der Neulinge". Ähnliches läßt sich auch für die Entscheidung vermuten, die dazu führte, im übrigen auf madrigalische Dichtungen gänzlich zu verzichten und auf einen längeren biblischen Text zurückzugreifen. Damit war den Mühlhäuser Gemeindegliedern ein unpolemisch formulierter biblischer Text vor Auge und Ohr gestellt, der in der polemisch aufgeladenen Situation in der Stadt für sich selbst sprechen konnte und als Bibeltext in seiner Autorität unbezweifelbar war. Für Eilmar gehörte, wie seit 1705 jedermann nachlesen konnte, gerade Psalm 130 einschließlich der zugehörigen Lieddichtung Martin Luthers („Aus tiefer Not schrei ich zu dir") sowie Ringwaldts Lied zu den Texten, die er aufgrund seines Verständnisses von Buße und Rechtfertigung des Sünders um keinen Preis aufzugeben bereit war.

Einige wenige Bemerkungen sollen noch der musikalischen Verarbeitung des Kantatentextes, speziell des Textes von Palm 130, gelten. Auf diese Stellen der Komposition ist bereits mehrfach hingewiesen worden, ohne daß die angestellten Beobachtungen in den im Vorausgehenden aufgewiesenen Kontext einbezogen worden wären.[67] Es handelt sich vor allem um die mit der Bezeichnung Adagio versehenen Chorpartien: „Aus der Tiefen rufe ich, Herr zu dir" (Teil 1, Takt 1–56), „Ich harre des Herrn" (Teil 3, Takt 1–6) mit anschließendem Largo-Satz „Meine Seele harret, und ich hoffe auf sein Wort" (Takt 40–42), den in der Verarbeitung dreifach wiederholten Ausruf „Israel" (Teil 5, Takt 1–3), den Satz „Denn bei dem Herrn ist die Gnade", den der Komponist dreimal wiederholen läßt (Teil 5, Takt 13–21), und die Schlußpassage der Kantate „aus allen seinen Sünden" (Teil 5, Takt 69–72). Die Vertonung der zweiten Wiederholung des affirmativen „Denn bei dem Herrn ist die Gnade" betont die ersten drei Textworte. Besondere Bedeutung dürfte zusammen mit den übrigen homophon gehaltenen Passagen der dreifachen Wiederholung des Wortes „Israel" zukommen. Die Akkordblöcke, von D-Dur zu g-moll und wiederum zu D-Dur wechselnd, stehen herausgehoben an einer wichtigen Stelle der Kantate – Gerhard Herz erinnert hier an das dramatische

---

[66] Petzoldt, *Liturgische und theologische Aspekte zu den Texten der frühesten Kantaten* (wie Fußnote 11).
[67] Herz, *BWV 131* (wie Fußnote 3), S. 277 und 286; Weber (wie Fußnote 5), S. 267–290.

„aber" im 1. Satz von BWV 21.[68] Sie dürften in ihrer musikalischen Verarbeitung daran erinnert haben wollen, daß es in Psalm 130 eben nicht um die „Unbekehrten" ging, sondern um die von ihren Sünden angefochtenen Gläubigen, die eben zu „Israel", das heißt zum Volke Gottes, der Kirche gehörten, ähnlich wie die anderen durch die Tempowahl (adagio) kompositorisch hervorgehobenen Stellen in ihrer Weise auf die nach wie vor dem Sünder und allen ihren Sünden geltende Gnade Gottes aufmerksam zu machen trachteten. Eine solche Lesart von Text und Komposition fügt sich nachdrücklich in den unmittelbar vor Bachs Amtsantritt im Sommer 1707 in Mühlhausens Öffentlichkeit ausgetragenen und noch lange schwelenden Konflikt ein.

5. Ergebnisse und Folgerungen

Als Johann Sebastian Bach im Juni 1707 seine Tätigkeit an Divi Blasii in Mühlhausen aufnahm, hatte der Rat der Stadt wenige Wochen zuvor den Streit zwischen Georg Christian Eilmar und Johann Adolph Frohne durch harsche Verbote beizulegen versucht. Eilmar war dabei, seinen Weggang aus der Stadt zu planen. Es gibt lediglich eine einzige Spur, die darauf schließen läßt, daß sich in dieser Zeit zwischen ihm und dem zwanzig Jahre jüngeren Organisten an Divi Blasii eine Beziehung anbahnte, die zu einer Zusammenarbeit führte – die berühmte, von Gerhard Herz als „something unique" bezeichnete eigenhändige Notiz am Ende der autographen Partitur Bachs.[69] Die Analyse der Vorgänge im Vorfeld der Entstehung der Kantate mag gezeigt haben, daß es sich dabei wirklich um eine bewußte Zusammenarbeit zwischen dem Theologen und dem Organisten gehandelt haben muß,[70] bei der die Initiative („Auff Begehren …") bei Eilmar gelegen hat. Martin Petzoldt ist zuzustimmen, wenn er bemerkt, Bachs eigenhändiger Nachtrag zu seiner Partitur enthalte „mehr an Aussage […] als den Hinweis auf Eilmar als Textautor."[71] Eilmar war der „Ideengeber"[72] oder „Initiator"[73] für die Kantate beziehungsweise der „Kompilator" der Texte.[74] Wenn im Hintergrund der Notiz ein Bündnis zwischen

---

[68] Herz, *BWV 131* (wie Fußnote 3), S. 277.
[69] Ebenda, S. 275. Leider wird sich die Überlieferungsgeschichte der Partitur kaum weiter aufhellen lassen, als es bisher bereits gelungen ist. Vgl. Herz, *Bach-Quellen in Amerika* (wie Fußnote 51), S. 39–42; Herz, *BWV 131* (wie Fußnote 3), S. 274 und S. 290, Fußnote 11; NBA I/34 Krit. Bericht (R. Higuchi, 1990), S. 48–53.
[70] So bereits K. Geiringer, *Johann Sebastian Bach*, 3. durchgesehene Auflage, München 1985, S. 25.
[71] Petzoldt, *Bach-Kommentar* (wie Fußnote 6), Bd. 1, S. 258.
[72] Weber (wie Fußnote 5), S. 302.
[73] K. Küster, *Der junge Bach*, Stuttgart 1996, S. 171.
[74] NBA I/34 Krit. Bericht, S. 56.

Eilmar und Bach gegen Frohnes Widerstand gegenüber der Einrichtung einer „regulirten kirchen music" gestanden hat,[75] so muß dies nicht ausgeschlossen werden. Deutlicher erscheint mir die Bezugnahme auf den Konflikt zwischen den beiden Mühlhäuser Theologen. Damit läßt sich genauer sagen, was es mit den von Andreas Glöckner in Erwägung gezogenen „lokalen Gegebenheiten" und „theologischen Vorbehalten" in der Textgestaltung der Kantate BWV 131 auf sich gehabt hat.[76] Ob der Nachtrag zur Partitur lediglich „sachliche Feststellung" (aus welchem Grund eigentlich?) war oder dazu dienen sollte, „möglichen Auseinandersetzungen vorsorglich die Spitze zu nehmen",[77] oder aber „als Dedikationsexemplar" gedacht war,[78] wird weiterhin nicht zu entscheiden sein ebenso wie die Vermutung, es handele sich um eine Rechtfertigung für Komposition und Aufführung.[79]

Dennoch ist BWV 131 im Blick auf Bachs Kantatenwerk ein Glücksfall insofern, als den konkreten Bedingungen und Zusammenhängen der Entstehung dieser Komposition so nahe zu kommen ist. Allerdings sei daran erinnert, daß aufgrund der Quellen die Position des „aktiven Pietisten Frohne"[80] der Kirchenmusik gegenüber nicht so einfach zu bestimmen ist wie es manchmal scheint. Wohl am ausgewogensten beschreibt Werner Breig Frohnes Haltung zur Kirchenmusik, wenn er feststellt, daß dieser als Pietist „in der Kirchenmusik das Ideal melodiebetonter Schlichtheit" vertreten habe.[81] Auch damit bleibt zwischen Georg Christian Eilmars und Johann Adolph Frohnes Musikanschauung ein deutlicher Unterschied bestehen.

Noch einmal ist jedoch auf die nicht eindimensionalen, aber doch deutlichen Einwände zurückzukommen, die Martin Petzoldt nicht nur gegen den Charakter der Auseinandersetzungen zwischen den Mühlhäuser Theologen, sondern auch gegen einen Zusammenhang zwischen diesen Konflikten und der Entstehung der Kantate BWV 131 vorgetragen hat[82] und denen Hans-Joachim

---

[75] C. Wolff, *Johann Sebastian Bach*, Frankfurt/Main 2005, S. 125.
[76] A. Glöckner, *Bachs frühe Kantaten und die Markus-Passion von Reinhard Keiser*, in: Das Frühwerk Johann Sebastian Bachs. Bericht über das vom 11.–13. September 1990 vom Institut für Musikwissenschaft der Universität Rostock veranstaltete Kolloquium, hrsg. von K. Heller und H.-J. Schulze, Köln 1995, S. 259.
[77] Schulze K, S. 622.
[78] NBA I/34 Krit. Bericht, S. 50.
[79] Herz, *Bach-Quellen in Amerika* (wie Fußnote 51), S. 50.
[80] Wolff (wie Fußnote 75), S. 127.
[81] W. Breig, Artikel *Bach, Johann Sebastian*, in: MGG², Personenteil, Bd. 1, Sp. 1401. Friedemann Walter beschreibt Frohne als „pietistischen, mithin der Kirchenmusik wenig geneigten Superintendenten" und Eilmar als „musikinteressierten Pastor" (siehe Artikel *Mühlhausen*, in: Das Bach-Lexikon, wie Fußnote 9, S. 377).
[82] Vgl. Fußnote 11.

Schulze sich angeschlossen hat.[83] Wohl trifft es zu, daß „von einem [...] Abbruch der diplomatischen Beziehungen" zwischen Eilmar und Frohne keine Rede sein kann (dies wäre bereits aus Gründen des dienstlichen Verhältnisses zwischen den beiden Amtsträgern unmöglich gewesen, und außerdem war Eilmar Frohnes Beichtvater) – von einem Zerwürfnis muß aber dennoch gesprochen werden. Die Pläne Bachs, Mühlhausen zu verlassen, sind ein deutlicher Ausdruck dafür. Bei den Mühlhäuser Auseinandersetzungen zwischen 1699 und 1707/08 handelte es sich um einen der Grundsatzkonflikte zwischen zwei Positionen, die zwischen 1690 und 1720 – und darüber hinaus – auch an anderen Orten für Unruhe sorgten. Sie dürfen auch im Falle Mühlhausens nicht verharmlost beziehungsweise mit persönlich-charakterlichen Gegensätzen erklärt werden.

Vor diesem Hintergrund aber besteht dringender Anlaß, darauf hinzuweisen, daß nach den Vorgängen in Mühlhausen nichts mehr dafür spricht, Johann Sebastian Bach eine Neigung zum Pietismus zuzuschreiben. Dies ist nach wie vor im Gespräch. Friedrich Blume hatte 1967 von „Spittas Geschichtsklitterung" gesprochen, die „Bach schon in der Frühzeit zum orthodoxen Lutheraner hat abstempeln wollen".[84] Die inzwischen erhobenen Befunde sprechen eindeutig dafür, daß Philipp Spitta, der als erster Forscher die Mühlhäuser Quellen zur Kenntnis nahm, diese zutreffend deutete. Martin Geck findet inzwischen in Bachs Kantatenwerk „Pietismus-typische musikalische Topoi",[85] nachdem er festgestellt hat, daß solche (vermeintlichen) Spuren „schwerlich in ‚orthodox' oder ‚pietistisch' orientierte" zu unterscheiden seien.[86] Auch die zweite, erweiterte Auflage der Arbeit von Michael Meißner über Bachs Mühlhäuser Zeit[87] hat nicht nur die Position Martin Petzoldts aus dem Jahre 2000, sondern auch Blumes Bach-Deutung unverändert übernommen, die hier ausführlich zitiert wird. Wie nahe sich Georg Christian Eilmar und Johann Sebastian Bach gestanden haben, ist durch die auch nach Bachs Weggang aus Mühlhausen fortgesetzten Beziehungen zwischen den beiden Personen und ihren Familien hinlänglich dokumentiert. Damit ist keineswegs gesagt, daß der Weggang des jungen Organisten aus der Freien Reichsstadt ursächlich oder gar einzig durch die andauernden Spannungen in der Stadt motiviert gewesen sein muß. Sollten sie dennoch für seinen Weg nach Weimar mitbestimmend gewesen sein, so wäre hinreichend deutlich, auf welcher Seite Bach gestanden hat. Der These einer Zuneigung Bachs zum Pietismus sollte endgültig der Abschied gegeben werden.

---

[83] Schulze K, S. 622 f.
[84] F. Blume, *Der junge Bach*, Wolfenbüttel und Zürich 1967, S. 20.
[85] M. Geck, Artikel *Pietismus*, in: MGG², Sachteil, Bd. 7, Sp. 1597.
[86] Ebenda, Sp. 1596.
[87] M. Meißner, *Johann Sebastian Bachs Mühlhäuser Zeit (1707–1708)*, 2. Auflage, Mühlhausen 2007, S. 32–35.

Ein weiterer Kantatenjahrgang Gottfried Heinrich Stölzels in Bachs Aufführungsrepertoire?

Von Andreas Glöckner (Leipzig)

Erst unlängst haben Marc-Roderich Pfau und Peter Wollny anhand zweier bislang unbekannter Texthefte zur Leipziger Kirchenmusik die Aufführung von acht Kantaten Gottfried Heinrich Stölzels in den Hauptkirchen St. Nikolai und St. Thomas – und zwar im Zeitraum vom 13. bis 19. Sonntag nach Trinitatis 1735 – belegen können. Es handelt sich dabei ausschließlich um Werke aus Stölzels „Saitenspiel"-Jahrgang (*Das | Saiten-Spiel | des | Hertzens, | Am Tage des HErrn, | Oder: | Sonn und Fest-täglichen | CANTATEN*), dessen Libretti der schlesische Theologe und Liederdichter Benjamin Schmolck (1672–1737) verfaßt hat. Die Autoren sehen es darüber hinaus als erwiesen an, daß Johann Sebastian Bach den vollständigen Kantatenzyklus vom 1. Sonntag nach Trinitatis 1735 bis zum Trinitatisfest 1736 zur Aufführung brachte.[1]

Bei meiner Arbeit an einem Verzeichnis des historischen Musikalienbestands der Leipziger Thomasschule[2] wurde ich auf einen weiteren Kantatenjahrgang

---

[1] M.-R. Pfau, *Ein unbekanntes Leipziger Kantatenheft aus dem Jahr 1735 – Neues zum Thema Bach und Stölzel*, BJ 2008, S. 99–122; P. Wollny, *„Bekennen will ich seinen Namen" – Authentizität, Bestimmung und Kontext der Arie BWV 200. Anmerkungen zu Johann Sebastian Bachs Rezeption von Werken Gottfried Heinrich Stölzels*, ebenda, S. 123–158, speziell S. 137–147.

[2] *Die Bibliothek der Thomasschule zu Leipzig und ihr historischer Musikalienbestand* (Teil 1). Der in Vorbereitung befindliche Katalog ist Teil einer Studie zur Geschichte des Thomaskantorats im 17. und 18. Jahrhundert. – Der historische Musikalienbestand der Thomasschule ist im wesentlichen verzeichnet in einem handschriftlichen Katalog, den der „Kantorfamulus" Ernst Führer (1902–1974) im Jahre 1920/21 anlegte. Nachdem die Thomasschule bei dem schweren Bombenangriff auf Leipzig (in der Nacht vom 3. zum 4. Dezember 1943) leicht beschädigt worden war, wurde das Gebäude wegen der Gefahr weiterer Angriffe evakuiert. Der Thomaskantor Günther Ramin begab sich noch am Abend des 4. Dezember mit den Alumnen nach Grimma, wo sie bis Kriegsende in der Fürstenschule untergebracht werden konnten. Bei der übereilt organisierten Abreise wurden zunächst nur die Zimelien der Schulbibliothek mitgenommen, darunter alle 44 Originalstimmensätze von Bachs Choralkantaten. Über das Schicksal der übrigen, in der Thomasschule noch verbliebenen Handschriften liegen bisher keine gesicherten Erkenntnisse vor. Nach schriftlicher Mitteilung von Christof Vollmer-Gérard wurden diese Musikalien nach dem 20. Januar 1944 innerhalb von drei Wochen nach Grimma verlagert und dort auf der Empore der Klosterkirche aufgestellt; siehe *Katalog der ausgewählten, (zusammengelegten welt-*

Stölzels aufmerksam. Dieser befand sich noch bis zum Jahre 1943 im Besitz der Schule, wird aber bereits 1823 in einem von dem Thomaskantor Christian Theodor Weinlig angelegten Musikalienkatalog der Thomasschule[3] wie folgt erwähnt:

Ein Jahrgang von *Stölzel*, bestehend aus 69. Kirchenstücken in Partitur, ohne ausgeschriebene Stimmen; bezeichnet mit fortlaufenden Nummern von 1. bis 69.

Robert Eitner verzeichnet diesen in der Thomasschule befindlichen Kantatenbestand ebenfalls:

Ein Jahrg. Kirchenmusik, 69 Cantaten auf alle Sonn- und Festtage.[4]

Anhand der von Führer mitgeteilten Incipits war leicht festzustellen, daß es sich hierbei um Gottfried Heinrich Stölzels Kantatenzyklus aus dem Jahre 1731/32 handelt. Das in Gotha erhaltene originale Textbuch trägt folgenden Titel:

Benjamin Schmolckens | Nahmen-Buch | Christi | und der Christen, | zu heiliger Erbauung | in einem Jahr-Gange | eröffnet, | und in | Hochfürstl. Schloß-Capelle | zum Friedenstein | von | Advent. 1731. bis dahin 1732. | musicalisch aufgeführet. | GOTHA,| Druckts Johann Andreas Reyher, | F. S. Hof-Buchdr.[5]

---

lichen und geistlichen) *Bibliothek des Thomanerchores in Grimma, Fürstenschule. Angelegt von Christof Vollmer-Gérard Praef. I. 1944*, Bibliothek der Thomasschule zu Leipzig, ohne Signatur (die Vorbemerkung zu dem Verzeichnis ist datiert: „Grimma am 20. September 1944"). In Grimma verliert sich die Spur dieser Notenhandschriften. Nach anderer Überlieferung sollen Teile der Bibliothek Anfang 1944 nach Schloß Belgershain bei Grimma (wo Ramin gelegentlich als Cembalist gastierte) verlagert worden sein.

[3] *Catalog der der Thomas-Schule zu Leipzig gehörigen Musikalien*, Stadtarchiv Leipzig, *Stift IX A 35*, S. 30.
[4] EitnerQ, Bd. 9, S. 296.
[5] D-GOl, Signatur: *Cant. spir. 8° 176*. Das in Leder gebundene und mit Goldschnitt ausgestattete Handexemplar aus der Privatbibliothek Friedrichs III. von Sachsen-Gotha-Altenburg (1699–1772) umfaßt insgesamt 172 bedruckte Seiten. Ein Verzeichnis aller Kantaten enthält M. Fechners Beitrag *Gottfried Heinrich Stölzels Wirken für den Hof Schwarzburg-Sondershausen*, in: Jahrbuch MBM 2002, S. 203–228, speziell S. 221–228. Herrn Fechner (Jena) danke ich für weitere Hinweise zum Schmolck-Jahrgang. Siehe auch B. Siegmund, *Zu Chronologie und Textgrundlagen der Kantatenjahrgänge von Gottfried Heinrich Stölzel*, in: Alte Musik und Aufführungspraxis. Festschrift für Dieter Gutknecht zum 65. Geburtstag, hrsg. von D. Kämper, K. W. Niemöller und W. Steinbeck, Wien 2007, S. 81–92, speziell S. 87. Herrn Siegmund (Blankenburg) bin ich ebenfalls für Auskünfte zum Schmolck-Jahrgang zu Dank verpflichtet. Fritz Hennenberg, der das Gothaer Textbuch seinerzeit noch nicht kannte, datiert diesen Jahrgang auf 1729/30; siehe Hennenberg, *Das Kan-*

Von diesem Doppeljahrgang lassen sich in der Stadt- und Kreisbibliothek Sondershausen 73 einzeln überlieferte Abschriften von „halben" Kantaten nachweisen.[6] Diese sind überwiegend von Johann Christoph Rödiger (1704–1765) geschrieben. Rödiger war zunächst unter Stölzel Sängerknabe der Gothaer Hofkapelle; ab 1727 wirkte er als Altist und Violinist an der Sondershäuser Hofkapelle, wo er nach dem Weggang von Johann Balthasar Christian Freislich (1731) offenbar eine führende Funktion einnahm.[7] Von den insgesamt 70 im Gothaer Textbuch abgedruckten zweiteiligen Kantaten sind in Sondershausen 36 Werke überwiegend vollständig überliefert (Teil I und II); von einer weiteren Kantate (zu Christi Himmelfahrt) ist lediglich der erste Teil vorhanden. Stölzels Doppeljahrgang von 1731/32 gelangte 1735 nach Sondershausen. In Gotha hingegen sind alle musikalischen Quellen bereits unter Stölzels Amtsnachfolger Georg Benda durch unsachgemäßen Umgang abhanden gekommen.[8]

Hinsichtlich der Satzfolge lassen die einzelnen Kantaten von Stölzels „Namenbuch"-Jahrgang zwei Varianten erkennen:

Teil I: Teil II:
1. Dictum – 2. Recit. – 3. Aria – 4. Choral   5. Dictum – 6. Aria – 7. Recit. – 8. Choral

oder

Teil I: Teil II:
1. Dictum – 2. Recit. – 3. Aria – 4. Choral   5. Dictum – 6. Recit. – 7. Aria – 8. Choral

Vergleichbare Textmodelle finden sich auch bei den 1726 von J. S. Bach aufgeführten Kantaten seines Meininger Vetters Johann Ludwig beziehungsweise bei mehreren eigenen Kompositionen (BWV 43, 88, 187, 45, 102, 17, 39).[9]
Im Gegensatz zum älteren „Saitenspiel"-Jahrgang[10] hat Schmolck in seinen dritten, 1726 in Breslau veröffentlichten Textzyklus Bibelwort und Choral ein-

---

tatenschaffen von Gottfried Heinrich Stölzel, Leipzig 1976 (Beiträge zur musikwissenschaftlichen Forschung in der DDR. 8.), S. 47.

[6] Offenbar wurde in der Sondershäuser Schloßkirche der erste Teil im Vormittags- und der zweite im Nachmittagsgottesdienst musiziert. Dies erklärt, daß die beiden Kantatenteile stets getrennt (also mit unterschiedlichen, aber aufeinanderfolgenden Signaturen) überliefert sind.

[7] Zu Rödiger siehe den in Fußnote 5 genannten Beitrag von Manfred Fechner, S. 206.

[8] Siehe dazu Hennenberg (wie Fußnote 5), S. 21–23.

[9] Deren Textvorlagen stammen allem Anschein nach aus der Feder des Herzogs Ernst Ludwig von Sachsen-Meiningen (1672–1724).

[10] Dieser erstmals 1720 in Breslau und Leipzig veröffentlichte Textjahrgang enthält ausschließlich freigedichtete Arien und Rezitative.

fließen lassen.[11] Den Kantatendichtungen fügte Stölzel am Ende des ersten Teils stets noch einen zusätzlichen Choral (Satz 4) hinzu. Eine musikalische Besonderheit ist, daß Stölzel einige der Rezitative vierstimmig gesetzt hat. Ernst Ludwig Gerbers Mitteilung über einen Kantatenzyklus mit ähnlichen Eigenheiten bezieht sich offensichtlich nicht auf diesen Jahrgang, sondern auf einen späteren:[12]

> Zwey Jahre vor seinem Tode war er beständig kränklich, und im Haupte schwach, ja öfters noch mehr als dies. Zur Ursache dieses Zufalls hat er bey heitern Stunden, seinen Freunden mehrmals, einen seiner letztern Kichenjahrgänge angegeben. In welchem nicht allein die Chöre, sondern auch durch alle Stücke, die Recitative und Arien von allen vier Stimmen zugleich, mit Begleitung der Instrumente, gesungen werden.[13]

Bei den musikalisch überlieferten Kantaten fällt sofort ins Auge, daß sie – von sehr wenigen Ausnahmen abgesehen – lediglich mit vier Vokalstimmen (Sopran, Alt, Tenor, Baß) und vier Instrumenten (Violine 1, Violine 2, Viola und Basso continuo) besetzt sind. Nur bei zwei Festkantaten (zum 1. Weihnachtstag und zum 1. Ostertag) treten die obligatorischen 3 Trompeten und Pauken mit hinzu. Selbst für die Musik zum 1. Pfingsttag hat der Komponist seltsamerweise lediglich eine reine Streicherbesetzung gewählt. Dieses markante Besetzungsmerkmal lenkt unseren Blick auf zwei von Johann Sebastian Bach beschriftete, einzeln überlieferte Titelseiten, die sich bislang weder eigenen noch fremden Werken zuordnen ließen:

Dominica 5. post Trinitatis | Concerto | à | 4 Voci | e | 4 Stromenti
Titelblatt (33 × 19,5 cm); D-B, *Mus. ms. Bach P 1230* (siehe Abb. 1)

Dominica 6. post Trinit. | Concerto | à | 4 Voci | e | 4 Stromenti
Titelumschlag (2 Bll., 34,5 × 21,5 cm); D-B, *Mus. ms. Bach P 1130* (siehe Abb. 2)[14]

Zwei wesentliche Indizien sprechen dagegen, daß diese Titelblätter zu zwei Bachschen Kompositionen gehören. Zum einen verschweigt Bach den oder die Verfasser der beiden Werke; zum anderen weisen beide Stücke eine Besetzung

---

[11] Dies erinnert an die Vorgehensweise von Erdmann Neumeister, dessen erster Textzyklus *Geistliche Cantaten* (1702) nur freigedichtete Arien und Rezitative enthält. In seine späteren Textjahrgänge hat der Librettist Bibelwort und Choral wieder mitaufgenommen.

[12] Freundlicher Hinweis von Bert Siegmund (Blankenburg).

[13] Gerber ATL, Bd. 2, Sp. 593.

[14] Unter der Signatur *P 1130* werden außerdem Skizzen von der Hand Carl Philipp Emanuel Bachs (unter anderem zum Concerto Wq 112/1) aufbewahrt. Vgl. Dok III, Nr. 759, NBA I/17.2 Krit. Bericht (R. Emans, 1993), S. 168 f. und 177 f., und CPEB:CW I/8.1, S. 137–146 (P. Wollny, 2006).

auf, die für seine Leipziger Kirchenkantaten singulär wäre.[15] Stölzels Kantaten zum 5. und 6. Sonntag nach Trinitatis („Gott hat uns gesegnet" und „Dies wird sein Name sein") hingegen haben exakt die von Bach auf beiden Titelblättern angegebene Besetzung: Vier Vokalstimmen (S, A, T, B) und vier Instrumente (V. 1, V. 2, Va., Bc.).

Auf dem Titelumschlag des erstgenannten Werkes befindet sich außerdem der spätere Vermerk Carl Philipp Emanuel Bachs: „wurde den Sonntag nach dem neuen Jahre in Jac[obi]. zum 2ten Theile gemacht *anno* 1774." Der zweitälteste Bach-Sohn hat die Kantate demnach aus dem Nachlaß seines Vaters erhalten und deren zweiten Teil in der Hamburger Jacobikirche am Sonntag nach Neujahr (3. Januar) 1774 wiederaufgeführt.

Stölzels Kantate zum 5. Sonntag nach Trinitatis 1732 ist – wie alle übrigen Werke des Jahrgangs – zweiteilig angelegt. Nach Aussage des Gothaer Originaltextdrucks und der in Sondershausen überlieferten Abschriften (des ersten und zweiten Teils) umfaßt sie folgende Sätze:

I. Teil
1. Dictum (Epheser 1,3): „Gott hat uns gesegnet mit allerlei geistlichem Segen"
2. [Recitativo]: „Willst du gesegnet sein, so mußt du dich zu Christo finden"
3. Aria: „Von dir, mein Jesu, kommt der Segen"
4. Choral (pag. 1103, Vers 13): „Hilf mir und segne meinen Geist"

II. Teil
5. Dictum (Titus 2,14): „Er reinigte ihm selbst ein Volk zum Eigentum"
6. Aria: „Ich bin nun ganz dein eigen"
7. [Recitativo]: „Macht mein Beruf mir viel Beschwerden"
8. Choral (pag. 591, Vers 14): „Ist gleich der Anfang etwas schwer"

Die im Textbuch vermerkten Seiten- und Versangaben beziehen sich auf das Gothaer Gesangbuch von 1731: *Gothaisches | geistlich- neu ver- | mehrtes Gesang- | Buch, | Worinnen | D. Martin Luthers, und ande- | rer frommen Christen | Geistreiche | Lieder und Gesänge, | enthalten, | [...] Gotha, verlegts Joh. Andreas Reyher, | F. S. Hof-Buchdr. 1731.*[16] Mit dem Hinweis auf die jeweilige Kirchenliedstrophe im Gesangbuch sollte die Gemeinde in die Aufführung der Kirchenkantate anscheinend mit einbezogen werden.

Auf dem Titelumschlag der zweiten Kantate befinden sich mehrere spätere Eintragungen Carl Philipp Emanuel Bachs; die erste lautet: „ward am 3. *Adv.* 73 in *C* wieder gemacht". Eine Wiederaufführung der aus dem Nachlaß seines Vaters stammenden Kantate erfolgte demnach am 12. Dezember 1773 in der

---

[15] Siehe dazu auch A. Glöckner, *Überlegungen zu J. S. Bachs Kantatenschaffen nach 1730*, in: BzBF 6 (1988), S. 59.

[16] D-GOl, Signatur: *Cant. Spir. 207*. Das vorliegende Exemplar ist – wie das Textbuch zum Schmolck-Jahrgang 1731/32 – ebenfalls in Leder gebunden und mit Goldschnitt ausgestattet.

Hamburger Kirche St. Catharinen. Philipp Emanuel nennt noch zwei weitere Darbietungen: „2, *Rogate* 80 *N* Vom Anfange bis zum 2ten Choral *inclus.*" [= am 30. April 1780 in der Kirche St. Nikolai] und „2, *Exaudi* 80 *C* Von 2ten Choral bis zu Ende" [= am 7. Mai 1780 in der Kirche St. Catharinen]. Die letztgenannten Aufführungsvermerke deuten auf die Einbindung der Kantate in eine der sogenannten Quartalsmusiken (im April/Mai des Jahres 1780). Es dürfte sich also nicht um eine Wiederaufführung der Originalfassung handeln.

Stölzels Kantate zum 6. Sonntag nach Trinitatis 1732 umfaßt folgende Sätze:

I. Teil
1. Dictum (Jeremia 23,6): „Dies wird sein Name sein, daß man ihn nennen wird, Herr"
2. [Recitativo]: „Wer ist gerecht vor dir?"
3. Aria: „Wie schön hast du dich nennen lassen"
4. Choral (pag. 530, Vers 2): „Wer Gott von Herzen liebet"

II. Teil
5. Dictum (Jesaja 61,3) „Daß sie genennet werden Bäume der Gerechtigkeit"
6. [Recitativo]: „So bin ich denn gerecht, wenn ich im Glauben dich umfasse"
7. Aria: „Bäume der Gerechtigkeit tragen auch die rechten Früchte"
8. Choral (pag. 281, Vers 8): „Er ist gerecht für Gott allein"

Es spricht mithin alles dafür, daß die beiden von Johann Sebastian Bach angefertigten Titelblätter zu verschollenen Abschriften von Gottfried Heinrich Stölzels Kantaten „Gott hat uns gesegnet" und „Dies wird sein Name sein" gehörten. Das in beiden Quellen erkennbare Wasserzeichen „MA große Form"[17] legt eine Aufführung dieser Werke im Zeitraum von 1732 bis 1735 nahe.

Somit stellt sich die Frage, ob Bach den vollständigen „Namenbuch"-Jahrgang in den 1730er Jahren musiziert hat. Bemerkenswert ist die zeitliche Nähe zur Darbietung von Kantaten aus Stölzels „Saitenspiel-Zyklus" im Jahr 1735. Eine genaue Datierung der mutmaßlichen Aufführung unseres Kantatenjahrgangs läßt sich wegen des Verlusts der genannten 69 Quellen aus dem Besitz der Thomasschule und in Ermangelung weiterer Anhaltspunkte vorerst nicht bestimmen. Lediglich die Zeitspanne vom 15. Februar bis zum 28. Juni 1733 (Sonntag Sexagesimae bis zum 4. Sonntag nach Trinitatis) scheidet aus, da wegen des Ablebens von Kurfürst Friedrich August I. und der entsprechend verordneten Landestrauer die Kirchenmusik in dieser Zeit schwieg.

Daß der Kantatenzyklus bereits vor 1750 in Leipzig verfügbar war und zu Bachs Notenbestand gehörte, ergibt sich noch aus einem anderen Zusammenhang: Bachs Vetter und Privatsekretär Johann Elias Bach hat nach Aussage

---
[17] Weiß, Nr. 121.

eines 1754 in Schweinfurt gedruckten Textbuches[18] in seinem letzten Schweinfurter Amtsjahr als Kantor Vertonungen von Schmolcks „Namenbuch"-Jahrgang zur Aufführung gebracht, allerdings in stark gekürzter Fassung.[19] Nichts läge näher als die Annahme, daß er die musikalischen Vorlagen im Hause Johann Sebastian Bachs vorfand, wo er sich von Oktober 1737 bis Oktober 1742 aufhielt. In Schweinfurt erklangen folgende Kantaten des „Namenbuch"-Jahrgangs:

„Ich habe meinen König eingesetzt" (1. Advent)
„Siehe, der Richter ist vor der Tür" (2. Advent)
„Siehe, ich komme, im Buch ist von mir geschrieben" (3. Advent)
„Es ist ein Gott und ein Mittler" (4. Advent)
„Uns ist ein Kind geboren" (1. Weihnachtstag, 1. Teil im Vormittagsgottesdienst)
„Sehet, welch eine Liebe hat uns der Vater erzeiget" (1. Weihnachtstag, 2. Teil im Nachmittagsgottesdienst)
„Wie teuer ist deine Güte, Gott" (2. Weihnachtstag)
„Ich bin die Auferstehung und das Leben" (1. Ostertag)
„Der Herr ist in seinem heiligen Tempel" (1. Pfingsttag)
„Wer ist wie der Herr" (Michaelis)

Musikalische Quellen des Jahrgangs haben seinerzeit offenbar nur in Leipzig, Sondershausen, Schweinfurt und Gotha existiert – beziehungsweise sind andernorts bisher nicht nachgewiesen.[20] Selbst in Gotha waren die entsprechenden Aufführungsmaterialien – wie bereits erwähnt – bald nach Stölzels Tod nicht mehr verfügbar.
Die Aufführungsstimmen von Stölzels Kantatenzyklus gelangten wahrscheinlich bereits im Herbst 1750 in den Besitz von Bachs zweitältestem Sohn, während die Partituren in Leipzig verblieben. In C. P. E. Bachs Nachlaßverzeichnis von 1790 werden drei Kirchenjahrgänge Stölzels genannt:[21]

Ein Jahrgang von Stölzel, mit mehrentheils ausgeschriebenen Stimmen. An diesem Jahrgange fehlen der 4te, 5te und 6te Sonntag nach Epiphanias.

---

[18] *Musikalische Texte auf zwey Jahr, Welche an denen Sonn- und Feyertagen in der St. Johannis Kirche alhier Wechselweise sollen aufgeführt werden*, Schweinfurt 1754 (Exemplar: Sakristeibibliothek der Johanniskirche); siehe dazu Wollny (wie Fußnote 1), S. 146 f. (Fußnote 74). Peter Wollny hat mir dankenswerterweise seine Aufzeichnungen zu den Schweinfurter Textdrucken zur Verfügung gestellt.
[19] Es erklangen mit Ausnahme der Kantate zum 1. Weihnachtstag lediglich die Sätze 1 bis 3 und 8.
[20] Welcher Stölzel-Jahrgang sich im Besitz des Ronneburger Kantors Johann Wilhelm Koch (siehe Fußnote 23) befand, läßt sich derzeit nicht feststellen.
[21] Siehe NV, S. 86.

Ein Jahrgang von Stölzel. Zu vielen Stücken sind ausgeschriebene Stimmen. An diesem Jahrgange fehlen: Fest Epiphanias, der 6te Sonntag nach Epiphanias, der 10te, 14te, 15te, 17te, 20te und 27te Sonntag nach Trinitatis; und 2 Stücke sind *incomplet*.

Ein Jahrgang von Stölzel. Zu vielen Stücken sind ausgeschriebene Stimmen. An diesem Jahrgange fehlen: Fest Epiphanias und der 27te Sonntag nach Trinitatis.

Wie Stölzels Kantatenjahrgang von 1731/32 nach Leipzig gelangt sein könnte, ist derzeit noch ungewiß. Vielleicht war der mit Bach befreundete Musikdirektor der Leipziger Neukirche Georg Balthasar Schott (1686–1736) an einer Vermittlung der Musikalien beteiligt. Schott zog im März 1729 nach Gotha, wo er das dortige Stadtkantorat übernahm.[22] Daß Bach mit seinen Berufskollegen (Kantoren und Organisten) in lebhaftem Musikalienaustausch stand, konnte erst in jüngerer Zeit aufschlußreich belegt werden.[23] Seltsamerweise hat Johann Gottlob Immanuel Breitkopf in seinen nichtthematischen Verzeichnissen von 1761, 1764 und 1770 keine Kirchenkantaten Stölzels annonciert. Tatjana Schabalina hat anhand eines in Sankt Petersburg entdeckten Textheftes die Darbietung von Gottfried Heinrich Stölzels Passionsoratorium „Ein Lämmlein geht und trägt die Schuld" am Karfreitag (23. April) 1734 in der Leipziger Thomaskirche nachweisen können.[24] An dieser Stelle sei auf einen möglicherweise mit dieser Aufführung in Zusammenhang stehenden Stimmensatz hingewiesen, der sich ebenfalls in der Bibliothek der Thomasschule befand. Er erscheint in Ernst Führers Katalog von 1920/21[25] auf S. 484 mit folgendem Eintrag:

Stölzel, Gottfried Heinrich
Oratorium zur Passion: „Ein Lämmlein geht und trägt die Schuld"
S (1), A (1), T (1), B (1); Inst. St., Org. (1); Signatur: D 88

---

[22] Bachs Nachbemerkung in einem Brief an seinen Schüler Christoph Gottlob Wecker, „daß der liebe Gott auch nunmehro vor den ehrlichen H. Schotten gesorget, u. Ihme das Gothaische *Cantorat* bescheret" (vgl. Dok I, Nr. 20), spricht immerhin für eine persönliche Anteilnahme am beruflichen Fortkommen seines nach Gotha übergesiedelten Leipziger Kollegen.

[23] Siehe dazu M. Maul und P. Wollny, *Quellenkundliches zu Bach-Aufführungen in Köthen, Ronneburg und Leipzig zwischen 1720 und 1760*, BJ 2003, S. 97–141. Auch auf diesem Weg hätte der Stölzel-Jahrgang nach Leipzig gelangen können. In dem auf das Jahr 1745 datierten Nachlaßverzeichnis des Ronneburger Kantors Johann Wilhelm Koch wird ein Kantatenjahrgang von Stölzel erwähnt (BJ 2003, S. 133). Koch tauschte sowohl mit Bach als auch mit Stölzel regelmäßig Musikalien aus.

[24] T. Schabalina, *„Texte zur Music" in Sankt Petersburg. Neue Quellen zur Leipziger Musikgeschichte sowie zur Kompositions- und Aufführungstätigkeit Johann Sebastian Bachs*, BJ 2008, S. 33–98, speziell S. 77–84.

[25] Siehe Fußnote 2.

Der frühere Katalog der Thomasschulbibliothek von Christian Theodor Weinlig (1823)[26] verzeichnet die Passion gemeinsam mit anderen Werken wie folgt:

Cap. I.
An Kirchenmusiken mit Instrumentalbegleitung
Fasc. I.
5. Oratorien oder größere Passionskantaten,
in Partitur mit einfach ausgeschriebenen Stimmen.
1., von Doles
1., von Stölzel
1., von Telemann
2., von ungenannten

Demnach besaß die Thomasschule bereits vor 1823 Partitur und Aufführungsstimmen zu Stölzels ebengenannter Passion. Robert Eitner[27] verzeichnete die Quellen 1903 folgendermaßen: „Stölzel, Gottfried Heinrich … In Leipz. Thom. Mss. in P. und Stb. Passionsoratorium: Ein Lämmlein – …". Auch zu dieser Zeit befanden sich Partitur und Stimmen noch im Besitz der Schule.

Zu Bachs Rezeption von Werken Stölzels gehört – wie Peter Wollny erst unlängst feststellen konnte – auch seine weitreichende Bearbeitung der Tenor-Arie „Dein Kreuz, o Bräutgam meiner Seelen" aus dem Passionsoratorium „Die leidende und am Kreuz sterbende Liebe Jesu" (Gotha 1720).[28] Das 1725 begonnene zweite Klavierbüchlein für Anna Magdalena Bach enthält darüber hinaus die Arie „Bist du bei mir" aus Stölzels Oper *Diomedes* (1718).[29]

*

Anknüpfend an die Diskussion im BJ 2008 (Schabalina, Pfau, Wollny) ist abschließend folgendes festzuhalten: Die Aufführung derart zahlreicher Werke von Gottfried Heinrich Stölzel – ein vollständiges Passionsoratorium und womöglich zwei seiner Kirchenjahrgänge – läßt Bachs kirchenamtlich-kompositorische Tätigkeit in den Jahren nach 1730 in einem neuen Licht erscheinen. Bekanntlich hatte der Thomaskantor bereits im Februar 1726 begonnen, in größerem Umfang fremde Kirchenstücke zu musizieren.[30] Diese Tendenz wird in späteren Jahren noch deutlicher. Welche langfristigen Veränderungen sich in Bachs Aufführungsrepertoire vollzogen, wissen wir erst ansatzweise. Ob die Komposition eines vollständigen vierten oder gar fünften eigenen

---

[26] Wie Fußnote 3, S. 18.
[27] EitnerQ, Bd. 9, S. 296.
[28] BJ 2008, S. 123–136 (P. Wollny).
[29] Vgl. BJ 2002, S. 172–174 (A. Glöckner) und die dort angegebene Literatur.
[30] Es erklangen (mit Unterbrechungen) 18 Kirchenkantaten seines Meininger Vetters Johann Ludwig Bach.

Kirchenjahrgangs somit stärker als bisher in Frage zu stellen ist, bleibt weiterhin offen.

Mit der Aufführung fremder Werke konnte Bach sich von seinen Dienstobliegenheiten als Thomaskantor wenigstens zeitweise entlasten, um Freiräume für andere Unternehmungen (wie private Reisen, Orgelabnahmen oder auswärtige Gastspiele) zu gewinnen. Möglicherweise hat er sein Amtsverständnis in den 1730er Jahren dahingehend neu definiert, daß er kirchenmusikalische Verpflichtungen nicht mehr zu seinen vorrangigen Aufgaben rechnete. Parallelen ergäben sich dann zur Amtsführung seines zweitältesten Sohnes Carl Philipp Emanuel. Im März 1768 übernahm dieser seine neue Stelle als Kantor des Hamburger Johanneums (der Lateinschule) und Musikdirektor der fünf Hauptkirchen. Erst vier Wochen später brachte er seine erste Kirchenmusik zur Aufführung: Im Vespergottesdienst am Ostersamstag (2. April) 1768 erklang allem Anschein nach das Pasticcio „Sing, Volk der Christen, frohe Lieder" (H 808). Die Musik basiert auf einer Kantate von Gottfried August Homilius – und es mag befremden, daß der neugewählte Musikdirektor sich mit einer Antrittsmusik präsentierte, die er in wesentlichen Teilen nicht selbst komponiert hatte.[31]

Sein Vater hingegen benötigte dergleichen Freiräume, wenn er besonders ambitionierte Werke wie das Weihnachts-Oratorium (1734/35), das Himmelfahrts-Oratorium (1735) oder die revidierte Fassung der Matthäus-Passion (1736) vorbereiten und aufführen wollte. Ob Bach über lange Zeiträume hinweg ausschließlich fremde Kirchenwerke darbot, wird sich erst anhand weiterer Textquellen mit Gewißheit sagen lassen. Im Jahre 1726 wußte er bei der Aufführung von eigenen und fremden Werken (den Kantaten seines Meininger Vetters) jedenfalls planvoll zu alternieren. Auch für die 1730er Jahre müssen wir eine solche Vorgehensweise in Erwägung ziehen. Letztlich darf auch die Möglichkeit nicht ausgeschlossen werden, daß überwiegend sparsam besetzte und leichter aufführbare Fremdkompositionen wie die Kantaten aus Stölzels „Namenbuch"-Jahrgang von der zweiten Kantorei (und damit unter der Leitung eines Präfekten) musiziert worden sind. Die Vorrangstellung fremder Werke im Aufführungsrepertoire der ersten Kantorei widerspräche jedenfalls Bachs Erklärung im Beschwerdebrief an den Leipziger Rat vom 15. August 1736: „die *musicali*schen Kirchen Stücke so im ersteren *Chore* gemachet werden" sind „meistens von meiner *composition*".[32]

---

[31] Vgl. B. Wiermann, *Carl Philipp Emanuel Bach. Dokumente zu Leben und Wirken aus der zeitgenössischen hamburgischen Presse*, Hildesheim 2000 (LBzBF 4), S. 355.
[32] Dok I, Nr. 34.

Anhang:
G. H. Stölzels Kantatenjahrgang „Das Namenbuch Christi" – Übersicht über den Werkbestand und die Überlieferung

Die Titel der Kantaten erscheinen nachfolgend in der Chronologie des Kirchenjahrs und nicht in der alphabetischen Anordnung des Thomasschul-Katalogs von 1920/21. Aus diesem wird nicht ersichtlich, ob die Werke in vollständiger Überlieferung (also Teil I und II) vorgelegen haben. Lediglich bei der Kantate zum 7. Sonntag nach Trinitatis („Wie sich ein Vater über Kinder erbarmet") ist der zweite Teil („Fürchtet den Herrn, ihr seine Heiligen") separat ausgewiesen – allerdings als Nachtrag von späterer Hand und unter anderer Signatur. Die Kantaten Nr. 1–18, 20–27, 29–39 und 49 (2. Teil) trugen die Signatur *D 89*, die Kantaten Nr. 19, 29, 40–48, 49 (1. Teil) und 50–69 die Signatur *D 90*. Zur Ergänzung der Angaben im Katalog werden die Konkordanzen in der Stadt- und Kreisbibliothek Sondershausen mit verzeichnet; mögliche weitere, bislang aber nicht verifizierte Konkordanzen erscheinen in Fußnoten. Die Besetzung wird nur angegeben, sofern sie von der Standardinstrumentierung (V. 1, V. 2, Va., Bc.) abweicht.

1. „Ich habe meinen König eingesetzt, auf meinem heiligen Berge Zion" (1. Advent)[33]

2. „Siehe, der Richter ist vor der Tür" (2. Advent)
Konkordanz: *Mus. A 15:20* (1. Teil); *Mus. A 15:21* (2. Teil: „Man wird sie nennen das heilige Volk")

3. „Siehe, ich komme, im Buch ist von mir geschrieben" (3. Advent)
Konkordanz: *Mus. A 15:26* (1. Teil); *Mus. A 15:27* (2. Teil: „Als die Armen, aber die doch viel reich machen")

4. „Es ist ein Gott, und ein Mittler zwischen Gott und den Menschen" (4. Advent)
Konkordanz: *Mus. A 15:32* (1. Teil); *Mus. A 15:33* (2. Teil: „So man von Herzen gläubet, so wird man gerecht")

5. „Uns ist ein Kind geboren, ein Sohn ist uns gegeben" (1. Weihnachtstag)
Konkordanz: *Mus. A 15:38* (1. Teil; Besetzung: S, A, T, B, 3 Trp., Timp., Fl. picc., V. 1, V. 2, Va., Bc., Org. oblig.); *Mus. A 15:39* (2. Teil: „Sehet, welch eine Liebe hat uns der Vater erzeiget"; Besetzung wie 1. Teil)

6. „Wie teuer ist deine Güte, Gott" (2. Weihnachtstag)
Konkordanz: *Mus. A 15:44* (1. Teil); *Mus. A 15:45* (2. Teil: „Er wird dich mit seinen Fittichen decken")

---

[33] Mögliche Konkordanz: D-F, *Ms. Ff. Mus 515*. Ob die in Frankfurt überlieferte Kantate zum 1. Advent unserem Jahrgang angehört, ist nicht sicher, da sie eine für diesen eher atypische Besetzung (S, A, T, B, 2 Trp., Timp., V. 1, V. 2, Va., Bc., Org. oblig.) aufweist. Hennenberg (wie Fußnote 5), S. 131, gibt für das Werk als Entstehungsjahr 1722 an.

7. „Ich habe dich je und je geliebet" (3. Weihnachtstag)
Konkordanz: *Mus. A 15:50* (1. Teil); *Mus. A 15:51* (2. Teil: „Lasset uns ihn lieben, denn er hat uns erst geliebet")

8. „Er heißet wunderbar, Rat, Kraft, Held, ewig Vater" (Sonntag nach Weihnachten)
Konkordanz: *Mus. A 15:56* (1. Teil); *Mus. A 15:57* (2. Teil: „In allen Dingen lasset uns beweisen")

9. „Gott, der du mein Gott und Heiland bist" (Neujahr)
(keine musikalischen Quellen überliefert)

10. „Der Herr ist deine Zuversicht, der Höchste ist deine Zuflucht" (Sonntag nach Neujahr)
(keine musikalischen Quellen überliefert)

11. „Es wird ein Stern aus Jacob aufgehen" (Epiphanias)
(keine musikalischen Quellen überliefert)[34]

12. „Siehe, Gott ist zu hoch in seiner Kraft" (1. Sonntag nach Epiphanias)
(keine musikalischen Quellen überliefert)

13. „Wir sahen seine Herrlichkeit" (2. Sonntag nach Epiphanias)
(keine musikalischen Quellen überliefert)

14. „Ich habe dich zum Lichte der Heiden gemacht" (Mariae Reinigung)
(keine musikalischen Quellen überliefert)

15. „Du bist der Trost Israels, und ihr Nothelfer" (3. Sonntag nach Epiphanias)
(keine musikalischen Quellen überliefert)

16. „Die Stimme des Herrn gehet auf den Wassern" (4. Sonntag nach Epiphanias)
(keine musikalischen Quellen überliefert)

17. „Ich bin der Herr, der das Recht liebt" (Septuagesimae)
(keine musikalischen Quellen überliefert)

18. „Des Menschen Sohn ist's, der da guten Samen säet" (Sexagesimae)
(keine musikalischen Quellen überliefert)

19. „Siehe, das ist Gottes Lamm, welches der Welt Sünde trägt" (Estomihi)
(keine musikalischen Quellen überliefert)

20. „Ich habe einen Held erwecket, der helfen soll" (Invocavit)
(keine musikalischen Quellen überliefert)

21. „Er wird sitzen und schmelzen, und das Silber reinigen" (Reminiscere)
(keine musikalischen Quellen überliefert)

22. „Des Weibes Samen soll der Schlange(n) den Kopf zertreten" (Oculi)
(keine musikalischen Quellen überliefert)

---

[34] Vielleicht identisch mit der in PL-GD unter *Ms Joh. 390* aufbewahrten Kantate. Dort ist als Verfasser lediglich „S" angegeben.

23. „Jesus von Nazareth war ein Prophet, mächtig von Taten und Worten" (Laetare)
(keine musikalischen Quellen überliefert)

24. „Ich bin der Weg, die Wahrheit und das Leben" (Judica)
(keine musikalischen Quellen überliefert)

25. „Christus hat gelitten für uns, und uns ein Vorbild gelassen" (Palmarum)
(keine musikalischen Quellen überliefert)

26. „Er soll Nazarenus heißen" (Fest Mariae Empfängnis)
(keine musikalischen Quellen überliefert)

27. „Ich bin die Auferstehung und das Leben" (1. Ostertag)
Konkordanz: *Mus. A 15:141* (1. Teil; Besetzung: S, A, T, B, 3 Trp., Timp., V. 1, V. 2, Va., Bc.); *Mus. A 15:140* (2. Teil: „Sind wir aber mit Christo gestorben"; Besetzung wie 1. Teil)

28. „Ob ich schon wandert' im finstern Tal" (2. Ostertag)
Konkordanz: *Mus. A 15:146* (1. Teil); *Mus. A 15:147* (2. Teil: „Wandele vor mir, und sei fromm")

29. „Ich will euch nicht Waisen lassen, ich komme zu euch" (3. Ostertag)
Konkordanz: *Mus. A 15:151* (1. Teil); *Mus. A 15:152* (2. Teil: „Ich will euch trösten, wie einen seine Mutter tröstet")

30. „Er heißet Friedefürst, auf daß seine Herrschaft groß werde" (Quasimodogeniti)
Konkordanz: *Mus. A 15:157* (1. Teil); *Mus. A 15:158* (2. Teil: „Suche Friede, und jage ihm nach")

31. „Er wird seine Herde weiden" (Misericordias Domini)
Konkordanz: *Mus. A 15:163* (1. Teil); *Mus. A 15:164* (2. Teil: „Meine Schafe hören meine Stimme, und ich kenne sie")

32. „Euch, die ihr meinen Namen fürchtet" (Jubilate)
Konkordanz: *Mus. A 15:168* (1. Teil); *Mus. A 15:169* (2. Teil: „Als die Traurigen, aber allzeit fröhlich")

33. „Niemand kommt zum Vater, denn durch mich" (Cantate)
Konkordanz: *Mus. A 15:174* (1. Teil); *Mus. A 15:175* (2. Teil: „Weise mir, Herr, deinen Weg")

34. „Christus ist zur Rechten Gottes, und vertritt uns" (Rogate)
Konkordanz: *Mus. 15:180* (1. Teil); *Mus. 15:181* (2. Teil: „Die wahrhaftigen Anbeter werden den Vater anbeten")

35. „Es wird ein Durchbrecher vor ihnen herauf fahren" (Himmelfahrt)
Konkordanz: *Mus. A 15:186* (1. Teil); 2. Teil: „Seid ihr nun mit Christo auferstanden" (keine musikalischen Quellen überliefert)

36. „Selig sind, die um Gerechtigkeit willen verfolgt werden" (Exaudi)
Konkordanz: *Mus. A 15:191* (1. Teil); *Mus. A 15:192* (2. Teil: „Wir sind stets als ein Fluch der Welt")

37. „Der Herr ist in seinem heilgen Tempel" (1. Pfingsttag)
Konkordanz: *Mus. A 15:197* (1. Teil); *Mus. A 15:198* (2. Teil: „Wisset ihr nicht, daß ihr Gottes Tempel seid")

38. „Wie sollte er uns mit ihm nicht alles schenken?" (2. Pfingsttag)
Konkordanz: *Mus. A 15:203* (1. Teil); *Mus. A 15:204* (2. Teil: „Daran ist erschienen die Liebe Gottes")

39. „Durch Christum haben wir auch einen Zugang im Glauben zu dieser Gnade" (3. Pfingsttag)
Konkordanz: *Mus. A 15:209* (1. Teil; Besetzung: S, A, T, B, Fl. tr., V. 1, V. 2, Va., Bc.); *Mus. A 15:210* (2. Teil: „Wer aus der Wahrheit ist, der höret meine Stimme"; Besetzung wie 1. Teil)

40. „Meine Lehre ist nicht mein, sondern des, der mich gesandt hat" (Trinitatis)
Konkordanz: *Mus. A 15:215* (1. Teil); *Mus. A 15:216* (2. Teil: „Welche nicht von dem Geblüte, noch von dem Willen des Fleisches")

41. „Wo euer Schatz ist, da ist auch euer Herz" (1. Sonntag nach Trinitatis)
Konkordanz: *Mus. A 15:219* (1. Teil); *Mus. A 15:220* (2. Teil: „Christus ward arm um euret willen")

42. „Schmecket und sehet, wie freundlich der Herr ist" (2. Sonntag nach Trinitatis)
Konkordanz: *Mus. A 15:227* (1. Teil; Besetzung: S, A, T, B, 2 Ob., V. 1, V. 2, Va., Bc.); *Mus. A 15:228* (2. Teil: „Esset, meine Lieben, und trinket, meine Freunde"; Besetzung wie 1. Teil)

43. „Kommt her zu mir alle, die ihr mühselig und beladen seid" (3. Sonntag nach Trinitatis)
Konkordanz: *Mus. A 15:233* (1. Teil); *Mus. A 15:234* (2. Teil: „Nahet euch zu Gott, so nahet er sich zu euch")

44. „Einer ist euer Meister, Christus" (4. Sonntag nach Trinitatis)
Konkordanz: *Mus. A 15:240* (1. Teil); *Mus. A 15:239* (2. Teil: „So ihr bleiben werdet an meiner Rede")

45. „Es ist in keinem andern Heil, ist auch kein ander Name" (Johannistag)
(keine musikalischen Quellen überliefert)

46. „Gott hat uns gesegnet mit allerlei geistlichem Segen" (5. Sonntag nach Trinitatis)
Konkordanz: *Mus. A 15:245* (1. Teil); *Mus. A 15:246* (2. Teil: „Er reinigte ihm selbst ein Volk zum Eigentum")

47. „Groß sind die Werke des Herrn" (Mariae Heimsuchung)
Konkordanz: *Mus. A 15:345* (1. Teil); *Mus. A 15:346* (2. Teil: „Ich freue mich in dem Herrn")

48. „Dies wird sein Name sein, daß man ihn nennen wird, Herr" (6. Sonntag nach Trinitatis)
Konkordanz: *Mus. A 15:251* (1. Teil); *Mus. A 15:252* (2. Teil: „Daß sie genennet werden Bäume der Gerechtigkeit")

49. „Wie sich ein Vater über Kinder erbarmet, so erbarmet sich der Herr" (7. Sonntag nach Trinitatis)[35]
Konkordanz: *Mus. A 15:257* (1. Teil); *Mus. A 15:258* (2. Teil: „Fürchtet den Herrn, ihr seine Heiligen")

50. „Ich will dich unterweisen, und dir den Weg zeigen" (8. Sonntag nach Trinitatis)
Konkordanz: *Mus. A 15:263* (1. Teil); *Mus. A 15:264* (2. Teil: „So sehet nun zu, wie ihr fürsichtiglich wandelt")

51. „Er ist reich über alle, die ihn anrufen" (9. Sonntag nach Trinitatis)
(keine musikalischen Quellen überliefert)

52. „Zur Zeit, wenn ich sie strafen werde" (10. Sonntag nach Trinitatis)
Konkordanz: *Mus. A 15:273* (1. Teil); *Mus. A 15:274* (2. Teil: „Sehet zu, daß nicht jemand Gottes Gnade versäume")

53. „Der Herr weiß die Gedanken der Menschen, daß sie eitel sind" (11. Sonntag nach Trinitatis)
Konkordanz: *Mus. A 15:279* (1. Teil); *Mus. A 15:280* (2. Teil: „Er stößet die Gewaltigen vom Stuhl")

54. „Befiehl dem Herrn deine Wege, und hoffe auf ihn" (12. Sonntag nach Trinitatis)
Konkordanz: *Mus. A 15:285* (1. Teil; Besetzung: S, A, T, B, 2 Ob., V. 1, V. 2, Va., Bc.); *Mus. A 15:286* (2. Teil: „Wer Dank opfert, der preiset mich"; Besetzung wie 1. Teil)

55. „Wie schön und lieblich bist du, du Liebe in Wollüsten" (13. Sonntag nach Trinitatis)
Konkordanz: *Mus. A 15:290* (1. Teil; Besetzung: S, A, T, B, 2 Ob., V. 1, V. 2, Va., Bc.); *Mus. A 15:291* (2. Teil: „Die Hauptsumma des Gebots ist, Liebe von reinem Herzen"; Besetzung wie 1. Teil)

56. „Ich bin der Herr, dein Arzt" (14. Sonntag nach Trinitatis)
Konkordanz: *Mus. A 15:295* (1. Teil; Besetzung: S, A, T, B, 2 Ob., V. 1, V. 2, Va., Bc.); *Mus. A 15:296* (2. Teil: „Opfere Gott Dank, und bezahle dem Höchsten deine Gelübde"; Besetzung wie 1. Teil)

57. „Ich bin arm und elend, der Herr aber sorget für mich" (15. Sonntag nach Trinitatis)
Konkordanz: *Mus. A 15:299* (1. Teil); *Mus. A 15:300* (2. Teil: „Alle eure Sorgen werfet auf ihn")

58. „So bist du doch, Gott, allezeit meines Herzens Trost und mein Teil" (16. Sonntag nach Trinitatis)
(keine musikalischen Quellen überliefert)

59. „Des Menschen Sohn ist auch ein Herr über den Sabbat" (17. Sonntag nach Trinitatis)
(keine musikalischen Quellen überliefert)

---

[35] Der 2. Teil der Kantate ist im Katalog 1920/21 am Ende des alphabetischen Verzeichnisses von anderer Hand später nachgetragen.

60. „Wer ist, wie der Herr unser Gott, der sich so hoch gesetzet hat?" (Michaelis)
(keine musikalischen Quellen überliefert)

61. „Der Herr hat mir eine gelehrte Zunge gegeben" (18. Sonntag nach Trinitatis)
(keine musikalischen Quellen überliefert)

62. „Ich bin ein Gast gewesen, und ihr habt mich beherberget" (19. Sonntag nach Trinitatis)
(keine musikalischen Quellen überliefert)

63. „Wie sich ein Bräutigam freuet über die Braut" (20. Sonntag nach Trinitatis)
(keine musikalischen Quellen überliefert)

64. „Die Schläge des Liebhabers meinen es recht gut" (21. Sonntag nach Trinitatis)
(keine musikalischen Quellen überliefert)

65. „Lernet von mir, denn ich bin sanftmütig" (22. Sonntag nach Trinitatis)
(keine musikalischen Quellen überliefert)

66. „Ich weiß, mein Gott, daß du das Herz prüfest" (23. Sonntag nach Trinitatis)
(keine musikalischen Quellen überliefert)

67. „Darzu ist Christus gestorben und auferstanden" (24. Sonntag nach Trinitatis)
Konkordanz: *Mus. A 15:331* (1. Teil); *Mus. A 15:332* (2. Teil: „Ich werde nicht sterben, sondern leben")

68. „Errette deine Seele, siehe nicht hinter dich" (25. Sonntag nach Trinitatis)
(keine musikalischen Quellen überliefert)

69. „Siehe, es kam einer in des Himmels Wolken" (26. Sonntag nach Trinitatis)
(keine musikalischen Quellen überliefert)

Ein weiterer Kantatenjahrgang Stölzels in Bachs Aufführungsrepertoire? 111

Abb. 1. Titelseite einer Kantate zum 5. Sonntag nach Trinitatis
D-B, *Mus. ms. Bach P 1230*

Abb. 2. Titelseite einer Kantate zum 6. Sonntag nach Trinitatis
D-B, *Mus. ms. Bach P 1130*

Abb. 3–4. Gottfried Heinrich Stölzel: „Gott hat uns gesegnet mit allerlei geistlichem Segen", Kantate zum 5. Sonntag nach Trinitatis
Textdruck 1731/32; D-GOl, Signatur: *Cant. spir. 8° 176.*

Abb. 5–6. G. H. Stölzel: „Dies wird sein Name sein, daß man ihn nennen wird, Herr", Kantate zum 6. Sonntag nach Trinitatis
Textdruck 1731/32; D-GOl, Signatur: *Cant. spir. 8° 176.*

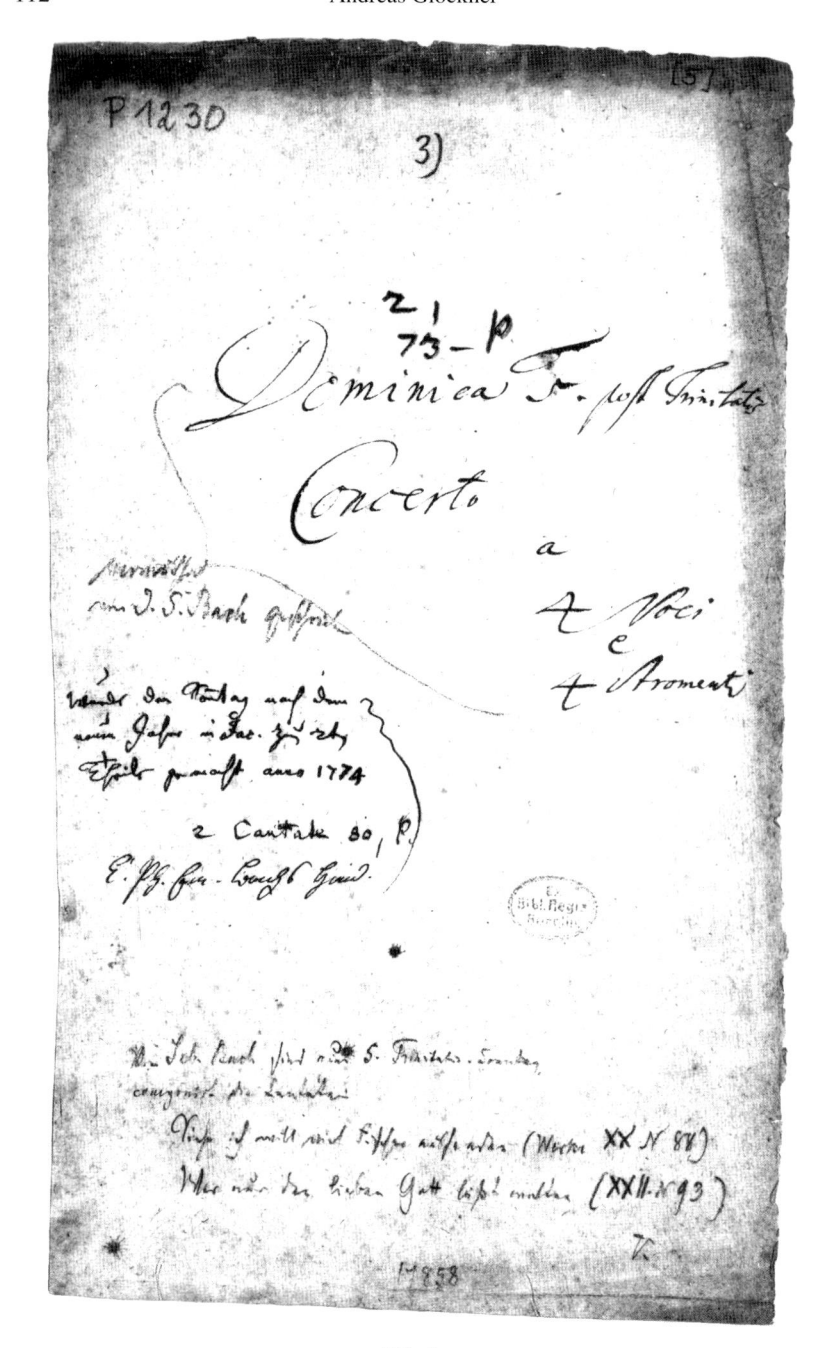

Abb. 1.

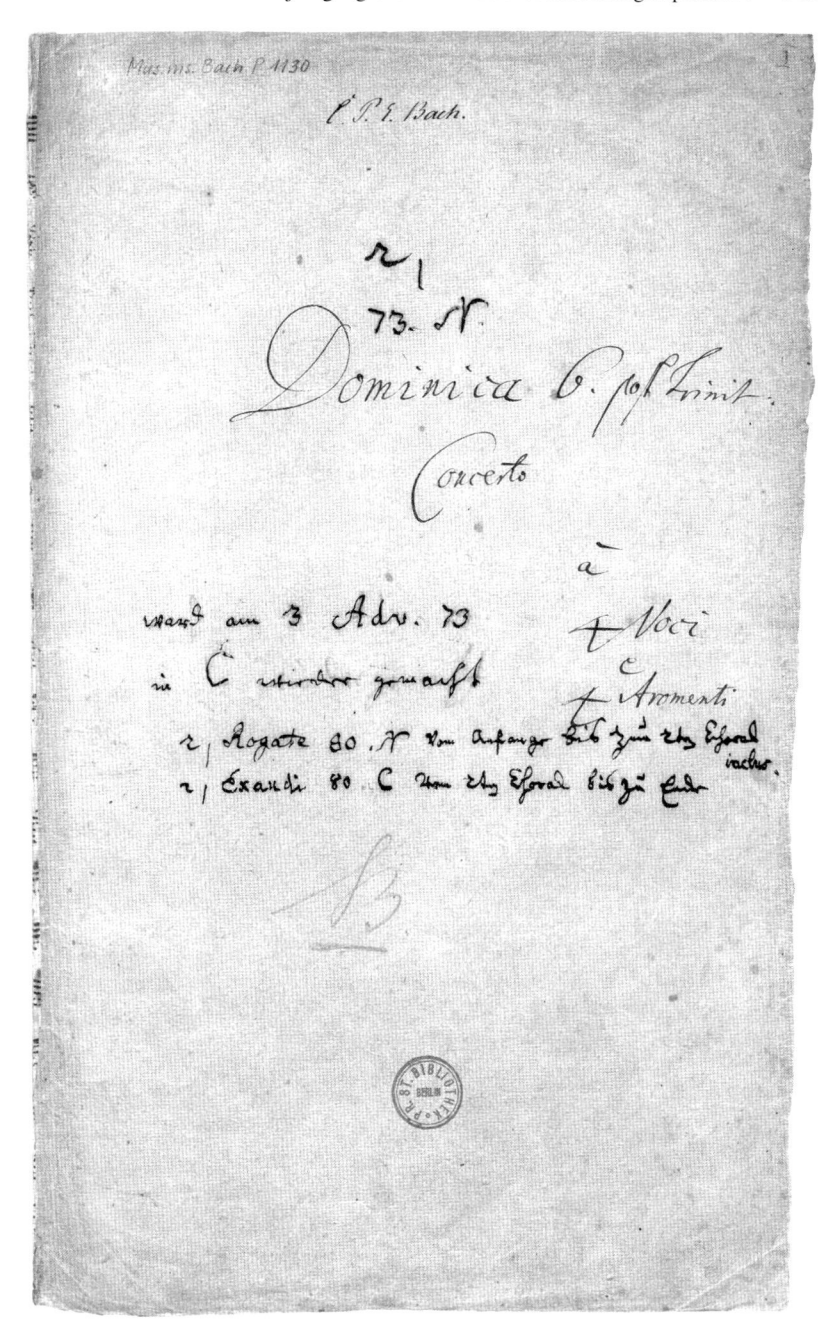

Abb. 2.

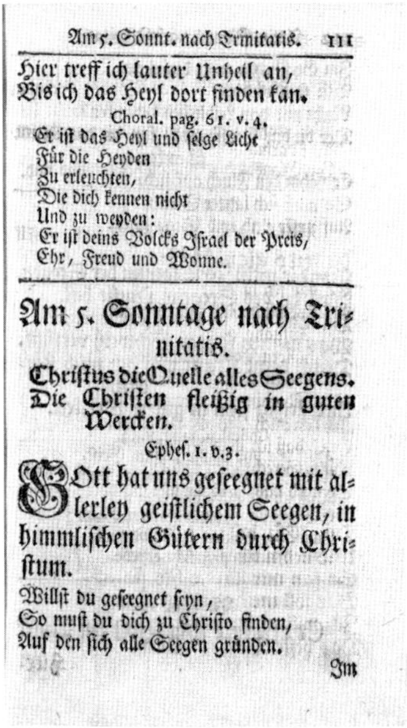

Abb. 3.

> Am 5. Sonnt. nach Trinitatis. 111
>
> Hier treff ich lauter Unheil an,
> Bis ich das Heyl dort finden kan.
> Choral. pag. 61. v. 4.
> Er ist das Heyl und selge Licht
> Für die Heyden
> Zu erleuchten,
> Die dich kennen nicht
> Und zu weyden:
> Er ist deins Volcks Israel der Preis,
> Ehr, Freud und Wonne.
>
> ## Am 5. Sonntage nach Trinitatis.
>
> **Christus die Quelle alles Seegens. Die Christen fleißig in guten Wercken.**
>
> Ephes. 1. v. 3.
>
> Gott hat uns gesegnet mit allerley geistlichem Seegen, in himmlischen Gütern durch Christum.
>
> Willst du gesegnet seyn,
> So must du dich zu Christo finden,
> Auf den sich alle Seegen gründen.

Abb. 3.

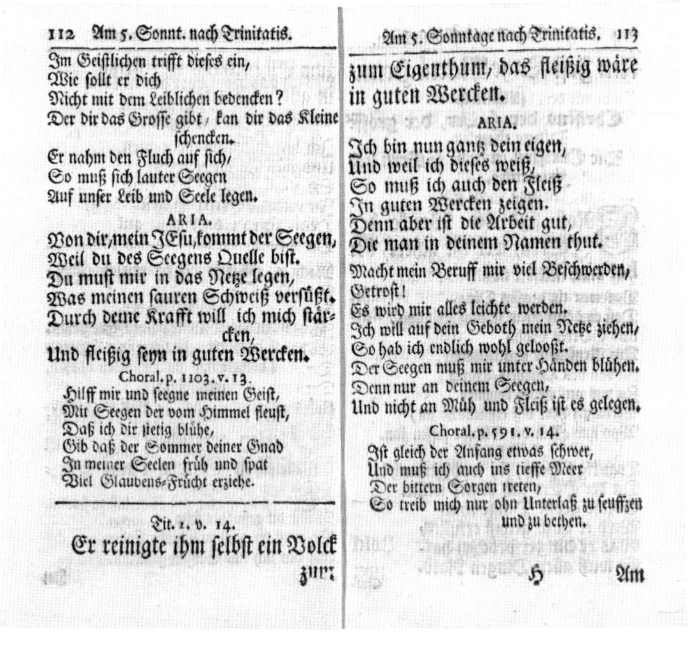

> 112 Am 5. Sonnt. nach Trinitatis.
>
> Im Geistlichen trifft dieses ein,
> Wie sollt er dich
> Nicht mit dem Leiblichen bedencken?
> Der dir das Grosse gibt, kan dir das Kleine schencken.
> Er nahm den Fluch auf sich,
> So muß sich lauter Seegen
> Auf unser Leib und Seele legen.
>
> ARIA.
>
> Von dir, mein JEsu, kommt der Seegen,
> Weil du des Seegens Quelle bist.
> Du must mir in das Netze legen,
> Was meinen sauren Schweiß versüßt.
> Durch deine Krafft will ich mich stärcken,
> Und fleißig seyn in guten Wercken.
>
> Choral. p. 1103. v. 13.
> Hilff mir und seegne meinen Geist,
> Mit Seegen der vom Himmel fleust,
> Daß ich dir stetig blühe,
> Gib daß der Sommer deiner Gnad
> In meiner Seelen früh und spat
> Viel Glaubens-Frücht erziehe.
>
> Tit. 2. v. 14.
> Er reinigte ihm selbst ein Volck zum
>
> Am 5. Sonntage nach Trinitatis. 113
>
> zum Eigenthum, das fleißig wäre in guten Wercken.
>
> ARIA.
>
> Ich bin nun gantz dein eigen,
> Und weil ich dieses weiß,
> So muß ich auch den Fleiß
> In guten Wercken zeigen.
> Denn aber ist die Arbeit gut,
> Die man in deinem Namen thut.
>
> Macht mein Beruff mir viel Beschwerden,
> Getrost!
> Es wird mir alles leichte werden.
> Ich will auf dein Geboth mein Netze ziehen,
> So hab ich endlich wohl geloost.
> Der Seegen muß mir unter Händen blühen.
> Denn nur an deinem Seegen,
> Und nicht an Müh und Fleiß ist es gelegen.
>
> Choral. p. 591. v. 14.
> Ist gleich der Anfang etwas schwer,
> Und muß ich auch ins tieffe Meer
> Der bittern Sorgen treten,
> So treib mich nur ohn Unterlaß zu seufftzen und zu bethen.
>
> H   Am

Abb. 4.

116 Am 6. Sonnt. nach Trinitatis.

Laß hier sein Lob auf Erden schallen,
Und in dem Himmel wieder hallen.
  Choral. pag. 1084. v. 13.
Nimm an das Lob in dieser Zeit,
O heiligste Dreyfaltigkeit!
Verschmähe nicht das arme Lied,
Und schenck uns Seegen, Heyl und Fried.
        v. 14.
Wenn kommt die Zeit, wenn kommt der Tag,
Da man befreyt von aller Plag,
Dir tausend Halleluja bringt,
Und Heilig, Heilig, Heilig singt.

Am 6. Sonntage nach Trinitatis.

Christus der HERR unsere Gerechtigkeit.
Die Christen Bäume der Gerechtigkeit.
        Jer. 23. v. 6.

Es wird sein Name seyn, daß man ihn nennen wird, HErr, der unsere Gerechtigkeit ist.
Wer ist gerecht vor dir?
Ich muß die Augen niederschlagen,

Am 6. Sonnt. nach Trinitatis. 117

Und mit betrübtem Hertzen sagen:
HErr geh nicht ins Gericht mit mir.
Jedoch!
Was ich nicht habe,
Das hat mein JEsus noch.
In seinem Tod und Grabe
Ist die Gerechtigkeit mir beygelegt,
Die meine Sünden-Schuld vollkommen
        überträgt.
        ARIA.
Wie schön hast du dich nennen lassen,
HErr unsere Gerechtigkeit.
Ich darff dich nur im Glauben fassen,
So ist mir Heyl und Trost bereit.
Doch muß mein Baum auch Früchte
        treiben,
Die in Gerechtigkeit bekleiben.
    Choral. pag. 530. v. 2.
Wer GOTT von Hertzen liebet,
Und hat sein Wort in acht;:
Sich an demselben über
Bey Tag und auch bey Nacht,
Ist wie ein Baum am Fluß,
Der immer hoch sich schwinget,
Und gute Früchte bringet,
Dieweil er grünen muß.

Abb. 5.

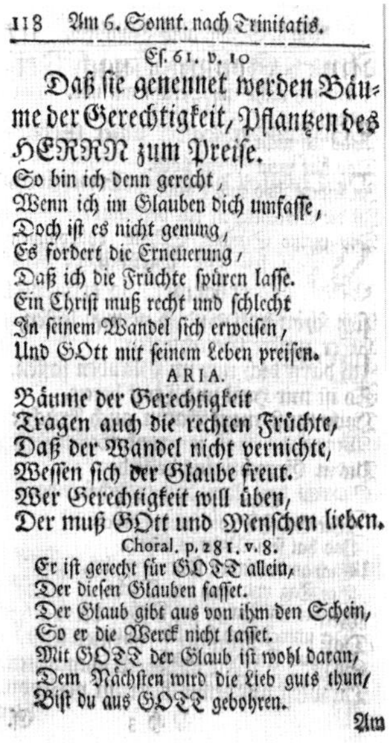

118 Am 6. Sonnt. nach Trinitatis.
        Es. 61. v. 10.

Daß sie genennet werden Bäume der Gerechtigkeit, Pflantzen des HERRN zum Preise.

So bin ich denn gerecht,
Wenn ich im Glauben dich umfasse,
Doch ist es nicht genung,
Es fordert die Erneuerung,
Daß ich die Früchte spüren lasse.
Ein Christ muß recht und schlecht
In seinem Wandel sich erweisen,
Und GOtt mit seinem Leben preisen.
        ARIA.
Bäume der Gerechtigkeit
Tragen auch die rechten Früchte,
Daß der Wandel nicht vernichte,
Wessen sich der Glaube freut.
Wer Gerechtigkeit will üben,
Der muß GOtt und Menschen lieben.
    Choral. p. 281. v. 8.
Er ist gerecht für GOTT allein,
Der diesen Glauben fasset.
Der Glaub gibt aus von ihm den Schein,
So er die Werck nicht lasset.
Mit GOTT der Glaub ist wohl daran,
Dem Nächsten wird die Lieb guts thun,
Bist du aus GOTT gebohren.

Abb. 6.

Wer schrieb was?
Röntgenfluoreszenzanalyse am Autograph von J. S. Bachs Messe in h-Moll BWV 232

Von Uwe Wolf (Leipzig), Oliver Hahn (Berlin)
und Timo Wolff (Berlin)*

I.

Friedrich Smend machte wohl als erster auf die Tatsache aufmerksam, daß sich im Autograph der h-Moll-Messe[1] zahlreiche Eintragungen von Carl Philipp Emanuel Bach finden;[2] C. P. E. Bach besaß, wie wir aus seinem Nachlaßverzeichnis[3] wissen, nach dem Tod des Vaters das Autograph. Die Eintragungen des Sohnes erfolgten über einen längeren Zeitraum. Davon zeugen nicht nur unterschiedliche Schriftstadien C. P. E. Bachs, sondern vor allem eine Anzahl von zu unterschiedlichen Zeiten genommenen Abschriften, die jeweils ein anderes Stadium der Überarbeitung repräsentieren. Es sind dies – in der Reihenfolge ihres Entstehens – die folgenden Quellen:

1. Dreibändige Abschrift der gesamten Messe, geschrieben von Johann Friedrich Hering, Text von fremder Hand (D-B, *P 572* [Bd. 1], *P 23* [Bd. 2] und *P 14* [Bd. 3]).[4]

2. Zweibändige Abschrift der gesamten Messe aus dem Besitz Johann Friedrich Kirnbergers, geschrieben von Anonymus 402 (D-B, *Am.B. 3*).

---

* Die Untersuchung fand in Vorbereitung der Neuausgabe der h-Moll-Messe als erster Band einer Reihe revidierter Bände zur Neuen Bach-Ausgabe statt (hrsg. von U. Wolf, erscheint Anfang 2010; im weiteren: NBA[rev] 1).
[1] D-B, *P 180*, verschiedene Faksimile-Ausgaben. Der Dank der Autoren gilt der Staatsbibliothek zu Berlin, besonders der Leitung der Musikabteilung, für den großzügig gewährten Zugang zum Autograph und die Möglichkeit, die zeitaufwendigen Untersuchungen durchzuführen.
[2] NBA II/1 Krit. Bericht (F. Smend, 1956), S. 23, 130, 209 ff. und 231 ff.
[3] NV, S. 72: „Die große catholische Messe, bestehend in: N. 1. Missa. Mit Trompeten, Pauken, Flöten und Hoboen. In eigenhändiger Partitur. | N. 2. Symbolum Nicænum (Credo.) Mit Trompeten, Pauken, Flöten, Hoboen und Basson. Eigenhändige Partitur, und auch in reichlich ausgeschriebenen Stimmen. Zu diesem Credo ist eine Einleitung von C. P. E. B. | N. 3. Sanctus. Mit Trompeten, Pauken und Hoboen. Eigenhändige Partitur. | N. 4. Osanna. Mit Trompeten, Pauken, Flöten und Hoboen. Eigenhändige Partitur."
[4] Vgl. zu dieser Handschrift P. Wollny, *Ein „musikalischer Veteran Berlins". Der Schreiber Anonymus 300 und seine Bedeutung für die Berliner Bach-Überlieferung*, in: Jahrbuch SIM 1995, S. 80–113, speziell S. 90 ff.

3. Stimmensatz wohl der Aufführung von 1786, überwiegend geschrieben von C. P. E. Bachs Hamburger Hauptkopist Johann Heinrich Michel (D-B, *St 118*, alter Bestand), mit umfangreichen Ergänzungen und Korrekturen C. P. E. Bachs.

4.–5. Zwei Abschriften des Credo, geschrieben von Ludwig August Christoph Hopff[5] (D-B, *P 1212* und Privatbesitz Michael d'Andrea, Lawrenceville, NJ).[6]

Eine weitere Partiturabschrift des Credo, ebenfalls von Bachs Kopisten Johann Heinrich Michel (D-B, *P 22*), zeigt bereits den letzten Überarbeitungsstand. Friedrich Smend datierte die ersten beiden der genannten Handschriften noch in die Lebenszeit J. S. Bachs, wobei er die unter 2. genannte Abschrift für die frühere hielt.[7] In der unter 1. genannten Abschrift Herings glaubte er gar autographe Korrekturen zu erkennen.[8] Beides blieb freilich für die Edition nicht ohne Konsequenzen. Smend übernahm nicht nur die vermeintlich autographen Korrekturen aus Handschrift 1, er mußte auch davon ausgehen, daß alle frühen, schon von den Schreibern der Handschriften 1 und 2 mitkopierten Veränderungen C. P. E. Bachs aus der Feder des Vaters stammten. Auch diese flossen somit in Smends Ausgabe ein. Diese Irrtümer sind schon bald nach Erscheinen seiner Edition bekannt geworden und wurden entsprechend in den neueren Ausgaben der h-Moll-Messe berücksichtigt.[9]

Die weiteren von C. P. E. Bach nach Anfertigung der zweiten Partiturabschrift vorgenommenen Veränderungen am Autograph führte auch Smend auf C. P. E. Bach zurück, wobei er vermutete, daß all diese Eintragungen mit der gut verbürgten Aufführung des *Symbolum Nicenum* in Hamburg 1786 in Zusammenhang stehen.[10] Als wichtige Quelle zur Identifizierung der Nachträge zog Smend den wohl für diese Aufführung angefertigten Stimmensatz (siehe oben, Quelle 3), aber auch die Handschriften 1 und 2 heran. Viele der zahlreichen aufführungspraktischen Ergänzungen C. P. E. Bachs sind auch im Stimmensatz

---

[5] Identifizierung durch J. Neubacher, *Der Organist Johann Gottfried Rist (1741–1795) und der Bratschist Ludwig August Christoph Hopff (1715–1798): zwei Hamburger Notenkopisten Carl Philipp Emanuel Bachs*, BJ 2005, S. 109–123, speziell S. 115 ff.

[6] Für die Genehmigung zur Benutzung dieser Handschrift bin ich Herrn d'Andrea sehr zu Dank verpflichtet; Digitalfotos der Handschrift übermittelte mir freundlicherweise Yo Tomita, Belfast.

[7] NBA II/1 Krit. Bericht, S. 22.

[8] Ebenda, S. 17.

[9] J. S. Bach, *Messe in h-Moll für Soli, Chor und Orchester. Neue Ausgabe*, nach den Quellen hrsg. von C. Wolff, Frankfurt/Main 1997 und J. S. Bach, *Messe h-moll BWV 232*, hrsg. von J. Rifkin, Wiesbaden 2006.

[10] NBA II/1 Krit. Bericht, S. 130; vgl. zu dieser Aufführung Dok III, Nr. 910 und 911 sowie Dok V, Nr. C 910a und 910b.

(Quelle 3) von C. P. E. Bach selbst eingetragen und lassen sich dort gut als Nachträge erkennen.

Joshua Rifkin erkannte jedoch, daß die Revisionen C. P. E. Bachs sich in mehreren Phasen vollzogen.[11] Er setzte den Zeitpunkt der frühesten Eingriffe nach der Entstehung der Handschrift 1 an. Diese war somit für ihn von besonderer Wichtigkeit. Da nämlich oftmals die Änderungen C. P. E. Bachs so tiefgreifend sind, daß die originale Lesart des Vaters kaum oder gar nicht mehr zu erkennen ist, diente ihm diese Handschrift – wie schon Wolff und teilweise auch Smend – zur Wiederherstellung des originalen Befundes.[12] Ferner wurde die Handschrift (meist unausgesprochen) von allen Editionen benutzt, um die durch Tintenfraß bedingten und nicht eben unerheblichen Textverluste im Autograph zu kompensieren.

Dieses Verfahren ist jedoch auch mit einigen Problemen und Fragezeichen behaftet:

a) Das Autograph war offenbar auch schon in den 1760er Jahren stellenweise nur schwer bis kaum lesbar. An verschiedenen Stellen hat daher J. F. Hering einzelne Noten beziehungsweise hat sein Textschreiber einzelne Textworte, mitunter auch ganze Takte, in der Abschrift freigelassen; sie überließen es C. P. E. Bach, diese Stellen zu komplettieren. Hier haben wir also auch in der Abschrift Herings Lesarten aus der Feder C. P. E. Bachs, die sich nicht mit hinreichender Sicherheit zur Wiederherstellung des „Urzustandes" verwenden lassen.

b) Wie bei allen Abschriften müssen wir auch bei Hering mit Kopierfehlern, Ungenauigkeiten oder auch selbständigen Weiterentwicklungen von Lesarten rechnen – seien sie nun bewußt oder unbewußt (etwa die Übertragung von Bogensetzungen auf andere Stimmen). Das Risiko von Fehlern ist im Fall der h-Moll-Messe aufgrund der schwer lesbaren Vorlage besonders hoch. Tatsächlich lassen sich in Herings Abschrift – vor allem im akzidentiellen Bereich (Bögen usw.) – zahlreiche Fehler, und zwar auch an im Autograph zweifelsfreien Stellen finden.[13]

c) Die Annahme, daß Herings Abschrift vor den ersten Eingriffen C. P. E. Bachs geschrieben wurde – grundlegend für die Editionen von Wolff und Rifkin –, ist nicht mehr als eine bislang ungeprüfte Arbeitshypothese. Vor allem Rifkins Erkenntnis, daß C. P. E. Bach die Überarbeitung in mehreren Schritten durchführte, hätte zu einer Überprüfung dieser Hypothese führen müssen. Dies ist aber bislang unterblieben.

Zwar kann man versuchen, all diese Fragen durch bloßen Augenschein zu beantworten, wird aber damit kaum zu belastbaren Ergebnisse kommen. Versuche, an den stark korrigierten Stellen, die schon Hering nicht zu entziffern wagte, auf dem Wege des Betrachtens Schreiberhände zu unterscheiden, sind zum Scheitern verurteilt: Wenn einem Schreiber wenig Raum zur Verfügung

---

[11] Rifkin (wie Fußnote 9), Vorwort, S. VI.
[12] Bei Smend ist dies allerdings nicht konsequent durchgeführt.
[13] NBA[rev] 1, Revisionsbericht.

steht, zwingt ihm oft der vorhandene Platz schon die Zeichenform auf. Möglicherweise durch Rasur geschädigtes Papier trägt ein Weiteres zur Verunklarung bei. Charakteristische Schriftmerkmale, wie sie beim flüssig geschriebenen Text vorhanden sind, finden sich oft nicht. Die Farbe der Tinte kann helfen, kann aber auch in die Irre führen (siehe unten).

Um also nicht allein nur eine neue, möglicherweise abweichende Meinung den bisherigen Ansichten an die Seite zu stellen, sondern die Lesartenbefunde mit objektivierbaren Aussagen zur Tinte (und damit möglicherweise auch zum Schreiber) zu untermauern, wurde nach einer naturwissenschaftlichen, zerstörungsfreien Möglichkeit der Tintenanalyse gesucht und diese in der Röntgenfluoreszenzanalyse gefunden.

II.

Die Röntgenfluoreszenzanalyse (RFA) zählt zu den klassischen physikalischen Methoden der zerstörungsfreien Elementanalytik. Die Voraussetzung zur Entwicklung dieser Analysetechnik war die Entdeckung der „X-Strahlen" durch Wilhelm Conrad Röntgen im Jahre 1895. Erste analytische Anwendungen wurden bereits in den 1920er Jahren von Georg von Hevesey in Freiburg durchgeführt. Durch die Entwicklung geeigneter Röntgenquellen und -detektoren in den Jahren nach dem Zweiten Weltkrieg besetzt die Methode heute einen zentralen Platz in der anorganischen Analytik. Die Bedeutung der Methode für die Untersuchung von Kunst- und Kulturgut hat in den letzten Jahren stark zugenommen, da kostbare Objekte in der Regel nur zerstörungsfrei, ohne Probenahme und ohne Schädigung untersucht werden dürfen. Zu den Anwendungsgebieten gehören die Bestimmung der chemischen Zusammensetzung von Metallen oder Legierungen, von Glas oder Email, von Keramik und Mineralen sowie von Pigmenten oder Farbmitteln, die anorganische Bestandteile enthalten. Der Methode sind allerdings Grenzen gesetzt. So ist die Charakterisierung von rein organischen Materialien nicht möglich, sofern keine detektierbaren Leitelemente enthalten sind.

Das Prinzip der Röntgenfluoreszenz beruht auf der Wechselwirkung von Röntgenstrahlen und Materie. Durch die Röntgenstrahlen werden die Atome des zu untersuchenden Materials angeregt. Darauf folgt ein Relaxationsprozeß, bei dem die Atome wieder in den Grundzustand übergehen. Diese Relaxation geht einher mit der Aussendung charakteristischer (Röntgen-)Strahlung, sogenannter Röntgenfluoreszenzstrahlung, die mit einem geeigneten Detektor registriert werden kann. Über die Art der charakteristischen Strahlung können die chemischen Elemente innerhalb einer Probe bestimmt werden, die Menge der Strahlung erlaubt Rückschlüsse über die Menge eines chemischen Elementes innerhalb einer Probe.

Auch die Tinten der h-Moll-Messe enthalten anorganische Bestandteile. Es handelt sich um Eisengallustinten, die durch Mischen von natürlichem Eisenvitriol (Eisensulfat) mit Gallapfelextrakten hergestellt werden. Durch Oxidation mit dem Luftsauerstoff entsteht aus der ursprünglich farblosen Lösung das schwarze Schreibmaterial.[14] Da es sich bei den Ausgangsmaterialien um natürlich vorkommende Rohstoffe handelt, weisen auch die Tinten materialtechnologisch eine sehr heterogene Zusammensetzung auf. Üblicherweise enthalten die Eisengallustinten neben weiteren organischen Materialien wie Gerbstoffen ein wasserlösliches Bindemittel, zum Beispiel Gummi arabicum, zur Extraktion der Galläpfel werden Lösemittel wie Wasser, Wein oder Essig verwendet. Viel bedeutsamer ist aber der wechselnde Gehalt weiterer Metallvitriole (neben Eisen- auch Kupfer-, Mangan- oder Zinksulfat) oder weiterer herstellungsbedingter Verunreinigungen (wie zum Beispiel bleihaltige Komponenten). Die Analyse dieser Bestandteile führt zu einer Charakterisierung und damit Unterscheidung verschiedener Eisengallustinten.[15]

Durch die Miniaturisierung der notwendigen Bauteile ist es heutzutage möglich, auch mobile Röntgenfluoreszenzspektrometer zu konstruieren, mit denen vor Ort in den Bibliotheken, Archiven und Museen Untersuchungen durchgeführt werden können. Eine spezielle Röntgenoptik (Polykapillarlinse) sorgt zudem für eine Fokussierung des Anregungsstrahls, so daß auch hochortsauflösende Messungen möglich sind. Die Analyse der Eisengallustinten erfolgte mit dem mobilen Röntgenfluoreszenzgerät MikroTAX® (ehemals Röntec GmbH, nun Bruker AXS Microanalysis GmbH). Mit Hilfe einer Polykapillarlinse wurde der Anregungsstrahl auf eine Größe von 70 μm (im Durchmesser) fokussiert. Das Gerät ist so konzipiert, daß an Luft gemessen werden kann. Durch den offenen Aufbau sind Größe und Form des zu untersuchenden Objekts keine Grenzen gesetzt. Die Anregungsröhre (in diesem Falle mit Molybdän als Targetmaterial) und der Detektor befinden sich in einem Messkopf, der bis zu einem Abstand von 0,5 cm an die Oberfläche des Objektes herangebracht wird. Mit Hilfe einer xyz-Schrittmotoreinheit kann dieser Messkopf an eine beliebige Stelle gefahren werden. Zur exakten Positionierung des Messflecks markiert ein Laserspot die Position des Anregungsstrahls. Eine CCD-Kamera überwacht die Positionierung. Durch die Verwendung eines thermoelektrisch gekühlten Silizium-Driftkammer-Detektors (XFlashTM) entfällt die Notwendigkeit einer Kühlung mit flüssigem Stick-

---

[14] R. Fuchs, *Der Tintenfraß historischer Tinten und Tuschen – ein komplexes, nie enden wollendes Problem*, in: Tintenfraßschäden und ihre Behandlung, hrsg. von G. Banik and H. Weber, Stuttgart 1999 (Werkhefte der staatlichen Archivverwaltung Baden-Württemberg, Serie A: Landesarchivdirektion. 10.), S. 37–75.

[15] O. Hahn, W. Malzer, B. Kanngießer und B. Beckhoff, *Characterization of Iron Gall Inks in Historical Manuscripts using X-Ray Fluorescence Spectrometry*, in: X-Ray Spectrometry 33 (2004), S. 234–239.

stoff, die sonst bei Halbleiterdetektoren erforderlich ist. Die Messungen an Luft bestanden jeweils aus Linescans mit mindestens 10 Einzelmessungen bei einer Meßzeit von 15 Sekunden. Auf diese Weise wurde über Inhomogenitäten der Probe gemittelt und mögliche Schäden an den Objekten völlig ausgeschlossen.[16]

Wie bereits angedeutet, ist neben der qualitativen Elementanalyse auch eine quantitative Analyse möglich, da die Signalintensität Rückschlüsse auf die vorhandene Menge eines chemischen Elementes erlaubt. Die quantitative Analyse ist jedoch nicht trivial, da sie von vielen Parametern wie Probenmatrix, Eindringtiefe der Strahlung in die Probe und Absorption der Anregungs- wie Fluoreszenzstrahlung durch die Probe abhängig ist. Für eine quantitative Analyse gibt es daher verschiedene Ansätze. Mit Abstand am weitesten verbreitet ist der Vergleich des Spektrums der unbekannten Probe mit Referenzmaterialien bekannter Zusammensetzung. Die besten Ergebnisse werden erzielt, wenn Referenz und Probe eine sehr ähnliche Zusammensetzung haben, da Matrixeffekte eine erhebliche Rolle spielen. Im Bereich der Untersuchung von Kunst- und Kulturgut stehen jedoch nur bedingt geeignete Referenzen zur Verfügung – so zum Beispiel bei der Glas- und Metallanalyse. Eine Alternative bietet die sogenannte Fundamentalparameter-Methode. Hierbei wird der gesamte physikalische Prozeß mit allen atomaren Parametern betrachtet, der zur Erzeugung der Röntgenfluoreszenz notwendig ist. Kennt man diese sogenannten fundamentalen Parameter und die experimentellen Bedingungen, so kann in einem iterativen Verfahren die Probenzusammensetzung bestimmt werden, die zu den gemessenen Fluoreszenzsignalen führt. Dieses komplexe Verfahren kam bei der Analyse der Eisengallustinten in der h-Moll-Messe zur Anwendung.

Eine Unterscheidung von Tinten aufgrund ihrer Farben hingegen ist nur bedingt möglich. Bei ihrer Herstellung sind Eisengallustinten – wie bereits beschrieben – grundsätzlich schwarz. Aufgrund von Korrosion und Alterungsphänomenen können die Tinten jedoch verbräunen, eher selten treten auch gelbe, grünliche oder grau-weißliche Beläge auf. Dies hat jedoch ganz unterschiedliche Ursachen. Zunächst einmal hat die Zusammensetzung der Tinte einen Einfluß auf den Alterungsprozeß. Darüber hinaus spielt die Art und die Beschaffenheit des Schreibgrundes, also des Papiers eine Rolle. Ein wesentlicher Faktor sind die Lagerungsbedingungen, das heißt Feuchtigkeit und Temperatur des Autographs.[17] Schließlich können auch restauratorische bzw.

---

[16] W. Schreiner und M. Mantler, *X-Rax Fluorescence Spectrometry in Art and Archaeology*, in: X-Ray Spectrometry 29 (2000), S. 3–17.

[17] Zu den extremsten Formen der Alterung beziehungsweise Schädigung zählt selbstverständlich der Tintenfraß. Auch dieses Schädigungsphänomen ist abhängig von der Art und Beschaffenheit des Schreibmaterials, vom Schriftträger, von den Lage-

konservatorische Eingriffe das Erscheinungsbild verändern. Auch die Menge des verschriebenen Materials, das heißt die Schichtdicke der jeweiligen Eisengallustinte hat einen Einfluß auf das optische Erscheinungsbild.

III.

Am Autograph der h-Moll-Messe wurden nun zunächst die Tinten solcher Einträge vermessen, die nach Augenschein sicher J. S. Bach oder aber C. P. E. Bach zuzuschreiben sind und so geprüft, ob und wie die Tinten dieser beiden Schreiber sich unterscheiden. Da sich die Tinten als hinreichend verschieden erwiesen, konnten nun Messungen an nach dem Augenschein nicht zuweisbaren oder auch kontrovers diskutierten Stellen durch Vergleich mit den Tinten gesicherter Einträge dem einen oder anderen Schreiber zugewiesen werden. Auf jeder untersuchten Seite wurden außer den fraglichen Stellen jeweils auch mindestens ein sicher von J. S. Bach stammendes Zeichen gemessen, nach Möglichkeit auch ein sicher von C. P. E. Bach stammendes, um Verfälschungen des Ergebnisses durch Schwankungen in den Tinten oder Einflüsse aus Papier oder den verschiedenen Restaurierungen auszuschließen.

Selbstverständlich können nicht alle der über 500 gemessenen Stellen hier diskutiert werden; sie sind aber vollständig eingeflossen in die Neuausgabe der h-Moll-Messe (NBA^{rev} 1). Im folgenden soll vielmehr das Augenmerk auf einige grundsätzliche Ergebnisse gelenkt und diese anhand von Beispielen verdeutlicht werden. Zunächst gilt das Augenmerk jenen Stellen, die offenbar schon in den 1760er Jahren schwer zu lesen waren und die J. F. Hering und sein Textschreiber in ihrer Abschrift daher durch C. P. E. Bach haben eintragen lassen. Auch dem Bach-Sohn fiel es allerdings offenbar nicht immer leicht, diese Stellen zu entziffern. An einer Stelle im „Et resurrexit"[18] ist das Vorgehen des Sohnes sehr gut zu beobachten: In T. 98 (Abb. 1a) ist der Alto nicht mehr zu entziffern; Hering ließ diesen Takt entsprechend leer. Offenbar im Zuge seiner Durchsicht der Abschrift Herings hat C. P. E. Bach diese Stelle nachgetragen und auch im Autograph des Vaters verdeutlicht. Dazu hat er den Takt des Alto unten auf der Seite neu notiert. Allerdings setzte er aber zunächst zu einer anderen Lösung an, strich diese dann durch und trug erst im zweiten Anlauf die gültige (nach Ausweis der Viola auch richtige) Lesart in das Zusatzsystem ein. Diese zweite Lesart ergänzte Bach dann anschließend auch in

---

rungsbedingungen und nicht zuletzt von der Menge der verschriebenen Eisengallustinte.
[18] Aufgrund der unterschiedlichen Satzzählungen in den verschiedenen Ausgaben des BWV und den verschiedenen Editionen verzichten wir hier auf die Angabe von Satznummern.

Abb. 1a. Die Takte 96ᵇ ff. des „Et resurrexit" (Sopran II, Alto, Tenor, Basso, Bc.) im Autograph. Unten der Takt 98 in einem Zusatzsystem von der Hand C. P. E. Bachs.

Herings Abschrift (Abb. 16).[19] Verdeutlichung des Autographs und Vervollständigung der Abschrift gingen also Hand in Hand.
Auch die anderen Eingriffe C. P. E. Bachs in diesem Arbeitsgang dienten fast ausschließlich der Verdeutlichung von Lesarten. Einige dieser Verdeutlichungen führten allerdings zu Schädigungen des Papiers – etwa wenn der Sohn eine durchgestrichene Note des Vaters durch Rasur ganz entfernte – und damit auch zu erneuter Verunklarung des Autographs. Manche dieser Stellen haben denn auch zu Fehlinterpretationen in neueren Editionen geführt. So trug J. S.

---

[19] Diese Seite ist in NBAʳᵉᵛ 1 sowohl im Autograph als auch in der Abschrift Herings im Faksimile wiedergegeben.

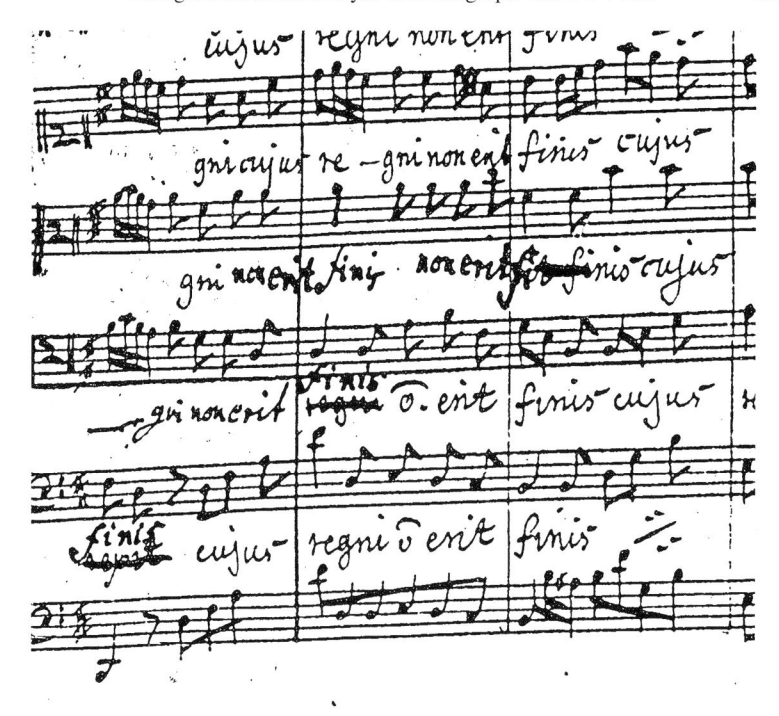

Abb. 1b. Dieselbe Stelle in der Abschrift Herings mit Korrekturen C. P. E. Bachs. In Takt 98 wurde der Alto von C. P. E. Bach eingetragen.

Bach im „Crucifixus", T. 40 (Abb. 2), im Sopran einen Takt zunächst entsprechend der Parodievorlage (BWV 12/2, T. 36) ein (Beispiel 1a–b). Die Deklamation war jedoch nicht besonders glücklich, Bach entwickelte dann die Lesart gegenüber der Vorlage weiter, um diesem Problem zu begegnen (Beispiel 1c). Dabei strich er die zweite Note durch, ergänzte die Note am Schluß des Taktes und trug (unten) einen neuen Bogen entsprechend der nun gewünschten Textverteilung ein, ließ aber den überzähligen Bogen über dem System stehen. Der Sohn schließlich versuchte diese etwas undeutliche Korrektur durch Rasur einer von J. S. Bach nur gestrichenen Note und Beifügung von Tonbuchstaben zu verdeutlichen; den überzähligen Bogen ließ auch C. P. E. Bach unangetastet, wohl weil er den kleinen neuen Bogen am Ende des Taktes übersah. Auch wenn die Art der ursprünglichen Korrektur (Streichung) auf J. S. Bach deutet, könnte man hier aufgrund der Eingriffe des Sohnes letzterem auch die Korrektur selbst zuschreiben. Nur die RFA erlaubt es, sie zweifelsfrei als Weiterentwicklung des Vaters zu identifizieren.

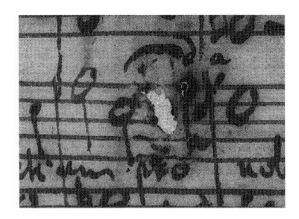

Abb. 2. Takt 40 des „Crucifixus" (Sopran).

Beispiel 1a: Lesart ante correcturam

am pro

Beispiel 1b: Lesart der Parodievorlage

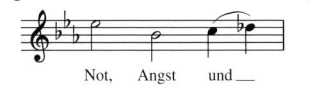

Not, Angst und

Beispiel 1c: Lesart post correcturam.

am pro

Beispiel 1a–c: Der überzählige, nicht gestrichene Bogen der Lesart ante correcturam erschwert die Deutung der Stelle.[21]

Rätsel gibt schon länger eine Korrektur im ersten „Et expecto" auf.[21] Die Takte 138–140 sind stark korrigiert und in allen Stimmen nur mit Mühe lesbar. Der Tenor ist besonders häufig korrigiert und kaum mehr zu erkennen. Als Hilfe ist unten auf der Seite der Tenor noch einmal auf einem Hilfssystem notiert (Abb. 3). Obwohl die Schrift in diesem Zusatzsystem sehr nach J. S. Bach aussieht,[22] sind hier Zweifel berechtigt: Denn wenn das Zusatzsystem von J. S. Bach stammt, dann hätte Hering dieses als solches erkennen und die Noten entsprechend übernehmen können. Stattdessen hat er jedoch den Takt freigelassen und überließ es C. P. E. Bach, diesen zu vervollständigen.[23] Auch

---

[20] Smend und Wolff bieten eine Mischlesart mit den Noten der Lesart post correcturam, aber dem Bogen der Lesart ante correcturam; Rifkin schreibt J. S. Bachs Korrektur dem Sohn zu und macht sie wieder rückgängig.

[21] In den alten Ausgaben zweiter Teil des „Confiteor". Siehe dazu J. Rifkin, *Eine schwierige Stelle in der h-Moll-Messe*, LBzBF 5, S. 321–331, sowie C. Wolff, *J. S. Bachs Regeln für den fünfstimmigen Satz*, BJ 2004, S. 87–99, bes. 96f.

[22] So auch Rifkin (wie Fußnote 22).

[23] C. P. E. Bach folgte nicht der Lesart des Vaters, sondern entwickelte eine eigene Lösung; vgl. Rifkin (wie Fußnote 22).

Abb. 3. Die Takte 137 ff. des „Confiteor" im Autograph.
Unten auf der Seite das autographe Zusatzsystem.

hier aber konnte mittels RFA geklärt werden, daß die Lesart des Zusatzsystems doch von J. S. Bach stammt und daher bedenkenlos in die Edition übernommen werden kann.[24] Über die Ursachen des Nichtbeachtens dieses Systems durch die Kopisten kann nur spekuliert werden. Möglicherweise war die

---

[24] So bereits Smend. Wolff hat den ersten Takt gegenüber Bach verändert, eine Variante, die auch Rifkin übernommen hat. In seinem Aufsatz über Bachs fünfstimmigen Satz (vgl. Fußnote 22) hat Wolff jedoch die autographe Lesart bereits als die wohl einzig richtige erkannt und sich von der Lösung seiner Edition distanziert. Die Textschrift weicht von der sonstigen Textschrift J. S. Bachs leicht ab, wirkt runder, mehr „gemalt". Dies erklärt sich wahrscheinlich aus der Stellung des Eintrages ganz nahe am Blattrand.

Durchstreichung zunächst nicht so deutlich wie heute und die Kopisten versuchten noch das Hauptsystem zu lesen – und scheiterten.[25]
Beim Ausfüllen der Lücken in der Handschrift Herings versuchte der Bach-Sohn also zugleich die Lesarten des Vaters zu verdeutlichen. Verdeutlicht wurden dabei auch einige Stellen, an denen Herings Abschrift infolge einer unklaren Notation in der Vorlage fehlerhaft war.[26]

Ähnlich wie an den in der Abschrift Herings zunächst freigelassenen und erst von C. P. E. Bach ergänzten Stellen verhält es sich, wenn im Autograph und in der Abschrift parallele Korrekturen auftreten. Hier könnte es sich um eine von Hering mißdeutete und vom Bach-Sohn korrigierte autographe Korrektur handeln oder aber um einen parallelen Eingriff des Sohnes in Autograph und Abschrift. Eine solche parallele Korrektur liegt zum Beispiel in T. 58 f. des „Et resurrexit" im Tenor vor (Abb. 4). Die Korrektur an sich ist nur schwer zu lesen, Lesart ante und post correcturam sind kaum zu unterscheiden und die Zuweisung an Vater oder Sohn ohne Hilfsmittel unmöglich, zumal hier verschiedene, zumindest in der Motivation voneinander unabhängige Korrekturen vorliegen. Zum einen mußte die letzte Note in T. 58 oder die erste Note in T. 59 geändert werden, da eine Korrektur derselben Stelle im Basso (aus a | a | d mit Zwischenlesart a | d' cis' in A | d cis) durch J. S. Bach sonst zu einer Oktavparallele geführt hätte (ursprüngliche Lesart im Tenor a | d' a). Zur Vermeidung dieser Parallele änderte (nach Ausweis der Tintenanalyse) J. S. Bach die erste Note in T. 59 in ein a. Unabhängig davon ist das letzte Taktviertel in T. 58 aus ♪ ♪ a in ♩ cis' geändert worden.

Beide Korrekturen haben ihre Spuren auch in der Abschrift Herings hinterlassen. Die erste Note von T. 59 trug Hering zunächst in der Fassung ante correcturam ein, erkannte aber sogleich den Fehler und verbesserte in die gültige Lesart. Im letzten Taktviertel von T. 58 hingegen kopierte Hering den Stand ante correcturam, allerdings, wie es aussieht ohne die Viertelpause (also nur ♪ a') und erst C. P. E. Bach korrigierte hier in die Lesart post correcturam – Anlaß genug, diese Stelle genauer zu untersuchen. Und tatsächlich stammt auch die Korrektur in T. 58 im Autograph von C. P. E. Bach. Warum Hering allerdings die Pause übersah, ist unklar. War sie undeutlich (die Tintenreste sind vergleichsweise dünn), lag auch schon eine Korrektur J. S. Bachs vor – oder hat Hering die Pause einfach übersehen (nicht singulär)? Jedenfalls

---

[25] Allerdings ist auch als letzte Lesart des Hauptsystems – wenngleich nur mit Mühen und nicht ganz vollständig – die Lesart des Zusatzsystems zu erkennen.
[26] Ein Beispiel: Im ersten Satz des Symbolum Nicenum ist in T. 27 im Alto ein zur 1.–3. Note notierter Bogen im Autograph zu kurz geraten; Hering deutete diesen Bogen als nur zur 1.–2. Note gehörig. C. P. E. Bach verlängerte daraufhin den Bogen sowohl in der Abschrift als auch im Autograph.

Röntgenfluoreszenzanalyse am Autograph von BWV 232 129

Abb. 4. Die Takte 58 f. des „Et ressurexit" (Sopran II, Alto, Tenor, Basso, Bc.) im Autograph. Außer den besprochenen sind weitere Korrekturen zu sehen.

Beispiel 2: Dieselbe Stelle im Notentext von NBA[rev] 1. Die Einklammerungen bezeichnen all jene Stellen, deren Authentizität nicht gesichert ist.

deutet der Befund darauf, daß diese Stelle in Parallelität zum darauffolgenden Einsatz des Sopran II zu verstehen ist wie in Notenbeispiel 2.

Eine für die Edition der h-Moll-Messe entscheidende Frage ist nun, ob die überwiegend klärenden Eingriffe C. P. E. Bachs bei der Durchsicht der Abschrift Herings seine ersten Bearbeitungsschritte an der Partitur des Vaters waren. Nur wenn dies der Fall ist, ist es nämlich möglich, den „Urtext" der h-Moll-Messe mit einiger Sicherheit wieder herzustellen und die Eingriffe des Sohnes mit Hilfe von Herings Abschrift (soweit dort nicht ebenfalls von C. P. E. Bach eingetragen) rückgängig zu machen. Und nur wenn sich nachweisen läßt, daß Hering eine von C. P. E. Bach noch nicht bearbeitete Handschrift kopierte, kann die Abschrift Herings auch als hinreichend sicherer Ersatz für heute nicht mehr vorhandene Teile der autographen Partitur gelten.

Leider läßt aber bereits ein Vergleich der Textunterlegungen der autographen Partitur und der Abschrift Herings erhebliche Zweifel daran aufkommen.[27] Während im Autograph an nicht wenigen Stellen der Text ursprünglich fehlte, ist er in der Abschrift fast durchweg vorhanden.[28] Dies könnte daher rühren, daß Herings Textschreiber den Text selbsttätig ergänzte. Dann wäre es aber verwunderlich, daß der Text der Abschrift nicht nur fast immer mit der Ergänzung von C. P. E. Bach übereinstimmt, sondern vor allem auch, daß der Text in der Abschrift nur an solchen Stellen fehlt, wo er ursprünglich auch in der autographen Partitur fehlte beziehungsweise teilweise bis heute noch fehlt oder von dritter Hand ergänzt ist.

Es galt also, besonderes Augenmerk auf all jene Stellen zu legen, die in der autographen Partitur sicher oder mutmaßlich die Schrift C. P. E. Bachs aufweisen und dennoch in Autograph und Abschrift dieselbe Lesart bieten. Handelt es sich bei diesen Stellen immer um Verdeutlichungen des Sohnes oder doch schon um Veränderungen, die der Sohn dann allerdings am Autograph des Vaters vorgenommen hätte, bevor die erste Abschrift entstand? Leider ist letzteres der Fall, wie sich an einer ganzen Reihe von Stellen nachweisen läßt. Vor allem den Text und die Textunterlegung, teilweise aber auch die Bogensetzung, die Vorzeichen, ja sogar den Melodieverlauf hatte der Bach-Sohn bereits durchgesehen und revidiert, ehe der Kopist Hering ans Werk ging. Nur wenige Beispiele mögen dies hier verdeutlichen.

C. P. E. Bach hatte nicht nur die Textunterlegung des Vaters vervollständigt, sondern dabei sowohl tatsächliche als auch wahrscheinlich vermeintliche

---

[27] Der Text wurde dort aber nicht von Hering, sondern einem anderen, bis heute nicht identifiziertem Kopisten eingetragen; vgl. Wollny (wie Fußnote 4), S. 90.

[28] Fehler in der Orthographie sind in der Hering-Abschrift verbreitet und kein Indiz für Interpolationen des Textschreibers, da sie auch bei im Autograph eindeutig von J. S. Bach textierten Stellen auftreten.

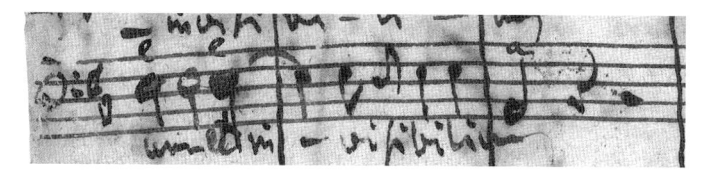

Abb. 5. Die Takte 38 ff. des „Patrem omnipotentem" (Basso) im Autograph.

Versehen des Vaters korrigiert. Tatsächliche Fehler gab es im „Et resurrexit" in T. 97 f. zu beseitigen. Diese Takte gehen zurück auf die Takte 14 f. desselben Satzes, es ist allerdings ein anderer Text unterlegt. J. S. Bach hatte nun teilweise versehentlich den Text der frühen Takte („et resurrexit") auch an der zweiten Stelle unterlegt; der richtige Text „cujus regni" wurde an diesen Stellen erst von C. P. E. Bach eingetragen (teils auf Rasur). Herings Abschrift bietet bereits den im Autograph durch C. P. E. Bach korrigierten Text, und zwar korrekturenlos.

Wohl einem vermeintlichen Fehler ist ein Eingriff C. P. E. Bachs in der Textunterlegung im „Patrem omnipotentem" geschuldet (Abb. 5). In T. 37 ff. im Basso hatte J. S. Bach (höchstwahrscheinlich) zweimal hintereinander die Worte „invisibilium" folgen lassen. Der Sohn änderte in T. 38 den Rhythmus von ♩♪♪ in ♩♪♪♪ und nutzte die zusätzliche Note zur Einfügung eines zusätzlichen „et" („et invisibilium, *et* invisibilium").[29]

Während die ergänzten Vorzeichen C. P. E. Bachs überwiegend nur klärend fungieren (er ergänzte überwiegend Vorzeichen, die aufgrund des Melodieverlaufes nicht zwangsläufig hätten notiert werden müssen, an mindestens einer Stelle aber auch ein von J. S. Bach vergessenes Kreuz[30]), nahm er bereits früh im „Confiteor" auch einen ändernden Eingriff am Melodieverlauf vor (Abb. 6): In T. 47 hatte J. S. Bach im Sopran II zunächst das melodisch naheliegende h' notiert, dieses dann jedoch in ein cis'' geändert, vielleicht um den Takt an das charakteristische Confiteor-Motiv mit der repetierenden Punktierung anzunähern. Diese Korrektur verdeutlichte er mit dem Tonbuchstaben „c" über der Note. Dieser Tonbuchstabe wurde dann vom Sohn in ein „h" geändert – und h' ist auch die Lesart der ersten Abschrift.[31]

Auch C. P. E. Bachs Vervollständigung der Bogensetzung begann schon früh, wenngleich dieser Prozeß wohl bis kurz vor C. P. E. Bachs Tod andauerte. Wohl mindestens knapp 20 Bögen in den Sätzen „Et in unum", „Crucifixus", „Et resurrexit", „Confiteor" und „Et expecto" hat der Sohn – nicht selten zur

---

[29] Eine Korrektur, die bisher noch nicht mit C. P. E. Bach in Verbindung gebracht wurde, jedoch zweifelsfrei auf ihn zurückgeht.
[30] „Et in unum", T. 78, Vl. II, das ♯ zur 2. Note.
[31] Auch die Ausgaben haben einheitlich h'.

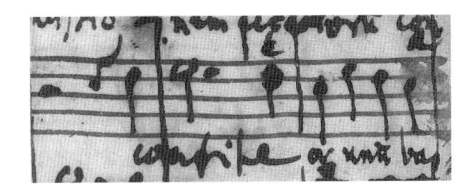

Abb. 6. Die Takte 47 ff. des „Confiteor" (Sopran II) im Autograph.

Verdeutlichung der Textunterlegung – bereits in der ersten Überarbeitungsphase nachgetragen.[32] Hinzu kommen zahlreiche ergänzte Textworte beziehungsweise -silben und viele Stellen, bei denen sich der Anteil des Sohnes nicht mehr mit Sicherheit bestimmen läßt; und dies betrifft fast alle Aspekte der Partitur (Text, Rhythmus, Noten, Vorzeichen, Bögen).

Wir können wohl annehmen, daß der Sohn die Abschrift des Vaters gründlich durchsah, bevor er sie Hering zum Herstellen einer Abschrift anvertraute.[33] Nachdem diese Kopie fertiggestellt war, nahm er das Autograph des Vaters und die Abschrift Herings erneut zur Hand, vervollständigte die Abschrift dort, wo Hering gescheitert war und verdeutlichte an diesen Stellen zugleich das Autograph.

Die Erkenntnis, daß wir keine Abschrift des noch unbearbeiteten Autographs der h-Moll-Messe besitzen, hat weitreichende Konsequenzen. An vielen Stellen können wir nur noch sehen, daß C. P. E. Bach eingegriffen hat, die ursprüngliche Lesart läßt sich aber keineswegs immer zweifelfrei wieder herstellen, auch wenn mit Hilfe der RFA viele kleine Detailfragen geklärt werden konnten. Besonderes Augenmerk verdienen nun aber auch die nicht wenigen Löcher in der Handschrift. Vor allem jene Stellen die schon in dem in der ersten Faksimile-Ausgabe von 1924[34] dokumentierten Zustand defekt waren, werden für immer mit Fragezeichen behaftet sein. Schäden treten vermehrt an korrigierten Stellen auf – und bei allen herausgebrochenen Stellen haben wir keine Möglichkeit mehr, Urheber, Art und Umfang einer mutmaßlichen Korrektur zu ermitteln. Die als Ersatzquelle heranzuziehenden frühen Abschriften könnten den Zustand J. S. Bachs widerspiegeln, es könnte sich aber auch bereits um das Ergebnis einer Korrektur C. P. E. Bachs und damit um eine nicht-

---

[32] Im einzelnen nachgewiesen im Revisionsbericht von NBA[rev] 1.
[33] Daß C. P. E. Bach so vorging, ist nicht erstaunlich, gab es doch offenbar bereits einen gescheiterten Versuch einer Abschrift; vgl. Bachs Brief an Kirnberger (Dok III, Nr. 754, Kommentar). Die Eingriffe des Sohnes sind nicht auf das Symbolum Nicenum beschränkt, in den anderen Sätzen aber zahlenmäßig zu vernachlässigen und in der Regel auch leicht zu erkennen.
[34] J. S. Bach, *Messe in h-Moll. Faksimile-Ausgabe nach dem im Besitz der Preuß. Staats-Bibliothek befindlichen Original*, Leipzig 1924.

authentische Lesart handeln. Ein Notentext „endlich wirklich nur von Johann Sebastian Bach"[35] wird ein nicht einlösbarer Wunsch bleiben. Eine Ausgabe kann hingegen klar zeigen, welche Lesarten sicher verbürgt sind und welche nicht, und so dem Musiker wie dem Wissenschaftler eine möglichst ehrliche und solide Basis für seine Entscheidungen bieten; daher gibt die Neuausgabe alle unsicheren Stellen in eckigen Klammern wieder.

---

[35] So ist ein Interview mit J. Rifkin anläßlich seiner Ausgabe der h-Moll-Messe auf der Internetpräsenz des Verlags Breitkopf überschrieben.

Beobachtungen am Autograph der h-Moll-Messe

Von Peter Wollny (Leipzig)

Die h-Moll-Messe ist mit guten Gründen als ein „perpetual touchstone", ein immerwährender Prüfstein der Bach-Forschung bezeichnet worden.[1] In der Tat gibt sie wie kein anderes Großwerk des Komponisten Rätsel auf, zwingt dazu, auch grundlegende Fragen zu Datierung, Entstehungsanlaß, Zweckbestimmung, früher Aufführungs- und Rezeptionsgeschichte, aber auch zyklischer Geschlossenheit und künstlerischer Einheitlichkeit immer wieder aufs Neue zu stellen und zu überdenken. Selbst die Erarbeitung eines einwandfreien Notentexts ist weiterhin eine Herausforderung für die wissenschaftliche Editionspraxis.[2] In den vergangenen Jahrzehnten ist das Werk mehrfach zum Gegenstand monographischer Abhandlungen erkoren worden,[3] und noch in jüngster Zeit wurde ihm eine mehrtägige internationale Konferenz gewidmet.[4] An offenen Fragen und ungelösten Problemen besteht jedoch nach wie vor kein Mangel.

Infolge des Fehlens früher rezeptionsgeschichtlicher und biographischer Dokumente berühren fast alle Fragestellungen früher oder später, direkt oder indirekt als einzigen Zeugen der Entstehungsgeschichte die autographe Partitur *P 180* der Staatsbibliothek zu Berlin, eine der kostbarsten und zugleich gefährdetsten Bach-Handschriften. Doch die mittlerweile in drei Faksimileausgaben[5] greifbare Quelle gibt ihre Geheimnisse nur zögernd preis. Hinzu kam lange Zeit die Sorge um die dauerhafte Bewahrung der Zimelie, die

---

[1] H.-J. Schulze, *The B Minor Mass – Perpetual Touchstone for Bach Research*, in: Bach, Handel, Scarlatti: Tercentenary Essays, hrsg. von P. Williams, Cambridge 1985, S. 211–230.

[2] Vgl. die kritischen Ausgaben von F. Smend (NBA II/1, 1956), C. Wolff (*J. S. Bach, Messe in h-Moll für soli, Chor und Orchester. Neue Ausgabe*, Frankfurt/Main 1997), J. Rifkin (*J. S. Bach, Messe h-moll BWV 232*, Wiesbaden 2006) und U. Wolf (NBA[rev] 1, erscheint Frühjahr 2010).

[3] W. Blankenburg, *Einführung in Bachs h-Moll-Messe*, Kassel 1950; J. Butt, *Bach: Mass in B Minor*, Cambridge 1991 (Cambridge Music Handbooks); G. B. Stauffer, *Bach: The Mass in B Minor*, New York 1997 (Monuments of Western Music).

[4] Die dort gehaltenen Referate sind veröffentlicht in *International Symposium Understanding Bach's B-minor Mass. Discussion Book*, Bd. I: *Full Papers by the Speakers at the Symposium on 2, 3 and 4 November 2007*, hrsg. von Y. Tomita, E. Crean und I. Mills, Belfast 2007.

[5] Leipzig 1924; Kassel 1965; Kassel 2007.

namentlich durch den aggressiven Tintenfraß schwer beschädigt war. Es bleibt zu hoffen, daß die jüngste Restaurierung (2004) den Verfall gestoppt hat und der derzeitige Erhaltungszustand nunmehr auf absehbare Zeit stabil bleibt.[6] Gemeinsam mit den beiden flankierenden Beiträgen möchte die vorliegende Studie einen Eindruck von einigen weiterhin ungelösten mit der h-Moll-Messe verknüpften quellenkritischen Problemen vermitteln und das derzeit von Mitarbeitern des Bach-Archivs Leipzig angewandte Methodenspektrum demonstrieren. Speziell meine eigenen Überlegungen treten nicht mit dem Anspruch an, unumstößliche Wahrheiten zu liefern. Meine Intention ist es vielmehr, einige bislang übersehene oder nicht richtig gedeutete Details im Schriftbild von *P 180* vorzustellen, auf die ich im Laufe meiner Beschäftigung mit Bachs autographer Partitur gestoßen bin, diese in einen plausiblen biographischen Zusammenhang zu bringen und die resultierenden Implikationen zu erörtern. Es ist vielleicht nicht überflüssig, vorab explizit darauf hinzuweisen, daß die im folgenden zu diskutierenden Revisionseintragungen aufgrund ihrer kleinen Zahl beziehungsweise Geringfügigkeit eine über jeden Zweifel erhabene Identifizierung nicht zulassen. Die erörterten Konsequenzen unterliegen dem gleichen Vorbehalt. Insofern bleibt abzuwarten, inwieweit künftige Forschungsergebnisse die hier vorgetragenen Argumente bestätigen oder modifizieren.

*

In den letzten Jahren sind vor allem die Fremdeintragungen in *P 180*, also alle jene Zusätze von fremder Hand, die den von Bach niedergeschriebenen Noten- und Gesangstext ergänzen oder verändern, verstärkt ins Blickfeld gerückt. Es ist seit langem bekannt, daß der zweitälteste Bach-Sohn Carl Philipp Emanuel, nach 1750 Erbe mehrerer großer oratorischer Werke seines Vaters, zahlreiche Eintragungen in das Partiturautograph der h-Moll-Messe vorgenommen hat.[7] Gut erkennbar sind vor allem seine Zusätze im Symbolum Nicenum, die offenbar mit seiner aufsehenerregenden Hamburger Darbietung (1786) dieses Werkteils in Zusammenhang stehen.[8] Daneben finden sich aber auch deutlich frühere Eintragungen von seiner Hand. Ihre Datierung läßt sich teilweise aus den frühen Abschriften erschließen. Wie Uwe Wolf anhand von Lesartenvergleichen belegen kann, stammen einige Zusätze bereits aus dem ersten Jahrzehnt nach J. S. Bachs Tod.[9] Andere Korrekturen sind hingegen nur durch

---

[6] Künftig werden wohl die hochwertigen elektronischen Scans, die jüngst im Rahmen des Projekts „Bach Digital" angefertigt wurden, der Forschung weitgehend als Ersatz für die Beschäftigung mit dem Original dienen.

[7] Siehe NBA II/1 Krit. Bericht (F. Smend, 1956), S. 23, 130, 209 ff. und 231 ff.

[8] Vgl. Dok III, Nr. 910–911.

[9] Vgl. den Beitrag von Uwe Wolf im vorliegenden Band. Auf frühe Eintragungen von

schriftkundliche Untersuchungen als frühe Eintragungen des zweitältesten Bach-Sohns zu erkennen. So entsprechen beispielsweise die Tabulaturbuchstaben auf Seite 142 („Et expecto", T. 25) den gleichartigen Eintragungen im Teilautograph der Cembalo-Sonate in h-Moll Wq 65/13 (D-B, *P 359*, Faszikel 1). Mit derselben Methode lassen sich auch die Buchstaben auf Seite 44 („Laudamus te", T. 32) der Berliner Zeit C. P. E. Bachs zuweisen, wobei hier wie auch an anderen Stellen genau abzuwägen ist, ob dieser eine vorgefundene Lesart präzisierte oder aber eigenmächtig veränderte.[10]
Die klassische Methode des Schriftvergleichs ist durch neuere Verfahren keineswegs überholt, zumal auch Untersuchungen mittels der vorstehend von Uwe Wolf, Oliver Hahn und Timo Wolff vorgestellten Röntgenfluoreszenzanalyse auf den Ergebnissen der Betrachtung mit unbewaffnetem Auge aufbauen, um diese zu überprüfen und gegebenenfalls zu ergänzen oder zu korrigieren. Nicht immer lassen sich die beiden Methoden allerdings völlig miteinander vereinbaren. Mir will zum Beispiel – ungeachtet des anscheinend eindeutigen Tintenbefunds – die Zuweisung und Bewertung der nachträglich am unteren Rand von Seite 139 eingetragenen Takte 138–140 der Tenorstimme aus der Überleitung vom „Confiteor" zum „Et expecto" nicht ganz einleuchten.[11] Von besonderer Brisanz ist die Eintragung nicht allein deshalb, weil sie eine mehrfach korrigierte und daher kaum noch zu entziffernde Stelle erläutert, sondern auch weil es sich hier musikalisch um einen, wenn nicht gar den Höhepunkt des Werks handelt. Rätselhaft ist zudem der Umstand, daß die am unteren Seitenrand nachgetragenen Takte intuitiv gerne mit J. S. Bach in Verbindung gebracht werden, in den beiden frühesten Abschriften jedoch unberücksichtigt blieben. Uwe Wolf weist diesen Nachtrag – gestützt auf die Befunde der Röntgenfluoreszenzanalyse – J. S. Bach zu und erklärt die Lesart für authentisch. Ich persönlich habe jedoch Schwierigkeiten, die Buchstabenformen des Wortes „expe- cto" mit dem Duktus von J. S. Bachs Spätschrift – sowohl in *P 180* als auch in anderen Dokumenten – in Einklang zu bringen. Während sich die vier Halbenoten und die beiden Pausen einer eindeutigen Zuweisung entziehen, deuten der ausgewogene Abstand der Zeichen, ihre

---

der Hand C. P. E. Bachs weist auch Rifkin im Kritischen Bericht seiner in Fußnote 1 genannten Ausgabe hin; ich selbst habe in meinem Vortrag „Johann Sebastian Bachs h-Moll-Messe und ihre frühe Rezeptionsgeschichte" zum Bach-Fest Aschaffenburg (Juli 2006) ebenfalls einige frühe Eintragungen C. P. E. Bachs diskutiert.

[10] Eine möglichst vollständige Aufstellung der Eintragungen C. P. E. Bachs wäre wünschenswert, diese ist jedoch mittels des Lesartenverzeichnisses eines Kritischen Berichts kaum zu leisten. Vielleicht wäre eine Dokumentation im Rahmen von „Bach Digital" sinnvoll.

[11] Die Stelle wurde auch früher schon kontrovers diskutiert; siehe J. Rifkin, *Eine schwierige Stelle in der h-Moll-Messe*, in: LBzBF 5, S. 321–331, sowie C. Wolff, *J. S. Bachs Regeln für den fünfstimmigen Satz*, BJ 2004, S. 87–99, speziell S. 96 f.

perfekte Ausformung und ihre einheitliche Ausrichtung meines Erachtens eher auf die Kalligraphie C. P. E. Bachs. Tatsächlich lassen sich für den Buchstaben „p" sowie die Kombinationen „ct" und „en" Parallelen in eigenhändigen Schriftzeugnissen des zweitältesten Bach-Sohns aus der Zeit um 1770 und früher ausmachen.[12]

Die Fremdeinträge in *P 180* berühren nicht allein die wissenschaftliche Editionspraxis, sondern vor allem auch die Frage, warum das Autograph der h-Moll-Messe wie keine andere Bach-Handschrift von späteren Zusätzen übersät ist. Derzeit zeichnen sich zwei mögliche Erklärungen ab: Zum einen muß gerade diese Komposition Bachs Sohn Carl Philipp Emanuel dauerhaft in ihren Bann gezogen haben. Dessen künstlerische Auseinandersetzung mit der h-Moll-Messe begann offenbar bereits im Sommer 1749, als er sein erstes großes Chorwerk schrieb – das Magnificat Wq 215 –, und kulminierte in der berühmten Hamburger Aufführung des Symbolum Nicenum im April 1786.[13] Das am Autograph nachzuvollziehende ständige Bessern am Notentext reflektiert vielleicht aber nicht nur ein lebenslanges Studium der Partitur, sondern könnte auch mit der Planung weiterer Aufführungen oder gar mit einer beabsichtigten Veröffentlichung in Verbindung gestanden haben, von denen wir bislang freilich nichts wissen.[14] Zum anderen gibt das Autograph der h-Moll-Messe einen beredten Eindruck von den Mühen, die es Bach gekostet haben muß, das Werk trotz nachlassender Kräfte zu Ende zu bringen. Seine Niederschrift scheint dabei weniger durch sein schwindendes Augenlicht als vielmehr durch eine neurologische Störung erschwert worden zu sein. Diese bedingte nicht nur den charakteristischen diskontinuierlichen Schreibfluß, sondern immer wieder auch kleinere und größere Lücken, Auslassungen und

---

[12] Vgl. etwa die in TBSt 1, Abb. 6, mitgeteilte Schriftprobe aus dem Originalstimmensatz des Magnificat Wq 215 (*St 191 III*). – Während Rifkin in seinem Beitrag zur Bach-Konferenz Leipzig 2000 (LBzBF 5, siehe Fußnote 11) die Zuschreibung noch offenläßt, plädiert er in seiner Ausgabe (siehe Fußnote 2) für C. P. E. Bach.

[13] Siehe hierzu Butt (wie Fußnote 3), S. 19–20.

[14] Die 1750er Jahre waren eine Zeit, in der große Vokalwerke von exemplarischem Rang erstmals gezielt durch den Druck einem breiten Publikum zugänglich gemacht wurden – zu denken ist etwa an Carl Heinrich Grauns Passionsoratorium „Der Tod Jesu" oder an das seinerzeit berühmte „Te Deum", aber auch an die einstmals gefeierte Oper „Il trionfo della fedeltà" der sächsischen Kurfürstin Maria Antonia Walpurgis. Insgesamt sind die 1750er Jahre in der deutschen Musikgeschichte eine Ära des neu erwachten nationalen Bewußtseins; allenthalben zeigt sich der Drang nach Dokumentation, Bewahrung und Interpretation des Erreichten, nach einem Sichtbarmachen der eigenen Historizität. In diesem geistigen Klima – das nicht nur ein umfangreiches theoretisches Schrifttum zur Erläuterung der modernen Musik hervorgebracht hat, sondern in dem auch die postume Veröffentlichung eines so monumentalen Werks wie der „Kunst der Fuge" möglich war – wäre vielleicht auch der Plan einer Drucklegung der h-Moll-Messe nicht abwegig gewesen.

echte Fehler, besonders bei der Textunterlegung. Da auch andere späte Autographe ähnliche Befunde erkennen lassen (wenngleich in schwächerem Ausmaß),[15] dürfte es sich hier um einen langfristigen, schleichenden Prozeß gehandelt haben. Vielleicht läßt sich aufgrund derartiger Beobachtungen einmal eine zuverlässige medizinische Diagnose von Bachs Krankheitsbild erstellen.[16]

Die Methode des Schriftvergleichs eröffnet darüber hinaus, wie im folgenden erörtert werden soll, weitere Perspektiven für unser Verständnis von Bachs letztem Werk und unsere Erkundung seiner letzten Lebensjahre.

*

Von den bisher beschriebenen Fremdeintragungen unterscheiden sich zwei offensichtlich post festum, aber doch nachweislich früh geschriebene Zusätze, die sich durch hellere Tintenfarbe und einen anderen, flüchtigeren Schriftduktus deutlich von den autographen Anteilen unterscheiden lassen und auch durch ihrer Plazierung auffällig wirken. Es handelt sich zum einen um die doppelte Tempoangabe „adagio" in Takt 121 des „Confiteor" (*P 180*, S. 139) und zum anderen um die wenige Takte später stehende Anzeige des Tempowechsels beim Übergang vom „Confiteor" zum „Et expecto" (*P 180*, S. 140); siehe die Abbildungen 1 und 2. Mit Johann Sebastian Bachs Spätschrift allgemein und speziell mit dem sie umgebenden Schriftbefund im Symbolum Nicenum lassen sie sich nur schwer vereinbaren. Ihnen haftet nichts von dem steifen, vom Zitterkrampf gezeichneten Duktus mit seinem diskontinuierlichen, oft unkontrolliert wirkenden Schreibfluß an; ungewöhnlich erscheint auch im Wort „allegro" die Mischung von lateinischen und deutschen Buchstabenformen sowie der Wechsel zwischen sanft schwingenden und eckigen Linien. Ebensowenig will freilich eine Zuweisung an Carl Philipp Emanuel Bach überzeugen, obwohl dessen Hand in den beiden genannten Sätzen zahlreiche Spuren hinterlassen hat[17] und er vom Revisionsbefund her eigentlich der naheliegende Kandidat wäre.

Zur Klärung dieses Befunds erscheint sowohl ein Vergleich mit den frühen Sekundärquellen als auch ein Blick auf den Kontext innerhalb von *P 180* aufschlußreich. Zunächst läßt sich anhand der Abschriften von Johann Friedrich

---

[15] Kleinere Lücken finden sich zum Beispiel auch in den autographen Partituren zu BWV 120 (PL-Kj, *P 871*) und BWV 191 (D-B, *P 1145*).

[16] Einen entsprechenden Versuch unternimmt eine Studie des Leipziger Mediziners Reinhard Ludewig (*Johann Sebastian Bach im Spiegel der Medizin. Persönlichkeit, Krankheiten, Operationen, Ärzte, Tod, Reliquien, Denkmäler und Ruhestätten des Thomaskantors*, Grimma 2000).

[17] Auch mit ungeübtem Auge deutlich zu erkennen sind die Eintragungen auf S. 138, Zeile 4, Mitte („peccato-") und Zeile 13, Anfang („-ma in remissio-") sowie zahlreiche weitere Textwörter und -silben.

Hering (*P 23*) und Anonymus 402 (*Am.B. 3*) leicht feststellen, daß die beiden Tempo-Angaben bereits Anfang der 1760er Jahre in *P 180* vorhanden gewesen sein müssen, da sie von den genannten Kopisten berücksichtigt wurden. Des weiteren lassen die merkwürdigen Kollisionen der beiden „adagio"-Vermerke mit den Bögen im ersten Sopran und im Continuo kaum einen anderen Schluß zu, als daß sie nach der Eintragung der Noten, aber vor der Bezeichnung der Partitur (die vermutlich im Anschluß an die Textunterlegung erfolgte) niedergeschrieben wurden. Da der Text und offenbar auch die Bögen von der Hand J. S. Bachs stammen, müssen die Zusätze des zweiten Schreibers bereits kurz nach der Fertigstellung der Partitur des Symbolum Nicenum, aber noch vor der abschließenden Durchsicht durch den Komponisten eingetragen worden sein – also gleichsam unter Bachs Aufsicht, vermutlich sogar auf seine explizite Anweisung hin. Die Hervorhebung einer harmonisch intrikaten und zu einem neuen Satz überleitenden Stelle, wie sie sich am Ende des „Confiteor" findet, ist für Bachs Werke in der Tat nichts Ungewöhnliches. Und selbst die Tautologie-verdächtige Formulierung „Vivace è allegro" ist in seinem Schaffen auch anderweitig nachzuweisen.[18]

Eine eindeutige Identifizierung dieser wenigen Schriftzeichen ist nur mit Vorbehalt möglich, doch erscheint mir nicht nur aus biographischen Gründen plausibel, daß hier die Handschrift des jugendlichen Johann Christoph Friedrich Bach vorliegt. Die Durchsicht sämtlicher derzeit greifbarer früher Schriftzeugnisse des zweitjüngsten Bach-Sohns steuert einige aussagekräftige Vergleichsobjekte bei. Als für unsere Zwecke besonders brauchbar erweist sich die von J. C. F. Bach geschriebene Continuo-Stimme zu dem in der Mitte oder gegen Ende der 1740er Jahre in Leipzig aufgeführten Passionspasticcio nach Reinhard Keiser und Georg Friedrich Händel (D-B, *N. Mus. ms. 468*).[19] Die Sinfonia zu Beginn des zweiten Teils der Passion enthält in raschem Wechsel viermal die Angabe „adagio" und dreimal „allegro"; ein weiteres „adagio" findet sich zu Beginn der Arie „Hier erstarrt mein Herz und Blut" (S. 13, Zeile 8) und ein weiteres zusätzliches „allegro" zu Beginn des Chors „Pfui dich, wie fein zerbrichst du den Tempel" (S. 14, Zeile 1); siehe Abb. 3 und 4.[20] Hilfreich ist auch die „adagio"-Anweisung in der nachträglich wiederhergestellten Originalfassung von Satz 12c in der von J. C. F. Bach geschrie-

---

[18] Vgl. BWV 24, Satz 3, T. 37 und BWV 201, Satz 1.
[19] Ein vollständiges Faksimile findet sich in NBA II/9 (K. Beißwenger, 2000), S. 80–97. Kobayashi Chr, S. 54 datiert die Handschrift auf den Zeitraum zwischen 1743 und 1748; im Hinblick auf J. C. F. Bachs Alter (* 1732) und die relative Reife seiner Schrift sowie schließlich auch das Erscheinungsbild der von J. S. Bach angefertigten zugehörigen Stimme Bassono 1 (NBA II/9, S. 98) erscheint mir eine Eingrenzung des Datierungsspielraums auf 1747 oder 1748 plausibel.
[20] Einige weitere Tempo-Angaben scheinen von der Hand J. S. Bachs zu stammen oder erlauben keine eindeutige Zuweisung.

benen bezifferten Continuo-Stimme zur Johannes-Passion (Fassung IV; D-B, *St 111*),[21] auch wenn sie, bedingt durch ihre Plazierung am unteren Seitenrand, etwas ungelenk anmutet.

In der Zusammenschau vermögen die verbürgten Zeugnisse der frühen Hand J. C. F. Bachs die Zuweisung der genannten Tempo-Angaben im Autograph der h-Moll-Messe durchaus zu stützen. Zugleich erwächst aus diesem Befund aber auch ein anschauliches Bild der wichtigen Rolle, die der zweitjüngste Bach-Sohn in den späten 1740er Jahren als Assistent seines Vaters gespielt hat. Vermutlich hat er – wie zwei Jahrzehnte zuvor seine beiden ältesten Brüder – im Alter von etwa 15 Jahren begonnen, zunächst kleinere, dann aber zunehmend verantwortungsvolle Dienste als Kopist und Korrektur zu erfüllen. Zu den frühesten Zeugnissen seiner Tätigkeit zählt das Ausschreiben der Stimmen zu Johann Gottlieb Goldbergs Kantate „Durch die herzliche Barmherzigkeit", in das er sich mit dem Komponisten des Werks und seinem Mitschüler Johann Nathanael Bammler teilte.[22] Im Blick auf die Konstellation der Schreiber und deren biographische Daten ist dieser Stimmensatz auf die Zeit um 1746/47 zu datieren. In der Folge trat J. C. F. Bach mit zunehmender Regelmäßigkeit in Erscheinung: 1747 oder 1748 schrieb er die Continuo-Stimme zu dem bereits erwähnten Passionspasticcio nach Keiser und Händel, und im selben Zeitraum versuchte er sich an einer Transkription der Triosonate aus dem Musikalischen Opfer.[23] Um 1748/49 wirkte er – zum Teil weitgehend selbständig – an der Anfertigung beziehungsweise Revision des Aufführungsmaterials zur Hochzeitskantate „Dem Gerechten muß das Licht" BWV 195 (*St 12*), der Messe in A-Dur BWV 234 (*St 400*) und der Johannes-Passion mit. Schließlich schrieb er im Sommer 1749 gemeinsam mit seinem jüngeren Bruder Johann Christian den Text zu BWV 201 ab (bei *P 175*). Neben dem gut zehn Jahre älteren Bammler war J. C. F. Bach damit nach dem Weggang von Johann Christoph Altnickol (Anfang 1748) der wichtigste Helfer Bachs in dessen letzten Lebensjahren.[24]

---

[21] Vgl. NBA II/4 Krit. Bericht (A. Mendel, 1974), S. 84.

[22] D-B, *Mus. ms. 7918*. Zur Datierung siehe Kobayashi Chr, S. 54, sowie die präzisierenden Angaben in BJ 1997 (P. Wollny), S. 47. Der Datierungsspielraum läßt sich noch weiter konkretisieren dank biographischer Ermittlungen zu einem Kopisten, der in den Jahren 1745–1747 mit Bammler zusammenarbeitete; siehe BJ 2003 (M. Maul/P. Wollny), S. 113–114.

[23] Kunstsammlungen der Veste Coburg, Signatur: *V. 1109,1*; siehe die Beschreibung in NBA VIII/1 Krit. Bericht (C. Wolff, 1976), S. 74–75.

[24] Altnickol wirkte bei der Anfertigung des Stimmenmaterials zu BWV 82 und BWV 139, der Einrichtung von Palestrinas Missa Ecce sacerdos magnus sowie der deutschen Bearbeitung von Pergolesis „Stabat mater" mit; siehe NBA IX/3, Textband (Y. Kobayashi/K. Beißwenger, 2007), S. 172f.; andere dort genannte Belege sind nicht sicher vor 1750 zu datieren. Zudem ist Altnickol – was bisher unbemerkt

Das Spektrum der Assistententätigkeit J. C. F. Bachs wäre nicht vollständig beschrieben ohne einen Hinweis auf die zumindest gelegentliche Übernahme der geschäftlichen Korrespondenz seines Vaters[25] sowie auf seine Hilfe bei der Vorbereitung der Sticharbeiten an der Kunst der Fuge. Diese betrafen vermutlich die Herstellung der sogenannten Abklatschvorlagen,[26] aber auch die Durchsicht und Revision der autographen Partitur (D-B, *P 200*). Hans Gunter Hoke wies im Kommentar zu seiner Faksimileausgabe insbesondere auf den Vorsatz zu Satz 5 (S. 10), die tiefgreifende Revision von Satz 7 mit Schlußvermerk „Corrigirt" (S. 16–19), die Neufassung von zwei Takten der Baßlinie und weitere kleinere Eingriffe in Satz 8 (S. 21–22), den Transpositionsvermerk für Takt 135 in Satz 10 (S. 27) sowie den zweiten Transpositionsvermerk für die Takte 23 ff. in Satz 12 (S. 32) hin. Klaus Hofmann stellte – offenbar aufgrund von Mitteilungen Yoshitake Kobayashis, aber ohne nähere Begründung – im Kritischen Bericht zu NBA VIII/2 diese Zuweisungen größtenteils in Frage; dies geschah jedoch, wie mir scheint, zu Unrecht: Sämtliche Buchstaben- und Notenformen der Revisionseintragungen in *P 200* lassen sich anhand eines Vergleichs mit den oben genannten Schriftzeugnissen von der Hand J. C. F. Bachs gut belegen.[27] Da die genannten Zusätze bei der Anfertigung der Stichvorlagen zum größten Teil berücksichtigt wurden,[28] müssen sie spätestens im Laufe des Jahres 1749 Eingang in das Autograph gefunden haben. Dies deutet auf eine außergewöhnlich enge Zusammenarbeit zwischen dem kränkelnden Vater und seinem jungen Helfer. J. C. F. Bach war offenbar mit den einzelnen Schritten der Druckvorbereitung und den Plänen seines Vaters so gut vertraut, daß er nach dessen Tod das Autograph ein weiteres Mal

---

blieb – der Schreiber der allegorischen Beischriften zu den Kanons 4 und 5 (und vermutlich auch der übrigen handschriftlichen Zusätze) im Widmungsexemplar des Musikalischen Opfers (D-B, *Am.B. 73*). Vgl. die Beschreibung der Quelle in NBA VIII/1 Krit. Bericht (C. Wolff, 1976), S. 58–62 sowie die Faksimileproben ebenda und im zugehörigen Notenband, S. XIV.

[25] Siehe die Quittung für Graf Branitzky (Dok III, S. 633).

[26] Siehe R. Koprowski, *Bach „Fingerprints" in the Engraving of the Original Edition*, in: Current Musicology 19 (1975), S. 61–67 (Beitrag zum Seminarbericht *Bach's Art of Fugue*); sowie W. Wiemer, *Die wiederhergestellte Ordnung in Johann Sebastian Bachs Kunst der Fuge. Untersuchungen zum Originaldruck*, Wiesbaden 1977, S. 48.

[27] Lediglich bei der Eintragung auf S. 32 (BWV 1080/14) vermag ich nicht zu entscheiden, ob es sich um die Handschrift J. C. F. Bachs handelt. Von derselben Hand stammen möglicherweise auch die Vermerke „ist völlig durchgesehen" und „ist völlig durchsehen u. correct" auf den originalen Titelumschlägen zu BWV 39 (D-B, *St 8*) und BWV 102 (D-B, *P 97*).

[28] Die bei Satz 7 zu beobachtende selektive Übernahme der Revisionen in den Druck war vielleicht durch ungenaues Übertragen in die (schon fertige?) Abklatschvorlage bedingt.

einer Durchsicht unterzog und mit Anmerkungen für die Drucklegung versah. Dies mag entweder von Bückeburg aus – J. C. F. Bach hätte dann nach dem Tod des Vaters das gesamte handschriftliche Material der Kunst der Fuge an sich genommen – oder, was wahrscheinlicher ist, während seines dokumentarisch belegten Aufenthalts in Leipzig im August 1750 geschehen sein.[29]

Doch zurück zur h-Moll-Messe. Hinsichtlich der Tempovorschriften im Symbolum Nicenum ergeben sich auffällige Parallelen zu J. C. F. Bachs redaktioneller Mitarbeit an der Kunst der Fuge. Basierend auf unserer erweiterten Kenntnis seiner Arbeitsweise ist es vielleicht sogar statthaft, kleinere Eingriffe in den Notentext zur Verdeutlichung und Korrektur von Details hypothetisch J. C. F. Bach zuzuweisen. Dies betrifft etwa nachgetragene Textsilben, zahlreiche erläuternde Tabulaturbuchstaben (im folgenden Tab.), deren Schreibweise und Duktus von den Gepflogenheiten J. S. und C. P. E. Bachs abweicht, mit denen von J. C. F. Bachs Handschrift aber gut zu vereinbaren wären, sowie schließlich vielleicht auch die Paginierung ab dem zweiten Teil (Symbolum Nicenum). Aus der Fülle des Materials seien hier einige Beispiele genannt:

S. 11, Zeile 18	Kyrie I, T. 116	Tab. „b"	
S. 61, Zeile 10	Qui tollis, T. 18–19	Tab. „B" und „Fis"	Form des B belegt im Stammbucheintrag vom Oktober 1748;[30] Form des F belegt in D-B, *P 379*, Faszikel 3 (Arie „Luci amate"). Ähnliche Buchstabenformen sind aber auch bei C. P. E. Bach nachzuweisen.[31]
S. 104, Zeile 5	Patrem, T. 75	Tab. „g a h"	
S. 133, Zeile 20	Et in spiritum sanctum, T. 40	Tab. „d"	
S. 136, Zeile 9 und 13	Confiteor, T. 2 und 8	Tab. „d"	
S. 137, Zeile 17	Confiteor, T. 50	Textsilbe „to" [expec-to]	
S. 139, Zeile 5	Confiteor, T. 108	Tab. „fis"	

---

[29] Vgl. Dok II, Nr. 613 und 613a.
[30] Siehe BJ 1963/64 (H.-J. Schulze), S. 62.
[31] Ein ähnliches „B" findet sich zum Beispiel in C. P. E. Bachs Titel zu *St 58*, ein vergleichbares „F" im Kopftitel der autographen Hornstimme zum Konzert Wq 46 (*St 362*). Allerdings sind die Belege bei C. P. E. Bach nicht sehr zahlreich.

S. 142, Zeile 12	Et expecto, T. 23	Tab. „d"	
S. 162, Zeile 17	Sanctus, T. 83	Tab. „e"	
S. 166, Zeile 11 und 16	Sanctus, T. 137 und 143	Textsilbe „glo" (2 x)	Ähnliche Formen belegt in J. C. F. Bachs Abschrift der Stimmen zu BWV 234 (D-B, *St 400*)

Akzeptiert man die hier vorgeschlagene Zuweisung der genannten Tempovorschriften und gegebenenfalls weiterer fremder Zusätze in *P 180* an J. C. F. Bach, so wäre als nächstes nach dem Zweck und möglichen Anlaß seiner Tätigkeit zu fragen. Während es bei der Kunst der Fuge um die Vorbereitung zur Drucklegung ging, kommt eine solche Erklärung im Fall der h-Moll-Messe nicht in Betracht. Am ehesten wäre an die Anfertigung eines Stimmensatzes zu denken. J. C. F. Bach hätte dann anhand der fertigen Partitur das Aufführungsmaterial ausgeschrieben, bei fraglichen Stellen möglicherweise seinen Vater zu Rate gezogen und dann auch in der Partitur kurze, den jeweiligen Sachverhalt klärende Zusätze angebracht. Die beiden Tempovorschriften in der Überleitung vom „Confiteor" zum „Et expecto" spiegeln sogar unmittelbar aufführungspraktische Intentionen, wie sie sich bei der Erstellung von Stimmen immer wieder ergeben. Die Spezifizierung war J. S. Bach an diesen Stellen offenbar wichtig genug, daß er sie in die Partitur übertragen ließ.[32] Daß trotz allem noch viele fragliche Stellen unkorrigiert stehenblieben, könnte auf eine eilige, vielleicht sogar hastige Fertigstellung und dadurch bedingte Kompromisse deuten – ein Eindruck, den auch andere Beobachtungen nahelegen.[33]

Zur weiteren Untermauerung der von uns beschriebenen Vorgehensweise J. C. F. Bachs ist der Blick auf ein instruktives Parallelbeispiel sinnvoll – die Messe in A-Dur (BWV 234). Dieses Werk entstand offenbar gemeinsam mit drei anderen Ferialmessen um 1738 und wurde vermutlich bald nach seiner Fertigstellung, spätestens aber um die Mitte der 1740er Jahre von Bach auf-

---

[32] Die Aufführungsdauer des „Confiteor" und dessen formale Proportionen innerhalb des umrahmenden Satzkomplexes scheinen Bach ohnehin beschäftigt zu haben, denn er vermerkte auf den Seiten 137 bis 139 – bereits während der Niederschrift? – am unteren rechten Seitenrand die Zahl der notierten Takte („61", „100", „141"). Vgl. auch M. P. Unger, *Chiastic Reflection in the B-minor Mass: Lament's Paradoxical Mirror*, in: International Symposium Understanding Bach's B-minor Mass (wie Fußnote 4), S. 93–115, speziell S. 99–100.

[33] Siehe H.-J. Schulze, *J. S. Bach's Mass in B minor: Observations and Hypotheses with regard to some Original Sources*, in: International Symposium Understanding Bach's B-minor Mass (wie Fußnote 4), S. 236.

geführt.[34] Von dem seinerzeit benutzten Stimmensatz blieb lediglich eine einzelne transponierte und bezifferte Continuo-Stimme erhalten;[35] wie es scheint, kam er noch zu Bachs Lebzeiten abhanden. Jedenfalls erteilte Bach um 1748/49 seinem zweitjüngsten Sohn und zwei unbekannten Nebenschreibern die Aufgabe, nach der autographen Partitur (D-DS, *Mus. 971*)[36] einen vollständigen neuen Stimmensatz anzufertigen (D-B, *St 400*). Merkwürdigerweise scheint auch dieser Auftrag in großer Eile ausgeführt worden zu sein, wie sich an den zahlreichen Flüchtigkeitsfehlern und Ungenauigkeiten ablesen läßt. Immerhin aber fand nicht nur Bach die Zeit, wenigstens die Singstimmen und den Continuo einer flüchtigen Durchsicht zu unterziehen, sondern auch J. C. F. Bach nutzte offensichtlich wiederum die Gelegenheit, einige Auslassungen in der Partitur zu berichtigen. So scheinen auf Blatt 3r der Partitur zu Beginn des „Christe eleison" die ¢-Taktzeichen in den pausierenden Flötenstimmen nachträglich von J. C. F. Bach eingefügt worden zu sein (erkennbar an der runderen Gestalt und dem auffälligen Zierelement an der Oberkante). Die Tempoangabe „adagio" über der Sopranstimme im viertletzten Takt des „Christe" (Bl. 4r, untere Akkolade) scheint ebenfalls nicht autograph zu sein; sie findet sich in ähnlicher Gestalt in der von J. C. F. Bach geschriebenen Canto-Stimme aus *St 400*.[37] Die Schriftzüge J. C. F. Bachs glaube ich zudem in dem nachgetragenen Text in T. 43–44 der Sopranarie „Qui tollis peccata mundi" zu erkennen (Bl. 12r, Zeile 7) und vielleicht auch in dem lateinischen Tabulaturbuchstaben „e" in T. 64 des „Gloria" (Bl. 8r, Zeile 7).[38] Insgesamt bietet die autographe Partitur der A-Dur-Messe also ein ganz ähnliches Bild wie die der h-Moll-Messe.[39]

---

[34] Siehe Kobayashi Chr, S. 41 und 52.

[35] Zur Quellenlage siehe NBA II/2 Krit. Bericht (M. Helms, 1982), speziell S. 22–42 und 51–53.

[36] Siehe auch *Johann Sebastian Bach. Messe A-Dur BWV 234. Faksimile der autographen Partitur und Continuo-Stimme. Einführung von Oswald Bill und Klaus Häfner*, Wiesbaden 1985.

[37] Die übrigen Tempobezeichnungen in den drei erhaltenen Singstimmen stammen hingegen offenbar von der Hand J. S. Bachs.

[38] Bach selbst pflegte zur Verdeutlichung von Korrekturen oder unklar geschriebenen Stellen deutsche Tabulaturbuchstaben zu benutzen; siehe auf derselben Seite die Korrektur in der zweiten Flöte (Zeile 12).

[39] Der Charakter einer gewissen Vorläufigkeit und Unsicherheit, der den hier mittels Schriftvergleichen gezogenen Schlußfolgerungen innewohnt, kann – zumindest im vorliegenden Fall – nicht durch objektivierbare naturwissenschaftliche Methoden überprüft werden. Denn auch ein Verfahren wie die Röntgenfluoreszenzanalyse vermag dort nichts auszurichten, wo zwei Schreiber nebeneinander wirkten und möglicherweise dasselbe Tintenfaß benutzten.

Die These einer Beteiligung J. C. F. Bachs an der Revision des Notentexts der h-Moll-Messe zieht weitere Überlegungen nach sich:

1. Der Weggang des zweitjüngsten Bach-Sohns aus Leipzig an den Hof des Grafen von Schaumburg-Lippe in Bückeburg Ende Dezember 1749 liefert ein erstes festes Datum für die Chronologie der Niederschrift von *P 180*.[40] Nach dieser Maßgabe müßte Bach die Kompositionsarbeiten am Symbolum Nicenum und am Sanctus, vermutlich aber an dem gesamten Meßzyklus spätestens im Herbst 1749 abgeschlossen haben. Nur so wäre genügend Spielraum für die Anfertigung des umfangreichen Stimmensatzes einzelner Teile oder der gesamten Messe durch J. C. F. Bach geblieben – eine Arbeit, die spätestens Weihnachten 1749 abgeschlossen gewesen sein muß. Dies bedeutet freilich nicht zwangsläufig, daß Bach seine Partitur danach als vollendet beiseitelegte; für weitere Nachträge und Revisionen käme vielmehr auch die Zeit bis zur ersten Augenoperation, also bis Ende März 1750 in Frage.[41]
2. Es ist nunmehr davon auszugehen, daß Bach eine konkrete Aufführung des Werks – sei es in seiner Gesamtheit, sei es beschränkt auf einzelne Teile – im Sinn hatte, als er die Anfertigung von Aufführungsmaterial in Auftrag gab. Die h-Moll-Messe war damit keinesfalls eine Komposition „für die Schublade" und der ihr vielfach beigemessene „Vermächtnischarakter" wohnt ihr nur insofern inne, als es sich tatsächlich um Bachs letztes vollendetes Werk handelt, weil die wenige Monate später erfolgten verhängnisvollen Augenoperationen sein Schaffen – und sein Leben – vorzeitig beendeten. Nach möglichen Aufführungsanlässen in der zweiten Jahreshälfte

---

[40] Bachs Begleitbrief für seinen Sohn Johann Christoph Friedrich (Dok I, Nr. 54) ist auf den 27. Dezember 1749 datiert; vermutlich war dies der Tag der Abreise. Bereits zwei Tage zuvor hatte Anna Magdalena Bach ein Exemplar einer deutschen Luther-Bibel von 1736 mit einer Widmung an ihren Sohn versehen (abgebildet bei M. Hübner, *Anna Magdalena Bach. Ein Leben in Dokumenten und Bildern*, Leipzig 2004, S. 82).

[41] Diese Überlegung stützt die bei Kobayashi Chr, S. 61 – freilich mit anderer Begründung – vorgeschlagene Datierung von *P 180* auf die Zeit „nach August 1748 bis Oktober 1749": Kobayashi (S. 25) nimmt an, daß Bach spätestens ab Ende Oktober 1749 keine Schreibarbeit mehr geleistet hat. Dieser kategorischen Ansicht stehen neuere Quellenfunde und -bewertungen entgegen:
1. das Zeugnis für J. N. Bammler vom 11. Dezember 1749; siehe BJ 1997 (P. Wollny), S. 40–42
2. die Bewertung der spätesten Nachträge im Originalstimmensatz der Johannes-Passion; siehe das Vorwort zu meiner Ausgabe von Fassung IV des Werks im Carus-Verlag, Stuttgart 2002, S. VII.
3. die Einsetzung eines Substituten für Bach erst zum Pfingstfest 1750; siehe BJ 2008 (A. Glöckner), S. 192–195.

1749 oder in den ersten Monaten des Jahres 1750 wäre nunmehr also wieder verstärkt zu suchen.[42]
3. Der spurlose Verlust des vermuteten Stimmensatzes könnte auf einen Auftrag von auswärts hinweisen. Als C. P. E. Bach im Sommer 1750 die autographe Partitur an sich nahm, scheinen sich keine Aufführungsstimmen im Nachlaß des Vaters befunden zu haben; sonst wäre kaum erklärlich, warum der Berliner Bach – anders als bei den übrigen großen Vokalwerken in seinem Erbteil – sich gerade dieses Material hätte entgehen lassen.

---

[42] Siehe W. Osthoff, *Das „Credo" der h-moll-Messe: italienische Vorbilder und Anregungen*, in: Bach und die italienische Musik, hrsg. von W. Osthoff und R. Wiesend, Venedig 1987, S. 109–140; sowie Butt (wie Fußnote 3), S. 19–24. Siehe auch den Beitrag von Michael Maul im vorliegenden Band.

Abb. 1. *P 180*, S. 139 (Confiteor, T. 120–123)

Abb. 2. *P 180*, S. 140 (Übergang Confiteor – Et expecto)

Abb. 3. D-B, *N. Mus. ms. 468*, S. 9

Abb. 4. D-B, *N. Mus. ms. 468*, S. 13

„Die große catholische Messe"
Bach, Graf Questenberg und die Musicalische Congregation in Wien

Von Michael Maul (Leipzig)

Der vorliegende Beitrag, der ein neues Szenario zur Entstehungs- und Aufführungsgeschichte von Johann Sebastian Bachs h-Moll-Messe BWV 232 zur Diskussion stellt, geht zurück auf einen Vortrag, den ich im November 2007 auf dem International Symposium „Understanding Bach's B-minor Mass" an der Queen's University in Belfast gehalten habe.* Da auf diesen inzwischen an verschiedenen Stellen Bezug genommen wurde,[1] die im – vorab erschienenen – *Discussion Book* abgedruckte vorläufige Fassung meines Referatstexts[2] meine Hypothese jedoch noch nicht erörtert und überdies durch Peter Wollnys im vorliegenden Band vorgestellte Erkenntnisse bezüglich Johann Christoph Friedrich Bachs Beteiligung an Bachs Partitur das bisher gängige Erklärungsmodell für die Vervollständigung der h-Moll-Messe – ein Vermächtniswerk ohne eigentlichen Anlaß und wohl ohne eine Aufführung zu Bachs Lebzeiten[3] – an Plausibilität verloren hat, möchte ich meinen Referatstext hier vorlegen. Vorab möchte ich bemerken, daß es am Beginn meiner Recherchen überhaupt nicht mein Ziel war, einen auf den ersten Blick jenseits des bislang Vorstellbaren liegenden Entstehungsanlaß für die h-Moll-Messe zu postulieren. Daß ich dies auf der Basis der neuerlichen Beschäftigung mit dem Grafen

---

* Für die Hilfe bei der Archivarbeit in Tschechien danke ich Jana Perutková (Universität Brno) und Viera Lippoldova (Bach-Archiv Leipzig). Für Hinweise zur Quellenforschung in Wien und der dortigen Archivsituation bin ich Christine Blanken (Bach-Archiv Leipzig) zu Dank verpflichtet, ebenso David Black (University of Cambridge), der mir überdies wichtige Hinweise zur Quellenlage der Musicalischen Congregation gab.

[1] Siehe U. Konrad, *Die Missa in c KV 427 (417ᵃ) von Wolfgang Amadé Mozart. Überlegungen zum Entstehungsanlaß*, in: Kirchenmusikalisches Jahrbuch 2009, im Druck, und den Artikel *h-moll-Messe* in: Wikipedia, Die freie Enzyklopädie (http://de.wikipedia.org/wiki/H-Moll-Messe; Stand: Juni 2009).

[2] M. Maul, *How relevant is Count Jan Adam von Questenberg for the Genesis of the B-minor Mass? A preliminary Report*, in: International Symposium Understanding Bach's B-minor Mass. Discussion Book, Bd. I: Full Papers by the Speakers at the Symposium on 2, 3 and 4 November 2007, hrsg. von Y. Tomita, E. Crean und I. Mills, Belfast 2007, S. 27–32.

[3] Siehe Y. Kobayashi, *Die Universalität in Bachs h-Moll-Messe. Ein Beitrag zum Bach-Bild der letzten Lebensjahre*, in: Musik und Kirche 57 (1987), S. 9–24, und C. Wolff, *Johann Sebastian Bach, The Learned Musician*, New York 2000, S. 441 f.

Johann Adam von Questenberg nun doch tue und damit Hans-Joachim Schulzes (ebenfalls in Belfast geäußerte) Vermutung einer Uraufführung des Stücks außerhalb von Leipzig, „perhaps in Dresden, Prague or Vienna, or, indeed, elsewhere", folge,[4] ergab sich aber geradezu zwingend aus den Recherchen.

Im Jahr 1981 überraschte Alois Plichta mit der Mitteilung einer Briefpassage aus der – nur einseitig erhaltenen – Korrespondenz zwischen dem Leipziger Studenten Franz Ernst von Wallis (1729–1784) und dem Grafen Johann Adam von Questenberg (1678–1752).[5] Wallis schrieb am 2. April 1749 an den Grafen folgende rätselhafte Zeilen über einen Besuch bei Bach:

Alsogleich nach erhaltung dero gnädigsten Brieffes habe mich an verschiedenen Örthern umb die Behausung des H. Bachs angefraget, nach eingehohlten Bericht ist H. Lieutenant selbsten zu Ihme gegangen, und Ihme die Sachen, wie der Brieff gemeldet, eröffnet. Er hat ungemeine Freüde bezeiget von Eüer Excellentz, als seinen gnädigsten hohen Patron, und Gönner einige Nachrichten zu erhalten, und mich ersuchet gegenwärtigen Brieff beyzuschliessen. Allein Er hat mir selben Sambstags, als verflossenen Posttag, also spath zugesendet, das bis anheüt Eüer Excellentz meinen Unterthänigsten Bericht abzustatten verspahren müssen. Der Brieff des H. Musique-Directoris wirdt das mehrers andeüten, so Eüre Excellentz zu wissen verlanget hatten.[6]

Was genau sich hinter den „Sachen" verbirgt, die jener „Lieutenant" (offenbar Wallis' Hofmeister) in Questenbergs Auftrag Bach zuvor eröffnet hatte und was der Thomaskantor daraufhin dem Grafen brieflich meldete, ist nicht bekannt – in zwei weiteren überlieferten Briefen von Wallis an Questenberg, die bereits vom 5. Februar bzw. 8. März 1749 datieren, kommt die Angelegenheit noch nicht zur Sprache, und auch sonst fand Plichta keine weiterführenden Hinweise über die anscheinend schon länger zurückreichenden Beziehungen zwischen Bach und Questenberg.[7] Da der im mährischen Jarmeritz (heute:

---

[4] Siehe H.-J. Schulze, *J. S. Bach's Mass in B minor: Observations and Hypotheses with regard to some Original Sources*, in: International Symposium Understanding Bach's B-minor Mass (wie Fußnote 2), S. 236.

[5] Siehe A. Plichta, *Johann Sebastian Bach und Johann Adam Graf von Questenberg*, BJ 1981, S. 23–28; außerdem ders., *questenberk – jaroměřice – bach*, in: Opus musicum, 1978, S. 268–271.

[6] Moravský zemský archiv v Brně (im folgenden: MZA), *G 436 (Rodinný Archiv Kouniců), Inv. Nr. 6361*; siehe auch die Wiedergabe der Briefstelle in Dok V, Nr. B 581a.

[7] Immerhin legen die Ausführungen von Wallis, insbesondere seine – anscheinend auf Questenbergs Verlangen hin notierten – Bemerkungen über Leipzig und die dortige Universität, die Annahme nahe, daß Questenberg die Messestadt nie besucht hatte. – Wallis' Engagement gegenüber dem Grafen läßt sich erklären: Er hatte zuvor in Wien im Palais Questenbergs gewohnt, wie sich aus einem Eintrag in den Questenbergschen Rechnungen ergibt (Ausgaben des Agenten Václav František Haymerle in

Jaroměřice) – etwa 100 km nordwestlich von Wien und 120 km südlich von Prag – residierende katholische Graf aber ein versierter Lautenspieler und -komponist,[8] überhaupt ein ausgesprochener Musikliebhaber war, der selbst eine kleine Hofkapelle unterhielt und in Jarmeritz und Brünn (Brno) mehrmals ambitionierte Opern- und Oratorienaufführungen veranstaltete, kann kaum Zweifel daran bestehen, daß Questenberg sich mit einem musikalischen Anliegen an Bach gewandt hatte. Christoph Wolff erwog in einer Nachbemerkung zu Plichtas Aufsatz, daß sich das rätselhafte Anliegen nicht unbedingt auf Lautenmusik bezogen haben müsse. Die Tatsache, daß Questenberg häufig Aufführungen von großbesetzter Vokalmusik initiierte, gestatte es auch, darüber zu spekulieren, „ob nicht vielleicht die Komplettierung der h-Moll-Messe gar etwas mit den Questenbergschen Oratorienaufführungen zu tun habe".[9] Angesichts des seinerzeit kaum möglichen Zugangs zu den Archivalien Questenbergs, die im Mährischen Landesarchiv in Brno (Moravský zemský archiv) aufbewahrt werden, konnte dieser Vermutung freilich nur auf der Basis der einschlägigen Literatur – vor allem einer 1916 publizierten Arbeit über das musikalische Leben in Questenbergs Residenz[10] – nachgegangen werden. Diese gestattete es Wolff immerhin, eine persönliche Beziehung zwischen Questenberg und dem Reichsgrafen (und Musikliebhaber) Franz Anton von Sporck auszumachen, dem Bach in den 1720er Jahren offenbar den Originalstimmensatz zum Sanctus BWV 232[III] ausgeliehen hatte[11] und dem Picander 1725 seine *Sammlung Erbaulicher Gedancken* widmete. Für Questenberg konnte Wolff zumindest ebenfalls den Kontakt mit protestantischen Dichtungen feststellen: In einem Sepolcro von Questenbergs Kapellmeister František Antonín (Václav) Míča aus dem Jahr 1727 (*Abgesungene Betrachtungen über etweliche Geheimnisse des bitteren Leidens und Sterbens Jesu Christi*)[12] findet sich der Text der – aus Bachs Matthäus-Passion wohlbekannten – Choralstrophe „Wie wunderbarlich ist doch diese Strafe" wieder (Strophe 4 aus „Herzliebster Jesu, was hast du verbrochen", Johann Heermann, 1630).[13] Insofern konnte Wolff 1981 nur resümieren: „Es bleibt zu hoffen, daß weitere

---

Wien für den Zeitraum 26. Dezember 1748 bis Juni 1749: „Nach dem Ausziehen des H. Grafen v. Wallis die Zimmer putzen lassen […]"; MZA, *F 460, Inv. Nr. 9768*, unpaginiert).

[8] Siehe E. G. Baron, *Historisch-theoretische Untersuchung des Instruments der Laute*, Nürnberg 1727, S. 77.

[9] BJ 1981, S. 28–30.

[10] V. Helfert, *Hudební barok na českých zámcích: Jaroměřice za hraběte Jana Adama z Questenberku*, Prag 1916.

[11] Siehe Dok III, S. 638.

[12] Autographe Partitur in A-Wn, *Mus. Hs. 18145*.

[13] Mičas Vertonung freilich, eine Aria für Sopran, erinnert nicht im geringsten an die Melodie der Textvorlage.

Quellenfunde mehr Licht auf Bachs Beziehungen nach Böhmen […] und Mähren werfen. Wir haben es hier offensichtlich mit einer der wichtigsten noch unerkannten Grauzonen in Bachs Biographie zu tun."[14]

Im Rahmen des vom Bach-Archiv Leipzig seit einigen Jahren durchgeführten Quellenerschließungsprojekts Expedition Bach wurde nun diese „Grauzone" in Bachs Biographie erneut ins Visier genommen und dabei versucht, die verfügbaren Archivalien Questenbergs – einen umfangreicher Rechnungsbestand,[15] zahlreiche Akten zur Güterverwaltung[16] und einen großen Privatnachlaß mit einem wesentlichen Teil seiner Briefschaften[17] – auf folgende Fragestellungen hin durchzusehen:

– Worauf gründeten beziehungsweise wie weit gehen Questenbergs Kontakte zu Bach zurück?
– Spielte Bachs Musik oder überhaupt Musik aus dem protestantischen Mittel- und Norddeutschland in Questenbergs Notenbibliothek eine Rolle?
– Ist es denkbar, daß Questenberg der Initiator der Komplettierung der h-Moll-Messe war, und was genau verbarg sich hinter seiner Anfrage an Bach im Frühjahr 1749?

Zunächst seien einige Informationen zu Questenbergs Leben und seiner Hofkapelle vorangestellt.[18] Graf Johann Adam von Questenberg begann seine Laufbahn 1702 als Hofrat in Wien. 1723 rückte er zum Geheimrat und Kammerherrn auf. Anfang der 1730er Jahre geriet er in eine finanzielle Schieflage – unter anderem weil seine erste Frau, Maria Antonia geb. Gräfin von Friedberg und Scheer († 1736), eine Hofdame der Kaiserin-Witwe Amalia Wilhelmine, für den Besuch von Theatervorstellungen und die Anschaffung teurer Kleider horrende Summen ausgab –, was seinen Einfluß am Wiener Hof erschüttern sollte. Zwar wurde er hier 1732 noch als Cavaliere direttore della musica (Oberdirektor der Hofmusik in der Nachfolge des Prinzen Lud-

---

[14] Wie Fußnote 9, S. 30.
[15] Weitgehend in MZA, *F 460: Ústřední správa a ústřední účtárna Kouniců Slavkov, oddělení Questenbergů*.
[16] Ebenda, *F 459: Velkostatek Jaroměřice, Karton 2423–2434*.
[17] Ebenda, *G 436: Rodinný Archiv Kouniců* (Questenbergs Güter gingen in den Besitz von Dominik Andreas II. Fürst von Kaunitz-Rietberg-Questenberg [1739–1812] über); eine Übersicht über diesen Bestand bietet das gedruckte Findbuch, erstellt von Marie Zaoralová: *G 436: Rodinný Archiv Kouniců (1272) 1278–1960. Inventáře a Katalogy Fondů Moravského Zemského Archivu v Brně č. 30*, Brno 1998.
[18] Die Ausführungen basieren, wenn nicht anders angegeben, auf Helfert (wie Fußnote 10); A. Plichta, *Jaroměřicko. Dějiny Jaroměřice nad Rokytnou a okolí II*, Jaroměřice n. Rokytnou 1994; sowie J. Dvořáková, *Die Musikkultur von Schloss Jarmeritz und František Vaclav Míča (1694–1744)*, in: Studien zur Musikwissenschaft. Beihefte der Denkmäler der Tonkunst in Österreich 44 (1995), S. 83–111.

wig Pius von Savoyen) ins Gespräch gebracht, das lukrative Amt ging schließlich jedoch an Ferdinand Graf von Lamberg.[19] 1735 wurde Questenberg zum Vorsitzenden der kaiserlichen Kommissare im mährischen Landtag ernannt; fortan verbrachte er die meiste Zeit in Mähren, anfangs vor allem in Brünn, dann zunehmend und schließlich fast nur noch auf seinem Schloß in Jarmeritz, das er bis 1738 aufwendig erweitern und umbauen ließ.[20] Hier veranlaßte Questenberg (schon seit den 1720er Jahren) Aufführungen aufwendiger Opernproduktionen, teilweise unter der Mitwirkung der Jarmeritzer Bevölkerung. Dabei ließ er – erstmals überhaupt – auch Bühnenstücke in tschechischer Sprache präsentieren und setzte zumeist bereits andernorts (in Wien) gespielte Werke auf das Programm, darunter Kompositionen von A. Caldara, F. B. Conti, I. M. Conti, G. Giacomelli, J. A. Hasse, N. A. Porpora, D. Sarro und L. Vinci.[21]

Der Rechnungslegung des Grafen – überliefert sind sowohl die Rechnungen als auch die originalen Quittungen[22] – und der Korrespondenz mit seinem Wiener Hofmeister Georg Adam Hoffmann[23] läßt sich entnehmen, daß Questenberg Zeit seines Lebens kaum Kosten und Mühen scheute, stets die neuesten Musikalien (vor allem italienische Opernpartituren, Ariensammlungen und Textbücher aus dem Umfeld des Wiener Hofes), zu erwerben,[24] mitunter auf

---

[19] Vgl. die Übersicht bei L. Ritter von Köchel, *Die Kaiserliche Hof-Musikkapelle in Wien von 1543 bis 1867*, Wien 1869, S. 72.

[20] Die in der Literatur (insbesondere Dvořáková, wie Fußnote 18, S. 88f.) diskutierte Frage, inwieweit Questenberg ab den 1730er Jahren noch in Wien präsent war beziehungsweise sein durfte, erscheint mir angesichts der Archivalien kaum berechtigt. Questenberg unterhielt bis zuletzt ein prächtiges Palais in der Wiener Johannesgasse samt Personal, reiste vielfach in die Reichshauptstadt und bezog auch seine Waren weitgehend von dort.

[21] Siehe hierzu neben der in Fußnote 18 genannten Literatur die Studien von J. Perutková: *Libreto k opeře Amalasunta Antonia Caldary – nový příspěvek k opernímu provozu v Jaroměřicích nad Rokytnou za hraběte J. A. Questenberga*, in: Musicologica Brunensia, SPFFBU, H. 38–40, Brno 2006, S. 207–218; Caldarova *opera L'Amor non ha legge pro hraběte Questenberga aneb „Horší nežli čert je to moderní manželství"*, in: Musicologica Brunensia, SPFFBU, H. 41, Brno 2006, S. 125–146, und *Zur Identifizierung der Questenbergischen Partituren in Wiener Musikarchiven*, in: Hudební věda (Etnologický ústav AV ČR, XLIV, 1), Prag 2007, S. 5–36.

[22] MZA, *F 459, Karton 862–875 (Burggrafenrechnung und Belege)* und *1173 (Kirchenrechnungen Jarmeritz)*; *F 460, Karton 2424–2434 (ungebundene Verbrauchsrechnungen Questenbergs mit Belegen)*.

[23] MZA, *G 436, Inv. Nr. 6133*. Hoffmann war der Vater des nachmals berühmten Wiener Komponisten und Kapellmeisters an St. Stephan Leopold Hoffmann.

[24] Von Hoffmann forderte er wöchentliche Berichte über die in Wien aufgeführten Bühnenwerke und die Zusendung der betreffenden Textbücher (siehe Helfert, wie Fußnote 10, S. 245 f.); in den 1730er und frühen 1740er Jahren ließ er für seine

abenteuerlichen Wegen.[25] Hinweise auf Bezugsquellen aus den protestantischen Reichsgebieten ergeben sich aus Questenbergs Archivalien indes nicht – im Gegenteil: hier fehlte ihm entweder das Interesse am Repertoire

---

Bibliothek jährlich meist mehrere hundert Bände „Opernbüchl" von Wiener Buchbindern in Sammelbänden zusammenfassen.
Aus den im Rahmen meiner Studie vollständig durchgesehenen Rechnungen (etwa 40.000 Seiten) ergeben sich mitunter Hinweise auf die für ihn tätigen – zumeist Wiener – Kopisten: im Jahr 1724 etwa Johannes Kornhofer (MZA, *F 460, Inv. Nr. 9734*); 1737 „dem Hof-Copisten wegen Abschreibung einer Hof-Serenada vom H: Pasquini" (*ebenda, Inv. Nr. 9746*); 1741/42 mehrere Opernpartituren kopiert von Sebastian Senfft (namentlich erwähnte Werke: *La fedeltà sino alla morte*, *Antigona*, *Hypermnestra*, *Ezio*, *Ambleto*, *Temistocle* und die „Comoedie" *Der Verschwender*; Quittungen des Kopisten ebenda, *Inv. Nr. 9754*, fol. 8, und *Inv. Nr. 9755*, fol. 20, 23, 55, 68, 70, 92 und 111); 1743 von diesem außerdem Kopien von Arien aus verschiedenen „Comoedien" (ebenda, *Inv. Nr. 9757*, fol. 27); 1742 eine „Hof-Opera", abgeschrieben von „Herrn Cis" (das ist Andreas Johann Ziss; Quittung ebenda, *Inv. Nr. 9754*, fol. 18). – Mit anderen Adeligen, oft aus dem Umfeld des Kaiserhofes, pflegte Questenberg einen Musikalienaustausch: etwa 1724 mit Würzburg (ebenda, *Inv. Nr. 9734*); 1728 mit Graf Halleweil in Pressburg (ebenda, *Inv. Nr. 9738*, fol. 108: „den 6ten dito, für ein Paquet Musicalien an den Graff Halleweil nacher Prespurg zu schicken"); 1737 mit dem Grafen von Auersperg (ebenda, *Inv. Nr. 9746*, fol. 2: „vor die Copierung der opera: la Clemenza di Tito, durch Hrn. Gr: von Auersperg", und fol. 4r: „Hrn. Gr. v. Auersperg zu Bestellung der opera vom ii. Scudi Romani". Zahlreiche weitere konkrete Hinweise auf Questenbergs Bezugsquellen von Musikalien sowie auf die an ihn gelieferten Musikalien bieten Hoffmanns Briefe (wie Fußnote 23) sowie die seines späteren Wiener Agenten Frantz Marx aus den Jahren 1748–1750 (ebenda, *Inv. Nr. 6299*), ebenso die Briefe des Wiener Hofgelehrten Konrad Adolf von Albrecht aus den Jahren 1748–1749 (*MZA, G 436, Inv. Nr. 6224*); die betreffenden Dokumente sind großteils wiedergegeben in Helfert (wie Fußnote 10), passim.

[25] Der Auszug eines Briefes von Hoffmann an Questenberg vom 28. April 1736 mag dies verdeutlichen:
„Die Opera Medo, oder Medea riconosciuta samt denen von Albertoni überkommenen 2. Arien werde durch die am Donnerstag von hier abreisende Fr. Gräfin von Rogendorf gehors: einsenden. H: Albertoni bedancket sich vor die gnad wegen überschickung eines Briefs an Gr: Zierotin, er will sich bemühen, die Sinfonien (wann anderst möglich) umbsonst zu procurieren. Ich werde nicht vergessen den Gianquir so wohl, als die opere dramatiche, so bald solche ankommen, gehors: zu übermachen. Der Arricetto lieget ohnpäßlich in Beth, undt solle eine Fieberische alteration ihn befallen haben. Er versprach aufs neue, den 3.ten Act ehist zu verfertigen; das Büchl hat er nicht mehr unter seinen sachen. […] Der Caldara solle auf 3. Monath ins Wällschland mit seiner Frauen verreisen, das Oratorium hat er dem Bibiena nicht gegeben, sondern ihn zum Hof-Copisten gewiesen, zu welchen zu gehen er ein Bedencken hat" (wie Fußnote 23).

oder er verfügte nicht über zuverlässige Bezugskanäle. Einmal etwa, im März 1741, meldete ihm sein Jarmeritzer Hauptmann Sebastian Dismas Kruba aus Wien auf eine Anfrage hin:

Die von den H. Capellmaister Fux edirte Latainische, undt zu Leipzig oder Dreßden verteutschte Composition, ist noch bieß dato dahier bey keinem Buchführer zu haben, dannenhero solche bey den Monath undt bey den Krauß gehorsambst bestellet habe, der Monath hätte zwar darumb schon vorhin geschrieben, jedoch aber keine verläßliche Antworth bekommen, ob dießes Werk wäre gewiß verteütscht worden.[26]

Erst gut zwei Jahre später hielt Questenberg die offensichtlich hier gemeinte, schließlich in Wien bezogene Übersetzung Lorenz Christoph Mizlers von Johann Joseph Fux' *Gradus ad parnassum*[27] in den Händen.[28] In einer nach dem Tod des Grafen (1752) erstellten Nachlaßspezifikation[29] werden – ohne Berücksichtigung der Notensammlung – zumindest einige wenige, wenn auch veraltete Musikalien aus dem Norden erwähnt: „Neumarcks Musicalisch poetischer Lustwald" und „Risten Himmlische Lieder".[30]

Das berühmteste Mitglied in Questenbergs kleiner, aber ambitionierter Kapelle war der Kapellmeister und Kammerdiener František Antonín (Václav) Míča (1694?–1744). Neben diesem waren wohl bis zu einem Dutzend Musiker tätig; eine genaue Zahl läßt sich nicht feststellen, da viele der Musiker zugleich noch andere Ämter im Dienste des Grafen versahen. Questenberg selbst hatte in den 1720er Jahren in den Wiener Hofopern auf der Laute mitgewirkt. Er, seine erste Frau Maria Antonia und die gemeinsame Tochter Maria Karo-

---

[26] MZA, *G 436, Inv. Nr. 6188 Wirtschaftliche Korrespondenz 1739–1744*, fol. 57, Brief vom 15. März 1741.
[27] *Gradus ad Parnassum, oder Anführung zur Regelmässigen Musikalischen Composition* […], hrsg. von L. Mizler, Leipzig 1742. Das Buch wird erstmals im Bücherkatalog der Leipziger Ostermesse 1742 erwähnt, war jedoch schon im Frühjahr 1741 im Gespräch (vgl. die diesbezüglichen Bemerkungen in der Korrespondenz von Johann Elias Bach, LBzBF 3, S. 153 und 158).
[28] Laut einer Quittung über den Erwerb in MZA, *F 460, Inv. Nr. 9757*, fol. 32.
[29] MZA, *G 436, Inv. Nr. 6126 (Inventarium über die Pupillar-Verlassenschafft 1752)*. In dem Inventar werden auch die Instrumente aus dem Besitz des Grafen aufgeführt (fol. 16–17):
„An Musicalischen Instrumenten.
Geigen 6 Stück. Alto-Viola 1. Violonzello
Violon 2. Jägerhorn 5 paar Trompetten
Paucken 1 paar, Posaunen 2. Fagoth
Stock-Fagoth 1. Hautbois 1 paar, Flauten 1 paar und darzu ein Fagoth alls von Helffenbein in denen Futerallen.
Lauthen Theorba 1. Pantaleon 1. Fliegel mit einer Orgel 1 laquirter Fliegel 1. dito zusammengelegter 1. dergleichen Ordinari".
[30] RISM A/I/6, N 512, und RISM A/I/7, S. 190.

lina († 1750) dürften zum erweiterten Kreis des Orchesters gehört haben. Letztere ließ Questenberg von dem Wiener Hoforganisten Gottlieb Muffat im Cembalospiel unterrichten.[31]

Aus der Lektüre der Korrespondenz und den Rechnungen in Questenbergs Archiv gewinnt man freilich den Eindruck, daß die gräfliche Kapelle, wie überhaupt die Musikpflege in Jarmeritz, im Jahr der – vielleicht neuerlichen – Kontaktaufnahme mit Bach längst ihren Zenit überschritten hatte: Nach dem Tod des Kapellmeisters Míča im Jahr 1744 wurde das Amt mit einem (auch als Komponisten belegten) Kanzlisten namens Karl Müller wiederbesetzt, Opernaufführungen fanden offenbar nur noch sporadisch statt, und Questenbergs stete Bemühungen, berühmte Musiker zu einem Gastspiel in Jarmeritz zu bewegen, ja überhaupt neue Kräfte für seine Kapelle zu gewinnen, schlugen zunehmend fehl.[32] Auch sein Eifer beim Sammeln von Opernmusikalien und -textbüchern scheint in dieser Zeit nachgelassen zu haben.[33] Einen Einblick in das Leben und die Interessen des greisen Grafen bietet speziell seine Korrespondenz mit dem in Prag residierenden Grafen Joseph Franz Wenzel von Würben (Vrbna) und Freudenthal (1675–1755)[34] – es ist dies zugleich die um-

---

[31] Laut der Verbrauchsrechnung des Grafen ab November 1723 (monatlich acht Gulden; damals bezahlte Questenberg auch für ein „Schlagbuch so er [d.h. Muffat] für gnädige Freyle machen lassen"; siehe MZA, *F 460, Inv. Nr. 9734*, fol. 161; 1735/36 erwarb Questenberg selbst „Musicalien von Muffat", MZA, *F 460, Inv. Nr. 9744*).

[32] Siehe etwa Questenbergs Briefe an seinen Prager Agenten Franz Anton Dietzler vom Herbst 1750, den Versuch betreffend, Nicola Antonio Porpora zu einem Gastspiel in Jarmeritz zu bewegen (MZA, *G 436, Inv. Nr. 6246: Briefe des Prager Agenten Franz Anton Dietzler*). 1750 ließ Questenberg – offenbar ohne Erfolg – in Prag nach einem vielseitig (auch als Kanzlist und Geiger) einsetzbaren Tenoristen für seine Kapelle suchen (MZA, *G 436, Inv. Nr. 6366*).

[33] Dies zumindest legen die Einträge in den Rechnungsbüchern und die vorliegenden Briefschaften nahe.

[34] MZA, *G 436, Inv. Nr. 6366* (*Ihro Excellenz Graf Würmbische Briefe pro Ao 1750 etc.*). Die Identität dieses Grafen Würben, dessen Vorname in den Briefen stets unleserlich abgekürzt wird, ergibt sich einwandfrei aus den in den Brieftexten übermittelten biographischen Informationen: Geburtstag Ende Juli/Anfang August [2. August], Vetter des Grafen [Max Norbert] Kollowrat, dieser ein Bruder der Gräfin Brühl. – Questenbergs Intimus Würben ist somit der Onkel jenes der Bach-Forschung bekannten Eugen Wentzel Graf von Würben und Freudenthal (1728–1790; Sohn von Norbert Franz Wenzel von Würben), der ab 1746 in Leipzig studierte, damals Clavierstunden bei Bach nahm und von diesem ein „Clavier" borgte (siehe hierzu Dok I, Nr. 130–132 und 134–135 sowie Dok V, Nr. A 134). Zur Familiengeschichte derer von Würben-Freudenthal (Böhmische Linie) siehe die Stammtafel in C. von Wurzbach, *Biographisches Lexikon des Kaiserthums Oesterreich*, 57. Teil, Wien 1889, nach S. 174.

fangreichste vertrauliche (nur einseitig erhaltene) Korrespondenz Questenbergs, die sich aus der Zeit der Kontaktaufnahme mit Bach erhalten hat. Würben berichtet hier zwar gelegentlich von musikalischen Ereignissen in Prag und versäumt es nicht, Questenbergs Jarmeritzer Kapelle überschwenglich zu loben,[35] doch ist dies im Kern die Korrespondenz zweier alter und zunehmend hinfälliger Männer, die sich in erster Linie über experimentelle Kuren und abenteuerliche Tinkturen austauschen.

Hinweise darauf, in welchen „Sachen" Questenberg Bach im Frühjahr 1749 kontaktierte, liefern weder die Korrespondenz mit Würben noch die übrigen Archivalien des Grafen.[36] Zwei Briefe Bachs an Questenberg, die womöglich hierüber Auskunft geben könnten, sind angeblich schon vor 1930 verschwunden,[37] und die Spur der Bibliothek Questenbergs verliert sich Ende des 18. Jahrhunderts offenbar in Wien.[38] Angesichts des offenkundigen Niedergangs von Questenbergs Kapelle ist es indes höchst unwahrscheinlich, daß der Graf bei Bach eine Messe für Jarmeritz ‚bestellt' haben könnte: Um die h-Moll-Messe aufführen zu können, fehlten ihm schlicht die Musiker. Auch läßt sich anhand der für die Jahre 1749/50 durchgängig überlieferten Rech-

---

[35] Etwa im Brief vom 3. Juli 1748: „[…] Daß Eüre Excell: die Russische Generalität bey sich nicht nur zur Taffel tractiret, sondern auch dero Musiqve Ihnen produciren lassen, so ist es ausser allen Zweiffel, daß Sie hierüber umb so mehr Content sein werden, alß es bekant, daß Eürer Excell: Musiqve eine von denen besten ist. Ich hätte gewunschen solche mit anhören zu können."

[36] Immerhin ergibt sich aus einer Reisekostenübersicht (MZA, F 460, Inv. Nr. 9728, fol. 107–108), daß Questenberg sich offenbar im Mai/Juni 1718 zur Kur in Karlsbad aufhielt, mithin zu einer Zeit, als dort auch Bach mit Fürst Leopold von Anhalt-Köthen weilte (von Mitte Mai bis Ende Juni; siehe M. Hübner, *Neues zu Johann Sebastian Bachs Reisen nach Karlsbad*, BJ 2006, S. 97–105). Sollte damals der Grundstein für die Beziehungen zwischen dem Grafen und Bach gelegt worden sein?

[37] Mündliche Auskunft von Alois Plichta an André Burguete (laut einem Brief von Burguete an Hans-Joachim Schulze vom 24. November 1988; siehe auch Dok V, S. 265). – Gegen die Existenz dieser Briefe noch im frühen 20. Jahrhundert spricht freilich, daß Helfert (wie Fußnote 10) an keiner Stelle auf sie hinweist, obwohl er die Rechnungen und die Musik betreffenden Archivalien Questenbergs offenbar intensiv studierte. Auch in Plichtas († 1993) postum erschienener Schrift über die Jarmeritzer Musikpflege (wie Fußnote 18) werden diese Briefe nicht erwähnt; hier heißt es auf S. 170 lediglich, jener eine zweifellos einst vorhandene Brief Bachs an Questenberg vom Frühjahr 1749 dürfte heute in der Hand eines Sammlers sein.

[38] Vgl. hierzu allerdings J. Perutková, *Zur Identifizierung der Questenbergischen Partituren* (wie Fußnote 21), wonach Teile von Questenbergs Notenbibliothek – namentlich Opernpartituren – heute in den Musikaliensammlungen der Österreichischen Nationalbibliothek (A-Wn) und der Gesellschaft der Musikfreunde (A-Wgm) überliefert sind.

nungslegung und dem Nachlaßinventar des Grafen (siehe Fußnote 29) ausschließen, daß er über Bach eines jener Silbermannschen (?) Hammerklaviere erworben haben könnte, die der Thomaskantor um 1749 offenbar in Kommission vertrieb.[39] Suchen wir in den Rechnungsbüchern des Grafen nach Anhaltspunkten für seine musikalischen Interessen in den späten 1740er Jahren (abgesehen von Opernpartituren), so ergibt sich überhaupt nur ein Hinweis: Während Ausgaben für Bücher und Musikalien kaum noch auftauchen, bleibt ein einziger die Musik betreffender Ausgabeposten bis zu Questenbergs Tod im Jahr 1752 stabil: Offenbar ab Mitte der 1730er Jahre[40] zahlte er alljährlich einen festen Betrag an eine Musicalische Congregation. Den für einige Zahlungen noch vorliegenden Quittungen, ausgestellt vom „Segretario" dieser Gesellschaft, läßt sich entnehmen, daß diese „Congregation" in Wien angesiedelt war und Questenbergs Zahlung als ein Mitgliedsbeitrag zu verstehen ist (siehe Abb. 1). Die Forschung zur Wiener Musikgeschichte kennt diese auch als „Cäcilien-Congregation" bezeichnete Bruderschaft seit Eduard Hanslick und Ludwig Köchel.[41] Sie wurde 1725 von den Musikern der kaiserlichen Hofkapelle unter dem Vorsitz ihres Direktors, des Prinzen Ludwig Pius von Savoyen, und „anderen Zugethanen, und Liebhabern der Music" nach dem Vorbild der in Rom existierenden Cäcilien-Kongregation gegründet[42] und wählte die heilige Cäcilia zu ihrer Patronin. Wie einem im Jahr 1740 gedruckten „Catalogo di tutti li Signori Congregati, e Congregate della Congregazione

---

[39] Vgl. Bachs Quittung an den Grafen Branitzky in Białystock (Dok III, S. 633).

[40] Die überlieferten Rechnungskonvolute für die 1720/30er Jahre sind mitunter lückenhaft.

[41] Siehe E. Hanslick, *Geschichte des Konzertwesens in Wien*, Wien 1869, S. 12 ff. und 28 ff.; L. Ritter von Köchel, *Johann Joseph Fux, Hofcompositor und Hofkapellmeister der Kaiser Leopold I., Josef I. und Karl VI. von 1698 bis 1740*, Wien 1872, S. 169–171; Basis für ihre Ausführungen waren vor allem J. Ogesser, *Beschreibung der Metropolitan-Kirche zu St. Stephan in Wien*, Wien 1779, S. 293, und C. F. Pohl, *Denkschrift aus Anlass des hundertjährigen Bestehens der Tonkünstler-Societät […]*, Wien 1871. Ergänzende Materialien finden sich bei O. Biba, *Die Wiener Kirchenmusik um 1783*, in: Beiträge zur Musikgeschichte des 18. Jahrhunderts (Jahrbuch für österreichische Kulturgeschichte, 1. Band, 2. Halbband), Eisenstadt 1971, S. 7–79; K. Schütz, *Musikpflege an St. Michael in Wien*, Wien 1980, S. 76–81; B. C. Mac Intyre, *The Viennese Concerted Mass of the Early Classic Period*, Diss., City University of New York 1984, S. 36–39; G. Rohling, *Exequial and Votive Practices of the Viennese Bruderschaften: A Study of Music and Liturgical Piety*, Diss., Catholic University of America, Washington 1996, S. 178–200, und D. Black, *Mozart and the Practice of Sacred Music, 1781–91*, Diss., Harvard University, Cambridge, Mass. 2007, S. 382 f. – Zur Vorgeschichte der Bruderschaft siehe Rohling, S. 180 f.

[42] Siehe Rohling (wie Fußnote 41), S. 192 f.

Musicale" zu entnehmen ist (siehe Abb. 2),[43] setzte sich die Bruderschaft damals aus rund 180 Personen zusammen: zur einen Hälfte aus Musikern (überwiegend der kaiserlichen Kapelle), zur anderen teils aus angesehenen Wiener Künstlern (unter ihnen Pietro Metastasio und Apostolo Zeno), jedoch vor allem aus den bekannten Musikmäzenen des österreichisch-ungarischen Adels. Laut den überlieferten Statuten der Musicalischen Congregation[44] formierte sich die Bruderschaft, um alljährlich am 22. November den Namenstag ihrer Patronin – der Schutzheiligen der Musik – mit einem „gesungenen Hoch-Amt" und einer „Musicalischen Vesper" zu begehen (Rubrik I/3), erkrankte Mitglieder zu unterstützen sowie verstorbener Mitglieder mit einem „gesungenen Seelen-Amt" und „mit Absingung des ersten Nocturni des Todten-Officii" und „30. kleinen" gelesenen Messen zu gedenken – dies für eine monatliche Gebühr von 10 Kreuzern (Rubrik II, Kap. 2 ff.). Die gemeinsame Feier des Cäcilientages war dabei das zentrale Ereignis. Über dieses berichtet das *Wienerische Diarium* im Gründungsjahr der Bruderschaft:

Nachdeme mit Bewilligung Ihrer Hochfürstlichen Gnaden/ des Herrn Ertz-Bischofens und Ordinarii zu Wienn/ aufgerichtet worden/ eine Virtuos-Musicalische Congregation, zu Lob Gottes/ und Ehr der Heiligen Jungfrauen und Martyrin Cæciliæ, unter Glorreichem Schutz Ihrer Röm. Kaiserlich- und Königl. Catholischen Majestät/ als hat gedachte Hochlöbl. Congregation, in der Kaiserl. Pfarr-Kirchen deren WW. EE. PP. Cler. Regul. S. Pauli, vergangenen Donnerstag/ als den 22. dieses mit höchst-feyerlicher Solennität das Fest ihrer Heiligen Patronin begangen/ als nemlichen unter fürtrefflichster Music, und dreyfachen Trompetten-Chor/ mit zwey Vespern/ Hoch-Amt/ vor-Mittägiger Teutschen- und nach-Mittägiger Welschen Predigt; darbey die erste Vesper gehalten/ P. Præpositus aldasigen Collegii: das Hoch-Amt (Titl.) Herr Probst Esterhazy: die andere Vesper/ Herr Antoni Abt von Monte Serrato; die Teutsche Lob-Predigt l'D. Greipl, Feyertags-Prediger alda/ über das Thema: Exulta fatis Filia Sion, jubila Filia Jerusalem […] vorstellend in diesem Jubel-Jahr ein fröliches Jubel-Fest, gleichzeitig in Verehrung einer Heiligen Musicantin Cæciliæ, also in Verbindung und wol-Übereinstimmung einer neuen Musicalischen Congregation;[45] die Welsche aber

---

[43] Einblattdruck in A-Wst, *E 124523*. Für den Hinweis auf dieses Dokument bin ich Christine Blanken (Bach-Archiv Leipzig) zu Dank verpflichtet.

[44] *Articulen/ und Puncten/ Oder so genannte STATUTA, Der Musicalischen Congregation, Welche Unter glorreichen Schutz Der Röm. Kaiserl. und Königl. Spanisch. Catholischen Majestät CAROLI Des Sechsten/ ANNO 1725. Allhier in Wien aufgerichtet worden. Gedruckt bey Johann Peter v. Ghelen* […]; Exemplar (auch in einer italienischen Ausfertigung) A-Wsa, *Haydn-Verein, A 1/1*; Inhalt auszugsweise wiedergegeben bei Hanslick (wie Fußnote 41), S. 28 ff., und C. M. Brand, *Die Messen von Joseph Haydn*, Würzburg 1941, S. 56.

[45] Predigt gedruckt unter dem Titel *Fröliches Jubel-Fest Einer Neu-aufgerichten wol-einstimmenden Virtuos-Musicalischen CONGREGATION Zu Lob Gottes und Ehren der Heiligen Jungfrau und Martyrin CAECILIAE, Unter Glorreichen Schutz der Roem. Kais. und Königl. Catholischen Majestät CAROLI VI. So Mit Bestättigung*

A.R.P. Sebastianus Pauli Cler. Matris Dei, Kaiserl. Historicus und Hof-Prediger/ dessen Argumente ware: Santa Cæcilia à Somiglianza di Daniele fù inflessibile à piaceri, e Constantissima ne pericoli: welcher Solemnität eine unzahlbare Menge Volkes von allen Ständen beygewohnet.[46]

Bis zur Auflösung der Bruderschaften unter Kaiser Joseph II. im Jahr 1783[47] wurde das Cäcilienfest von der Musicalischen Congregation mit außerordentlich prachtvollen Musikaufführungen begangen: zunächst in der Michaelerkirche, später – anscheinend ab 1748 – im Stephansdom.[48] Zwar fehlt es für die

---

Ihro Hoch-Fürstl. Gnaden Hn. Hn. Sigismundi Grafen von Kollonitz/ Ertz-Bischoffen zu Wien/ Und dero Obristen Vorsteher Ihro Hoch-Fürstlichen Gnaden des Printzen Ludwigs Pio von Savoyen/ Praesidenten der Kaiserlichen Music Mit vorgehender Lob-Rede Von P. Don PAULO GREIPL […] Ordinari Feyertag-Prediger bey S. Michael, in der Kaiserl. Residentzstadt Wien/ unter offentlichen Kirchen-Gepräng einem Hoch-Adelichen Volckreichen Auditorio, in benannter Kaiserl. Pfarr Kirchen/ bey Einführungs-Fest dieser Brüderlichen Versammlung den 22. Novemb. 1725. Vorgestellet worden (Exemplar im Barnabitenarchiv Wien nachgewiesen bei Schütz, wie Fußnote 41, S. 76 f.). – Weitere gedruckte „Lob- und Ehrenreden" für die Cäcilienfeste der Musicalischen Congregation (die immer die heilige Cäcilia oder ein musikalisches Thema zum Gegenstand hatten und offenbar stets in einer der Vespern gehalten wurden) liegen vor aus den Jahren 1748 (von Antonio Staudinger), 1751 (Johann Michael Schnell), 1752 (Georg Grill), 1753 (Edmund König; in A-Wn, *220276-B. Mus*), 1758 (Procop Burckhart; in A-Wn, *306790-B*), 1763 (Marian Reuter), 1766 (Joseph Franz) und 1776 (Ignaz Wurz) sowie eine undatierte (Dominik Benedino); die ohne Standort erwähnten Predigten sind nachgewiesen bei W. Welzig, *Lobrede. Katalog deutschsprachiger Heiligenpredigten in Einzeldrucken*, Wien 1989; siehe auch ders., *Katalog gedruckter deutschsprachiger Katholischer Predigtsammlungen*, Wien 1984.

[46] Ausgabe vom 24. November 1725; eingesehen wurden die digitalisierten Exemplare der Zeitung unter: http://anno.onb.ac.at/cgi-content/anno?apm=0&aid=wrz (Stand: Juni 2009).

[47] Siehe hierzu Rohling (wie Fußnote 41), S. 200 f., und Black (wie Fußnote 41), S. 382 f.

[48] Der in der Literatur nur mit „später" (das heißt nach 1725) vermerkte Umzugstermin der Bruderschaft in den Stephansdom (siehe etwa Rohling, wie Fußnote 41, S. 181) läßt sich vermutungsweise auf das Jahr 1748 präzisieren: In der Amtsrechnung von St. Stephan taucht erstmals 1748 der folgende Einnahmeposten auf: „Von der löbl: Congregation deren H: Musicanten wegen bey St: Stephann gehaltenen St: Cæcilia Fest die jährl: gebühr gleichwie die löbl: Churkron von ihren Festen bezahlt, zum erstenmahl mit 5 [Gulden]." (Archiv der Erzdiözese Wien, ohne Signatur: *Des Küssern Raths und der Metropolitan Kirchen ad Sanctum alhier Verordneten Kirchenmeisters geführte Kirchen Ambts-Rechnung von Ersten Januario bis Lezten Decembris Anno 1748*, unpaginiert; ich danke Frau Dr. Annemarie Fenzl und Herrn Dr. Johann Weißensteiner für die freundlich gewährte Möglichkeit der Einsichtnahme in das Archiv und für weiterführende Hinweise zur Wiener Archivsituation).

ersten Jahrzehnte, und damit für die Zeit von Questenbergs Mitgliedschaft, an weiteren diesbezüglichen Berichten, doch zeugen die nachfolgend wiedergegebenen späteren Bemerkungen im – der Musik sonst „absolut gleichgültig"[49] gegenüberstehenden – *Wienerischen Diarium* von der musikalischen Ausnahmestellung des Ereignisses (ähnlich formulierte Meldungen finden sich auch in den Jahren 1768 und 1771):

Wienerisches Diarium, 23. November 1765:
Den 22. dieses wurde von einer Löblichen musicalischen Congregation der H. Jungfrau und Martyrin Cäcilia das Titular-fest dieser Heiligen nach einer am Vorabend gehaltenen Vesper mit einer Lobrede, einem Hochamt, in Pontificalibus, und Abends wieder mit einer Vesper, unter herrlichster Musik und prächtigster Beleuchtung in der Metropolitankirche bey St. Stephan allhier feyerlichst begangen. Folgenden Tag darauf wurde eben allda das gewönliche Requiem unter vielen Heil. Seelen-messen zu Hülfe und Trost aller abgeleibten Glieder dieser Löbl. Versammlung gehalten.

Wienerisches Diarium, 25. November 1767:
Diesen Abend [d.h. am 22. November] hat eine löbl. Bruderschaft der Tonkunst in folge des am Sonntag eingefallenen Fest ihrer Patroninn der H. Cäcilia die Vesper gehalten; Montag Vormittags aber dieses Fest mit einem feyerlichen Hochamt begangen, dabey sich verschiedene vortrefliche Tonkünstler mit Arien und Concerten hören ließen. Der Vordere Theil der Kirche, und der Hochaltar waren mit kostbaren Tapeten bekleidet, und mit vielen Wachslichtern beleuchtet.

Wienerisches Diarium, 25. November 1769:
Verflossenen Mittwoch, als an dem Festtage der heil. Cäcilia, hat die hiesige musicalische Bruderschaft, wie alle Jahre gewöhnlich, in der St. Stephans Domkirche am Vorabend eine feyerliche Vesper, und den Tag darauf ein Hochamt, wobey der Hochaltar auf das prächtigste ausgeschmücket, und beleuchtet war, unter einer vortreflichen Vocal- und Instrumentalmusik absingen lassen; alles, was dermalen von vortreflichen und theils berühmten Tonkünstlern allhier sich befindet, ließ sich dabey mit allgemeinem Beyfalle hören.

Insofern wäre die von Schütz (wie Fußnote 41, S. 77 f.) mitgeteilte Datierung eines Dokumentes im Barnabitenarchiv auf das Jahr 1725 zu überprüfen, das sich auf den Auszug der Bruderschaft aus St. Michael („wegen ihrer grossen praedomination") bezieht; es sei denn, die Bruderschaft hätte das Cäcilienfest zwischen 1725 und 1748 noch in einer dritten Kirche begangen oder es – was unwahrscheinlich ist – an St. Stephan zunächst unentgeltlich zelebrieren können. Daß die Gesellschaft noch 1740 in der Michaelerkirche angesiedelt war, scheint die damals gedruckte Mitgliederliste (wie Fußnote 43) zu bezeugen. In dieser wird Giacinto Dieterich, „Preposito dal Collegio di S. Michele", als geistlicher Präsident der Congregation ausgewiesen – ein Amt, das laut den Stiftungsstatuten der Bruderschaft (Rubrik III/3) stets von einem Geistlichen derjenigen Kirche eingenommen werden sollte, in der die Cäcilienfeste begangen wurden.

[49] Siehe Hanslick (wie Fußnote 41), S. 13, und Brand (wie Fußnote 44), S. 57.

Wienerisches Diarium, 25. November 1772:
Das am Sonntage [d.h. am 22. November] eingefallene Fest der heiligen Cäcilia, welches zugleich das Schutz- und Lobfest der Tonkünstler ist, wurde von denenselben in der Metropolitankirche zu St. Stephan mit dem gewöhnlichen Prachte gefeyert. Eben dieses Tages am Abend war die Vorvesper; das feyerliche Amt und der Lobgesang aber war am folgenden Montag. Beydes wurde unter einer der Kunstreichesten und vortreflichsten Musiken, wobey sich alle hiesigen Virtuosen einfanden, verwaltet. […] Nie war der Wetteifer sich selbst zu übertreffen unter den Tonkünstlern lebhafter als bey dieser Gelegenheit, welche ihnen die erhabensten Begrife von der Bestimmung ihrer Kunst und der Heiligkeit ihres Zwecks einzuflössen schien.

Der hohe Stellenwert des Ereignisses speziell für die Hofkapelle scheint auch dadurch zum Ausdruck zu kommen, daß sich die Kaiser – aus Rücksicht auf die Musiker? – vielfach um den Cäcilientag außerhalb Wiens aufzuhalten pflegten. Fürst Johann Josef Khevenhüller-Metsch, Oberhofmeister und Oberstkämmerer der Kaiserin Maria Theresia, deutete diesen Zusammenhang an, wenn er am 21. November 1752 in sein Tagebuch schrieb:

Den 21. fuhre der Kaiser mit der Colana gewöhnlicher Massen nach Maria-Stiegen zum Hoh-Ammt; die Andacht zur Saulen aber unterblibe auf Instanz der Music, welche heut zu St. Stephan die grosse Vesper wegen ihres morgigen Caeciliae-Fests celebriret.[50]

Die wenigen bislang von verschiedenen Forschern identifizierten oder zumindest in Erwägung gezogenen Repertoirestücke für die Cäcilienfeiern der Musicalischen Congregation[51] unterstreichen die in den Berichten des *Wienerischen Diariums* zum Ausdruck kommende Besonderheit der zu diesen Anlässen veranstalteten Musikdarbietungen – und zwar sowohl was die ungewöhnlichen Umfänge der Werke betrifft als auch ihrer Virtuosität und ihrer abwechslungsreichen Besetzungen wegen. Eine in einer Abschrift aus dem Jahr 1746 überlieferte *Missa S. Caeciliae* in C-Dur[52] (Besetzung: SSATBB, 2 Trompeten, 2 Posaunen, Pauken, 2 Violinen und B.c.) von Ferdinand Schmidt (um 1693–1756, ab 1743 Kapellmeister beim Gnadenbild Maria Pötsch an

---

[50] Siehe *Aus der Zeit Maria Theresias. Tagebuch des Fürsten Johann Josef Khevenhüller-Metsch, Kaiserlichen Oberhofmeisters 1742–1776*, hrsg. von R. Graf Khevenhüller-Metsch und H. Schlitter, Bd. 3, Wien 1910, S. 75.

[51] Identifiziert im Falle der Messen (siehe unten) anhand der Grundannahme, daß ein titelmäßig der heiligen Cäcilia zugeeignetes Werk eines Wiener Komponisten aus dem Zeitraum 1725–1783 im Zusammenhang mit dem gesungenen Hochamt der Musicalischen Congregation am Cäcilientag steht; siehe Mac Intyre (wie Fußnote 41), S. 36ff. Im Falle von zwei Psalmvertonungen von Johann Joseph Fux (ein „Dixit Dominus" und ein „Nisi Dominus") ergibt sich der Zusammenhang durch die auf dem Wiener Aufführungsmaterial vermerkten Aufführungsdaten (siehe hierzu Köchel, wie Fußnote 41, S. 169 und Beilage X, Nr. 75 und 107).

[52] A-GÖ.

St. Stephan) erreicht mit 1042 Takten – verglichen mit dem typischen Wiener Repertoire der 1730–1740er Jahre – monumentale Dimensionen und folgt dem Typus der Kantatenmesse (sie enthält unter anderem ein sechsteiliges Gloria und ein fünfteiliges Credo).[53] Eine wohl 1743 komponierte *Missa Sanctae Caeciliae* in C-Dur von Georg Reutter d. J. (1708–1772, ab 1738 erster Kapellmeisters an St. Stephan) mit der Besetzung SSAATTBB (solistisch), vierstimmigem Chor, 2 Trompeten, „Kornetto", 2 Posaunen und Pauken, 2 Violinen, Viola und B.c. entspricht dem gleichen Typus und weist gar ein zwölfsätziges Gloria auf[54] – sicherlich weil sich „verschiedene vortrefliche Tonkünstler mit Arien und Concerten" darin hören lassen sollten (vgl. den Bericht von 1767 im *Wienerischen Diarium* weiter oben). Eine von Florian Leopold Gassmann (1729–1774, Gründer der Wiener Tonkünstlersocietät) vor 1771 komponierte *Missa Sanctae Caeciliae* in C-Dur übertrifft mit ihren 1441 Takten nochmals die Ausmaße der älteren Werke, hat ebenso ein sechsteiliges Gloria und greift im Dona nobis pacem auf die Musik des zweiten Kyrie zurück.[55] Das Stück mag als Vorbild für Haydns 1766 begonnene (entweder erst 1773 beendete oder dann überarbeitete) noch umfangreichere *Missa cellensis* in C-Dur (Hob. XXII:5) gedient haben – die umfangreichste Wiener Messe des 18. Jahrhunderts überhaupt und in vielerlei Hinsicht mit Bachs h-Moll-Messe verwandt.[56] Sie wird in verschiedenen Quellen (spätestens seit 1802) als Cäcilienmesse bezeichnet und galt der Haydn-Forschung bis zum Auftauchen eines Teils der autographen Partitur im Jahr 1969 (das Werk hier als *Missa cellensis* betitelt) als eine Komposition für die Musicalische Congregation;[57] Haydns Dienstherr, Nikolaus I. Fürst Ester-

---

[53] Zu dem Stück siehe Mac Intyre (wie Fußnote 41), S. 282 ff., 343, 983 f., 1026 und passim. Zur Länge von Wiener Messkompostionen siehe die Statistik bei Mac Intyre (wie Fußnote 41), S. 283 f.

[54] Siehe N. Hofer, *Thematisches Verzeichnis der Werke von Georg Reutter jun.*, No. 79 (S. 43) maschinenschriftlich in A-Wn, *Mus. Hs. 28.992*, und Mac Intyre (wie Fußnote 41), S. 450.

[55] Siehe Mac Intyre (wie Fußnote 41), S. 258–272, 857–860, 983 f. und passim; hier S. 1084–1339 der Notentext des Stückes. – Möglicherweise wurden Kyrie und Gloria dieser Messe am 9. Dezember 1779 in Leipzig von der Musikübenden Gesellschaft unter der Direktion Johann Adam Hillers wiederaufgeführt (im Rahmen der Concerts spirituels; auf dem Programm standen damals unter anderem ein „Kyrie und Gloria von Gassmann"; siehe A. Dörffel, *Geschichte der Gewandhausconcerte zu Leipzig* […], Leipzig 1884, S. 14, und F. Kosch, *Florian Leopold Gassmann als Kirchenkomponist*, maschr. Diss., Wien 1924, S. 42).

[56] Bis hin zu der Frage, ob sie als Einheit komponiert wurde; siehe hierzu Brand (wie Fußnote 44), S. 58.

[57] Siehe Brand (wie Fußnote 44), S. 52–59, und L. Kantner, *Das Messenschaffen Joseph Haydns und seiner italienischen Zeitgenossen – Ein Vergleich*, in: Joseph Haydn. Tradition und Rezeption. Bericht über die Jahrestagung der Gesellschaft für

házy (1714–1790) war spätestens ab 1740 Mitglied dieser Bruderschaft (siehe Abb. 2). Schließlich wurde jüngst von Ulrich Konrad die Möglichkeit erwogen, daß Mozarts unvollendet gebliebene c-Moll Messe KV 427 aus dem Jahr 1783 ebenfalls für die Cäcilienfeier der Musicalischen Congregation konzipiert war; wegen der damals erfolgten Auflösung der Bruderschaften könnte sich Mozart für den Abbruch des Projektes entschieden haben, da eine Aufführung des riesenhaften Werkes außerhalb dieses Rahmens undenkbar war.[58]

Angesichts der Feststellung, daß Graf Questenberg ein Mitglied der Musicalischen Congregation war und diese am Cäcilientag großbesetzte Messkompositionen von ganz ungewöhnlichem Umfang und höchstem künstlerischen Anspruch aufzuführen pflegte, muß die Frage gestellt werden: Könnte Questenberg im März 1749 Bach kontaktiert haben, um im Namen der Bruderschaft anzufragen (oder nur zu sondieren), ob der Thomaskantor bereit wäre, für die bevorstehende Cäcilienfeier der Musicalischen Congregation am 22. November 1749 eine Messe zu komponieren? Die Frage läßt sich derzeit nicht beantworten. Wir können anhand der Archivalien Questenbergs weder nachvollziehen, welche Rolle er in der Bruderschaft spielte, noch ob diese gelegentlich Kompositionsaufträge an Außenstehende – schon gar an Protestanten – vergab. Allerdings wäre nur schwer vorstellbar, daß eine solche, weitgehend aus musikalischen ‚Kennern' bestehende Vereinigung stets nur auf Kompositionen ihrer Mitglieder und mithin ausschließlich auf Wiener Repertoire zurückgegriffen hätte. Faustina Hasse-Bordonis für das Jahr 1740 belegte Mitgliedschaft in der Musicalischen Congregation (siehe Abb. 2) zumindest bezeugt, daß die Gesellschaft auch auswärtige – in diesem Fall sogar am sächsischen Hof wirkende – Virtuosen in ihre Reihen aufnahm. Letztlich aber läßt sich mit einiger Sicherheit nur soviel sagen: Questenberg selbst war am 22. November 1749 allem Anschein nach nicht in Wien zugegen,[59] und die Organisation der Cäcilienfeiern oblag gemäß den 1725 gedruckten Bruder-

---

Musikforschung Köln 1982, Regensburg 1985, S. 145–159; die Bestimmung der Messe ist noch immer ungeklärt, womöglich wurde sie um 1773 von Haydn mit Blick auf eine Cäcilienfeier der Musicalischen Congregation überarbeitet bzw. erweitert (siehe die Darstellung der denkbaren Entstehungsszenarien in: *Joseph Haydn. Werke, Reihe XXIII, Band 1a, Messen*, hrsg. von J. Dack und G. Feder, München 1992, S. VIII–X).

[58] Siehe Konrad (wie Fußnote 1). Zu der Frage, inwieweit Mozarts Messe von Bachs h-Moll-Messe beeinflußt sein könnte (dann auf der Basis der wohl mit Baron Gottfried van Swieten 1777 nach Wien gelangten Berliner Abschrift, die sich später im Nachlaß Joseph Haydns befand und bis heute in Eisenstadt erhalten ist), siehe U. Leisinger, *Viennese Traditions of the Mass in B Minor*, in: International Symposium Understanding Bach's B-minor Mass (wie Fußnote 2), S. 278–285.

[59] Anders ließe sich zumindest nicht erklären, warum ihm just an diesem Tag sein

schaftsstatuten zwei jeweils auf zwei Jahre gewählten „Festaroli", die ihre Vorbereitungen unter Anleitung der kaiserlichen Kapellmeister (offenbar stets die „Dekane" der Congregation)[60] und des „Rates" der Gesellschaft (ebenfalls sämtlich Mitglieder der kaiserlichen Kapelle) trafen.[61] Der einzige Adelige innerhalb des Führungsgremiums der Musicalischen Congregation war offenbar ihr Präsident – laut der Statuten (Rubrik I/1) und der Mitgliederliste aus dem Jahr 1740 stets der Direktor der Hofkapelle; 1749 war dies der Kontrabaß spielende Adam Philipp Graf Losy von Losinthal (1705–1781; 1746–1761 Musikdirektor am Wiener Hof), der Sohn von Johann Anton Losy von Losinthal (um 1650–1721?), jenes „exzellenten Lautenisten", der Ende der 1690er Jahre Leipzig besucht und damals gemeinsam mit Pantaleon Hebestreit und Johann Kuhnau „ein Concertgen" veranstaltet hatte.[62] Sowohl der Vater als auch der Sohn standen mit dem – ebenfalls Laute spielenden – Grafen Questenberg in Kontakt.[63]

Unterstellen wir aber, daß Questenberg Bach im März 1749 tatsächlich wegen einer Cäcilienmesse für die Musicalische Congregation in Wien kontaktierte,[64] ergäbe sich ein von pragmatischen Entscheidungen bestimmtes Entstehungsszenario für die komplettierte h-Moll-Messe, das viele ihrer bislang nur unbefriedigend erklärten Eigenarten (weitgehender Rückgriff auf ältere Kompositionen, uneinheitliche Besetzung,[65] konfessionelle Problematik[66]) erklären könnte. Überhaupt würde die Entscheidung des Thomaskantors verständlicher, die Missa BWV 232^I zu einer monumentalen Missa tota zu erweitern, die mit Blick auf eine Gesamtaufführung im protestantischen Gottesdienst unbrauchbar wäre, deren Aufführungsdauer aber auch den Rahmen eines solennen katholischen Hochamtes sprengen würde, nicht jedoch den der – innerhalb der

---

Agent Václav František Haymerle aus Wien einen Brief nach Jarmeritz sandte (MZA, G 436, Inv. Nr. 6265, fol. 127).

[60] Vgl. die Übersicht über die Ämterverteilung innerhalb der Musicalischen Congregation in den Stiftungsstatuten (wie Fußnote 44), S. 18, wo als Dekane Johann Joseph Fux und Antonio Caldara genannt werden; in der gedruckten Mitgliederliste aus dem Jahr 1740 (wie Fußnote 43) wird anstatt des inzwischen verstorbenen Vizekapellmeister Caldara dessen Nachfolger Luca Antonio Predieri als zweiter Dekan aufgeführt.

[61] Siehe Abb. 2 und die Rubriken II/4, III/7, IV/1 der Statuten (wie Fußnote 44).

[62] Siehe Johann Kuhnaus Brief an Johann Mattheson vom 8. Dezember 1717, abgedruckt in *Critica musica*, 2. Teil, Hamburg 1725, S. 229–239, speziell S. 237.

[63] Siehe Artikel *Losy, Johann Anton*, in: MGG², Personenteil, Bd. 11, Sp. 493, und Helfert (wie Fußnote 10), S. 218 und 220.

[64] Was auch erklären würde, warum die Bach anvertraute „Sache" in Questenbergs eigenen Rechnungsbüchern keine Spuren hinterließ.

[65] Siehe hierzu insbesondere die Beobachtungen bei Schulze (wie Fußnote 4), S. 235f.

[66] Siehe Kobayashi (wie Fußnote 3), S. 12ff.

deutschsprachigen Reichsgebiete im 18. Jahrhundert soweit ich sehe einzigartigen – Wiener Cäcilienfeiern.[67] Dieses Szenario sei im folgenden skizziert: Vielleicht weil die großen Meister der Wiener Kirchenmusik und des sogenannten stile antico Johann Joseph Fux und Antonio Caldara (deren Kompostionen Bach im fortgeschrittenen Alter „hoch schätzte")[68] 1736 respective 1741 verstorben waren, könnte die Musicalische Congregation in den 1740er Jahren gelegentlich versucht haben, berühmte auswärtige Komponisten für ihre Cäcilienfeiern zu gewinnen. Die Idee, im Jahr 1749 bei Bach – immerhin dem „Hof-Compositeur" eines katholischen Regenten – wegen einer Missa longa zu Ehren der heiligen Cäcilia anzufragen, mag dann darauf zurückzuführen sein, daß seine Musik ohnehin im Umfeld des Wiener Hofes, in welcher

---

[67] Ein Sonderfall ist mir bekannt, der freilich eher ein Beispiel für die in Italien schon früher belegte Cäcilienverehrung ist: Anläßlich des Cäcilienfestes von 1717 veranstalteten die um Antonio Lotti nach Dresden engagierten „Operisten" zu Ehren ihrer Schutzpatronin eine besondere musikalische Darbietung – offenbar die Aufführung einer Kantatenmesse –, worüber in den *Historia Missionis Societatis Jesu Dresdae in Saxonia* festgehalten ist: „Auf hier noch ganz ungewohnte Art haben die italienischen Tonkünstler, die vom Durchlauchtigsten Kurprinzen aus Venedig nach Dresden geschickt worden sind, unsere Kirche beseelt, als sie zu Ehren der Heiligen Caecilie innerhalb der Oktav nach ihrem Festtag ein gesungenes Hochamt, das fast drei Stunden dauerte, mit solch bewunderungswürdiger Kunstfertigkeit sowohl hinsichtlich der Singstimmen als auch der Instrumente ausgestaltet haben, wie man es in Dresden noch niemals zuvor gehört hatte." (zitiert nach W. Horn, *Die Dresdner Hofkirchenmusik 1720–1745. Studien zu ihren Voraussetzungen und ihrem Repertoire*, Stuttgart 1987, S. 49). – Womöglich standen manche späteren Dresdner Messkompositionen ebenfalls mit dem Cäcilienfest in Zusammenhang. Jedenfalls berichtet ein Weißenfelser Agent am 23. November 1725 aus Dresden: „Gestern wurde in der Catholischen Schloß-Capelle das Fest der heiligen Caeciliae mit einen hohen Ambte unter vortreffl. Vocal und Instrumental Musique celebriret" (Sächsisches Hauptstaatsarchiv Dresden, *Sekundogenitur Weißenfels, Loc. 11980 (9938): Ein Convolut Wiener und Dresdener Diarien 1707–1736*, unpaginiert). Sollte sich diese Bemerkung auf eine Aufführung von Jan Dismas Zelenkas *Missa Sanctae Caeciliae* Z 1b (überarbeitete Fassung einer schon um 1710/11 entstandenen Komposition) beziehen, die laut Quellenbefund auf „um 1720–1728" datiert wird? Dies würde zu dem Umstand passen, daß seit Heinichens schwerer Erkrankung im Mai 1725 Zelenka die Aufführungen in der Hofkirche mit seinen Werken füllen mußte (siehe Horn, S. 55–58, 68 und 77 f., sowie ders., Artikel *Jan Dismas Zelenka*, in: MGG[2], Personenteil, Bd. 17, Sp. 1384).

[68] Dok III, Nr. 803. Zum stile antico in Wien und dessen Einfluß auf Bach siehe C. Wolff, *Der Stile antico in der Musik Johann Sebastian Bachs. Studien zu Bachs Spätwerk*, Wiesbaden 1968 (Beihefte zum Archiv für Musikwissenschaft. 6.), S. 7, 17, 21–29 und passim.

Form auch immer, präsent gewesen sein dürfte,[69] er – neben Fux – als die deutsche Autorität im Kontrapunkt galt,[70] und er dies auch neuerlich, mit dem durch die nationale Presse gegangenen Bericht über seine Fugenimprovisationen in Potsdam (1747) und der Drucklegung des Musikalischen Opfers BWV 1079, unter Beweis gestellt hatte.[71] Bach hätte dieses Angebot als eine Chance begriffen: zum einen, um ein womöglich ohnehin angedachtes, gleichwohl vor Ort nicht praktisch realisierbares Projekt in die Tat umzusetzen, zum anderen, um nun auch noch in der Hauptstadt des Reiches eine ‚Visitenkarte' höchster Qualität zu hinterlassen, und dies mit überschaubarem Aufwand: Ab April 1749 hätte er aus bereits vorliegenden Eigenkompositionen von Teilen des Messordinariums und anderen geeignet erscheinenden älteren Werken das Gerüst der h-Moll-Messe erstellt und nur dort zur Komponierfeder gegriffen, wo Material fehlte – daß Bach die für Kyrie und Gloria wiederverwendete Missa BWV 232^I ehedem seinem Dresdner Landesherrn zugeeignet hatte, war für eine Darbietung in Wien kein Hindernis. So gesehen wäre es auch kein zufälliger Befund, daß gerade für sein weitgehend neu komponiertes Symbolum Nicenum der Einfluß von Wiener Modellen konstatiert werden kann.[72] Bach müßte dann gegen Ende Oktober entweder einen heute verschollenen Stimmensatz oder – leihweise – gar seine Partitur (D-B, *P 180*) nach Wien gesandt haben. Ein solcher Zeitplan entspräche im übrigen der Datierung seiner letzten Einträge in *P 180*, die spätestens in den Herbst 1749 zu fallen scheinen[73] – eine Datierung, die durch Peter Wollnys Beobachtungen bezüglich der Beteiligung von Johann Christoph Friedrich Bach an der Revision von *P 180* noch gestützt wird; überhaupt wären Wollnys Schlußfolgerungen ebenso wie die von Hans-Joachim Schulze (in Bezug auf die Besetzungs-

---

[69] Siehe hierzu F. W. Riedel, *Aloys Fuchs als Sammler Bachscher Werke*, BJ 1960, S. 90; sowie ders., *Musikgeschichtliche Beziehungen zwischen Johann Joseph Fux und Johann Sebastian Bach*, in: Festschrift Friedrich Blume zum 70. Geburtstag, hrsg. von A. A. Abert, Kassel 1963, S. 290–304, besonders S. 292, wo auf eine Abschrift der Fuge BWV 904,2 in einem Clavierbuch (jetzt in D-B, *Mus. ms. 30112*) aufmerksam gemacht wird, das aus dem Umkreis des Wiener Hoforganisten Gottlieb Muffat stammen soll (der seinerseits mit Questenberg in Kontakt stand; siehe Fußnote 31), jedenfalls im Kern aus der Mitte des 18. Jahrhunderts und wohl aus dem Umfeld Wiens herrührt.
[70] Vgl. Dok II, Nr. 408, 465 und 620.
[71] Vgl. Dok II, Nr. 554 und Dok V, Nr. B 568a; das *Wienerische Diarium* freilich hat den Bericht nicht abgedruckt.
[72] Siehe hierzu etwa Wolff (wie Fußnote 68), S. 151; Mac Intyre (wie Fußnote 41), S. 608 ff., und J. Cameron, *Placing the „Et incarnatus" und „Crucifixus" in Context: Bach and the Panorama of the Baroque Mass Tradition*, in: International Symposium Understanding Bach's B-minor Mass (wie Fußnote 2), S. 12 ff.
[73] Siehe Kobayashi Chr, S. 61 f., und P. Wollny, *Neue Bach-Funde*, BJ 1997, S. 42 f.

angaben zu den einzelnen Teilen in *P 180* und Bachs Aufgeben von anfänglich offenbar größeren Ambitionen)[74] mit dem hier skizzierten Szenario vereinbar.

Warum Bachs mögliches Wirken für die Wiener Musicalische Congregation nicht publik gemacht wurde, ließe sich ebenfalls erklären. Natürlich war die Annahme eines solchen Auftrages aus konfessionellen Gründen ein heikles Unterfangen, und deshalb könnte die Bach-Familie es vorgezogen haben, darüber (selbst noch im Nekrolog) zu schweigen. Erst Carl Philipp Emanuel Bach – oder wer immer für die Beschreibung von *P 180* im Nachlaß der Musikalien C. P. E. Bachs verantwortlich war – hätte dann erstmals die Aufführungsumstände angedeutet: Im 1790 gedruckten *Verzeichnis des musikalischen Nachlasses des verstorbenen Capellmeisters Carl Philipp Emanuel Bach* (Hamburg 1790) ist mit Bezug auf BWV 232 von der „großen catholischen Messe" die Rede.[75] Inwiefern es in Wien üblich war, dem Publikum die Komponisten der erklingenden Werke kundzutun, steht dahin.

---

[74] Siehe Schulze (wie Fußnote 4), S. 235 f.

[75] NV, S. 72; siehe Dok III, S. 495. – Diese Bezeichnung sollte keineswegs dahingehend beiseite geschoben werden, als sie nichts über den Aufführungsrahmen der h-moll-Messe aussagen dürfte (vgl. hierzu R. A. Leaver, *How „Catholic" is Bach's „Lutheran" Mass?*, in: International Symposium Understanding Bach's B-minor Mass, wie Fußnote 2, S. 177–206, besonders S. 177 und 204–206). Der Terminus „katholisch" bedeutete im damaligen allgemeinen Sprachgebrauch der Lutheraner nach den mir vielfach in zeitgenössischen Archivalien begegneten Formulierungen eben doch stets – wie heute – „römisch-katholisch". Drei Beispiele: 1. Gottlieb Mignon bittet 1721 um die Anstellung als Tanzmeister am Weißenfelser Hof, denn ihm wolle „das relations Leben bey denen Catholischen [...] alß ein gebohrner Luderahner nicht länger gefallen wollen" (Sächsisches Hauptstaatsarchiv Dresden, *Sekundogenitur Weißenfels, Loc. 11778 (689): Acta, Der Pagen-Hoffmeister, Sprachmeister, Tanz- und Exercitien-Meister Bestallungen betr. Ao. 1672–1724*, fol. 46); 2. ein „Informant" berichtet am 13. Januar 1726 aus Dresden an den Weißenfelser Hof: „Bey gegenwärtiger WinterKälte halten sich Ihro Hoheit die Königl. ChurPrinzessin in dero Zimmern inne, außer daß Sie heute Vormittags nebst der Prinzessin von Weißenfels Durchl. und denen sämbtl. Hoff-Dames in der Catholischen Schloß-Capelle den hohen Ambte und Nachmittags der Vesper beygewohnet. Hiernechst wird vor glaubwürdig erzehlet, daß, als vor einiger Zeit eine Weibes Person die Römisch-Catholische Religion angenommen, und derselben Wohlthäter hernach gefraget, warum sie solches gethan? hätte sie zur Antwort gegeben: Die schöne Music in der Catholischen Kirche habe sie darzu bewogen, und wenn der H. Wohlthäter sie solte hören, würde er ebenfalls Catholisch." (Sächsisches Hauptstaatsarchiv Dresden, *Sekundogenitur Weißenfels, Loc. 11980 (9938): Ein Convolut Wiener und Dresdner Diarien 1707–1736*, unpaginiert); 3. Der reformierte Köthener Schullehrer Johann Bernhard Göbel beschwert sich 1726 über den örtlichen lutherischen Kantor der Agnuskirche, weil dieser einen reformierten Knaben mit folgender Argumentation an seine Schule locken wollte: „Er

Dennoch: Die h-Moll-Messe mit der Musicalischen Congregation in Verbindung zu bringen, bleibt eine Hypothese. Festzuhalten ist aber, daß mit dem alljährlich am Cäcilientag abgesungenen Hochamt dieser Wiener Bruderschaft erstmals ein Anlaß ins Blickfeld der Bach-Forschung rückt, bei dem die Darbietung einer fast zweistündigen überaus anspruchsvollen Messe ohne weiteres denkbar wäre, ja die Aufführung einer überdimensionierten Komposition anscheinend Programm war. Überdies bietet die Person des Grafen Questenberg und dessen für das Frühjahr 1749 dokumentierte Kontaktaufnahme mit Bach ein – ohne weitere Belege freilich schwaches – Verbindungsglied zwischen der Bruderschaft und dem Thomaskantor.

Meine Hypothese mag kontroverse Stellungnahmen provozieren. Sie soll jedoch vor allem zu einem anregen: künftig mehr über die offenkundig ganz besonderen Cäcilienmessen der Wiener Musicalischen Congregation herauszufinden.

---

der Knabe lerne bey den Reformirten kein recht Christenthum, Sie verstünden kein recht Christenthum, und wenn so ein Kind ein Handwerk lernte und kähme in die Welt hinein, so fiel es ab, und würde catholisch." (Landesarchiv Sachsen-Anhalt, *Abteilung Dessau, Abteilung Köthen, C 17, Nr. 147: Acta betr. unpassende Rede des lutherischen Cantors Schulze zu Cöthen bezüglich des zur reformirten Religion erzogenen Joh. Andreas Kühne und was dem anhängig 1726*, fol. 1–2).

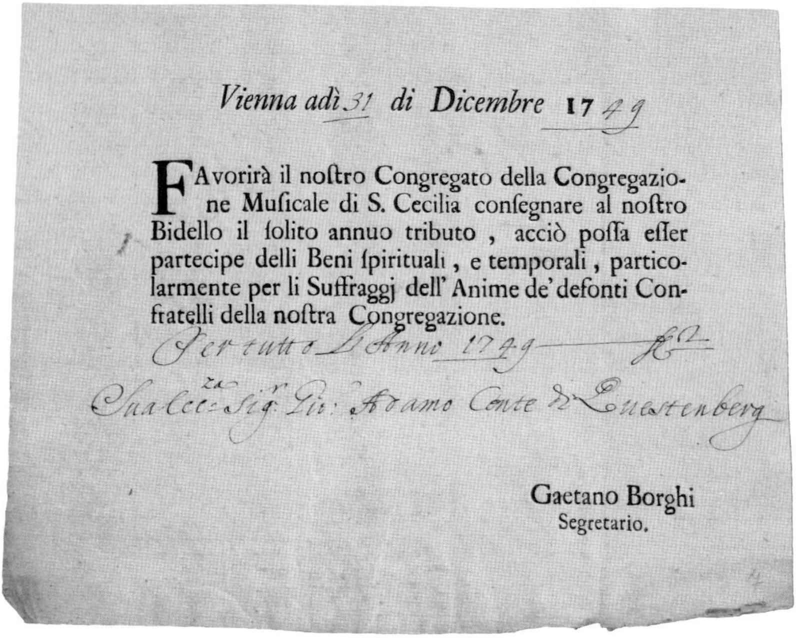
Vienna adì 31 *di Dicembre* 1749

FAvorirà il noſtro Congregato della Congregazione Muſicale di S. Cecilia conſegnare al noſtro Bidello il ſolito annuo tributo , acciò poſſa eſſer partecipe delli Beni ſpirituali , e temporali , particolarmente per li Suffraggj dell' Anime de' defonti Confratelli della noſtra Congregazione.

Per tutto l'Anno 1749 —— fl 2

Sua Ecc:za Sig:r Gio: Adamo Conte di Questenberg

Gaetano Borghi
Segretario.

Abb. 1. Quittung für J. A. von Questenberg über die Zahlung des Mitgliedsbeitrags an die Musicalische Congregation in Wien (1749)

Abb. 2. Catalogo di tutti li Signori Congregati,
e Congregate della Congregazione Musicale, A-Wst, *E 124523*

Carl Philipp Emanuel Bachs Trio in d-Moll (BWV 1036/Wq 145)

Von Christoph Wolff (Cambridge, Mass. und Leipzig)

Eine mit dem Namen Bach verbundene Triosonate in d-Moll rückte kurz nach Abschluß der alten Bach-Gesamtausgabe (BG) ins Blickfeld der Forschung und wurde als Werk Johann Sebastian Bachs veröffentlicht. Max Seiffert hatte um 1900 bei der Durchsicht der später von der Musikbibliothek Peters in Leipzig erworbenen Sammlung Mempell-Preller die alte Handschrift eines „Trio. ex D. ♭. | à | Violino. | et. | Clavecin oblig. | di | Mons. Bach" entdeckt und gab sie 1904 als Beilage zu seinem Aufsatz „Neue Bach-Funde"[1] heraus. Das Werk für Johann Sebastian Bach in Anspruch zu nehmen, bot für Seiffert seinerzeit kein Problem. Dennoch formulierte er ein wenig defensiv, „daß die Vornamen fehlen, teilt die Kopie mit einem guten Drittel aller übrigen. Man braucht darum nicht gleich an einen anderen Bach zu denken, schon gar nicht an Phil. Emanuel, von dem die Sammlung überhaupt nicht die geringste Spur aufweist."[2] Ergänzend zur Erstveröffentlichung von 1904 erschienen dann 1929–1930 kurz nacheinander zwei praktische Ausgaben in Gestalt von Bearbeitungen für zwei Violinen und Basso continuo: Johann Sebastian Bach, „Triosonate D-moll für zwei Violinen, Klavier oder Orgel, Violoncello ad lib.", herausgegeben von Hermann Keller,[3] bzw. „Trio für zwei Violinen, Violoncell und Cembalo", bearbeitet von Max Seiffert.[4]
Wenige Jahre nach Erscheinen der beiden Neuausgaben zog Werner Danckert die Zuschreibung des Werkes an Johann Sebastian Bach aus stilistischen Gründen ernsthaft in Zweifel.[5] Das Trio wurde denn auch von Wolfgang Schmieder in die erste Ausgabe des *Bach-Werke-Verzeichnisses* von 1950 (BWV) unter der Nr. 1036 nur mit dem Vermerk „Echtheit stark angezweifelt" aufgenommen. Die Zweifel erwiesen sich als durchaus begründet, denn 1957 konnte Ulrich Siegele überzeugend nachweisen, daß es sich bei dem Werk in Wirklichkeit um die Frühfassung des Trios in d-Moll für Flöte, Violine und Baß (Wq 145) von Carl Philipp Emanuel Bach handelte.[6] Entsprechend relegiert die Neuausgabe des *Bach-Werke-Verzeichnisses* von 1990 (BWV²) das

---
[1] *Jahrbuch der Musikbibliothek Peters für 1904*, Leipzig 1904, S. 17–29.
[2] Ebenda, S. 24.
[3] *Nagels Musik-Archiv*, Nr. 49, Hannover 1929.
[4] *Veröffentlichungen der Neuen Bachgesellschaft*, Jg. 30/1, Leipzig 1930.
[5] W. Danckert, *Beiträge zur Bach-Kritik*, Kassel 1934 (Jenaer Studien zur Musikwissenschaft. 1.), S. 53 ff.
[6] *Kompositionsweise und Bearbeitungstechnik in der Instrumentalmusik Johann*

Trio BWV 1036 in den Anhang III (J. S. Bach fälschlich zugeschriebene Werke).
In den 1970er Jahren gelang es Hans-Joachim Schulze im Zuge seiner Untersuchungen zur Sammlung Mempell-Preller,[7] das Repertoire dieses umfangreichen und vielfältigen Handschriftenkomplexes neu zu bewerten. In diesem Zusammenhang machte er auf bereits vor 1900 erfolgte Absplitterungen von der Sammlung aufmerksam, unter denen sich auch ein nicht näher identifiziertes B-Dur-Trio von Carl Philipp Emanuel Bach befand.[8] Vor allem aber konnte er den Schreiber von *Ms. 9* der Musikbibliothek Peters,[9] der nach wie vor einzig nachweisbaren Quelle des Trios BWV 1036, als einen für Johann Nicolaus Mempell (1713–1747) arbeitenden Kopisten identifizieren. Der Besitzvermerk „Poss. J. N. Mempell" auf dem Titelblatt sowie das von 1726 bis 1746 nachweisbare Wasserzeichen der Handschrift boten weitere Eckpunkte für die Datierung der Kopie für den mit C. P. E. Bach nahezu gleichaltrigen, ab 1740 als Kantor in Apolda bei Weimar wirkenden Mempell.[10]
Trotz der unvollständigen Autorenangabe „di Bach" kann aufgrund der von Siegele und Schulze weitgehend geklärten Sachlage an der Zuschreibung des Trios BWV 1036 an den zweitältesten Bach-Sohn keinerlei Zweifel bestehen. Folgerichtig nahm auch Klaus Hofmann das Trio nicht in den 2006 erschienenen Band NBA VI/5 (Verschiedene Kammermusik-Werke) auf und erwähnt es lediglich im zugehörigen Kritischen Bericht als „Trio d-Moll für Violine und obligates Cembalo bzw. 2 Violinen und Generalbaß von Carl Philipp Emanuel Bach (Frühfassung von Wq 145/Helm 569)".
In dem 1790 zu Hamburg gedruckten *Verzeichniß des musikalischen Nachlasses des verstorbenen Capellmeisters Carl Philipp Emanuel Bach* (NV) ist besagtes Werk auf Seite 36 unter den Trios als „No. 5" mit Inzipit und genauen Entstehungsdaten („L[eipzig] 1731" und „E[rneuert] B[erlin] 1747") aufgeführt. Das Inzipit bezieht sich wie bei allen anderen entsprechenden Werken auf die revidierte Fassung, denn Bach hatte kein Interesse an der Erhaltung und Bekanntmachung der jeweiligen Frühfassungen – im Gegenteil, anläßlich einer um 1772 erfolgten Gesamtdurchsicht seiner Klavierwerke legte der gereifte Meister strenge Qualitätsmaßstäbe an, denen die eigenen Frühwerke erbarmungslos geopfert wurden. So vermerkte er entsprechend auf der ersten Seite des handschriftlichen thematischen Katalogs seiner Klavierwerke: „Alle

---

Sebastian Bachs, Stuttgart 1975 (Tübinger Beiträge zur Musikwissenschaft. 3.), S. 44 (Druckfassung der gleichnamigen Dissertation von 1957).

[7] *Wie entstand die Bach-Sammlung Mempell-Preller*, BJ 1974, S. 104–122; Schulze Bach-Überlieferung, Kapitel IId.
[8] Schulze Bach-Überlieferung, S. 81; die betreffende Quelle ist verloren.
[9] *Handschriften der Werke Johann Sebastian Bachs in der Musikbibliothek der Stadt Leipzig*, bearbeitet von P. Krause, Leipzig 1964, S. 42.
[10] Schulze Bach-Überlieferung, S. 84 und 87.

Arbeiten, vor dem Jahre 1733, habe ich, weil sie zu sehr jugendlich waren, caßirt."[11] Daß die Vernichtungsaktion sich nicht auf Klavierwerke beschränkte und sicher auch die Autographe der frühen Kammermusik betraf, legt eine Briefstelle von 1786 nahe, in der er ohne Reue berichtet: „… doch habe ich vor kurzem ein Ries u. mehr alte Arbeiten von mir verbrannt u. freue mich, daß sie nicht mehr sind."[12]
Infolge der bewußten Beseitigung der Unterlagen ist von den Jugendwerken Bachs insgesamt sehr wenig erhalten und fast nichts in Gestalt von Originalquellen.[13] Angesichts der weitgehend verwischten Spuren verdient darum die Triosonate BWV 1036 besonderes Interesse, zumal sie eine prominente und für Bach wichtige Gattung vertritt. Da zudem von keinem anderen der sieben Trios, die nach Auskunft des NV ebenfalls 1731 in Leipzig entstanden waren und 1747 in Berlin revidiert wurden, eine Frühfassung erhalten ist, wird BWV 1036 zum exemplarischen Fall für den Umgang des Berliner Hofcembalisten mit den Kammermusikwerken, die er in seinen Leipziger Lehrjahren komponiert hatte.[14]
Eine Gegenüberstellung der beiden Fassungen zeigt deutliche Unterschiede in äußerer Form, Besetzung und Faktur:

Trio d-Moll (BWV 1036)   Trio d-Moll (Wq 145)
für Violine und Cembalo   für Flöte, Violine und Baß
(NV: Leipzig 1731)   (NV: Berlin 1747)

Adagio   (C: 28 Takte)
Allegro   (2/4: 94 Takte)   Allegretto (2/4: 186 Takte)
Largo   (3/4: 43 Takte)   Largo   (3/4: 57 Takte)
Vivace   (3/8: 128 Takte)   Allegro   (2/4: 148 Takte)

In der dreisätzigen Neufassung entfielen die beiden Außensätze Adagio und Vivace der viersätzigen Frühfassung. Wq 145 verzichtet auf eine langsame Einleitung und der Finalsatz wird durch einen neu komponierten ersetzt.[15] Beibehalten wurden die beiden Mittelsätze der Frühfassung, allerdings in

---

[11] C. Wolff, *Carl Philipp Emanuel Bachs Verzeichnis seiner Clavierwerke von 1733 bis 1772*, in: Über Leben, Kunst und Kunstwerke. Aspekte musikalischer Biographie (Festschrift Hans-Joachim Schulze zum 65. Geburtstag), hrsg. von C. Wolff, Leipzig 1999, S. 222 f.

[12] CPEB Briefe II, S. 1135.

[13] Dazu grundlegend U. Leisinger und P. Wollny, „*Altes Zeug von mir*". *Carl Philipp Emanuel Bachs kompositorisches Schaffen vor 1740*, BJ 1993, S. 127–204; zu BWV 1036 siehe S. 174–179.

[14] Zum Repertoire-Zusammenhang und zur Quellenlage siehe CPEB:CW II/2.1 (in Vorbereitung).

[15] Zur thematischen Verwandtschaft des neuen Finale mit dem 2. Satz der Frühfassung vgl. Leisinger/Wollny (wie Fußnote 13), S. 176.

gründlich umgearbeiteter Form, wie allein schon die unterschiedlichen Taktzahlen andeuten. Die viersätzige Frühfassung des Trios enthält insgesamt 293 Takte. Demgegenüber kommt die Neufassung mit der Ausdehnung des Allegro zu einem Allegretto von doppelter Länge, der Erweiterung des Largo um etwa ein Drittel und dem neugeschaffenen Allegro auf insgesamt 391 Takte (ohne Berücksichtung der Wiederholung beider Hälften des Finalsatzes). Mit der wesentlich umfangreicheren Neufassung verschoben sich die Proportionen des Werkes in Richtung zweier gleichgewichtiger, kontrastierender und dennoch aufeinander bezogener Außensätze, die einen in seiner Substanz deutlich aufgewerteten Mittelsatz umrahmen.

Obgleich die übrigen Leipziger Trios, deren Neufassungen von 1747 vorliegen, in ihrer ursprünglichen Fassung nicht erhalten sind, belegen die Berliner Umarbeitungen den grundsätzlichen Verzicht auf die Viersätzigkeit zugunsten einer dreisätzigen Form mit deutlichem Trend zu breiterer Entfaltung der Einzelsätze. Dabei läßt sich nicht behaupten, daß bei den Leipziger Kompositionen mit vermutlich durchgängig viersätziger Anlage grundsätzlich die langsamen Einleitungen gestrichen wurden. Denn die Satzfolge der Triosonate in G-Dur (Wq 144) lautet beispielsweise Adagio – Allegro – Presto, wobei offen bleibt, ob nicht das Adagio auf die Fassung von 1731 zurück geht. Jedenfalls vermeidet Bach grundsätzlich eine schematische Satzfolge schnell – langsam – schnell. Seine Trios gleichen in dieser Beziehung den entsprechenden Berliner Werken etwa der Brüder Johann Gottlieb und Carl Heinrich Graun, seiner Amtskollegen in der preußischen Hofkapelle.[16]

Die Frühfassung von Carl Philipp Emanuel Bachs d-Moll-Trio erweist, daß sich der junge Komponist seinerzeit offenbar weniger für die Satzfolge als solche interessierte und auch die traditionelle Viersätzigkeit gar nicht erst infrage stellte, sondern darum bemüht war, jedem einzelnen Satz ein charakteristisches Profil zu verleihen. Der ausdrucksbetonte langsame Eingangssatz von BWV 1036 beginnt denn auch auf höchst originelle Weise mit einem Motiv, das die einleitende Idee eines kurzen Oberstimmenkanons mit einem auskomponierten Decrescendo verbindet und danach den Dialog der sich gegenseitig imitierenden Diskantstimmen fortspinnt:

---

[16] Daß Johann Sebastian Bach in seinem 1747 als Teil des dem preußischen König gewidmeten Musikalischen Opfers (BWV 1079) entstandenen c-Moll-Trio die Viersätzigkeit bevorzugte, muß jedoch nicht dem Generationenwechsel zugeschrieben werden. Denn auch der alte Bach schrieb sehr wohl dreisätzige Sonaten, doch mag ihm im Musikalischen Opfer wichtig gewesen sein, die Bearbeitung des königlichen Themas in den verschiedensten Anwendungen zu zeigen.

C. P. E. Bachs Trio in d-Moll (BWV 1036/Wq 145) 181

Nicht weniger apart ist das Satzende des Adagios. Mit dem drittletzten Takt gibt der Baß seine bis dahin stabile Stützfunktion auf und pausiert. Dann greift er zum einzigen Mal im ganzen Satz die Motivik der kurz zuvor unbegleitet schwebenden Oberstimmen auf und leitet über in die Schlußkadenz mit Oberstimmenecho:

Was 1731 dem jungen Bach als durchaus innovative Lösung für einen langsamen Sonatensatz gelang, entsprach fünfzehn Jahre später nicht mehr seinen von der stilistischen Atmosphäre des preußischen Hofes geprägten Vorstellungen: Zuviel Kontrapunktik und zu wenig expressiv-melodischer Schmelz, wie ihn etwa das einleitende Adagio von Wq 144 bietet. Hier beginnt die Violine mit einem ausgedehnten Solo, das in Takt 7 von der Flöte fortgesetzt wird – durchaus auch kontrapunktisch gearbeitet, aber mehr Zusammenhang stiftend:

Ob der Satz Wq 144/1 bereits 1731 entstanden war und 1747 lediglich erneuernd redigiert wurde, bleibt unbekannt. Denkbar ist es durchaus, denn die Begabung des jungen Carl Philipp Emanuel für eine expressiv aufblühende Melodik wird belegt durch die vergleichbare Faktur des affettuosen F-Dur-Largo von BWV 1036, auch wenn dessen Seufzerfiguren ein wenig anders geartet sind:

Frappierend an dem F-Dur Satz von 1731 ist jedoch sein überraschender und harmonisch raffinierter Schluß, der mit einem unvermittelten Wechsel nach f-Moll einsetzt und auf eine Dominant-Septimen-Fermate hinsteuert. Die dynamisch zurückgenommene, solokadenzmäßige Fortsetzung in Form eines viertaktigen chromatischen Oberstimmenkanons führt zu einem Doppelschluß – zunächst in f-Moll, sodann mit plötzlicher Aufhellung in F-Dur:

Die Neufassung erweitert den Mittelteil dieses Satzes um 14 Takte, jedoch ohne ihn substanziell zu verwandeln. Praktisch unverändert hingegen bleibt das ursprüngliche Satzende von 1731 in den Takten nach der Fermate (in der Neufassung nunmehr reiner Dominant-Dreiklang ohne Septime). Der Schlußabschnitt erhält 1747 eine dynamische und artikulationsmäßige Präzisierung. Auch wird in Takt 53 der Baß geglättet, der an der entsprechenden Stelle der Frühfassung (Takt 39) die Mittelstimme kurz imitierend aufgreift und damit Dezimenparallelen zur Oberstimme erzeugt:

Ein Verzicht auf polyphone Stringenz zugunsten melodischer Eleganz, wie an dieser kleinen Einzelheit zu sehen, gab dem Berliner Bach eine Freiheit, die er sich seinerzeit in Leipzig nicht erlaubte. Zwar hätte selbst der Vater die Baß-Korrektur in Takt 53 vermutlich befürwortet, doch der Kompositionsschüler war offenbar in erster Linie darum bemüht, möglichst viele Gelegenheiten für imitativ-polyphone Ausarbeitung zu suchen und zu nutzen.

Wie eng Vater und Sohn, Lehrer und Schüler, sich musikalisch beieinander fanden, zeigt insbesondere das Allegro der Frühfassung des d-Moll-Trios. Sein Thema ist weitgehend identisch mit demjenigen der Arie „Nun mögt ihr stolzen Feinde schrecken" (BWV 248/62) in h-Moll und 2/4-Takt aus dem Weihnachts-Oratorium von 1734–1735, wie eine synoptische Gegenüberstellung der beiden einheitlich in d-Moll gebotenen Satzanfänge zeigt:

C. P. E. Bachs Trio in d-Moll (BWV 1036/Wq 145)   185

Die Arie BWV 248/62 ist keine Originalkomposition, sondern geht auf eine Parodievorlage – ebenfalls in h-Moll – aus der verschollenen Festkantate BWV 248/VIa (BC A190) zurück, die vermutlich wenige Monate vor dem Weihnachts-Oratorium und jedenfalls noch 1734 entstand.[17] Dieses Datum paßt freilich nicht mit dem im NV genannten Entstehungsjahr 1731 des Trios zusammen. Doch ist die Beziehung zwischen dem Trio des Sohnes und der Arie des Vaters so offenkundig, daß sie kaum mehr als drei Erklärungen erlaubt:

1. Carl Philipp Emanuel ließ sich von der Arie des Vaters als Satzmodell anregen. Arie und Sonate sind sowohl gattungsgeschichtlich wie satztechnisch ohnehin so eng miteinander verwandt, daß eine solche Verbindung durchaus naheliegt. Dann aber müßte die Arie bereits 1731 oder früher entstanden sein. Dies setzt für BWV 248/62 entweder eine Doppelparodie oder die Übernahme aus einem älteren Instrumentalwerk, in jedem Falle aber eine unbekannte Vorgeschichte voraus.
2. Johann Sebastian gab seinem Sohn eine thematische Vorlage zur Ausarbeitung beziehungsweise das Thema entstand im kreativen Dialog zwischen Lehrer und Schüler. Der Hinweis auf das im NV (S. 65) erwähnte verlorene „Trio für die Violine, Bratsche und Baß, mit Johann Sebastian Bach gemeinschaftlich verfertigt" genügt, um diese didaktische Methode Bachs in die Überlegungen einzubeziehen. Selbst wenn die väterliche Hand im d-Moll-Trio nicht unmittelbar eingriff, bleibt seine musikalische Handschrift gleichwohl spürbar.
3. Das Thema war Carl Philipp Emanuels Erfindung und der Vater übernahm die ihm gefallende Idee aus der Sonate des Sohnes, die vielleicht beide ge-

---

[17] Siehe NBA II/6 Krit. Bericht (W. Blankenburg, A. Dürr, 1962) sowie BC A 190.

meinsam als Claviertrio mit Violine musiziert hatten. Komposition und Aufführung gehörten bei den Bachs immer zusammen. Dazu paßt nicht zuletzt die autobiographische Mitteilung Carl Philipp Emanuels: „In der Komposition und im Clavierspielen habe ich nie einen andern Lehrmeister gehabt, als meinen Vater."[18]

Eine eindeutige Entscheidung für eine der Erklärungen ist nicht möglich. Doch beziehen sich alle drei auf die deutliche Nähe der Jugendwerke Bachs zur Musik des Vaters, wenngleich das bewußte Bestreben, Neuland zu betreten, vor allem in den beiden langsamen Sätzen der Triosonate klar zum Ausdruck kommt. Die Abgrenzung bei schnellen Sätzen mit imitativen oder fugierten Einsätzen der konzertierenden Oberstimmen war demgegenüber schwieriger. So verwundert es nicht, wenn der Bach-Sohn das Allegro des d-Moll-Trios in der Neufassung von 1747 völlig anders definierte, ja recht eigentlich umkomponierte. Denn aus dem Allegro wurde ein Allegretto und das streng barocke Thema wurde umgedeutet in eine galante, sprechende Melodie mit differenzierter Artikulation und einem völlig neu gefaßten, am Ausdruckscharakter beteiligten Baßfundament; so war beispielsweise auch die subtile Chromatik (Takt 6ff.) in der Frühfassung nicht vorhanden. Die Einsatzfolge der Oberstimmen ist gleichsam entzerrt, gegenüber der Frühfassung von vier auf acht Takte ausgedehnt und somit von den Terz- und Sextparallelen (auch in BWV 248/62) befreit. Damit wird dem Solovortrag der duettierenden Oberstimmen mehr Raum gegeben, ebenso aber auch deren musikalischer Dialog ausgedehnt und beflügelt – all dies, ohne an der kontrapunktischen Anlage irgendwelche Abstriche zu machen. Die Umformulierung des Themas bot schließlich den Ansatz dafür, den Satz von ursprünglich 94 auf 186 Takte auszudehnen:

---

[18] Dok III, Nr. 779.

Der Komponist hatte in den 1740er Jahren eine musikalische Sprache gefunden, die ihm mehr zu sagen erlaubte. Die Neufassung des d-Moll-Trios um 1747, zugleich dem Jahr des Besuches von Bachs Vater in Potsdam und Berlin und der Entstehung von dessen Musikalischem Opfer (BWV 1079), zeigt deutlich, welch künstlerisches Niveau der Sohn, nunmehr Mittdreißiger, als Komponist vertrat. Vom Vater hatte er nicht nur das technische Handwerk gelernt, sondern auch die Haltung übernommen, selbst sein strengster Kritiker zu sein. Seine musikalische Herkunft brauchte er darum nicht zu verleugnen, aber er hatte seinen eigenen Stil gefestigt.

Das Allegro der Frühfassung bietet einen weiteren Anhaltspunkt, nunmehr die Frage der ursprünglichen Besetzung betreffend. Denn die Mempell-Quelle überliefert ein Werk für Violine und Cembalo, während die Überarbeitung auf ein Trio für Flöte, Violine und Baß zielt. Die maßgeblichen Originalhandschriften für Wq 145 stammen aus der Zeit um 1747 und bestehen aus:[19]

I. der reinschriftlichen Partitur (D-B, *P 357*) mit dem Kopftitel „Sonata a 1 Fl. Trav. 1 Violino e Basso di CPEBach". Ein Kompositionsmanuskript mit Spuren der teilweise tiefgreifenden Umarbeitung ist nicht vorhanden.
II. dem autographen Stimmensatz (B-Bc, *27905 MSM*) mit dem Titelblatt „D. ♭. Sonata | a | 1 Flauto Trav. | 1 Violino | e | Basso | di | CPEBach":
   a. „Flauto Traverso"
   b. „Violino"
   c. „Basso" (beziffert)
   d. „Flauto Traverso e Basso" (dort beziffert, wo die Flöte pausiert)

---

[19] Zur Quellenlage im einzelnen siehe die in Fußnote 14 genannte Edition.

Die Konfiguration der vier Stimmen ermöglicht zwei Aufführungsmodi: a + b + c für Flöte, Violine und Basso continuo; b + c für Violine und Cembalo. Die Aufführungsmöglichkeit als „Claviertrio" für obligates Cembalo mit Violine ist also nach wie vor gegeben, und zwar als Alternative. Für die Frühfassung „à Violino et Clavecin oblig." besteht jedoch keine Aufführungsalternative für ein Oberstimmenduo mit Continuo, denn das Allegro mündet in einen oktavierten Unisono-Ausklang für Cembalo solo mit Schlußakkord:

Der Abschluß des Allegretto Wq 145/3 hingegen stimmt mit den Takten 82 ff. der Frühfassung überein und wirft die Frage auf, ob nicht der Unisono-Schluß der Frühfassung möglicherweise als ein nachträgliches Anhängsel entstand:

Tatsächlich fällt der Schluß des Allegro von BWV 1036 aus der insgesamt strengen Triostruktur des Ganzen heraus und läßt sich kaum anders verstehen, als daß sich der Cembalist-Komponist hier die Freiheit zu einer solistischen Coda nahm – immerhin unter Bezug auf den Themenkopf des Satzes. Johann Sebastian Bach hätte dieses wohl kaum gebilligt, sondern zu diesem Zweck eher die Möglichkeit einer Kadenz vor dem Schlußritornell eingeräumt. Da aber für die Frühfassung des Trios kein Autograph zur Verfügung steht und auch die Vorlage für die Mempell-Abschrift unbekannt ist, läßt sich dieser Punkt nicht definitiv entscheiden. Fest steht allerdings, daß es sich nicht um eine Hinzufügung des Kopisten handelt; die Schlußpartie muß also in der Vorlage vorhanden gewesen sein. Denkbar wäre demnach eine nachträgliche Ergänzung durch den Komponisten, vielleicht im Zusammenhang mit einer besonderen Aufführungssituation, bei der es ihm auf eine bessere Profilierung als Cembalist ankam.

In diesem Zusammenhang stößt Rashid-Sascha Pegahs Darstellung der vermutlich ersten Begegnung des damaligen preußischen Kronprinzen Friedrich mit seinem späteren Hofcembalisten auf besonderes Interesse.[20] Pegah zitiert einen von ihm entdeckten Brief Friedrichs an seine ältere Schwester Wilhelmine vom 8. Juni 1735, in dem es heißt:

> Hier ist gegenwärtig ein Sohn von Bach, der sehr gut auf dem Cembalo spielt. Er ist sehr stark in der Komposition, aber sein Geschmack ist nicht geformt. Es ist auch ein anderer Violinist da, ein Schüler von Spieß,[21] der ziemlich gut und äußerst jung ist, dergestalt daß er sehr große Hoffnungen macht.

Die näheren Umstände der Begegnung sind nicht bekannt. Wahrscheinlich jedoch handelt es sich um einen Besuch Friedrichs in Frankfurt/Oder, wo Bach seit Herbst 1734 ein Collegium musicum leitete. Falls der Kronprinz nicht nur Bach allein, sondern – wie die Briefstelle nahelegt – auch mit einem nament-

---

[20] *Carl Philipp Emanuel Bach und Kronprinz Friedrich in Preußen*, BJ 2008, S. 328–332.

[21] Joseph Spieß war unter Johann Sebastian Bach Konzertmeister der Köthener Hofkapelle.

lich ungenannten Geiger zusammen spielen hörte, „dann wäre an einige der frühen Trios für Violine und obligates Cembalo – etwa Wq 71 und 72 sowie BWV 1036 … zu denken."[22] Mehr als die von Pegah geäußerte Vermutung läßt sich in Ermangelung eines Aufführungsbeleges nicht sagen. Aber die beiden Trios Wq 71–72 sind im NV ebenso wie BWV 1036 mit „Leipzig 1731" datiert und wurden gleichfalls 1746/47 revidiert, behielten allerdings im Unterschied zur Neufassung von BWV 1036 ihre Primärbesetzung als „Claviertrio" – dem von Bach seinerzeit offenbar bevorzugten Aufführungsmodus für Triosonaten. In dieser Hinsicht orientierte er sich am Vorbild der entsprechenden Sonaten J. S. Bachs (BWV 1014–1019), die er sehr viel später noch unter „die besten Arbeiten des seeligen lieben Vaters" zählte.[23]

Ein weiteres frühes Kammermusikwerk, das laut NV in „F[rankfurt]. 1735" komponierte Trio a-Moll, zeigt überdies, daß Bach in Frankfurt dieses Repertoire durchaus pflegte, und stützt damit zugleich die Frankfurter Verbindung mit BWV 1036. Auch wenn die ursprüngliche Fassung des a-Moll-Trios verloren und nur deren Revision Wq 148 erhalten ist, deutet sich hier die Möglichkeit an, daß die unbekannte Vorlage für die Abschrift in der Sammlung Mempell-Preller nicht unbedingt aus der Leipziger Zeit stammen müßte. Ihre Herkunft könnte sich ebenso gut mit dem Collegium-musicum-Kreis der Frankfurter Zeit 1734–1738 erklären lassen. Der Mangel an biographischen Daten zu Mempell verhindert hier die notwendigen Erkenntnisse.

Aber zurück zum Brief des musikalisch gebildeten Kronprinzen. Welche Kompositionen auch immer der junge Friedrich vor dem 8. Juni 1735 gehört haben mag, die Bemerkungen gegenüber seiner Schwester über Stärken und Schwächen des nur zwei Jahre jüngeren Bach-Sohnes zeugen von ausgeprägt kritischem musikalischen Urteilsvermögen, selbst wenn Geschmack als solcher kein präzises Kriterium darstellt. Immerhin aber hielt auch Bach es für notwendig, die betreffenden Werke jener Jahre gründlich zu erneuern, das heißt nicht nur kompositionstechnisch zu verbessern, sondern auch einer neuen musikästhetischen Ebene anzupassen, mit der er sich in den 1740er Jahren identifizierte. Ein Vergleich der Neufassung des d-Moll-Trios mit seiner früheren Gestalt bietet hierzu konkrete Anhaltspunkte, wie sie anderweitig kaum greifbar sind.

---

[22] Ebenda, S. 331.
[23] Dok III, Nr. 795.

KLEINE BEITRÄGE

Johann Sebastian Bachs Himmelfahrts-Oratorium und Picanders Geburtstagskantate für „Herrn J. W. C. D."

Verschollene Vorlagen erhaltener Werke – und vice versa – aufzuspüren, gehört seit langem zu den Standardaufgaben der Bach-Forschung. Klassische Beispiele aus dem 19. beziehungsweise 20. Jahrhundert bilden die Erkenntnisse Wilhelm Rusts (1870) über den Zusammenhang von Trauer-Ode und Markus-Passion sowie Friedrich Smends Nachweis (1942) der von ihm so genannten „Schäfer-Kantate", der *Tafel-Music* „Entfliehet, verschwindet, entweichet, ihr Sorgen", als Urbild des Oster-Oratoriums.[1] Maßgebend für den letztgenannten Textfund war die Beschäftigung mit der 1727 bis 1751 erschienenen fünfbändigen Sammlung von *Ernst-Schertzhafften und Satyrischen Gedichten* aus der Feder des Leipziger Postsecretarius Christian Friedrich Henrici („Picander", 1700–1764). Smends Vorbild folgend, ist seither verschiedentlich und mit wechselndem Erfolg versucht worden, verlorengegangene Werke Bachs wenigstens textlich zu dokumentieren, wobei die Sammelbände Picanders hierzu besonders eingehend befragt wurden. Quellenfunde in jüngerer Zeit haben einschlägige Mutmaßungen teils bestätigt, teils auch widerlegt.[2]

Smend selbst unternahm bereits 1950 einen zweiten Anlauf, um nach der Vorgeschichte des Oster-Oratoriums auch diejenige des Himmelfahrts-Oratoriums zu klären und so zu vertieften Kenntnissen über das Verhältnis von Text und Musik in diesem nicht unproblematischen Werk zu gelangen.[3] In einer Dichtung Johann Christoph Gottscheds konnte er in der Tat zwei Arientexte aufspüren, die seitdem als unbezweifelbare Vorlagen für die Arien „Ach bleibe doch, mein liebstes Leben" und „Jesu, deine Gnadenblicke" gelten und damit die Möglichkeit eröffnen, die für die Hochzeit von Peter Hohmann d. J. und Christiana Sibylla Mencke am 27. November 1725 bestimmte Kantate „Auf!

---

[1] BWV 249a und 249 beziehungsweise BC G 2 und D 8. Vgl. F. Smend, *Neue Bach-Funde*, in: Archiv für Musikforschung 7 (1942), S. 1–16; Neudruck in: F. Smend, *Bach-Studien. Gesammelte Reden und Aufsätze*, hrsg. von C. Wolff, Kassel 1969, S. 137–152.

[2] Vgl. K. Häfner, *Eine Kantatendichtung Picanders und ihr Komponist*, Mf 46 (1993), S. 176–180; H. Tiggemann, *Unbekannte Textdrucke zu drei Gelegenheitskantaten J. S. Bachs aus dem Jahre 1729*, BJ 1994, S. 7–22.

[3] F. Smend, *Bachs Himmelfahrts-Oratorium*, in: Bach-Gedenkschrift 1950, hrsg. von K. Matthaei, Zürich 1950, S. 42–65, Neudruck in: Bach-Studien (wie Fußnote 1), S. 195–211.

süß-entzückende Gewalt" für das Œuvre des Thomaskantors zu reklamieren. Als weniger überzeugend erwies sich hingegen Smends Versuch, den Eingangssatz „Lobet Gott in seinen Reichen" dem Finalsatz („Kommt, ihr angenehmen Blicke") aus einem Kantatentext Picanders „Auf den Geburts-Tag Hn. J. W. C. D." zuzuordnen und so eine weitere verlorengegangene Bach-Kantate nachzuweisen. Einer kurzgefaßten Kritik an dieser neuen Hypothese (1951) ließ Alfred Dürr 1962 eine ausführliche Widerlegung folgen,[4] nach der – wie André Pirro 1907 zuerst vermutet hatte – das wirkliche Urbild im Eingangssatz der Thomasschul-Kantate „Froher Tag, verlangte Stunden" aus dem Jahre 1732 zu sehen sei. Werner Neumann konnte sich im Unterschied hierzu niemals dazu durchringen, die genannte Geburtstagskantate endgültig aus dem Verzeichnis verlorener Werke Bachs zu streichen,[5] während der zuständige Kritische Bericht der Neuen Bach-Ausgabe[6] die fragliche Picander-Dichtung von vornherein ignoriert hat. Zur allgemeinen Verunsicherung mag beigetragen haben, daß sich für das Rätsel um die Namensbuchstaben J. W. C. D. bislang keine Lösung abzeichnete.

In der Tat erwies der gesuchte „große Unbekannte" sich als merkwürdig resistent gegen Versuche zu seiner Enttarnung. Sofern er eine akademische Ausbildung genossen hätte, wäre die Durchsicht gewisser Universitätsmatrikeln (Leipzig, Halle/Saale, Jena, Erfurt, Helmstedt, Frankfurt/Oder, Altdorf) sicherlich von Erfolg gekrönt gewesen und hätte einen (im Blick auf Picanders Reimkunst offenbar einsilbigen) Zunamen nebst drei Vornamen sowie Datum und Herkunftsort zutage gefördert – nicht weniger, aber auch nicht mehr. Dieses mühsame Geschäft erübrigte sich jedoch, nachdem der Gesuchte überraschend im Umfeld des Leipziger Thomaskantors aufgetaucht war. Auf seine Spur führten die im Jahre 2000 auszugsweise veröffentlichten „Briefentwürfe des Johann Elias Bach" und insbesondere deren Kommentierung.[7] Johann Elias Bach (1705–1755), Johann Sebastians Vetter aus Schweinfurt, hatte nach der wohl finanziell bedingten vorzeitigen Beendigung seines 1728 in Jena begonnenen Theologiestudiums sich eine Reihe von Jahren durchschlagen müssen, vermutlich mit der üblichen Beschäftigung „abgebrochener

---

[4] A. Dürr, *Der Eingangssatz zu Bachs Himmelfahrts-Oratorium und seine Vorlage*, in: Hans Albrecht in memoriam. Gedenkschrift mit Beiträgen von Freunden und Schülern, hrsg. von W. Brennecke und H. Haase, Kassel 1962, S. 121–126, Neudruck in: A. Dürr, *Im Mittelpunkt Bach. Ausgewählte Aufsätze und Vorträge*, hrsg. vom Kollegium des Johann-Sebastian-Bach-Instituts Göttingen, Kassel 1988, S. 109 bis 114.

[5] W. Neumann, *Handbuch der Kantaten Johann Sebastian Bachs*. 4. revidierte Auflage, Leipzig 1971, S. 263; ders., *Sämtliche von Johann Sebastian Bach vertonte Texte*, Leipzig 1974, S. 211, 319; NBA I/39 Krit. Bericht (W. Neumann, 1977), S. 10.

[6] NBA II/8 Krit. Bericht (P. Brainard, 1987).

[7] LBzBF 3, S. 172f., 174f., 275f.

Studenten", also als „Informator" (Hauslehrer). Erst nach seiner spätestens im Herbst 1737 zustande gekommenen Indienstnahme als Sekretär des Thomaskantors sowie als Erzieher von dessen jüngeren Kindern hatte er – nunmehr an der Alma mater Lipsiensis – seine Ausbildung wiederaufnehmen können. Seitdem lebte er in der Hoffnung, über kurz oder lang eine Anstellung in seiner fränkischen Heimat zu erlangen. Gegen die Zumutung, erneut als „Informator" tätig werden zu sollen, wehrte er sich allerdings mit Händen und Füßen. Gleichwohl wurden entsprechende Anfragen immer wieder an ihn herangetragen, so auch zur Leipziger Michaelismesse 1741, als ein Kreissteuereinnehmer namens Teichmann ihm – offenbar mündlich – eine „station à 24 rthl. mit der Hoffnung auf Beförderung" „bey dem Herrn Hoffrath und Amtmann in Langensalza" offerierte. Johann Elias Bach erbat sich Bedenkzeit, formulierte am 21. Oktober 1741 jedoch einen Absagebrief mit Hinweisen auf seinen Kontrakt mit Johann Sebastian Bach nebst der dort vereinbarten Kündigungsfrist[8] sowie auf ein Stipendium aus Schweinfurt, das ihn für ein halbes Jahr an Leipzig band. Wenn in seinem Briefkonzept von einem „Herrn Hoffrath Tumpf in Langensalza" die Rede ist, so mag es sich bei dieser Namensform um eine zulässige Variante handeln; denkbar wäre aber auch, daß Johann Elias Bach die ihm übermittelte Version als mundartlich gefärbt angesehen und sie geflissentlich durch eine als „hochdeutsch" empfundene Lesart ersetzt hätte. Über die Söhne des Amtmanns, deren Erziehung Johann Elias Bach hatte übernehmen sollen, war auch der Name des Vaters festzustellen – Johann Wilhelm Carl Dumpff, auf die Initialen reduziert J. W. C. D.

J. W. C. Dumpff entstammt einer Pfarrersfamilie, die im Herzogtum Sachsen-Eisenach beheimatet war.[9] Sein Vater Johann Christian Dumpff (1667–1722), geboren in Altenkirchen/Westerwald (als Teil der Grafschaft Sayn ehedem zu Sachsen-Eisenach gehörend), gestorben als Superintendent im thüringischen Allstedt, hatte nach dem Schulbesuch in Eisenach und dem Studium in Leipzig, Gießen und Jena 1688 die Stelle eines Hofdiakons in Altenkirchen angetreten. Hier wurde am 17. August 1693 sein Sohn Johann Wilhelm Carl getauft; Geburtstag dürfte der 15. August gewesen sein – passend zu Picanders Datierung „Den 15. Aug. 1726." Entsprechend der Stellung des Vaters in der Nebenresidenz Altenkirchen nennt der Taufeintrag von 1693[10] illustre Paten: Außer einem Hofrat Kunz sind dies Johannetta geborene Gräfin zu Sayn

---

[8] Vgl. auch Dok II, Nr. 494.
[9] *Thüringer Pfarrerbuch*, Bd. 3: *Großherzogtum Sachsen(-Weimar-Eisenach) – Landesteil Eisenach –*, hrsg. von der Gesellschaft für Thüringische Kirchengeschichte, bearbeitet von B. Möller et al., Neustadt/Aisch 2000 (Schriftenreihe der Stiftung Stoye. 35.), S. 130 f.
[10] Archiv der Evang. Kirche im Rheinland. Ev. Archivstelle Boppard, *KB 165/1* (luth. Gemeinde Altenkirchen), S. 6. Freundliche Mitteilung von Dr. Andreas Metzing, Boppard.

(1626–1701), Witwe des Herzogs Johann Georg I. von Sachsen-Eisenach (1634–1686, regierend ab 1672), deren Sohn Herzog Johann Wilhelm (1666–1729, regierend ab 1698 als Nachfolger seines Bruders Johann Georg II.) sowie die Enkelin Prinzessin Wilhelmine Caroline (1683–1737) geborene Markgräfin von Brandenburg-Ansbach. Die Letztgenannte, Tochter von Johannettas Tochter Eleonore Erdmuthe Louise (1662–1696) aus deren erster Ehe mit Markgraf Johann Friedrich von Brandenburg-Ansbach, vermählte sich 1705 mit Georg August von Braunschweig-Lüneburg (1683–1760), der ab 1727 als Georg II., Kurfürst von Hannover sowie König von Großbritannien und Irland, regieren sollte.[11]

1702 ging Johann Christian Dumpff als Hof- und Stiftsprediger und Inspektor nach Eisenach und wirkte hier bis zu seiner Berufung nach Allstedt im Jahre 1712, mithin gleichzeitig mit Georg Philipp Telemann vor dessen Wechsel nach Frankfurt am Main. Der Sohn Johann Wilhelm Carl bezog allerdings schon 1710 (Immatrikulation 22./23. August) die Universität Jena und wechselte 1713 (Immatrikulation 30. Mai) an die Universität Halle. Im März 1727[12] sowie im September 1729[13] ist er als Amtmann in Sachsenburg bei Heldrungen (zu Sachsen-Querfurt, einer Seitenlinie des Herzogtums Sachsen-Weißenfels, gehörig) nachweisbar, später wird er als Hof- und Justitienrat in Weißenfels und Amtmann in Langensalza bezeichnet. Als königlich-polnischer und kurfürstlich-sächsischer „wohlbestalter Amtmann alhier" sowie „hochbestallt gewesener Hof-und Justitien Rath" zu Sachsen-Weißenfels verstarb er „plötzlich" am 7. Februar 1754 und wurde drei Tage später mit einer „solennen Leichenprocession" zu Grabe getragen.[14]

Einige familiengeschichtliche Bezüge mögen dieses karge Datengerüst ein wenig anreichern. J. W. C. Dumpff scheint wenigstens zweimal verheiratet gewesen zu sein.[15] Eine Tochter namens Charlotte Augusta Sophie heiratete

---

[11] O. Posse, *Die Wettiner. Genealogie des Gesamthauses Wettin. Mit Berichtigungen und Ergänzungen der Stammtafeln bis 1993 von M. Kobuch*, Leipzig 1994, Tafel 12.

[12] *Katalog der fürstlich Stolberg-Stolberg'schen Leichenpredigten-Sammlung*, Bd. 2, Leipzig 1928, S. 249.

[13] Vgl. weiter unten (zu Johann Wilhelm Dumpff).

[14] Evang. Kirchengemeinde Bad Langensalza, *Sterberegister St. Stephani 1746–1756*, S. 94. Freundliche Mitteilung von Frau Gabriela Pommerening. An der Kirche St. Bonifacii wirkte vom 29. 7. 1751 bis 1756 Bachs Schüler Johann Christian Kittel als Organist (vgl. Dok III, Nr. 638). Zu St. Stephani ließ er am 17. August 1754 ein Kind taufen, und am 27. November 1755 bewarb er sich – allerdings vergeblich – um die Organistenstelle an dieser Kirche (A. Dreetz, *Johann Christian Kittel, der letzte Bach-Schüler*, Berlin 1932, S. 13).

[15] Vgl. weiter unten die Bemerkung zu Johann Wilhelm Dumpffs „Halbbruder". Auf

1783 den in Langensalza als Oberpfarrer und Superintendent an St. Stephani tätigen Carl Gottlob Leisching (1723 oder 1725–1806),[16] dessen Mutter Martha Maria geborene Schmidt eine Großtante des Dichters Friedrich Gottlieb Klopstock war. Von zwei nachweisbaren Söhnen J. W. C. Dumpffs begann der mutmaßlich jüngere Samuel Carl am 19. Mai 1753 ein Jurastudium an der Universität Wittenberg. Er dürfte identisch sein mit einem Carl Samuel Dumpff (Tempf), der später als Advokat beziehungsweise Sekretär am Landgericht in Wenden/Livland wirkte, danach als Arrendator erwähnt wird und um 1788 gestorben sein soll.[17] Von zwei Kindern aus seiner am 28. Februar 1774 geschlossenen Ehe mit Renata Charlotte Girgensohn[18] erwarb sich die Tochter Karoline Stahl geborene Dumpff (1776–1837) ein gewisses Ansehen als Schriftstellerin, während ihr Bruder Georg Friedrich Dumpff (1777–1849) nach dem Studium in Königsberg und der Promotion in Göttingen Arzt wurde, sich ebenfalls schriftstellerisch betätigte und als Sammler von Dokumenten über Jakob Michael Reinhold Lenz hervorgetreten ist.[19]

Im Unterschied zu diesen verstreuten Nachrichten über die Herkunft der Familie Dumpff sowie über deren livländischen Zweig existiert über den älteren Sohn J. W. C. Dumpffs mit einem von Friedrich Schlichtegroll (1765–1822) verfaßten Nekrolog eine zusammenhängende Darstellung und Charakteristik.[20] Hiernach wurde Johann Wilhelm Dumpff am 8. September 1729 in Sachsenburg geboren und zunächst privatim unterrichtet. Einer seiner Lehrer hantierte einst unvorsichtig mit einem Gewehr, fügte seinem Zögling irreparable Verletzungen an der rechten Hand zu und verließ daraufhin fluchtartig das Haus. Ob dieser überstürzte Abgang das erwähnte Stellenangebot für Johann Elias Bach zur Folge hatte, läßt sich in Ermangelung genauerer Daten nicht sagen. Nach dem beruflichen Avancement des Vaters wurde der Sohn von Langensalza aus zur weiteren Ausbildung nach Schul-

---

weitere Erkundungen in Kirchenbüchern wurde verzichtet, um den Aufwand für den vorliegenden Beitrag in Grenzen zu halten.

[16] Es handelte sich um die dritte Ehe C. G. Leischings. Vgl. *Pfarrerbuch der Kirchenprovinz Sachsen*, Bd. 5, Leipzig 2007, S. 324; H. Gutbier, *Beiträge zur Häuser-Chronik der Stadt Langensalza*, Heft 10, Langensalza [1927], S. 50 f.

[17] W. Lenz (et al.), *Deutschbaltisches biographisches Lexikon 1710–1960*, Köln 1960, S. 178.

[18] G. Girgensohn, *Stammtafeln der Familie Girgensohn*, o. O. 1914, Tab. II, Nr. 22.

[19] K. Goedeke, *Grundriß zur Geschichte der deutschen Dichtung*, 2. Aufl., Bd. 10 (Dresden 1913), S. 135 f., und Bd. 15 (Berlin 1966), S. 109 f. Zu G. F. Dumpff vgl. auch C. L. Gottzmann und P. Hörner, *Lexikon der deutschsprachigen Literatur des Baltikums und St. Petersburgs. Vom Mittelalter bis zur Gegenwart*, Bd. 1, Berlin und New York 2007, S. 374 f.

[20] *Nekrolog der Teutschen für das neunzehnte Jahrhundert*, hrsg. von F. Schlichtegroll, Bd. 1, Gotha 1802, S. 177–188.

pforta geschickt[21] und bezog anschließend (4. Juni 1749) die Universität Wittenberg zum Studium der Jurisprudenz sowie der Beschäftigung mit Sprachen und Schönen Wissenschaften. „Auch schloß er um diese Zeit ein Freundschaftsbündniß mit Lessing."[22] Als weitere Jugendfreunde J. W. Dumpffs nennt Schlichtegroll die Literaten Ewald von Kleist, Johann Arnold Ebert, Nicolaus Dietrich Giseke, Christian Fürchtegott Gellert und Friedrich Gottlieb Klopstock. Nach einer Anstellung in Langensalza sowie Hauslehrertätigkeit in Sonneborn bei Gotha und in Wurzen wurde J. W. Dumpff durch Polycarp August Leisching (1730–1793), einen jüngeren Bruder des obenerwähnten Carl Gottlob Leisching, nach Hamburg eingeladen, um bei der Gründung der (seit 1767 erscheinenden) *Kaiserlich privilegirten Hamburgischen Neuen Zeitung* tätig zu werden.[23] Auch bei den fast gleichzeitig ins Leben gerufenen *Hamburgischen Addreß-Comtoir Nachrichten* war Dumpff beteiligt, und dies in einem solchen Ausmaß, daß Schlichtegroll ihn „als den eigentlichen Stifter derselben" ansehen wollte. Dumpffs Tätigkeit als Redakteur und Rezensent im Umfeld Carl Philipp Emanuel Bachs[24] währte jedoch nur wenige Jahre; eine Anstellung als Pagenhofmeister führte ihn nach Gotha und damit zurück in die thüringische Heimat. Hier wirkte er fast drei Jahrzehnte in Stille und Zurückgezogenheit, fand allerdings des öfteren „Gelegenheit zu kleinen literarischen Beschäftigungen", Beiträgen zu dem jährlich erscheinenden *Gothaischen Hofkalender*, dem *Gothaischen Magazin* und der *Gothaischen gelehrten Zeitung*. Aus seiner Spätzeit sind einige Briefe überliefert, die Georg Benda (1722–1795) nach seinem 1779 erfolgten Ausscheiden aus den Diensten des Herzogs von Sachsen-Gotha aus Ohrdruf beziehungsweise Ronneburg an ihn gerichtet hatte. Dumpff gestattete ihre Aufnahme in Schlichtegrolls Nekrolog für Georg Benda[25] unter der Bedingung, daß der

---

[21] M. Hoffmann, *Pförtner Stammbuch 1543–1893*, Berlin 1893, S. 236, Nr. 6330. Dauer des Schulbesuchs 5. August 1743 bis 10. März 1749.

[22] K. H. Rengstorf, *Claudius und Lessing*, in: G. Schulz (Hrsg.), Lessing und der Kreis seiner Freunde, Heidelberg 1985 (Wolfenbütteler Studien zur Aufklärung. VIII.), erwähnt (S. 181) ein in seinem Besitz befindliches Exemplar von Lessings *Briefen antiquarischen Inhalts* mit einer Dedikation Lessings an J. W. Dumpff. Nachmals gehörte J. W. Dumpff zu den Initiatoren des (in der Bibliothek Wolfenbüttel befindlichen) Lessing-Denkmals von Friedrich Wilhelm Eugen Doell (1750–1836).

[23] LBzBF 4, S. 42, 44, 547; H. Böning, *Deutsche Presse. Biobibliographische Handbücher zur Geschichte der deutschsprachigen periodischen Presse von den Anfängen bis 1815*, Bd. I.3, Stuttgart-Bad Cannstadt 1996, Sp. 2003 f.

[24] Vgl. CPEB Briefe I, S. 148, 150 (Matthias Claudius an Heinrich Wilhelm von Gerstenberg, Juli 1768), sowie M. Claudius, *Botengänge. Briefe an Freunde*, hrsg. von H. Jessen, 2. Auflage Berlin 1965, S. 40.

[25] Briefe aus den Jahren 1783, 1787, 1788 und 1790. Neudruck in: F. von Schlichte-

Adressat ungenannt bliebe. Wenige Jahre vor seinem Tode war es J. W. Dumpff beschieden, „unverhoft den Sohn eines vor vielen Jahren nach Liefland gegangenen Halbbruders bey sich zu sehen und ihn unterstützen zu können" – offenbar den bereits erwähnten Georg Friedrich Dumpff. Während eines Besuchs bei der Familie seiner Schwester verstarb Johann Wilhelm Dumpff am 7. Juli 1801 in Langensalza. Seinen Nachlaß erhielt die Schwester als Alleinerbin mit der Auflage, ihn ohne Nennung des Erblassers wohltätigen Zwecken zuzuführen.

Ob sich in den Hinterlassenschaften der Familie in Langensalza beziehungsweise in Livland Unterlagen befunden haben, die über die Geburtstagshuldigung vom 15. August 1726 für J. W. C. Dumpff, über deren Initiatoren und insbesondere den Komponisten der Kantate „Auf! zum Scherzen, auf! zur Lust" hätten Auskunft geben können, bleibt unbekannt. Der Kontakt der Initiatoren zu Picander als Textdichter ergab sich möglicherweise über dessen Funktion als Librettist der erwähnten „Schäferkantate", die am 23. Februar 1725 in Weißenfels aufgeführt worden sein dürfte. Daß auch auf deren Komponisten – Johann Sebastian Bach – zurückgegriffen worden wäre, folgt daraus freilich nicht. Andere Leipziger, wie Johann Gottlieb Görner, Carl Gotthelf Gerlach oder Georg Balthasar Schott kämen ebenfalls in Frage, dazu Thüringer aus der näheren oder weiteren Umgebung Sachsenburgs, ja sogar eine Verbindung zu Georg Philipp Telemann schiene nicht ausgeschlossen.[26] Insoweit haben die zu J. W. C. Dumpff und seiner Familie ermittelten Daten die Wahrscheinlichkeit einer Beziehung zu Johann Sebastian Bach nicht gerade erhöht.[27] Über eine solche Verbindung wäre derzeit lediglich nachzudenken, wenn Friedrich Smends Hypothese über den Ursprung des Eingangschors zu Bachs Himmelfahrts-Oratorium sich doch noch als stichhaltig erweisen sollte. Aus unterschiedlichen Gründen ist dies aber unwahrscheinlich.

---

groll, *Musiker-Nekrologe*, neu hrsg. von R. Schaal, Kassel und Basel o. J. [1954], hier S. 31 ff. (ohne Erkenntnisse zu J. W. Dumpff). F. Lorenz, *Georg Anton Benda*, Berlin und New York 1971, S. 17, 102, 114 vermutet richtig J. W. Dumpff als Adressaten.

[26] Anläßlich der Rückkehr Herzog Johann Wilhelms von Sachsen-Eisenach von einem mehrmonatigen Aufenthalt in Altenkirchen erklang am 22. August 1722 in Eisenach die *Cantata zur Tafel-Music* „Stimmt die fast verstimmten Saiten" (TVWV 13:5a).

[27] Dieser Auffassung war bereits Arnold Schering, der offenbar als erster auf den J. W. C. D.-Text hinwies; vgl. A. Schering, *Musikgeschichte Leipzigs*, Bd. 3, Leipzig 1941, S. 248 f.

1. Textlicher Befund

Geburtstagskantate 1726   Himmelfahrts-Oratorium 1735

8a Kommt, ihr angenehmen Blicke   8a Lobet Gott in seinen Reichen,
8a Allemal vergnügt zurücke,   8b Preiset ihn in seinen Ehren,
7b Komm noch oft, erwünschter Tag!   7c Rühmet ihn in seiner Pracht;
8c Daß uns, Werter, Dein Gedeihen   8a Sucht sein Lob recht zu vergleichen
8c Lange, lange Zeit erfreuen   8b Wenn ihr mit gesamten Chören
7b Und dich selbst ergötzen mag   7c Ihm ein Lied zu Ehren macht

Auf die Singularität der Reimfolge in der Textstrophe des Himmelfahrts-Oratoriums hat Smend mit Recht nachdrücklich hingewiesen. Aus unerfindlichen Gründen verzichtete er jedoch auf eine Bemerkung zur hiervon abweichenden und keineswegs ungewöhnlichen Anlage der Textstrophe von 1726. Unterschiede sind auch hinsichtlich einer parataktischen Abfolge beziehungsweise einer Verknüpfung der einzelnen Verse zu konstatieren. In der Strophe des Himmelfahrts-Oratoriums folgen auf die ersten drei Verse mit ihren unverbundenen Aufforderungen (1; 2; 3) drei miteinander verknüpfte Verse (4–6). Hieran änderte sich auch nichts, wenn – was vorstellbar wäre – die Verse 2 und 4 miteinander vertauscht würden und so die Allerwelts-Reimfolge a-a-b-c-c-b entstünde. In der Geburtstagskantate findet sich als Abfolge 1–2; 3 sowie 4–6. Noch anders ist die Situation bei der erwähntermaßen von André Pirro zuerst als Vorlage ins Spiel gebrachten Eingangsstrophe der Thomasschul-Kantate von 1732 „Froher Tag, verlangte Stunden": Bei gleicher Reimfolge und Silbenzahl wie in der Geburtstagskantate von 1726 sind dort die Verse inhaltlich wie folgt aufeinander bezogen: 1; 2–3; 4; 5–6. Immerhin weisen die Verse 3 und 6 hier das Reimpaar „macht" „Pracht" auf, das sich – nunmehr in umgekehrter Abfolge – auch in der Strophe von 1735 findet.

2. Musikalischer Befund (nur den Eingangssatz des Himmelfahrts-Oratoriums betreffend).

a. In den Rahmenteilen sind die Verse 2 und 3 gegenüber Vers 1 kompositorisch deutlich unterrepräsentiert und dies ungeachtet der gleichwertigen Textaussage aller drei Verse. Bei der Suche nach einer Parodievorlage wäre dies stärker als bisher zu berücksichtigen.

b. Bis zum Beweis des Gegenteils ist davon auszugehen, daß die Besetzung mit Trompeten und Pauken integraler Bestandteil der kompositorischen Erfindung ist. Ob der Einsatz dieser privilegierten Instrumente für die Kantate „Froher Tag, verlangte Stunden" zur Wiedereinweihung eines umgebauten Schulhauses – Thomasschule, Leipzig, 5. Juni 1732 – ohne weiteres möglich und zulässig war, bleibt immerhin zu fragen. Die Wiederverwendung mit neuem Text zur Namenstagsfeier des sächsisch-polnischen Potentaten („Frohes Volk, vergnügte Sachsen", 3. August 1733) spricht freilich eher für als gegen die Festbesetzung. Für den Geburtstag eines Amtmanns – Sachsenburg(?), 15. August 1726 – kommt dergleichen aber sicherlich nicht in Frage.

c. Die zuerst in Takt 3 auftretenden und den Satz weithin durchziehenden hervorprellenden Synkopen (2 32stel + Achtel punktiert) erwecken nicht den Eindruck, als seien sie nachträglich eingearbeitet worden. Stilistisch sind sie eher den 1730er Jahren als dem vorhergehenden Jahrzehnt zuzuordnen,[28] lassen sich demnach auch nicht ohne weiteres mit einer 1726 entstandenen Komposition verbinden.

Fazit: Das biographische Rätsel um die Namensbuchstaben J. W. C. D. ist gelöst, der Kantatentext „Auf! zum Scherzen, auf! zur Lust" hat nach menschlichem Ermessen mit Bach nichts zu tun, über das Verhältnis von Text und Musik im Eingangssatz zu Bachs Himmelfahrts-Oratorium bleibt weiter nachzudenken.

Hans-Joachim Schulze (Leipzig)

---

[28] Vgl. G. Herz, *Der lombardische Rhythmus in Bachs Vokalschaffen*, BJ 1978, S. 148–180.

Archäologische Funde aus den mutmaßlichen Gräbern von Johann Sebastian und Anna Magdalena Bach

I.

Mit dem Inhalt eines Glaskästchens aus dem Archiv der Leipziger Nikolaikirche, das zwei Eichenholzsplitter, ein gewölbtes Metallstück, ein kleines Schloß und einen Fingerhut enthält (siehe Abb. 1), ist eine Geschichte verbunden, die sich auf einem schmalen Grat zwischen Indizien und Spekulation bewegt. Die Spur dieser rätselhaften Fundstücke führt zu der 1894 vorgenommenen Suche nach dem Grab Johann Sebastian Bachs auf dem alten Johannisfriedhof, das bekanntermaßen schon Robert Schumann 1836 suchte, jedoch nicht finden konnte.[1] Johann Friedrich Rochlitz, der bereits im Jahr 1800 geäußert hatte, es sei „umsonst … Sebastian Bachs Ruhestätte … in Leipzig ausforschen zu wollen", hätte allerdings mit der Hilfe von Bachs jüngster Tochter Regina Susanna, die noch in Leipzig lebte, das Grab ohne große Mühe ausfindig machen können.[2] Mit dem Tod der letzten in Leipzig verbliebenen Nachfahren Bachs 1818 dürften die Informationen über seine Grabstelle, die niemals durch einen Stein oder ein Kreuz markiert worden war, äußerst rar geworden sein. So überrascht es kaum, daß in der ersten Veröffentlichung über den Johannisfriedhof 1836 das Grab Bachs nicht einmal erwähnt wird.[3] Acht Jahre später erschien ein weiteres Büchlein über den Friedhof, worin nun immerhin vermerkt wurde: „… unmöglich war es, das Grab von Johann Sebastian Bach … zu ermitteln."[4] Felix Mendelssohn Bartholdys Engagement für Bach – wie das von ihm gestiftete und 1843 enthüllte Bach-Denkmal und seine Konzerte – hatte zweifellos das allgemeine Interesse an dem ehemaligen Thomaskantor gefördert. Die im Laufe des 19. Jahrhunderts stetig wachsende Sensibilisierung für die Musik und die Person Bachs sowie der bevorstehende Neubau der Johanniskirche auf dem alten Johannisfriedhof veranlaßten den Kirchenvorstand von St. Johannis 1894 schließlich, die Suche nach dem Grab aufzunehmen. Eigens für dieses Projekt wurde eine Kom-

---

[1] R. Schumann, *Monument für Beethoven*, in: Neue Zeitschrift für Musik 4, Nr. 51 (24. Juni 1836), S. 212.
[2] Dok III, Nr. 1032. Nur wenige Wochen später veröffentlichte Rochlitz den Spendenaufruf für Regina Susanna Bach (1742–1809); es bestanden offensichtlich persönliche Kontakte (siehe Dok III, Nr. 1034 und 1044).
[3] C. C. C. Gretschel, *Der Friedhof bei St. Johannis*, Leipzig 1836.
[4] H. Heinlein, *Der Friedhof zu Leipzig*, Leipzig 1844, S. 202.

mission gebildet, der unter anderem der Leipziger Professor der Anatomie Wilhelm His, der Bildhauer Carl Seffner und der Historiker Gustav Wustmann angehörten. Die Ergebnisse der Grabungen und Untersuchungen veröffentlichte His im Auftrag der Kommission 1895 in einem Bericht an den Rat der Stadt Leipzig.[5]

His nennt in seinem offiziellen Bericht einen Anhaltspunkt für die Auffindung der Gebeine, aufgrund dessen das Grabungsareal sich wesentlich eingrenzen ließ: „Nach der bestehenden Ueberlieferung sollte ... Bach sechs Schritte geradeaus von der Thüre an der Südseite der Kirche beerdigt worden sein".[6] Eine Quelle für diese Überlieferung wird allerdings nicht genannt. Wustmann, der kurz zuvor einen eigenen Beitrag zum Thema „Bachs Grab" veröffentlicht hatte, stand dieser „angeblichen Tradition" sehr kritisch gegenüber. Durch ihn erfahren wir immerhin Näheres über ihr Zustandekommen: „Ein Mann von fünfundsiebzig Jahren – es ist der in Leipzig allbekannte Lokalhistoriker des Leipziger Tageblatts ... soll kürzlich erzählt haben, daß ihm, als er fünfzehn Jahre alt gewesen sei, ein damals neunzigjähriger Gärtner die Grabstelle Bachs gezeigt habe. Von der kleinen Thür an der Südseite der Kirche sechs Schritte geradeaus – dort sei das Grab gewesen."[7] Die „kürzlich" erfolgte Mitteilung des ungenannten „Lokalhistorikers" erschien allerdings bereits neun Jahre zuvor – mit kleinen Abweichungen – in der *Leipziger Zeitung* vom 21. März 1885:

Nun kann aber Correspondent aus eigener Erfahrung mittheilen, daß vor länger als fünfzig Jahren ein über achtzig Jahre zählender Leipziger Einwohner, ein Gärtner, ihm an Ort und Stelle genau den Platz gezeigt hat, wo Bach's Gebeine ruhen. Derselbe befindet sich dem südlichen Eingange zur Kirche gegenüber, in einer Entfernung von etwa sechs Schritten. ... Die vom Rathe jetzt aufgestellte Gedächtnißtafel ist, nach angegebener Hinweisung, demnach an ganz richtig gewählter Stelle der Kirchenwand angebracht.[8]

---

[5] W. His, *Johann Sebastian Bach. Forschungen über dessen Grabstätte, Gebeine und Antlitz. Bericht an den Rath der Stadt Leipzig,* Leipzig 1895 (Ebenfalls von His: *Anatomische Forschungen über Johann Sebastian Bach's Gebeine und Antlitz nebst Bemerkungen über dessen Bilder. Des XXII. Bandes der Abhandlungen ... der Königl. Sächsischen Gesellschaft der Wissenschaften,* Leipzig 1895).

[6] His (wie Fußnote 5), S. 4.

[7] G. Wustmann, *Bachs Grab*, in: Die Grenzboten 53, Nr. 42 (Leipzig 1894), S. 118.

[8] *Erste Beilage zur Leipziger Zeitung*, Nr. 67 (21. März 1885), S. 1000, unter „Kunst und Wissenschaft". Die Gedenktafel an der Südwand der alten Johanniskirche wurde nicht unmittelbar neben der Kirchentür sondern etwas östlich versetzt angebracht. Sie ist auf Photographien aus der Zeit vor deren Abriß 1894 erkennbar. Das vermutete Bach-Grab befand sich etwa zwischen der Tür und der Gedenktafel (siehe His, wie Fußnote 5, Skizze auf S. 5).

Wustmann nennt diese Überlieferung „ungeschickt erfunden", mit der Begründung: „Vor sechzig Jahren, im Jahre 1834, hat weder ein fünfzehnjähriger Junge nach Bach fragen, noch ein neunzigjähriger ‚Gärtner' eine solche Frage beantworten können."[9] Hier urteilt Wustmann offensichtlich nach eigener Befindlichkeit, denn völlig ausgeschlossen wäre eine solche mündliche Überlieferung nicht. Ungeachtet der Einwände Wustmanns wurde in dem spezifizierten Areal nach dem Grab gesucht.[10]

Neben dieser eher vagen mündlichen Überlieferung gibt ein Vermerk in den Rechnungen zu Bachs Beerdigung klare Auskunft über die Beschaffenheit seines Sarges: „wegen Herrn Johann Sebastian Bachs eichenen Sarg".[11] Während in dem Grabungsfeld Überreste von zahlreichen Kiefernholzsärgen gefunden wurden, kamen Fragmente von nur drei Eichenholzsärgen zum Vorschein. Nach Beurteilung von His gehörten die sterblichen Überreste aus einem dieser Eichensärge „einem älteren, keineswegs sehr grossen, aber wohlgebauten Manne".[12] Aufgrund weiterer Untersuchungen und durch die Arbeiten des Leipziger Bildhauers Carl Seffners kam His zu dem Schluß: „Die Uebereinstimmung zwischen den wesentlichen Eigenschaften des Schädels und denen der Bilder [in erster Linie das des authentischen Bach-Porträts von Elias Gottlob Haußmann] ist aber entscheidend festgestellt, nachdem es Herrn Seffner gelungen ist, über dem Schädelabgusse, unter strenger Innehaltung eines für die Gesichtsoberfläche anatomisch festgestellten Systems von Punkten, die charakteristisch portraitähnliche Büste von Joh. Seb. Bach zu formen."[13]

Ungeachtet der mageren Anhaltspunkte gelangte die Kommission am 8. März 1895 zu folgendem „Schlussurtheil", das nun auch Wustmann unterzeichnete: „Die Annahme, dass die am 22. October 1894 an der Johannis-Kirche in einem eichenen Sarge aufgefundenen Gebeine eines älteren Mannes die Gebeine von Johann Sebastian Bach seien, ist in hohem Grade wahrscheinlich."[14] Die Untersuchungen wurden nach damaligen Maßstäben und Möglichkeiten zwar relativ gut dokumentiert,[15] doch würden sie heutigen Anforderungen

---

[9] Wustmann (wie Fußnote 7), S. 118.
[10] Graphische Darstellung des Grabungsareals bei His (wie Fußnote 5), S. 5; siehe auch R. Ludewig, *Johann Sebastian Bach im Spiegel der Medizin*, Grimma 2000, S. 53.
[11] Dok II, Nr. 610; Wustmann (wie Fußnote 7), S. 124.
[12] His (wie Fußnote 5), S. 6. Die Gebeine in den beiden anderen Eichensärgen kamen für His nicht in Frage. In einem war eine junge Frau begraben worden, der andere Sarg enthielt „einen völlig zerquetschten Schädel", der „für uns ausser Betracht fällt".
[13] Ebenda, S. 16. Diese Büste sollte zugleich eine Vorarbeit für Seffners späteres, 1908 auf dem Thomaskirchhof aufgestelltes Bach-Denkmal werden.
[14] Ebenda.
[15] His (wie Fußnote 5); Ludewig (wie Fußnote 10), S. 55. Mit beißender Ironie re-

kaum mehr genügen. Die ursprünglich für 1898 vorgesehene Beisetzung der aufgefundenen Gebeine anläßlich der Versammlung der evangelischen Kirchengesangvereine Deutschlands in Leipzig wurde aus verschiedenen Gründen verschoben, so daß sie erst am 16. Juli 1900 in einem einen Zinksarg umschließenden Sarkophag in der Gruft der Johanniskirche ihre neue Ruhestätte fanden.[16]

Ein mögliches Grab Anna Magdalena Bachs wird in dem Bericht von His nicht erwähnt, jedenfalls nicht direkt. Nur in einer Fußnote ist mitgeteilt: „Ueber ihm [den Sarg J. S. Bachs] hatte sich ein Sarg von Kiefernholz befunden."[17] Dem Grabungsbericht ist zu entnehmen, daß J. S. Bachs Sarg 1,77 m tief in die Erde versenkt worden war; mithin befand er sich in einem der sogenannten flachen Gräber.[18] Die Grabstelle war ursprünglich also nicht für ein übereinander liegendes Doppelgrab vorgesehen.[19] Da der Kiefernsarg jedoch nur knapp über dem Eichensarg gelegen haben muß und offenbar zwischen den beiden Bestattungen kein größerer Zeitraum lag, erscheint die Vermutung, daß es sich um das Grab Anna Magdalenas handelte, nicht ganz unbegründet. Doch obgleich diese Auffassung seit der Grabung bestand, fand sie keinen Eingang in die offizielle Dokumentation. Erst 1935 wurde sie in einem Beitrag von Arthur Jubelt in den *Zeitzer Neuesten Nachrichten* schriftlich fixiert.[20] Über das Grab der gebürtigen Zeitzerin schreibt er: „Ihre Ruhestätte fand sie

---

agierte E. Klotz auf die Suche nach Bachs Grab in seinem Beitrag *Das fragwürdige Todtenbein von Leipzig*, Leipzig 1906, der im Selbstverlag von Paul de Wit erschien; siehe auch Ludewig, S. 60.

[16] Stadtarchiv Leipzig, *Acta, die Einladungen zu den Sitzungen des Kirchenvorstandes zu St. Johannis sowie Protocollabschriften enthaltend*, Kap. 41, E. Nr. 6, Bd. 1, Bl. 165, 167v und weitere (*Wiederbestattung betr.*); Ludewig (wie Fußnote 10), S. 58f.; *Acta, Johanniskirche betr.*, Kap. 41, E. Nr. 3, Bd. 3, Bl. 8 und weitere (zu einem Konflikt mit Hugo Licht wegen der Sarkophage, 1900). Die Gebeine des Leipziger Dichters Christian Fürchtegott Gellert (1715–1769) wurden im Oktober 1900 ebenfalls in der Gruft der Johanniskirche wiederbestattet. Gellerts Grab befand sich ursprünglich auch auf dem alten Johannisfriedhof, wo es noch bis zur Umbettung zu erkennen war.

[17] His (wie Fußnote 5), S. 6, Fußnote 1.

[18] Ebenda. Zudem wird vermerkt, daß eine später aufgekommene „Schuttschicht von 60 cm" bei der Berechnung der Grabtiefe nicht berücksichtigt wurde, siehe auch His, S. 4 und 16.

[19] Ein alphabetisch geführtes Doppelgräberbuch der Jahre 1746 bis 1771 (Stadtarchiv Leipzig) ist unter den Buchstaben A und B unvollständig erhalten. Die fehlenden Eintragungen sind jedoch in einer Abschrift überliefert. Der Name Bach ist in dem fraglichen Zeitraum nicht zu finden. Die Lage der flachen Gräber wurde nicht vermerkt; auch daraus ist zu schließen, daß Bach in einem flachen Grab beerdigt wurde. Siehe auch Wustmann (wie Fußnote 7), S. 124f.

[20] A. Jubelt, *Anna Magdalena Bach, die zweite Frau Johann Sebastian Bachs, eine*

an derselben Stelle, wo man 10 Jahre zuvor ihren Mann beerdigt hatte … Nach Feststellungen in den Gräberbüchern aber handelte es sich bei der Frau, deren Sarg in den unteren des Mannes eingebrochen war, um Bachs Frau Anna Magdalena". Was Jubelt hier als Faktum formuliert, scheint jedoch nur auf der bis dahin vierzigjährigen mündlichen Überlieferung zu basieren. In den im Stadtarchiv Leipzig aufbewahrten Gräberbüchern konnten jedenfalls keine dokumentarischen Anhaltspunkte gefunden werden, die diese Aussage bestätigen würden. Obwohl bei der Auffindung der Gebeine diejenigen in dem Kiefernsarg als die sterblichen Überreste Anna Magdalena Bachs angesehen wurden, hielt man es nicht für wert, sie aufzubewahren.

Im Mittelpunkt des Berichts von His stehen verständlicherweise die in dem Eichensarg bestatteten Gebeine. Die erhaltenen Eichenholzsplitter und die anderen Objekte aus dem Eichensarg bzw. aus dem eingebrochenen Kiefernsarg fanden keine Erwähnung. Infolge der somit ausgebliebenen schriftlichen Dokumentation fristeten diese Fundstücke aus den vermuteten Gräbern J. S. Bachs und seiner Ehefrau Anna Magdalena künftig ein Schattendasein.

Nur zwei Anna Magdalena zugeordnete Grabbeigaben wurden 1935 in dem genannten Beitrag von Jubelt erwähnt: „Ihr Sarg enthielt außer den Gebeinen noch einen goldenen Ring mit schwarzem Grubenschmelz und einen Fingerhut …, die heute als kostbares Andenken an Anna Magdalena Bach in der Johanniskirche aufbewahrt werden."[21] Die in einem Glaskästchen verwahrten Fundstücke aus den beiden Gräbern lagerten im Tresor der Johanniskirche und blieben weitgehend unbeachtet. Während des Zweiten Weltkrieges wurde die Johanniskirche stark beschädigt, zuerst in der Nacht von 3. zum 4. Dezember 1943, ein weiteres Mal im Februar 1944. Einige Monate später verfaßte Martin Schumpelt, der das Kirchenbuch von St. Johannis führte, einen Bericht über die Situation und die Maßnahmen zur Sicherung der in dem Tresor aufbewahrten Gegenstände:[22]

Die Kirche, beide Kapellen sind vollständig ausgebrannt, der Kirchturm ist zur Hälfte vernichtet, nur was sich im Heizraum der Kirche befand und was im Geldschrank (Tressor) untergebracht war, ist erhalten geblieben. Nach fast 7 Wochen, am 18. Januar 1944 wurde der Geldschrank durch die Firma R. Wolf & Sohn … in Gegenwart von der Gemeindehelferin Fräulein Maria Quaas und dem Unterzeichneten aufgeschweißt. Im Geldschrank fanden sich vor: …

---

geborene Zeitzerin, in: Unsere Heimat im Bild, Beilage zu den Zeitzer Neuesten Nachrichten und Nebenausgaben, Nr. 91 (1935).

[21] Ebenda, mit Abbildung von Ring und Fingerhut. Siehe auch M. Hübner, *Anna Magdalena Bach. Ein Leben in Dokumenten und Bildern*, Leipzig 2004, S. 106 (zu dieser Zeit galten beide Gegenstände noch als verschollen).

[22] Archiv der Nikolaikirche Leipzig, *St. Johanniskirche 1944–1977*, Akte Nr. 43. Neben dem handschriftlich verfaßten Original von M. Schumpelt enthält die Akte eine gering abweichende anonyme Abschrift.

Nach der Aufzählung mehrerer Abendmahls- und Taufgeräte, Talare und anderem mehr endet die Aufzählung mit dem Hinweis auf „1 Glasvitrine mit Andenken aus dem Grabe J. S. Bach's." Weiter heißt es in dem Bericht:

Am 20. Februar 1944 … wurde die Nordseite der Kirche durch eine schwere Sprengbombe nochmals sehr beschädigt. Die Kirchmauer zum Teil gesprengt und die eisernen Türen zu der Bach-Gellert-Gruft heraus gerissen, das Original des Bachkopfes von Prof. Seffner (halb Gesicht, halb Schädel) vollständig vernichtet, der Sarkophag von Bach leicht beschädigt. Alle aus dem Geldschrank gerettete Gegenstände hatte ich in der Gruft eingeschlossen denn diese war, durch zwei eiserne Türen geschützt, der sicherste Raum. Nach diesem neueren Angriff hatte ich nun am Sonntag den 20. Februar abends alle Gegenstände aus der Gruft nach dem hinteren Heizraum gebracht, denn ein verschließbares Gelaß war nicht mehr da, die Kirchenbücher waren schon dort verwahrt. Am Montag d. 21. 2. holte ich Kelche zum reinigen, am Dienstag d. 22. 2. schickte ich den Kirchendiener Wilhelm Schmidt in den Heizraum der Kirche um verschiedene Sachen nach der Kanzlei Seeburgstraße 21 bringen zu lassen. Er kommt wieder und sagt es sei nur noch 1 Flasche Wein da, alle übrigen Flaschen seien zerschlagen oder leer. Ich überzeugte mich selbst, es fehlte nicht nur der Wein (ca 30 Flaschen) sondern aus der kleinen Vitrine mit den Andenken aus J. S. Bachs Grab der Ring der Magdalena Bach. Sofort erstattete ich Anzeige bei der Polizei im Grassimuseum, habe aber bis Ende Mai nichts wieder gehört.
Leipzig, 1. Juni 1944   Martin Schumpelt

Das Glaskästchen und die anderen zwischengelagerten Gegenstände werden wohl bald aus dem ungesicherten Heizraum in die Kanzlei in der Seeburgstraße gebracht worden sein. 1953 erhielt die Johannisgemeinde, die noch immer auf einen Kirchenneubau hoffte, provisorische Gemeinderäume in der Goldschmidtstraße 14. Dort wurde am 2. Januar 1955 ein Inventar der Besitztümer der Johannis-Kirchgemeinde erstellt, in dem auch „1 Glaskassette aus dem Grab von Joh. Seb. Bach im Geldschrank" vermerkt ist.[23] Die noch viele Jahre eigenständige Gemeinde St. Johannis fusionierte am 1. Januar 1978 mit St. Nikolai, und so gelangte das Kästchen aus der Goldschmidtstraße in das Archiv der Nikolaikirche.

Die Gruft der Johanniskirche blieb bis 1949 von Trümmern verschüttet. Während dieser Jahre lebte eine schon in den 1920er Jahren begonnene Diskussion um eine zukünftige Ruhestätte der Gebeine Bachs erneut auf.[24] Die fast schon legendäre, etwas abenteuerliche Überführung der Gebeine J. S. Bachs aus der Gruft der Johanniskirche in die Thomaskirche erfolgte am 28. Juli 1949 durch

---

[23] Archiv der Nikolaikirche Leipzig, *Inventar-Verzeichnis der Ev.-Luth. Johanniskirche zu Leipzig*, Akte Nr. 45.

[24] P. Daehne, *Eine Bach-Gruft in der Thomaskirche?*, in: Leipziger Neueste Nachrichten, 11. März 1928; Archiv der Nikolaikirche Leipzig, *Bach-Gruft 1945–1948 und Glocken 1917–1969* (betr. Johanniskirche), Akte Nr. 42; siehe auch Ludewig (wie Fußnote 10), S. 61–63.

den Maurermeister Adalbert Malecki.[25] Da diese vorübergehend in der Sakristei von St. Thomas aufbewahrt wurden, bot sich erneut eine Gelegenheit zu ihrer Untersuchung. Der Leipziger Professor der Chirurgie Wolfgang Rosenthal stellte dabei mehrere für Organisten typische Veränderungen am Skelett fest.[26] Diese Erkenntnis wird seither als ein weiteres Indiz für die Identität der Gebeine Bachs gewertet; sie stützt indirekt auch die Identifizierung der Gebeine Anna Magdalena Bachs. Die Fundstücke aus den Gräbern sollen ab März 2010 als Leihgabe der Nikolaikirche in der Schatzkammer des neugestalteten Bach-Museums Leipzig ausgestellt und somit erstmals der Öffentlichkeit zugänglich gemacht werden.

Maria Hübner (Leipzig)

II.

Die folgende Untersuchung zeigt den kulturhistorischen Kontext der genannten Grabfunde auf und unternimmt den Versuch einer Datierung anhand morphologisch vergleichbarer Stücke aus archäologischem Kontext und in Museumsbesitz. Im einzelnen handelt es sich um ein Verschlußblech, einen Fingerring (verschollen), ein Vorhängeschloß und einen Fingerhut, die zusammen mit zwei kleinen Eichenholzstücken in einem gläsernen Kästchen liegen (siehe Abb. 2–3).[27]

Verschlußblech

Das ovale Blech mit einer gleichmäßigen Biegung in Längsrichtung ist 64 mm lang, 35 mm breit und 0,7 mm stark. Es wurde aus einer Kupferlegierung, wahrscheinlich Messing, geschmiedet. Vier eiserne Pflocknieten hielten einen

---

[25] Der Vorgang der Überführung (an Bachs Todestag) ist in zwei, etwas voneinander abweichenden Berichten dokumentiert – dem offiziellen Protokoll der Leipziger Superintendentur vom 3. August 1949 mit Unterschriften unter anderem von A. Malecki (siehe Ludewig, wie Fußnote 10, S. 62) und einem anonymen, undatierten, jedoch detaillierteren maschinenschriftlichen Schreiben (Bach-Archiv Leipzig, Signatur: *R-SM 4/33*).

[26] W. Rosenthal, *Die Identifizierung der Gebeine Johann Sebastian Bachs. Mit Bemerkungen über die „Organistenkrankheit"*, in: Leopoldina, Mitteilungen der Deutschen Akademie der Naturforscher Leopoldina, Reihe 3, 8./9. Jahrgang, Halle 1962/63, S. 234–241.

[27] Für ihre Unterstützung bei der Abfassung dieses Aufsatzes sei Frau Kerstin Wiese und Herrn Christian Jürgens, beide Leipzig, herzlich gedankt.

längs die gesamte Außenseite mittig umspannenden Bügel. Seine Enden laufen in Form rundlicher Erweiterungen zur Aufnahme der Nietlöcher aus. Der Bügel zeigt zu seiner Unterseite hin hochgebördelte Langseiten und zehn quer zur Längsrichtung angeordnete Schlitze mit gerundeten Enden. Die Höhe des Bügelquerschnitts beträgt maximal 2,8 mm. Besser erhaltene Verschlußbleche zeigen, daß in diese Aussparungen ein Haken faßte, so daß der Gegenstand wie ein Gürtelverschluß genutzt werden konnte. Der Haken aus Blech ruhte dabei zwischen dem eigentlichen Verschlußblech und dem genannten Bügel. Einer der Schlitze weist deutliche Gebrauchsspuren durch Zugspannung auf.

In Mitteleuropa sind eine ganze Reihe derartige Verschlußbleche aus Gräbern bekannt. Grundlegend arbeitete Axel Lungershausen über diese Teile der Totenbekleidung.[28] Funde liegen aus der Abtei Liesborn, Landkreis Warendorf (Westfalen), Braunschweig, Wolfenbüttel, Göttingen, Augsburg, Opava/Troppau (Tschechien), Kleinmariazell (Niederösterreich), Klostermarienberg (Burgenland, Österreich)[29] und Risch, Kanton Zug (Schweiz) vor.[30] Ein weiteres sächsisches Verschlußblech stammt aus der Liebenauschen Gruft in Pirna.[31]

Die Verschlüsse fanden sich in Gräbern unterschiedlich vermögender Personen. Das Braunschweiger Stück lag in der Bestattung einer mittellosen Frau, die in schlichter Form auf dem Friedhof des St.-Thomae-Hospitals beigesetzt wurde. Als vermögend kann die Wolfenbütteler Bestattung eingestuft werden. Sowohl Katholiken als auch Lutheraner gehören zu den Bestatteten. Die 14 Verschlüsse aus St. Ulrich und Afra in Augsburg gehörten zu männlichen Verstorbenen. Die Wolfenbütteler Bestattung läßt sich einer historisch bekannten Person, nämlich Salome Dorothea von Heimburg zuweisen, die am 19. Dezember 1684 im Alter von 65 Jahren verstarb und am 29. Januar 1685 in der Kirchengruft der protestantischen Hauptpfarrkirche Beatae Mariae Virginis beigesetzt wurde.[32]

Die Bestattungen in Opava erfolgten in der sogenannten Mährischen Kapelle der St. Wenzelskirche. Die dortige Krypta wurde 1616 angelegt; bestattet

---

[28] A. Lungershausen, *Buntmetallfunde und Handwerksrelikte des Mittelalters und der frühen Neuzeit aus archäologischen Untersuchungen in Braunschweig*, in: Materialhefte zur Ur- und Frühgeschichte Niedersachsens 34, Rahden/Westfahlen 2004, 43–47.

[29] *Fundort Kloster: Archäologie im Klösterreich. Katalog zur Ausstellung im Stift Altenburg*, hrsg. vom Bundesdenkmalamt Österreich, Horn 2000, S. 312 f. (Kat.-Nrn. 28.82–28.83).

[30] Vgl. P. Eggenberger, T. Glauser und T. Hofmann, *Mittelalterliche Kirchen und die Entstehung der Pfarreien im Kanton Zug*, in: Kunstgeschichte und Archäologie im Kanton Zug, Bd. 5, Zug 2008, S. 240 (E. Roth Heege), Abb. 205c.

[31] Stadtmuseum Pirna, Inv.-Nr. *IV 69/1093*, freundliche Mitteilung von Sabine Holtermann, Pirna.

[32] Lungershausen (wie Fußnote 28), S. 43 f. und Anmerkung 155.

wurde ab 1620. Jüngere Bestattungen aus der Zeit nach 1720 bis zur Schließung der Gruft 1760 enthielten keine Verschlußbleche mehr.[33] Der Fund aus St. Verena in Risch gelangte vor einem Kirchenumbau 1680/84 in den Boden. In das Jahr 1685 fällt die Beisetzung in Wolfenbüttel. Der Braunschweiger Spitalfriedhof erbrachte bei einer Grablegungszeit von 1707 bis 1754 den jüngsten Nachweis, so daß eine Datierung des Leipziger Stücks auf die Zeit vom fortgeschrittenen 17. bis in die erste Hälfte des 18. Jahrhunderts erfolgen kann.

Die Braunschweiger und Augsburger Funde lagen im Beckenbereich der Toten. Die Bleche dienten vermutlich als Verschlußmechanismus eines Gürtels, der das Totenhemd im Taillenbereich körpereng zusammenraffte.[34]

Fingerring

Der Fingerring hat die Gestalt eines einfachen Reifes mit flach D-förmigem Profilquerschnitt.[35] Um den Reif verläuft ein Band aus akanthusblattgefüllten Rauten, die Zwickel zwischen den Rauten und dem Außenrand sind wiederum durch gleichartige, vermutlich nielierte Blätter gefüllt. Möglicherweise bilden die Rauten jeweils plane Flächen; dies läßt sich anhand der historischen Abbildungen jedoch nicht eindeutig erkennen. Ähnliche Gestaltungsformen sind an Fingerringen des späten 17. und 18. Jahrhunderts in Privatsammlungen und Museen zu beobachten, die im wesentlichen über die stilistische Ausprägung der Ringköpfe datiert werden.[36]

Vorhängeschloß

Das Vorhängeschloß aus einer Kupferlegierung hat einen annähernd runden, aus zwei Teilen zusammengelöteten Kasten mit einer Höhe von maximal 16,5 mm bei einer Stärke von 4,6 mm. Die Vorderseite, die sogenannte Schloß-

---

[33] V. Šikulová, *Krypta v moravské kapli kostela Sv. Václava v Opavě* [Die Krypta in der mährischen Kapelle der St. Wenzelskirche in Opava], in: Přehled výzkumů 1968 (1970), S. 67–70; und I. Fingerlin, *Die frühneuzeitlichen Bestattungen im Kreuzgang von St. Ulrich und Afra in Augsburg*, in: Die Ausgrabungen in St. Ulrich und Afra in Augsburg 1961–1968, hrsg. von J. Werner, München 1977 (Münchner Beiträge zur Vor- und Frühgeschichte. 23.), Bd. 1, S. 487–518, speziell S. 504.

[34] Bis in die 1960er Jahre hinein existierte in Leipzig eine mündliche Überlieferung, nach der das gewölbte Metallstück als eine Schuhschnalle von Anna Magdalena Bach angesehen wurde (freundliche Mitteilung von Hans-Joachim Schulze); siehe auch Hübner (wie Fußnote 21), S. 106.

[35] Jubelt (wie Fußnote 20), dort Abb. des Ringes (siehe auch Abb. 3).

[36] A. B. Chadour, *Ringe. Die Alice und Louis Koch Sammlung. Vierzig Jahrhunderte durch vier Generationen gesehen*, 2 Bde., Leeds 1994, Bd. 1, S. 253 (Kat.-Nr. 822); dort weitere Parallelen.

decke, wurde zusammen mit den Seitenwänden aus einem Stück gefeilt. Im Außenrand zeigt der Kasten zwei gerundete Erweiterungen zur Aufnahme des Bügels, dessen Durchmesser 2,6 mm beträgt. Der Bügelhalter tritt nicht über den Kasten hervor. Ein Verdeck mit einer Stärke von 1,4 mm überspannt die gesamte Vorderseite. Eigentlich würde der Nutzer unter dem unteren Ende des Verdecks ein Schlüsselloch erwarten, doch das Schloß läßt sich nicht mit einem Schlüssel, sondern durch Verschieben des oberen Verdeckabschnitts öffnen.

Die Rückseite, das so genannte Schloßblech, wurde analog symmetrisch gestaltet, wobei die Rückwand mit den ovalen Erweiterungen und das Verdeck aus einem einzigen Stück Metall gefeilt wurden. Der dort hervorspringende Blechstreifen ist unbeweglich. Der U-förmig gebogene eiserne Bügel weist einen runden Profilquerschnitt von 0,7 mm Durchmesser auf.

Frühe bildliche Darstellungen solcher Schlösser zeigt Henri-Louis Duhamel du Monceau in seiner 1767 in Paris erschienen *Art du serrurier*, die in der Übersetzung von Daniel Gottfried Schreber 1769 zu einem wichtigen Lehrbuch wurde.[37] Dort werden die Fortsätze des Schloßkastens zur Aufnahme des Bügels als Ohren bezeichnet. In der großen Enzyklopädie von Denis Diderot und Jean Baptiste d'Alembert aus den Jahren 1762–1777 werden runde Schlösser ohne die genannten Ohren vorgestellt.[38]

Bei derartig geformten Hangschlössern handelt es sich um frühe Serienprodukte aus dem angehenden 19. Jahrhundert. Diese wurden um 1831 unter der Bezeichnung „Sächsische Löthschlösser" weltweit vertrieben. Zu den Produktionsorten zählten Schmalkalden, Salzungen und Steinbach.[39] Thomas Hölzel bezeichnet sie wegen ihrer runden Gestalt als Radschlösser und zählt sie zu den gewöhnlichsten Schlössern, die fast in allen Gegenden Deutschlands, besonders im Berauner Kreise gefertigt würden.[40] Ein vergleichbares

---

[37] H. L. Duhamel du Monceau, *Art du serrurier*, Paris 1769; deutsche Übersetzung von D. G. Schreber: *Die Schlösserkunst*, Leipzig 1769, S. 359 mit Tafel XXXII, Fig. 3.

[38] D. Diderot und J.-B. d'Alembert, *Encyclopédie, ou Dictionnaire des sciences, des arts et des metiers. Recueil de planches, sur les sciences, les arts libéraux, et les arts méchaniques, avec leur explication*, Paris 1762–1777, Band *Serrurier–Ferronnier*, Tafel XXIX, Fig. 133 (siehe auch *Diderots Enzyklopädie. Die Bildtafeln 1762–1777*, Reprint Augsburg 1995).

[39] T. Hölzel, *Abbildungen von Schlosserwaren im neuesten Wiener, Pariser und Londʻner Stil. Ein Handbuch für Baukünstler, Ingenieurs, Wirthschaftsbeamte, Eisenfabrikanten, Eisenhändler und vorzüglich für Schlosser*, Bd. 2: *Die Sicherheits-Schlösser* (o. O. 1831, Nachdruck Hannover 1983), Heft 6, Tafel 32; sowie M. Scheffold, *Schlüssel und Schlösser aus der Hafengrabung Stade (Niedersachsen)*, maschr. Magisterarbeit, Otto-Friedrich-Universität Bamberg, Bamberg o. J., 86 f.

[40] Hölzel (wie Fußnote 39), Bd. 1, Heft 6, Tafel 31.

Exemplar wurde im alten Hafen von Stade an der Niederelbe gefunden.[41] Weitere Exemplare aus dem 19. Jahrhundert sind in Museumsbesitz überliefert.[42] Der Grundtyp kann heutzutage noch in Westdeutschland bei Schlössern beobachtet werden, die Schrankenanlagen zur Absperrung von Waldwegen sichern.

Fingerhut

Der Fingerhut besteht aus einer Kupferlegierung, wohl Messing, und hat eine leicht konische Gestalt mit gewölbter Kappe (Krone). Seine Höhe beträgt 17,5 mm bei einem Durchmesser von 14,5–18,5 mm und einer Materialstärke von 0,7 mm. Der unverstärkt gestaltete Rand ist durch einen glatten Abschnitt mit zwei kantigen Rillen deutlich von einem gleichmäßig gepunzten Bereich abgesetzt. Die runden Punzen wurden sorgfältig auf Versatz gesetzt. Körper und Krone wurden in einem Stück aus Blech getrieben und anschließend gepunzt. Die Punzen auf der Krone sind ebenso angeordnet wie die auf dem Mantel.

Die kulturgeschichtliche Einordnung von Fingerhüten wird durch einen unzureichenden Forschungsstand erschwert. Fingerhüte wurden schon seit dem 16. Jahrhundert in Großserien für den überregionalen Absatz produziert. Der Leipziger Fund lehnt sich in seiner Grundform an englische Exemplare aus der zweiten Hälfte des 17. Jahrhunderts an.[43] Für eine Datierung auf die erste Hälfte des 17. Jahrhunderts spricht ein Fund aus Amsterdam.[44] Ein weiteres Vergleichsstück wurde in Winchester (Großbritannien) in einer Grabungsschicht aus der ersten Hälfte des 18. Jahrhunderts geborgen.[45] Die Anordnung und die Form der Punzen waren noch bis ins 19. und die erste Hälfte des 20. Jahrhunderts üblich.[46]

Resumee

Zusammenfassend sei festgehalten, daß das Verschlußblech wahrscheinlich Teil der zur Bestattung verwendeten Funeralkleidung war. Der Fingerhut könnte durchaus zu Lebzeiten A. M. Bachs gebräuchlich gewesen sein, wäh-

---

[41] Scheffold (wie Fußnote 39), Tafel 11.6.
[42] Vgl. B. Hoffmann, und J. Mende, *Schloß & Schlüssel. Bestandskatalog der Stiftung Stadtmuseum Berlin Sammlung des Märkischen Museums*, Berlin 1995, passim.
[43] Vgl. B. McConnel, *Fingerhüte. Ratgeber für Liebhaber und Sammler*, Erlangen 1996, S. 25.
[44] J. Baart et al., *Opgravingen in Amsterdam. 20 jaar stadskernonderzoek*, Amsterdam 1977, S. 146, Abb. 147.
[45] M. Biddle, *Object and Economy in Medieval Winchester*, 2 Bde., Oxford 1990 (Winchester Studies. 7.), Bd. 2, S. 811f. und Abb. 235.
[46] Siehe McConnel (wie Fußnote 43), S. 76.

rend das Schloß nicht mit der Beisetzung in Zusammenhang stehen kann. Der Fingerhut und auch der Fingerring könnten absichtlich als Beigabe mit in das Grab gelegt worden sein, denn bis in die erste Hälfte des 19. Jahrhunderts ist in Mitteldeutschland und Brandenburg der Brauch überliefert, dem Toten persönliche Gegenstände mitzugeben,[47] wobei der Aberglaube eine nicht unbedeutende Rolle spielte.

Stefan Krabath (Dresden)

---

[47] C. Gander, *Tod und Begräbnis*, in: Niederlausitzer Mitteilungen 1 (1890), S. 338–344; sowie G. Buschendorf, *Vorgeschichtliche Bestattungsbräuche noch im 19. Jahrhundert*, in: Jahresschrift für mitteldeutsche Vorgeschichte 33 (1949), S. 124–127.

Abb. 1. Glaskästchen mit Grabfunden,
Bach-Archiv Leipzig, Leihgabe der Nikolai-Kirche Leipzig

Abb. 2. Grabfunde: Holzsplitter, Fingerhut, Vorhängeschloß, Verschlußblech

Abb. 3. Grabfunde: Ring und Fingerhut (Foto 1935)

Ein unbekanntes Möbelstück aus dem Besitz Johann Sebastian Bachs

Im Museum des Meißener Doms befindet sich eine eiserne Geldkiste mit einer barocken Malerei auf dem Innendeckel. Die Kiste wurde Mitte der 1990er Jahre mit geöffnetem Deckel im Kassenbereich aufgestellt und zum Spendensammeln eingerichtet. Unbeachtet blieb bislang die Tatsache, daß es sich bei der Bemalung des Innendeckels um das bekrönte Spiegelmonogramm des Siegels von Johann Sebastian Bach handelt. Die Bemalung stammt aus der ersten Hälfte des 18. Jahrhunderts und weist das Objekt als ehemaliges Eigentum Bachs aus.

Die Geldkiste mißt in der Höhe 54 cm, in der Breite 69 cm und in der Tiefe 45 cm. Das rocaillenartig verblendete Schlüsselloch an der Vorderseite ist eine Attrappe. Der bis heute erhaltene Schlüssel muß zum Öffnen der Kiste in die Mitte des Deckels gesteckt werden. Zwei zusätzliche Vorhängeschlösser, die sich ehemals an der Vorderseite befanden, sind nicht erhalten. An der Innenseite des Deckels befindet sich das aufwendige Schloß der Kiste mit elf Riegeln. Vier Riegel schließen zur vorderen Deckelseite, drei zur hinteren und je zwei zu den Seiten. Der Schließmechanismus ist mit einer eisernen Deckplatte verblendet, die mit elf Schrauben an der Innenseite des Deckels befestigt ist. Die Platte ist von etwas kleinerem Format als der Deckel, dabei in den Proportionen auch etwas schmaler (siehe Abb. 1). Die Ecken sind deutlich abgeschrägt, so daß die Platte ein Oktogon bildet. Sie ist vollständig bemalt. Im Zentrum befindet sich das Bach-Siegel in Gold auf einem altrosa Hintergrund und von einem Goldrahmen umgeben. Der verbleibende Rand der Platte ist grün gehalten. In diesem Bereich befinden sich die elf Muttern, mit denen die Platte auf die Gewinde geschraubt ist, die von der Innenseite des Deckels ausgehen. Die Muttern besitzen den gleichen grünen Farbanstrich wie der Rand der Deckplatte und erweisen sich damit als original. Der Goldrahmen des Bildfeldes ist am äußeren wie am inneren Rand leicht abschattiert und folgt an seinen Ecken den Abschrägungen der Platte. Das gemalte Siegel nimmt die volle Höhe des Bildfeldes ein, seitlich dagegen entsteht etwas Freiraum bis zur Rahmung. Das Siegel setzt sich aus fünf Elementen zusammen: in der Mitte das Spiegelmonogramm, darüber die Krone, darunter ein kleines Zierelement und an den Seiten je ein großer Lorbeerzweig.

Die Krone ist perspektivisch in leichter Untersicht dargestellt und besitzt fünf Zinken, die jeweils in einer Art Kreuzblume enden. Der Kronreif ist mit drei Medaillons geschmückt, die äußeren in liegend elliptischer Form, das mittlere in Form einer liegenden Raute. Zwischen den Medaillons ist noch je eine doppelpunktartige Verzierung angedeutet. Vom inneren Teil des Kronreifs ist der besseren perspektivischen Wirkung wegen nur der untere Rand in Gold ausgeführt. Anstelle des eigentlichen inneren Reifs tritt eine Ausmalung mit dem Altrosa des Hintergrunds.

Das Spiegelmonogramm besteht aus den sechs Buchstaben BSIJSB in lateinischer Kurrentschrift, die sich kalligraphisch ausholend in komplizierter Weise über- und hinterschneiden. Jeder Buchstabe ist als zusammenhängende Linie dargestellt. J und S besitzen lediglich einen kurzen zusätzlichen Querstrich. Die Überlagerung der Linien entspricht nicht einem möglichen Schreibverlauf, sondern einer aufwendigen Verflechtung. Das Herz des Monogramms bildet auf diese Weise vier Rauten wie aus einem Korbgeflecht.

Das Zierelement unterhalb des Monogramms abstrahiert vegetabile Formen. Den oberen Teil des gleichsam kreuzförmigen Ornaments bildet ein kleiner Tropfen, die seitlichen Teile je eine geschweifte Blattform, den unteren ein dreigliedriges blütenähnliches Element.

Die Lorbeerzweige, die das Siegel fast in ganzer Höhe seitlich umrahmen, sind spiegelbildlich gemalt. Sie besitzen je 12 Blätter, die zu zweit und zu dritt aus kleinen Verästelungen hervorgehen, aber keinerlei Beeren. Am unteren Ende wenden die Zweige dem Betrachter ihren schrägen Anschnitt zu.

Das gesamte fünfteilige Siegel ist an seinen Rändern schwarz schattiert und durch kurze schwarze Parallelschraffuren insbesondere bei den Lorbeerzweigen aufgelockert. Es entsteht eine plastische Tiefenwirkung, die durch Schatteneffekte noch verstärkt wird. Einer links anzunehmenden Lichtquelle widerspricht lediglich der Schattenwurf am linken Bildrand. Das Spiegelmonogramm wirkt wie eine vergoldete Schmiedearbeit.

Die Untersuchungen zur Bauart der Geldkiste sind derzeit noch nicht abgeschlossen. Eine ausführliche Beschreibung und Einordnung als „Möbelstück" wird in einer späteren Publikation erfolgen, während es an dieser Stelle neben der Bekanntmachung des Objekts vor allem um Fragen geht, die Johann Sebastian Bach direkt betreffen. Zunächst erscheint ein Abgleich mit Bachs Nachlaßverzeichnis naheliegend. Es ist das einzige Dokument, das uns einen systematisierten Überblick über Bachs Eigentum gestattet. Die „*Specificatio* der Verlaßenschafft […] Johann *Sebastian* Bachs" vom Herbst 1750 nennt nur drei Behältnismöbel: einen „Putz Schranck", einen „Wäsch Schranck" und einen „Kleider Schranck".[1] Aufgrund ihrer tresorartigen Bauweise und geringen Größe ist die Meißener Kiste für eine Funktion als Wäsche- oder Kleiderschrank nicht geeignet. Es ist zudem ausgeschlossen, daß ihre eigentliche durch aufwendige und kostspielige Konstruktion erreichte Funktion, der Schutz vor Diebstahl, nicht zur Verwahrung der wertvollsten Stücke eines

---

[1] Dok II, Nr. 627, S. 494.

Hausstands genutzt worden wäre. Das Objekt enspricht eindeutig dem gängigen Typus einer barocken Eisen- oder Geldkiste.

Aufhorchen läßt in diesem Zusammenhang die Erwähnung des „Putz Schranks". Daß es sich nicht um einen einfachen Gebrauchsgegenstand gehandelt hat, geht eindeutig aus seinem Wert hervor. Während die beiden anderen Schränke jeweils nur auf 2 rthl. taxiert werden, ist der Wert des „Putz Schranks" mit 14 rthl. angegeben. „Putz" meint also Schmuck und andere Wertgegenstände, mithin genau die Sachen, für deren Aufbewahrung sich der Meißener Kasten anbietet. Einer Identifikation mit dem Eintrag des Nachlaßverzeichnisses scheint jedoch die Bezeichnung „Schranck" entgegenzustehen. Es ist zu klären, ob die Begriffe „Kiste", „Kasten" und „Schranck" zur Zeit Bachs synonym gebraucht werden konnten. Aufschlußreich sind die entsprechenden Lexeme in Zedlers Universal-Lexikon. Ein Eintrag „Putz-Schranck" findet sich bei Zedler nicht; der Eintrag „Schranck" enthält lediglich einen Verweis auf das Synonym „Köthe" (die dortige Definition entspricht in etwa dem, was wir heute unter einem „Schrank" verstehen[2]). Das Lexem „Truhe" besitzt keine eigentliche Definition und auch kein Synonym. Aufschlußreich ist jedoch der folgende Eintrag:

Kasten/ Küste/ Truhne oder Lade/ ist ein hölzernes nicht allzu hohes zusammengefügtes und hohles Behältnüß, mit Schloß und Bändern versehen, worinn das Weibes-Volck ihr Geräthe, und andere Sachen zu verwahren pfleget.[3]

Diese Definition beschreibt sehr exakt die Bauart des Meißener Objekts. Unter den aufgeführten Synonymen findet sich zwar nicht das Wort „Schranck", der Verweis auf das „Geräthe" des „Weibes-Volcks" und ein entsprechender Artikel unter dem Stichwort „Schmuck (Weiber-) oder Weiber-Putz"[4] machen jedoch deutlich, daß es sich beim „Putz" um besonders wertvolle Gegenstände handelt, die in einem tresorartigen Behältnis aufbewahrt werden. Für dessen Bauart kommt aber eigentlich nur eine Truhenform in Frage. Es läßt sich kaum vorstellen, daß es sich bei Bachs „Putz Schranck" um einen zweiten in diesem Fall aufrecht stehenden tresorartigen Behälter gehandelt hätte. Die Meißener Kiste ist demnach vermutlich der im Nachlaß aufgeführte „Putz Schranck". Wir dürfen annehmen, daß ein Großteil der im Nachlaßverzeichnis angeführten Wertgegenstände in dieser Kiste verwahrt wurde. Dazu gehören: ein Kux,[5] Bargeld in Form von Gold- und Silberstücken (teilweise „Schau-Stücke"), eventuell auch das „Ausgebe Geld" und schließlich „An Silber-Geräthe und andern Kostbarkeiten" Leuchter, Becher, ein Pokal, Kaffee- und Teekannen,

---

[2] Zedler, Bd. 15, Sp. 1385.
[3] Ebenda, Sp. 232.
[4] Zedler, Bd. 35, Sp. 477.
[5] Von mittellateinisch *cucus* = Bodenrechte an einem Bergwerk. Seit dem 15. Jahrhundert verbreitete Spekulationsobjekte.

Zuckerschalen, Tabatieren, Salzfässer, ein „*Coffee* Teller", Bestecke und zwei goldene Ringe.

Neben dem praktischen Nutzen des „Putz Schrancks" ist vor allem die Bemalung, mit der Bach ihn ausstatten ließ und die jetzt seine Identifizierung ermöglicht, von Interesse. Wie bereits das Briefsiegel, so zeugt auch die Bemalung von einem gewissen Selbstbewußtsein, und es ist durchaus möglich, daß Bach noch weitere Gegenstände seines Eigentums mit dieser Kennzeichnung versehen ließ. Ein erstes eigenes Briefsiegel ist in einem Dokument vom 22. April 1716 nachweisbar. Es kombiniert die Initialen „ISB" mit einem vollständigen Wappen.[6] Ein zweites Siegel, das das frühere ablöste und von Bach bis zu seinem Lebensende verwendet wurde, ist erstmals in einem Köthener Schriftstück vom 15. März 1722 belegt. Es zeigt ein Spiegelmonogramm der Bachschen Initialen unter einer Krone, eingefaßt von einem achteckigen Rahmen. Dieses Siegel hat seit dem 20. Jahrhundert außerordentliche Bekanntheit erreicht. Es befindet sich beispielsweise auf den Einbänden der Neuen Bach-Ausgabe und wird bei unzähligen Bach-Artikeln vermarktet. Schon das erste Siegel hebt sich durch den Zusatz der persönlichen Initialen von der Funktion eines Familiensiegels ab. Es wäre nur in modifizierter Form als solches weiter verwendbar gewesen. Das zweite Siegel schließt eine Weiterverwendung durch die Nachfahren aus, denn es besteht ja praktisch nur aus den Initialen seines Urhebers, was in unserem Fall eine eindeutige Zuordnung der Kiste ermöglicht (siehe Abb. 1–2).
Ein Vergleich der Spiegelmonogramme der Kiste und des Siegels zeigt eine Reihe kleiner Unterschiede. Das Kistenmonogramm weist ein größeres B auf, wodurch die meisten übrigen Abweichungen bedingt werden. So kann in der Siegelversion der obere Bogen des S noch weit über dem B ausgreifen und vom Fuß des gespiegelten J unterschnitten werden, der zuvor den oberen Bauch des B unterquert hat. In der gemalten Version überquert das gespiegelte J dagegen den unteren Bauch des B, wird dabei vom Fuß des gespiegelten S überschnitten und mündet von außen kommend im oberen Bauch des B. Schließlich ist in der gemalten Version die untere Schlinge des B deutlich größer als beim Siegel ausgeführt und legt sich um den Fuß des gespiegelten S. Unabhängig von den Unterschieden, die mit der Gestaltung des B zusammenhängen, fällt die Überschneidung der beiden J verschieden aus. Beim Kistenmonogramm überkreuzen sich diese Buchstaben in ihrer Mitte. Die oberen Anstriche der beiden J sind abwärts gerichtet und überkreuzen sich daher nicht nur gegenseitig, sondern auch mit dem Abstrich des jeweils anderen. In der Siegelversion treffen sich die J-Buchstaben in ihrem oberen Bereich. Die Anstriche führen aufwärts und können sich nach ihrer Überschneidung nicht

---
[6] Dok IV, Abb. 250 a.

Abb. 1. Bachs Siegel im Innendeckel einer Kiste
aus dem Besitz des Dommuseums Meißen

mehr mit dem jeweils anderen J kreuzen. Die letzten Unterschiede zwischen den beiden Monogrammen ergeben sich durch zusätzliche Ornamente. Bei der Malerei besitzen J und S je einen kleinen Querstrich im oberen Bereich. Beim Siegel hat jede Außenseite des Monogramms sieben blättchen- oder knospenartige Auswüchse. Diese lassen sich im Zusammenhang mit der Kiste als Stilisierung der dort vorhandenen Lorbeerzweige deuten.

Neben Siegel und Kistenbemalung existiert noch eine weitere Version des Bachschen Spiegelmonogramms. Dies ist eine Gravur auf der Kuppa des um 1735/36 in Dresden geschaffenen Bach-Pokals, der sich heute im Bachhaus Eisenach befindet (siehe Abb. 3). Die kryptische, ein Notenrätsel einschließende Inschrift des Pokals war in den 1930er- und 1950er-Jahren Gegenstand kontroverser Diskussionen im Bach-Jahrbuch.[7] Das umseitig gravierte Monogramm war bei aller Spitzfindigkeit, mit der sich die Autoren zu übertreffen suchten, merkwürdigerweise niemals Gegenstand der Diskussion, obwohl

---

[7] BJ 1936, S. 101–108; BJ 1938, S. 87–94; BJ 1953, S. 108–118; BJ 1955, S. 108–112; BJ 1956, S. 162–164.

Abb. 2. Bachs Briefsiegel auf dem provisorischen Revers
zur Übernahme des Thomaskantorats vom 19. April 1723,
Stadtarchiv Leipzig, *Urkundenkasten 79, Nr. 42,2*

es dafür einigen Anlaß gegeben hätte. Die Reihenfolge der Buchstaben im Monogramm des Pokals lautet nämlich nicht JSB, sondern SJB mit entsprechender Spiegelung. Ein Vergleich mit den beiden jetzt vorliegenden von Bach autorisierten Versionen ist daher aufschlußreich.

Aufgrund der Vertauschung der Buchstaben ist das Muster auf dem Pokal den beiden anderen Versionen kaum noch ähnlich. Unabhängig davon ist auch das B, anders als bei Siegel und Kiste, nicht in einem Zug geschrieben, sondern aus

Abb. 3. Spiegelmonogramm der Initialen J S B auf dem Bach-Pokal,
Bachhaus Eisenach

zwei Linien zusammengesetzt. Anstelle der Krone befindet sich die Inschrift
„VIVAT:". Trotz der Eigenständigkeit dieser Version ist ihre Affinität zu der
Kastenbemalung offensichtlich, allerdings ist das Spiegelmonogramm weniger kompakt und geschlossen, dafür mehr in die Breite gezogen. Die beiden B
als Außenbuchstaben wirken isoliert. Statt Knospen am Rand des Mono-

gramms zeigt der Pokal ein Paar flankierender Ehrenzweige. Schließlich besitzen die J-Buchstaben kleine Querstriche.

Es scheint, als habe der anonyme Spender des Pokals dem Graveur keine zuverlässige Vorlage liefern, sondern diese nur mündlich beschreiben oder nach dem Gedächtnis aufzeichnen können. Die Vertauschung der Vornamensinitialien ist jedenfalls völlig unmotiviert, da auch das ästhetische Ergebnis dieser Buchstabenfolge im Monogramm hinter den autorisierten Formen zurückbleibt. Ob das in der Nachahmung nicht ganz getroffene Vorbild die Bemalung der Kiste in direktem Sinne war, läßt sich allerdings nicht bestimmen. Es ist gut möglich, das Bach sein bekröntes und umkränztes Spiegelmonogramm an weiteren Objekten anbringen ließ, die für den Auftraggeber des Bach-Pokals eher zugänglich waren als die ihrer Bestimmung nach grundsätzlich verschlossene Kiste.

Bisherige Deutungsversuche des Bach-Siegels[8] scheitern daran, daß sie sich nicht auf das Original, sondern auf die zum Bach-Jahr 1950 angefertigte graphische Reproduktion des Siegelmusters beziehen, die vom Original in einigen Punkten abweicht. So sind die Blättchen auf den J-Buchstaben direkt unter dem Kronreif in der graphischen Reproduktion frei hinzugefügt. Unterer und oberer Bogen des Kronreifs sind im Original außen nicht verbunden, und es befinden sich auch nicht sieben, sondern insgesamt nur fünf Zinken und Perlen über dem Kronreif. Dies entspricht dem Typus der Adelskrone, während die Reproduktion des Siegels mit je zwei Perlen zwischen den äußeren und dem mittleren Zinken keinen heraldischen Typus repräsentiert. Die genaue Beschaffenheit der Krone ist freilich im Original sehr schwer zu erkennen und führt bei einer idealisierenden Reproduktion zwangsläufig zu einer Deutung. Nur wenige Abdrücke des Bachschen Siegels sind erhalten, die meisten davon sind beschädigt. Am Original des besterhaltenen Siegelabdrucks auf Bachs provisorischem Revers zur Übernahme des Thomaskantorats vom 19. April 1723[9] läßt sich jedoch folgendes beobachten: Die Perlen sollen sich an den Spitzen eines Bandes halbkreisförmiger Schwünge befinden, das auf dem oberen Bogen des Kronreifs aufliegt. Infolge des winzigen Formates – der gesamte Abdruck mißt $13{,}5 \times 11{,}5$ mm – ist dieses Prinzip jedoch nur bei der mittleren Perle sauber dargestellt. Diese ist von einem Vierpaß umgeben, dem der untere Halbkreis fehlt, und dieser Vierpaß verdrängt gewissermaßen die rechts neben ihm befindliche einfache Perle. Weiter außen als geplant konnte diese nicht auf, sondern nur neben der für sie vorgesehenen Spitze plaziert

---

[8] Vgl. etwa F. Smend, *Johann Sebastian Bach – Kirchen-Kantaten*, Berlin 1966, Heft III, S. 19; H. A. Kellner, *Wie stimme ich mein Cembalo?*, Frankfurt/Main 1986, S. 46–48; H. Kümmerling, *Seht! – Wohin? – Sehet! – Was? Passio Domini Nostri Jesu Christi secundum J. S. Bach*, in: Die Matthäus Passion von J. S. Bach, hrsg. von F. Baudouin et al., Hürth 1985, S. 125 f.

[9] Stadtarchiv Leipzig, *Urkundenkasten 79, Nr. 42,2*, Bl. 1 (Dok I, Nr. 91).

werden. Links der Mitte sind die halbkreisförmigen Schwünge nur zu erahnen. Die Perle neben dem Vierpaß scheint auf dieser Seite eher durch eine Art Stiel mit dem Kronreif verbunden zu sein – eine Konstruktion, die bei der graphischen Reproduktion des Siegels bei allen Perlen angewandt wurde. Besonders heikel ist die Deutung der äußeren Enden der Bekrönung, doch läßt sich am dreidimensionalen Original letztlich erkennen, was gemeint ist: Ganz außen befindet sich auf jeder Seite eine weitere Perle, die von einem halbierten Exemplar der mittleren Vierpaßbekrönung umgeben ist. Der andere Teil dieser Bekrönungen bleibt ebenso verdeckt wie die rückwärtige Reihe der Perlen und Zinken. Bei der graphischen Reproduktion wurden die unteren Bekrönungsbögen der äußeren Perlen versehentlich als weitere Perlen gedeutet – ein Mißverständnis, dem die Verschiebung der Perlen gegenüber den für sie vorgesehenen Spitzen Vorschub leistete. So befindet sich nicht nur die Perle rechts der Mitte weiter außen als die für sie vorgesehene Spitze, sondern die folgende Spitze steht unter dem Beginn der äußeren Perlenbekrönung, was diese als selbständige Perle erscheinen ließ. Die seit 1950 verbreitete Reproduktion des Bachschen Siegels wäre in diesem Sinne durch eine korrigierte Version zu ersetzen.

Nicht unabhängig von der Deutung des Bach-Siegels ist die Tatsache, daß seine graphische Konzeption keineswegs einzigartig unter zeitgenössisch Vergleichbarem hervorragt. Spiegelmonogramme erfreuten sich zur Zeit des Barock ganz allgemeiner Beliebtheit, und sogar die Kombination eines Spiegelmonogramms mit fünfzackiger Krone und Umkränzung läßt sich unter Bachs Kollegen mehrfach nachweisen, so im Titelkupfer zu Jan Adam Reinckens *Hortus Musicus* (Hamburg 1688)[10] oder im Siegel von Christian Friedrich Rolle, unter das Bach im Hallenser Orgelgutachten von 1716 sein erstes, als Wappen gestaltetes Siegel setzte.[11] Von dem Gehrener Organisten Johann Christoph Bach ist ein autographes Spiegelmonogramm auf einer Partiturabschrift dokumentiert.[12] Ein gekröntes Spiegelmonogramm des Leipziger Verlegers Johann Theodor Boëtius findet sich auf den Titelseiten von Picanders *Ernst-Schertzhafften und Satÿrischen Gedichten*.[13] Wäre es aufgrund der Verbreitung dieses Typus etwa möglich, daß die Meißener Geldkiste einer ganz anderen zeitgenössischen Person, beispielsweise einem „Johann Samuel Be-

---

[10] Siehe die Abbildung bei U. Grapenthin, *Beziehungen zwischen Frontispiz und Werkaufbau in Johann Adam Reinckens Hortus musicus von 1688*, in: Proceedings of the Weckmann Symposium Göteborg 30 August–3 September 1991, hrsg. von S. Jullander, Göteborg 1993, S. 199–210, speziell S. 199.
[11] Dok IV, Abb. 134.
[12] U. Leisinger und P. Wollny, *Die Bach-Quellen der Bibliothek in Brüssel – Katalog*, Hildesheim 1997 (LBzBF 2), Abb. S. 141.
[13] Siehe die Faksimileseiten in W. Neumann, *Sämtliche von Johann Sebastian Bach vertonte Texte*, Leipzig 1974, S. 310, 318 und 326.

cker" gehört hat? Wohl kaum. Schon die Initialen JSB sind statistisch höchst selten. Daß gerade ihr Besitzer nicht nur ein Siegel benutzte, sondern dieses zufällig auch exakt nach dem (wenn auch gängigen) Typus gestaltet, den Bach wählte, ist bereits im höchsten Maße unwahrscheinlich. Das entscheidende Argument ist jedoch das Muster des Spiegelmonogramms. Trotz der oben erörterten Unterschiede zwischen Siegel- und Kistenversion ist beiden Mustern dasselbe Grundprinzip zueigen, das unter allen beliebigen Möglichkeiten, ein Spiegelmonogramm JSB zu konstruieren, durch reinen Zufall praktisch nicht getroffen werden kann. Gemeinsam ist beiden Versionen zudem der achteckige Rahmen. Welche der beiden die ältere, ursprüngliche ist, läßt sich nicht entscheiden. In jedem Fall ist das Siegel die komprimiertere, in den Proportionen des Monogramms ideale Variante. Die Fassung der Kiste hingegen ist aufgrund ihrer Dimensionen ausführlicher und detailreicher, zudem farbig. Von besonderem Wert ist die damit verbundene Präzisierung und Deutungshilfe für das Siegel.

Bezüglich der Frage, wie die Kiste aus Bachs Eigentum ins Meißener Dommuseum gelangte, sind wir auf Vermutungen angewiesen. Zunächst ist anzunehmen, daß sie sich bis zu Bachs Tod in dessen Wohnung befunden hat. Dafür spricht die oben erörterte, ziemlich sichere Identifizierung mit dem im Nachlaßverzeichnis genannten „Putz Schranck". Außerdem gibt es keinen Grund, warum Bach den extra mit seinem Siegel bemalten Kasten hätte veräußern sollen, zumal er für seine Wertgegenstände Bedarf an einem tresorartigen Behältnis hatte. Demnach wäre der Kasten zusammen mit dem anderen „Haußgeräthe" bei der Witwe verblieben.[14] Ob Anna Magdalena später gezwungen war, das wertvolle Stück zu veräußern oder ob es erst nach ihrem Tod 1760 in fremde Hände gelangte, entzieht sich unserer Kenntnis.
Erst in jüngster Zeit ist die Geldkiste in Meißen nachzuweisen. Michael Maul hat es freundlicherweise unternommen, in den historischen Inventarverzeichnissen des Doms und der Stiftsregierung zu recherchieren. Demnach ist die Kiste in den Verzeichnissen von 1889 und 1936 nicht aufgeführt. Laut Auskunft des Restaurators P. Vohland, der seit 1980 am Dom tätig ist, befand sie sich dort aber schon zu Beginn seiner Tätigkeit. Vermutlich gelangte sie zwischen 1936 und 1980 aus den Häusern der Stiftsregierung (etwa aus dem Domherrenhaus, der Domprobstei oder der Domdechantei) in den Dom. Diese Häuser wurden im 19. und 20. Jahrhundert teils vermietet oder verkauft. Bei diesen Gelegenheiten soll das Mobiliar der Häuser ohne Dokumentation entfernt worden sein; einige Objekte sind dabei schlicht verschwunden.
In dem Nachlaßinventarverzeichnis des Stiftssyndicus Carl August Bucher aus dem Jahr 1792 ist zwar ein ähnliches Objekt erwähnt, doch ist dieses ver-

---

[14] Dok II, S. 504 f.

mutlich nicht mit dem hier vorgestellten Geldkasten identisch. Laut dem genannten Verzeichnis stand in der „GerichtsExpedition-Stube" der Domprobstei ein „an den Fußboden mit doppelten Schrauben angesetzter eiserner DepositenKasten mit einem Aufzuge von 8. Riegeln, nebst einem Schlüßel, 2. Haacken und Ketteln zu Vorlege Schlößern [...]".[15] Die Bach-Kiste besitzt jedoch elf Riegel. Eine Fehlzählung scheint bei so kleinen Zahlen und der Genauigkeit, die die Beschreibung ansonsten erkennen läßt, recht unwahrscheinlich.[16]

Eine Verbindung zwischen Leipzig und Meißen könnte über die Meißener Domherren entstanden sein. So hatte die Leipziger Theologische Fakultät das Recht, stets zwei der Domherren zu ernennen. In der Regel waren dies die ordentlichen Theologieprofessoren der Universität. Nach Ermittlung von Michael Maul kommen dabei vor allem in Frage:

– Dr. Heinrich Klausing (Domherr 1723–1745)
– Salomon Deyling (Domherr 1745–1755), Superintendent in Leipzig
– Christian Friedrich Börner (Domherr bis 1753)
– Johann Christian Hebenstreit (Domherr 1754–1756)
– Johann Christian Stemler (Domherr 1757–1773), Superintendent in Leipzig
– Johann August Ernesti (Domherr um 1767–1781), Rektor der Leipziger Thomasschule[17]

Auch der oben erwähnte Syndicus C. A. Bucher käme als Vermittler in Frage: als Anna Magdalena Bach 1760 starb, war er Jurastudent in Leipzig.[18] Vielleicht läßt sich in Zukunft Genaueres über den Weg der Kiste von Leipzig nach Meißen ermitteln, etwa durch die Auswertung testamentarischer Verfügungen der Domherren. Letztlich kann das Objekt aber auch auf ganz anderem, weniger direktem Weg nach Meißen gelangt sein. Wie auch immer – festzuhalten bleibt: die hier vorgestellte Geldkiste ist das erste nachweisbare Möbelstück Johann Sebastian Bachs, das sich bis in unsere Zeit erhalten hat. Die Kiste hat nicht nur hohen Liebhaberwert als neue Bach-Reliquie und gut erhaltene barocke Geldkassette, ihre Bedeutung liegt vor allem in der von Bach in Auftrag gegebenen Bemalung, mit der nun eine zweite autorisierte Form des Bachschen Spiegelmonogramms vorliegt. Diese ermöglicht neue

---

[15] Domarchiv Meißen, *C 313*.
[16] Vermutlich ist der in Buchers Nachlaß genannte *DepositenKasten* mit einer anderen ebenfalls heute im Meißener Dommuseum befindlichen Geldkiste identisch, die auch Löcher in der Bodenplatte als Spuren einer früheren Befestigung aufweist. Die Zahl der Riegel läßt sich nicht überprüfen, da die Kiste zur Zeit verschlossen und der Schlüssel abhanden gekommen ist.
[17] Umfangreiche Archivalien zu ihrer Berufung als Domherren bietet das Domarchiv Meißen, Abteilung C.
[18] Siehe Erler III, S. 44.

Erkenntnisse bezüglich Bachs Siegel und des ihm gewidmeten Pokals; und nicht zuletzt zeugen die Kiste und ihr Monogramm von einem nicht geringen Selbstbewußtsein des Thomaskantors.[19]

Mein besonderer Dank gilt Herrn PD Dr. Peter Wollny für seine sorgsame Beratung und Unterstützung meiner Arbeit, Herrn Dr. Michael Maul für freundliche Hilfe bei den Archivrecherchen und Herrn Karl-Heinrich von Stülpnagel für wichtige kunsthistorische Hinweise.

Ulf Wellner (Lübeck)

---

[19] Die hier erstmals vorgestellte und näher beschriebene Geldkiste aus Bachs Besitz wird ab März 2010 als Dauerleihgabe des Domstifts Meißen in der Schatzkammer des Bach-Museums Leipzig zu sehen sein.

Ein neues Dokument zu Bachs Instrumentenverleih

Durch Quittungen aus dem Nachlaß des Grafen Eugen Wentzel von Würben[1] (aus dem Jahr 1747) und eine ominöse Zahlungserinnerung des Thomaskantors an einen gewissen Herrn Martius (ebenfalls 1747)[2] ist dokumentiert, daß Johann Sebastian Bach in den späten 1740er Jahren gelegentlich Claviere aus seinem reichen Fundus[3] zu verleihen pflegte. Im folgenden soll ein weiterer diesbezüglicher Beleg vorgestellt werden, der aus dem Jahr 1750 stammt und in den Gerichtsprotokollen der Leipziger Universität überliefert ist. Zunächst bedarf es aber einiger Bemerkungen zu dieser Quellengruppe, die wie wenige andere Archivalien Einblicke in das studentische Alltagsleben in Leipzig zur Bach-Zeit gewährt und aus der bislang mit Blick auf musikwissenschaftliche Fragestellungen noch nicht geschöpft wurde.[4]

Die niedere Gerichtsbarkeit über die Leipziger Studenten oblag dem sogenannten Concilium Nationale perpetuum, einem aus dem Rektor, verschiedenen Professoren und anderen Angehörigen der Universität zusammengesetzten Gremium, das in wöchentlich abgehaltenen Sitzungen die Streitigkeiten unter den Studenten schlichtete und deren Vergehen bestrafte.[5] Die Protokolle zu diesen Zusammenkünften sind bis weit ins 17. Jahrhundert zurück nahezu lückenlos überliefert. In ihnen sind die Anhörungen der Kläger und Beschuldigten bis hin zu den Urteilen des Konzils dokumentiert. Pro Jahrgang umfassen die Bände meist 200–300 Blätter. Die Themen der verhandelten Auseinandersetzungen sind verschiedenster Art: Dauerthemen

---

[1] Siehe Dok I, Nr. 130–132 und 134–135 sowie Dok V, A 134.
[2] Dok III, S. 627 (N I 45c); siehe auch T. Schabalina, *Zur Echtheit von zwei Briefen aus dem Glinka-Museum in Moskau*, BJ 2007, S. 179–196, und Fußnote 9 des vorliegenden Beitrags.
[3] Siehe weiter unten.
[4] Die städtischen und universitären Gerichtsprotokolle werden derzeit vom Bach-Archiv Leipzig im Rahmen des Forschungsprojekts *Expedition Bach: Systematische Erschließung von Bach-Dokumenten*, gefördert von der Alfried Krupp von Bohlen und Halbach-Stiftung, systematisch ausgewertet. Der vorliegende Beitrag bietet eine Zusammenfassung der als bedeutsam erachteten Dokumente aus den Gerichtsprotokollen der Universität.
[5] Siehe hierzu beziehungsweise allgemein zur damaligen universitären Gerichtsbarkeit die Darstellung bei K. M. Alenfelder, *Akademische Gerichtsbarkeit*, Baden-Baden 2002 (Bonner Schriften zum Wissenschaftsrecht. 7.), S. 106 und 111 ff.

sind Schuldsachen, etwa den Professoren vorenthaltene Kollegiengelder oder offener Stubenzins,[6] Tumulte und Nachlaßangelegenheiten. Aber immer wieder sind auch Streitigkeiten Verhandlungsgegenstand, die der Leipziger Universität im 18. Jahrhundert den Ruf einbrachten, die „galante" unter den mitteldeutschen Hochschulen zu sein:[7] Tanzmeister, Gastwirte, Buch- und Weinhändler, Perücken- und Instrumentenmacher forderten ausstehende Bezahlungen ein,[8] und mitunter verklagten sich die Studenten auch gegenseitig,

---

[6] Säumig war etwa Johann Adolph Scheibe (1731 bei Johann Gregor Lehmann; siehe Universitätsarchiv Leipzig [im folgenden UA] *GA X A, Nr. 166*, fol. 164); Lorenz Christoph Mizler stellte 1734 die Rechtmäßigkeit seiner Mietvereinbarung mit dem Magister Heinrich Gottlieb Francke für ein Zimmer im sogenannten roten Kollegium in Frage (dieses bewohnte er zeitweise mit einem gewissen [Georg Adolph?] Erfurt, der um 1733 starb; siehe UA, *GA X A, Nr. 169*, fol. 71); und 1737 wurde Mizler von seiner „Wirtin Seydel im Grauen Wolf" wegen ausstehender Tischgelder angezeigt (UA, *GA X A, Nr. 172*, fol. 111 und 124 f.).

[7] Zu dem Topos siehe M. Maul, *Barockoper in Leipzig*, Freiburg 2009 (Voces: Freiburger Beiträge zur Musikgeschichte. 12.), S. 24 f.

[8] Ein gewisser Carl Daniel Hildebrand, der am 3. Februar 1748 beim Konzil vorsprach, weil ihm der Student Joseph Mittmann (aus Krakau, immatrikuliert 1744; Angaben zum Immatrikulationsdatum hier und im folgenden stets nach Erler III) ein „musicalisches Instrument, Fortepiano" im Wert von 110 Reichstalern nach halbjähriger Nutzung – und lediglich geleisteter Anzahlung – nun zurückgeben wollte (UA, *GA X A, Nr. 183*, fol. 8; Mittmann weigerte sich, das Instrument zu bezahlen und argumentierte, er habe es „nur zur Probe zu sich genommen"). Dieser Hildebrand ist identisch mit einem gleichnamigen Instrumentenhändler und -bauer, der 1756 ein Cembalo für die Thomaskirche lieferte und überhaupt in den 1750er Jahren für die Pflege der Kirchencembali in den Hauptkirchen verantwortlich war. Laut Schering und Banning soll es sich bei ihm um einen Sohn des Orgelbauers Zacharias Hildebrand handeln; dies ist jedoch insofern unwahrscheinlich, als C. D. Hildebrand bereits 1741 in Leipzig heiratete (Z. Hildebrands erste [?] Hochzeit war erst 1722 erfolgt) und der betreffende Traueintrag (im Kirchenbuch zu St. Nikolai) ihn als „Musicalischen Instrumentenmacher alhier" ausweist (vgl. A. Schering, *Johann Sebastian Bachs Leipziger Kirchenmusik. Studien und Wege zu ihrer Erkenntnis*, Leipzig 1936, S. 63–66; ders., *Johann Sebastian Bach und das Musikleben Leipzigs im 18. Jahrhundert*, Leipzig 1941 [Musikgeschichte Leipzigs. 3.], S. 555, und H. Banning, *Johann Friedrich Doles: Leben und Werk*, Borna 1939, S. 56); zu den Leipziger Händlern von Clavieren und Hammerflügeln, ohne Erwähnung Hildebrands, siehe H. Henkel, *Bach und das Hammerklavier*, in: BzBF 2 (1983), S. 56–63, und H. Heyde, *Zum frühen Hammerklavierbau in Sachsen*, in: Bericht über das 8. Symposium zu Fragen des Musikinstrumentenbaus – Clavichord und Cembalo, Michaelstein 1987 (Studien zur Aufführungspraxis und Interpretation der Musik des 18. Jahrhunderts. Beiheft 9.), S. 45–51.

etwa wegen verliehener und nicht zurückerhaltener Musikalien[9] oder Musikinstrumente.[10]

Im Frühsommer 1750 kam auch Johann Sebastian Bach mit dem Gremium in Berührung, als er am 10. Juni Veranlassung fand, in seinem Namen Gottlieb Siegmund Heesemann in die Universität zu entsenden, um von einem säumigen Mieter eines „Clavicins" die Rückgabe des Instruments zu erzwingen. Das hierzu angefertigte Protokoll lautet:

Concilium den 10 *Junii* 1750
præs.
Magnifico Rectore, *Dn. Prof.* Kappen,
Dn. D. Platzen,
Dn. D. Ludwigen,
Dn. Prof. Christen,
Dn. Prof. Heinsio et
Dn. D. Siegeln, *Acad. Synd.*

I.
Gottlieb Siegmund Heesemann wegen des H. CapellMeister Bachen
·/·
Johann Christian Oschatz *m. n.* Etzmannen
Kl. Es habe H. CapellMstr. Bachen H. Etzmannen ein *Clavicin* vierteljährig vor 3 rthlr. vermiethet, welche er vierteljährig *prænumeri*ren müßen, habe aber Ostern nicht *prænumeri*rt, dahero er das *Clavicin* nunmehro zurück verlange

---

[9] So Georg Wilhelm Dünckler (auch Dinckler, geb. am 31. Dezember 1718 in Leipzig, Sohn des Konsulenten Gottlieb Wilhelm Dünckler) gegen Johann Christoph Gottfried Martius aus Gräfenhain (Student seit dem Sommersemester 1747; siehe Erler III, S. 255) im Februar 1750, weil dieser über Zwischenbesitzer an verliehene Musikalien Düncklers gelangt war und diese nun nicht zurückgeben wollte (UA, *GA X A Nr. 185*, fol. 7). – Sollte sich hinter J. C. G. Martius der oben (bei Fußnote 2) erwähnte Adressat von Bachs Brief an einen „Martius" verbergen, in dem der Thomaskantor im März 1748 in energischem Tonfall die Rückgabe eines „Clavecins" forderte? Vgl. Dok III, S. 627 (N I 45c K); Hans-Joachim Schulze hat diesen als den Leipziger Gastwirt, Hochzeits- und Leichenbitter Johann Georg Martius oder dessen Sohn identifiziert.

[10] Etwa Johann Heinrich Büchner gegen Johann Salomon Riemer wegen einer nicht zurückgegebenen Violine (1731; UA, *GA X A, Nr. 166*, fol. 37 f.); oder 1748 Joseph Haberland gegen Heinrich Bastian wegen einer nicht bezahlten „Viola d'Amour" (UA, *GA X A, Nr. 183*); siehe auch UA *GA X A, Nr. 165*, fol. 35 f.; *Nr. 167*, fol. 83; *Nr. 168*, fol. 145.

Bekl.
*Offeri*ret sich den vierteljährlichen Zins anietzo oder auf *Johannis* zu bezahlen, verspricht auch *Johannis* das *Clavicin* Herr CapellMeister Bachen zurück zugeben.
Joh. Gottfried Scharffenberg
Acad Actuarius mpp.[11]

Die Angelegenheit scheint damit bereits erledigt gewesen zu sein. Laut Protokoll sprachen weder Bach oder Heesemann noch „Etzmann" oder Oschatz nochmals beim Konzil vor. Jedoch: Nur sechs Wochen später, am 28. Juli, starb der Thomaskantor. In der Spezifikation seiner Hinterlassenschaft werden fünf „Clavesins" aufgeführt[12] und im Zusammenhang mit der Aufteilung des Nachlasses drei weitere aktenkundig;[13] eines davon soll dasjenige gewesen sein, das Bach kurz vor seinem Tod von Herrn „Etzmann" wiedererhalten hatte. Bei jenem „Etzmann" handelt es sich nach Ausweis der Universitätsmatrikel um den Studenten Johann Ephraim Oetzmann aus Danzig.[14] Dieser war dort am 21. April 1728 als Sohn eines Ephraim Oetzmann getauft worden (Taufbuch St. Marien 1722–1739, S. 223), hatte sich im Oktober 1749 in Leipzig immatrikuliert und dürfte das besagte Instrument den Worten Heesemanns zufolge schon um den Jahreswechsel 1749/50 von Bach geliehen haben. Weitere Nachrichten zu seiner Biographie fehlen.[15] Bei seinem Vertrauten handelte es sich sicherlich um den Stadtpfeifer Johann Christian Oschatz (gest. 10. Januar 1762; ab 1738 zunächst Kunstgeiger, ab 1747 Stadtpfeifer in Leipzig).[16] Warum er den Studenten vor dem Konzil vertrat, ist unklar.[17]

---

[11] UA, *GA X A, Nr. 185* (*Protocollum ad Concilium Nationale perpetuum de Anno 1750.*), fol. 37v.

[12] Dok II, Nr. 627 (S. 492).

[13] Dok II, Nr. 628 (S. 504).

[14] Erler III, S. 294. Ich danke Hans-Joachim Schulze dafür, daß er mir durch Demonstration der Aussprache des Namens „Oetzmann" in der Leipziger Mundart deutlich machte, in welcher Schreibweise der Name in der Matrikel vermerkt sein könnte.

[15] Kein unmittelbares verwandtschaftliches Verhältnis besteht zu dem ab 1790 in Leipzig studierenden, nachmals berühmten Chirurgen Johann Gottlieb Oetzmann (1769–1828) aus Düben, dem Sohn des dortigen Chirurgen und Barbiers gleichen Namens.

[16] Siehe Schering (wie Fußnote 8), S. 150 ff.; Dok I, Nr. 75 K und 80 K; Dok II, Nr. 426, 535, 538 und 539; sowie H.-J. Schulze, *Besitzstand und Vermögensverhältnisse von Leipziger Ratsmusikern zur Zeit Johann Sebastian Bachs*, in: BzBF 4 (1985), S. 36f.

[17] Weder die Familienverhältnisse von Oschatz noch die Namen der Paten seiner Kinder (getauft in St. Nikolai) weisen auf Beziehungen nach Danzig.

Bedeutsam ist das neue Dokument – und derzeit fast späteste Lebenszeichen Bachs[18] – nicht zuletzt deshalb, weil es erlaubt, die Rolle Gottlieb Siegmund Heesemanns (geb. 1725) im Hause Bachs etwas zu präzisieren. Heesemann, ein aus Weißenfels stammender Verwandter Anna Magdalena Bachs[19] und seit 1745 Leipziger Student, trat bekanntermaßen im Herbst 1750 als Kurator des geistig behinderten Bach-Sohnes Gottfried Heinrich auf.[20] Andreas Glöckner setzte ihn vermutungsweise mit dem Schreiber von mehreren – wohl im Zuge der Erbteilung angefertigten – Titelumschlägen zu den Stimmen von Bachs Choralkantatenjahrgang, einem (nicht eigenhändigen) Brief Bachs (Dezember 1749)[21] und zwei Eingaben von dessen Witwe (Oktober 1750)[22] gleich, mußte dabei aber noch mutmaßen, daß Heesemann seit Beginn seines Studiums „möglicherweise im Hause des Thomaskantors" lebte.[23] Dieser Verdacht ist nun insofern zu konkretisieren, als der Student in der Tat – zumindest 1750 – als eine Art Privatsekretär Bachs agierte. Ob er deshalb aber mit dem fraglichen Kopisten identisch ist, womöglich jener „Freund" war, dem der erblindete Bach die vierstimmige Choralbearbeitung BWV 668a „aus dem Stegreif in die Feder" diktiert haben soll,[24] muß zumindest so lange offenbleiben, bis sich Hinweise auf seinen späteren Lebensweg[25] und damit auch neue Ansätze zur Ermittlung einer eigenhändigen Schriftprobe ergeben.

Vielleicht spiegelt sich in Bachs – nicht ganz unüblicher – Entscheidung, sich am 10. Juni 1750 vor dem Universitätsgericht von Heesemann vertreten zu lassen, sein im Nekrolog beschriebener „fast immer kränklich[er]" Zustand[26]

---

[18] Später datiert nur seine Erwähnung am 22. Juli im Kommunikantenverzeichnis der Thomaskirche (Dok II, Nr. 605).

[19] Seine Mutter Martha Elisabeth Heesemann geb. Wilcke war die Halbschwester von Anna Magdalena Bachs Vater Johann Caspar Wilcke (siehe E.-M. Ranft, *Neues über die Weißenfelser Verwandtschaft Anna Magdalena Bachs*, BJ 1987, S. 169–171).

[20] Dok II, Nr. 627 und 628.

[21] Dok I, Nr. 54.

[22] Dok II, Nr. 625 und 626.

[23] Siehe A. Glöckner, *Die Teilung des Bachschen Musikaliennachlasses und die Thomana-Stimmen*, BJ 1994, S. 41–57, besonders S. 45 ff.

[24] Siehe Dok III, Nr. 645 und 648; laut Forkel, S. 53, soll es sich dabei um Bachs Schwiegersohn Johann Christoph Altnickol gehandelt haben. Vgl. hierzu C. Wolff, *Johann Sebastian Bachs „Sterbechoral": Kritische Fragen zu einem Mythos*, in: Studies in Renaissance and Baroque Music in Honor of Arthur Mendel, Kassel 1974, S. 283–297, und Dok VII, S. 66.

[25] Letztmalig ist Heesemanns Aufenthalt in Leipzig für den 7. September 1752 belegt, als er an der juristischen Fakultät seine Dissertation *De Praescriptione Liberis Gentibus Incognita* verteidigte. In den Weißenfelser Kirchenbüchern kommt sein Name nicht mehr vor.

[26] Dok III, Nr. 666.

nach der mißglückten Augenoperation wider, die Ende März erfolgt war. Wohl aber mehren sich mit dem neuen Beleg für Bachs Verleihpraxis von Cembali die Indizien dafür, daß der Thomaskantor hierin spätestens ab den 1740er Jahren eine nicht unwesentliche zusätzliche Einnahmequelle fand, die ihm freilich – nicht nur im Falle Oetzmanns – mitunter auch Ärger einbrachte.[27]

Michael Maul (Leipzig)

---

[27] Daß seine nebenberuflichen Tätigkeiten, insbesondere sein vielfach belegtes Wirken als Clavierlehrer, offenbar keine weiteren aktenkundig gewordenen Anzeigen beim Universitätsgericht zeitigten – etwa um säumige Schüler zur Bezahlung des Unterrichts zu bewegen –, mag erstaunen. Bestanden Bach und die übrigen professionellen Leipziger Musiker womöglich auf Bezahlung per Vorkasse? Nur einmal ist während seiner Leipziger Jahre das Honorar für Clavierunterricht eingeklagt worden: Magister Georg Augustin Ackermann (gebürtig aus Waldkirchen/Vogtland; Student seit 1739) forderte 1747 von seinem Kommilitonen Johann Heinrich Steinbach (aus Neumark/Vogtland, ebenfalls seit 1739 Student) überfällige 2 Reichstaler und 8 Groschen „vor Information auf dem Clavier" (UA, *GA X A, Nr. 182*, fol. 61).

Besprechungen

Jürgen Neubacher, *Georg Philipp Telemanns Hamburger Kirchenmusik und ihre Aufführungsbedingungen (1721–1767). Organisationsstrukturen, Musiker, Besetzungspraktiken. Mit einer umfangreichen Quellendokumentation.* Hildesheim – Zürich – New York: Georg Olms Verlag 2009 (Magdeburger Telemann-Studien. XX.). 585 S.

Opernouvertüren und Vorworte zu wissenschaftlichen Veröffentlichungen haben nach aller Erfahrung dies gemeinsam, daß sie zwar häufig post festum geschrieben, jedoch zuerst wahrgenommen werden. Im vorliegenden Fall ist von solchem Vorgriff bei der Lektüre eher abzuraten, weil er zu Irritationen führen müßte, zu Zweifeln, ob das im weiteren Verlauf Gelesene überhaupt richtig verstanden worden ist. Dazu später mehr. Nicht unbedingt irritierend, eher nur störend wirkt die sperrige, allerdings einer aktuellen Mode folgende Vokabel vom „prosopographischen" Ansatz, hinter der sich nichts weiter verbirgt als eine personengeschichtlich ausgerichtete, personenbezogene Darstellung, die im Unterschied zur Hagiographie des 19. Jahrhunderts nach dem Grundsatz verfährt „Es wachsen keine Eichen in der Wüste". Wenn freilich das Vorwort hierzu einschränkend bemerkt, der Ansatz entspringe „weder genealogischen Interessen noch lexikalischen Absichten" und sei „schon gar nicht Ausdruck positivistischer Sammeltätigkeit", so erweckt diese Apologie den Eindruck, der Autor habe zu guter Letzt Angst vor der eigenen Courage bekommen. Bedarf es denn erst einer Rechtfertigung beziehungsweise Entschuldigung, wenn statt kulturwissenschaftlichen Emanationen und philosophischen Spekulationen einmal bevorzugt Daten und Fakten zu Personen geliefert werden, zu Mitgliedern von Ensembles, mit denen namhafte Komponisten – hier also Telemann nebst einigen Zeitgenossen – einen erheblichen Teil ihres Œuvres erst- beziehungsweise wiederaufgeführt haben?
Zum Glück hat Neubacher sich an die Vorgaben dieses seines eigenen Vorwortes nicht gehalten. Vielmehr liefert er als Erträge einer Zusammenfassung und Erweiterung eigener Studien, der Auswertung einer reichen Sekundärliteratur und insbesondere einer schier unendlichen Quellenarbeit ein übersichtlich aufbereitetes breites Panorama von Personen, Institutionen und Usancen, von Entscheidungen, Finanzierungsproblemen, Routine- und Sonderfällen, wobei die Behandlung der – in der Großstadt Hamburg schon im

17. und 18. Jahrhundert überaus komplizierten – Verwaltungsstruktur ein Lieblingsthema der die Hansestadt betreffenden Musikgeschichtsschreibung fortführt, mit dem sich (in unterschiedlicher Ausführlichkeit und mit wechselndem Erfolg) schon Heinrich Miesner (1929), Liselotte Krüger (1933), Joachim Kremer (1995) oder Robert von Zahn (1991) auseinandergesetzt haben.

Ein nicht genug zu lobender Vorzug von Neubachers Buch besteht darin, daß zahlreiche Quellenbelege in Anhangskapitel ausgelagert worden sind und sich dort zusammenhängend und leicht zugänglich präsentieren. Allein die Besetzungslisten von Telemanns Hamburger Kirchen- und Festmusiken nehmen mit fast hundert Druckseiten nahezu ein Sechstel des insgesamt opulent ausgestatteten Bandes ein. Mit ihren von 1725 bis 1767 reichenden Nachweisen decken sie praktisch den gesamten Zeitraum von Telemanns Hamburger Wirken ab, also die Jahre zwischen dem Tod Joachim Gerstenbüttels (1721) und dem Dienstantritt Carl Philipp Emanuel Bachs (1768). Hauptsächlich handelt es sich um Abrechnungen über Sonderveranstaltungen, doch deutet (ungeachtet des Fehlens einschlägiger Zeugnisse) nichts darauf hin, daß etwa im Alltag prinzipiell anders verfahren worden wäre.

Halb so viele Druckseiten wie das vorgenannte Material, jedoch hinsichtlich der investierten Arbeit jenes um ein vielfaches übertreffend, beanspruchen die bio-bibliographischen Mitteilungen über Musiker, die zeitweilig oder dauernd in Hamburg tätig waren und entweder gelegentlich oder aber (und dies zum Teil über Jahrzehnte) ständig in Telemanns Aufführungen mitgewirkt haben. Teils handelt es sich bei diesen Personen um norddeutsches „Eigengewächs", teils um „Importe" aus Mitteldeutschland, insbesondere aus Thüringen, doch konnte ein Verfolgen ihrer norddeutschen Aktivitäten und nicht zuletzt das Entwirren ganzer Musikerdynastien ganz sicher nur „vor Ort" erfolgen, wie denn auch die mitgeteilten Fakten den norddeutschen Bereich bewußt akzentuieren und für Ergänzungen aus anderen Beobachtungsfeldern offen bleiben. Eine große Zahl neuer Daten sind hier zusammengetragen, darunter dankenswerterweise auch solche aus Kirchenbüchern, deren Benutzung bekanntlich oftmals beschwerlich und neuerdings auch kostspielig ist. Zahlreiche Verweise beziehen sich auf gründlich ausgewertete literarische Quellen des 18. Jahrhunderts, auf Forschungsarbeiten neuerer Zeit sowie auf Akten, hauptsächlich aus dem Staatsarchiv Hamburg. Ungeachtet einer anderwärts gelieferten Übersicht zu deren Signaturen sind diese doch im wesentlichen „stumm" und von eher statistischem Wert. Darüber hinaus wäre zu hoffen, daß die Akten auch in Zukunft ihre gegenwärtigen Signaturen behalten und damit für Außenstehende auffindbar bleiben.

Nur zu natürlich und wohl auch beabsichtigt ist, daß ein so reich bestelltes Feld Begehrlichkeiten weckt, den Wunsch nach weiterer Vervollkommnung mit sich bringt, wobei neben Ergänzungen auch Berichtigungen kaum zu vermeiden sind.[1] So finden sich (zum Teil zusätzliche) „mitteldeutsche" Daten zu den Sängern Nathanael Petzoldt, Johann Gottfried Riemschneider und Johann Gottlob Schneider, die allesamt einstmals in Leipzig im Collegium musicum mitgewirkt hatten, etwa bei Michael Maul[2] oder auch in einem seit langem „im Druck" befindlichen Pisendel-Aufsatz[3] des Rezensenten. Der 1688 als Sohn des Leipziger Nikolaiorganisten Daniel Vetter geborene Carl Friedrich Vetter war, wie die von Neubacher mitgeteilten Daten und Quellenbelege zeigen, tatsächlich sowohl Kammermusiker als auch Sänger. 1719/20 gehörte er zu Bachs Köthener Hofkapelle, im Juli 1724 gastierte er zusammen mit Johann Sebastian und Anna Magdalena Bach in Köthen;[4] eine Patenschaftseintragung vom 14. August 1756 im Taufbuch der Leipziger Thomaskirche bezeichnet ihn als bereits verstorben. Hinsichtlich der Provenienz der Originalstimmen zu Johann Sebastian Bachs Cembalo-Doppelkonzert BWV 1061a ist der – erstmals 1975 von mir vorgebrachte – Hinweis auf den Hamburger Heilig-Geist-Organisten Carl Christoph Hachmeister (1710–1777) überholt; Michael Kassler konnte nachweisen, daß die einschlägigen Besitzvermerke auf den teilautographen Stimmen (*St 139*) vom gleichnamigen Sohn des Genannten, Carl Christoph Hachmeister d. J. (1757–1832, Organist in Hamburg-Billwerder), stammen.[5]

Ungeachtet der sicherlich nicht leicht zu bändigenden Materialfülle wäre zuweilen wohl auch eine weniger rigide Selbstbeschränkung angebracht gewesen. So erscheint bei einem der drei mit Hamburg verbundenen Angehörigen der Familie von Königslöw zwar ein knapper Hinweis auf eine Veröffentlichung zur Musikgeschichte von Lübeck und auf Johann Wilhelm Cornelius von Königslöw, jedoch ohne dessen Lebensdaten 1745–1833 und ohne ausdrückliche Erwähnung seiner jahrzehntelangen Tätigkeit in der be-

---

[1] Andere Corrigenda sind erfreulicherweise nur in geringem Ausmaß anzumerken. Johann Heinrich Buttstetts Schrift müßte *Ut, mi, sol...* heißen (S. 172), und einem *Audio Theologico* (S. 252) ließe sich zwar ein *Audiosus* (MGG, Bd. VI, Sp. 544) an die Seite setzen, doch sollte hier wie dort die zugegebenermaßen einem *A* ähnelnde Ligatur doch lieber als das gemeinte *St* aufgelöst werden. Ob alle Textübertragungen – beispielsweise Telemanns 1765 geschriebene *Nachwehen die Kayserl. Trauermusic betreffend* – der Weisheit letzten Schluß darstellen, muß dahingestellt bleiben.
[2] M. Maul, *Barockoper in Leipzig (1693–1720)*, Freiburg i. Br. 2009, S. 1099 ff. (Biogramme sämtlicher nachgewiesener Sänger am Leipziger Opernhaus).
[3] H.-J. Schulze, *Pisendel – Leipzig – Bach. Einige biographische Anmerkungen*, in: Pisendel-Tagungsbericht Dresden 2005, Hildesheim 2009, S. 387 ff. Weitere Daten zu Riemschneider auch in H. J. Marx, *Händel-Handbuch*, Bd. I, Laaber 2008.
[4] Dok II, Nr. 184.
[5] M. Kassler, *A. F. C. Kollmann's Quarterly Musical Register (1812). An annotated edition with an introduction to his life and works*, Aldershot/England und Burlington/VT 2008, S. 42, sowie briefliche Mitteilungen des Verfassers vom 14. 6. 2006.

nachbarten Hansestadt. Bei dem Organisten Georg Preuß (1681–um 1733), der Ende 1720 auch in die Neubesetzung der Stelle an St. Jakobi involviert war und insoweit dem Umfeld Johann Sebastian Bachs zuzurechnen ist, lassen die von Neubacher mitgeteilten Daten erkennen, daß die 1732 von Johann Gottfried Walther in seinem *Musicalischen Lexicon* vorgenommene übervorsichtige Differenzierung zwischen einem Greifswalder und einem Hamburger Namensträger, die sich über Eitners Quellenlexikon bis in die RISM-Katalogisierung[6] fortgepflanzt hat, gegenstandslos ist, und es sich um ein und dieselbe Person handelt. Allerdings bleiben die für die einstige Annahme von Namensvettern maßgebenden Publikationen Preuß' (*Observationes musicae*, Greifswald 1706, und *Grund-Regeln von der Structur und den Requisitis einer untadelhaften Orgel*, Hamburg 1729) bei Neubacher unerwähnt, und folgerichtig fehlt auch ein Hinweis auf die umfangreiche Rezension der letztgenannten Schrift in Johann Matthesons *Grosser General-Baß-Schule*, Hamburg 1731 (hier: *Vorbereitung zur Organisten-Probe*, S. 16–29), in der Mattheson den Hamburger Kollegen des massiven Plagiierens von Veröffentlichungen Andreas Werckmeisters beschuldigt und zur Strafe den Namen des Verfassers der *Grund-Regeln* verschweigt.

Besonderes Interesse können Neubachers Erkenntnisse zur Aufführungspraxis beanspruchen. Hier liefern die mitgeteilten Abrechnungen sowie zusätzliche eingehende Untersuchungen an Quellenmaterialien, inbesondere an erhaltenen Resten von Telemanns Hamburger Aufführungsstimmen den Nachweis, daß üblicherweise 4 (ausnahmsweise auch bis 8 oder 9) Vokalisten und etwa 15 Instrumentalisten für die Aufführungen zur Verfügung standen und von zuständiger Seite auch finanziert wurden. Zusätzliche Kräfte hätte der Kantor aus eigener Tasche bezahlen müssen, woran ihm begreiflicherweise wenig gelegen sein konnte. Insbesondere im Vokalbereich lieferte die „Solistenmusik" (4 Sänger, zuweilen mit je einem Ripiensänger verstärkt) Ergebnisse, die der Akustik großer Hamburger Hauptkirchen (vor allem St. Michaelis) nicht angemessen waren. Aus der Ära Carl Philipp Emanuel Bachs – in der die Verhältnisse sich keinesfalls geändert hatten – liegen einige Urteile vor, die derartige Defizite beim Namen nennen. Matthias Claudius spricht gelegentlich vom lediglich sichtbaren „Maulzucken" und „abgebrochenen verlorenen Lauten", die auf eine akustisch kaum oder gar nicht wahrnehmbare Musikdarbietung schließen ließen.[7] Von einer Probe zu C. P. E. Bachs „Heilig" heißt es 1785, „die Musik war schön, aber die Aufführung bei den schlecht besetzten Chören nicht sonderlich".[8] Wenn der Bach-Sohn im

---

[6] RISM B VI[2], *Écrits Imprimés concernant la Musique*, Bd. II, München 1971, S. 668.
[7] CPEB Briefe I, S. 148 (Claudius an Heinrich Wilhelm von Gerstenberg, Juli 1768).
[8] Wiedergegeben in *800 Jahre Musik in Lübeck. Zur Ausstellung im Museum am Dom*

September 1775 gegenüber Johann Nikolaus Forkel brieflich äußerte,[9] daß es sich bei der 22stimmigen Motette „Es erhub sich ein Streit" aus der Feder des „großen und ausdrückenden Componisten" Johann Christoph Bach (1642–1703) um ein Meisterwerk handele, das sein Vater zum Erstaunen der Zuhörer einmal in Leipzig aufgeführt habe, für das ihm selbst jedoch „nicht Sänger genug" zur Verfügung stünden, so ist diese Bemerkung eindeutig auf die viel zu dünne Personaldecke in Hamburg zu beziehen, die nicht einmal eine Einzelbesetzung der erforderlichen Singstimmen gestattete. Als prekär erwies sich auch die Situation bei der Matthäus-Passion H 782, in die C. P. E. Bach einige Sätze aus der Matthäus-Passion seines Vaters eingegliedert hatte und die von 1769 an entsprechend dem in Hamburg üblichen Vierjahresturnus in insgesamt sechs Jahren aufgeführt wurde; hier erklang etwa das doppelchörige „Andern hat er geholfen" (BWV 244/58d) als Arrangement für vier Singstimmen sowie ein Ensemble aus Flöten und Streichinstrumenten als Ersatz für den zweiten Vokalchor. Im April 1786 verband der Rezensent des *Hamburgischen unpartheyischen Correspondenten* sein Lob für die „braven Sänger", die am 9. April 1786 bei C. P. E. Bachs Aufführung des Credo aus der h-Moll-Messe „im Treffen und dem Vortrage der schwersten Stellen ihre bekannte Geschicklichkeit" gezeigt hätten, mit dem Hinweis, daß für die „ganze Wirkung" des bewunderten Werkes „die Singstimmen hinlänglich besetzt seyn müssen." Die leise, jedoch kaum zu überhörende Kritik an den Besetzungsmöglichkeiten richtete sich gegen „Hamburger Zustände", Aufführungsbedingungen, die, wie Neubachers Untersuchung zeigt, über Jahrzehnte konstant geblieben waren und wenig Spielraum ließen.[10]

Ein Vergleich der Hamburger Verhältnisse in der Ära Telemann (nebst Fortschreibung in die Wirkungszeit C. P. E. Bachs) mit der Situation in Leipzig fällt nicht leicht. Die für Hamburg charakteristische Beschränkung auf 4 (bis ausnahmsweise 8 oder 9) weitgehend professionelle Sänger (durchgängig im Erwachsenenalter), das Fehlen eines Schülerchors, der Rückgriff auf Opernkräfte, das alles läßt sich bestenfalls in Beziehung setzen zur Musikübung an der Leipziger Neuen Kirche, insbesondere in den Jahren bis 1720, also zur Zeit der Musikdirektoren Telemann, Melchior Hoffmann, Johann Gottfried Vogler.[11] Das Hamburger Modell kann insofern geradezu als Gegenentwurf zu einer Musikpflege gelten, die wesentlich von Schülern beziehungsweise

---

aus Anlaß des Lübecker Musikfestes hrsg. von A. Großmann und W. Neugebauer, Lübeck 1982, S. 100. Vgl. hierzu CPEB Briefe II, S. 1119 sowie LBzBF 4, S. 413 f.

[9] Dok III, Nr. 807.

[10] Dem widersprechen weder die Möglichkeit zur Mehrfachbesetzung von Singstimmen (S. 273, 292), noch die Teilung von Aufgaben (S. 473: Tenor [1] *Evangelist*, Tenor [2] *zu den Chören*) oder die gemeinsame Nutzung eines einzigen Stimmblattes durch zwei Sänger (S. 278 ff.).

[11] Zu Einzelheiten vgl. die in Fußnote 2 genannte Arbeit von M. Maul sowie A. Glöck-

Alumnen getragen wurde, wie in Leipzig (Thomasschule, -alumnat), Dresden oder Regensburg. Belege für diesen Gegenentwurf liefert Neubachers Arbeit in Hülle und Fülle. Dies hindert den Autor jedoch nicht, im Vorwort (S. 8) sowie am Ende von Kapitel III („Besetzungspraktiken"; hier S. 309–311, „Zusammenfassung und Schlußfolgerungen") mit Reverenzen an die sattsam bekannten Behauptungen (Joshua Rifkin, Andrew Parrott) bezüglich einer lediglich solistischen Ausführung konzertierender Vokalmusik speziell bei Johann Sebastian Bach aufzuwarten. Dieser Richtungswechsel ist zwar merkwürdig und aus dem Kontext der Untersuchungen kaum abzuleiten, sollte aber nicht den Blick trüben für alle sonstigen Verdienste, die Neubacher sich mit seiner kompendiösen Studie erworben hat – einer Arbeit, die für lange Zeit Maßstäbe setzen und wegweisend sein dürfte.

Hans-Joachim Schulze (Leipzig)

---

ner, *Die Musikpflege an der Leipziger Neukirche zur Zeit Johann Sebastian Bachs*, Leipzig 1990 (BzBF 8).

The Century of Bach and Mozart. Perspectives on Historiography, Composition, Theory and Performance. In Honor of Christoph Wolff, hrsg. von Sean Gallagher and Thomas Forrest Kelly. Cambridge, Mass.: Harvard University Press, 2008 (Isham Library Papers. 7; Harvard Publications in Music. 22.). 427 S.

Der 65. Geburtstag von Christoph Wolff bot einen willkommenen Anlaß für zwei Essaysammlungen zu seinen Ehren, von denen die vorliegende die umfangreichere und ambitioniertere ist.[1] Die beiden Bände, die hinsichtlich der beteiligten Autoren einige Überschneidungen aufweisen, sind zweifellos verdienstvoll und diesem herausragenden Wissenschaftler angemessen, dessen Laufbahn zahlreiche Doppelrollen aufweist: Er war und ist ein ausgezeichneter Kommentator der Musik J. S. Bachs und Mozarts (und anderer); eminenter Professor der Harvard University und zugleich Direktor des Bach-Archivs Leipzig; Bürger zweier Länder – Deutschlands und der Vereinigten Staaten; hellsichtiger Administrator im Fachbereich Musik sowie im erweiterten akademischen Umfeld Dean der Graduate School of Arts and Sciences in Harvard. Er ist einer der bedeutendsten Musikwissenschaftler unserer Zeit, ein großer und inspirierender Lehrer und Autor und schließlich der Verfasser der maßgeblichen in jüngerer Zeit erschienenen Bach-Biographie (*J. S. Bach: The Learned Musician*, New York 2000).

Der bei Harvard University Press veröffentlichte Band ist ansprechend gestaltet und großzügig mit Faksimiles von Handschriften und ausführlichen Musikbeispielen ausgestattet. Er enthält 18 Beiträge von Schülern, Kollegen und Musikern, die zunächst als Vorträge auf einer zu Wolffs Ehren veranstalteten Konferenz im September 2005 in Cambridge (Mass.) präsentiert wurden. Das Thema der Konferenz, „The Century of Bach and Mozart", wurde gewählt, um, wie James Webster verriet, „mit wenigen Worten Christoph Wolffs Lebenswerk zu umreißen". Die Beiträge gruppieren sich unter mehreren breitgefaßten Themenschwerpunkten wie etwa „Die Musik des 18. Jahrhunderts in ihren intellektuellen Kontexten", „Aspekte der Historiographie" oder „Quellen und ihre Überlieferung", allerdings könnten einige der Essays zwischen den verschiedenen Teilen ausgetauscht werden. Bach und Mozart sind natürlich die vorherrschenden Themen, doch es gibt auch gute Beiträge zu Haydn und selbst Händel taucht auf, während Sergio Durante für Tartini eine Lanze bricht – sein stimulierender Essay zur Kompositionspraxis des Geigers und dessen Verwendung literarischer Motti („Tartini und seine Texte") leistet einen wichtigen Beitrag zur eher schmalen Literatur über diesen Komponisten.

---

[1] Siehe auch die Besprechung von *About Bach* im vorliegenden Band.

Sämtliche Autoren sind professionelle Musiker oder Musikwissenschaftler; die einzige Ausnahme bildet David Blackbourn, der einen umfangreichen Eröffnungsbeitrag über das lange „deutsche 18. Jahrhundert" beisteuert, das nun von 1648 bis 1789 zu reichen scheint. Tatsächlich ist der (musik-)historische Blick auf das 18. Jahrhundert, das durch den Tod Bachs im Jahre 1750 exakt in der Mitte geteilt ist, ein den gesamten Band durchziehendes Thema. Blackbourn lenkt unsere Aufmerksamkeit auf die Veränderungen, die sich im Alltagsleben und der Umwelt vollzogen und etwa dazu führten, daß Mozart ausgiebig reisen konnte, während Bach sich nur selten über die Grenzen Sachsens und Thüringens hinauswagte. James Webster erweitert den Blick und präsentiert ausgesprochen überzeugende Argumente dafür, das besprochene „Century of Bach and Mozart" vielmehr als Zeitalter Händels und Haydns zu definieren, und wird hierin en passant von Hans-Joachim Schulze unterstützt. Reinhard Strohm fügt dieser Liste noch den Namen Hasse hinzu.

Der Band enthält zahlreiche gewichtige Beiträge mit vielen Verbindungslinien. Die Herausgeber haben den Autoren stillschweigend erlaubt, einander gelegentlich zu widersprechen, was ausgesprochen stimulierend wirkt. Es gibt keine Blindgänger, und nur in ein oder zwei Fällen wünscht sich der Leser, der Autor hätte sein Stück in der Schreibtischschublade gelassen. Das ist heutzutage schon ein großes Lob für eine Festschrift, wo so häufig der Drang zur Veröffentlichung wenig mit dem Wert oder der Lesbarkeit eines Artikels zu tun hat.

Einige der Beiträge sind von herausragender Qualität. John Butts „Bach's Passions and the Textures of Time" diskutiert die verschiedenen Zeitkonzepte in der Musik des 18. Jahrhunderts und deren Reflektion in Bachs Schaffen. Indem er seine Gedanken entwickelt, macht Butt einige interessante Abstecher und präsentiert eine Reihe von anregenden Ideen. Die Johannes-Passion mit ihren symmetrischen und modularen Mustern und Strukturen vermittelt einen eher zyklischen, wiederkehrenden und ewigen Begriff von Zeit; die Matthäus-Passion hingegen ist linearer als ihre Vorgängerin und bekundet einen deutlicher ausgeprägten Sinn für Zweck und Ziel. Diese kühl und zwingend dargelegten Argumente sind ein ausgezeichneter Auftakt zu Peter Wollnys brillant fokussierter Studie zu Bachs Kompositionstechnik („On Johann Sebastian Bach's Creative Process: Observations from his Drafts and Sketches"). Wollnys zur Diskussion gestellte Behauptung, die Arie „Ewigkeit, du machst mir bange" BWV 20/3 sei aus der eröffnenden Baßmelodie und ihrem kontrapunktischen Potential entwickelt, das heißt der gesamte Satz gehe gewissermaßen aus der Keimzelle dieser einen kurzen Zeile hervor, steckt selbst voller Möglichkeiten und Denkanstöße. Neil Zaslaw setzt sich in seinem Essay über Mozarts Kadenzen mit Wolffs Auffassung zu den überlieferten Konzertkadenzen auseinander und kommt mit der Zartheit eines Zimbelschlags zu dem Schluß, daß Constanze Mozart wußte, wovon sie sprach, wenn sie behauptete, ihr Mann habe diese Passagen für seine Schüler ausgeschrieben und nicht als Gedächtnishilfen für sich selbst. Dies ist ein wichtiger Artikel.

Um das Spiel mit Symbolen und ihre Entschlüsselung geht es in Reinhard Strohms anregendem Beitrag „Eighteenth-Century Music as Socio-Political Metaphor?", eine elegante und respektvolle Replik auf die Schriften von Susan McClary und ihre These einer „metaphorischen Entsprechung von Konzertform und Gesellschaft". McClary präsentiert zum Beispiel die Instrumentalisten im ersten Satz des Fünften Brandenburgischen Konzerts als Mitwirkende in einem Drama. Das allmähliche Hervortreten des Cembalos als wichtigstem Protagonisten wird vor diesem Hintergrund zur „Rache des Continuo-Spielers". Strohm versucht, „den Begriff der Metapher an einen angemessenen Ort innerhalb des musikalisch-historischen Diskurses zurückzuführen" und erreicht dies, indem er argumentiert, das Konzept der metaphorischen Intention müsse von der Notwendigkeit befreit werden, „sich allein durch den formalen Rahmen des Werktextes manifestieren zu müssen." Dies ist vielleicht eine maßvollere und mildere Erwiderung, als McClary sie verdient hätte, doch sie gereicht beiden Autoren zu Ehren.

Es fällt schwer, sich vorzustellen, wie Strohm seinen Beitrag in der hier abgedruckten Form vorgetragen haben kann; er argumentiert so dicht und komplex, daß man hofft, die Druckfassung reflektiere eine gründliche Überarbeitung seines Referats. Einige der vorliegenden Texte sind offensichtlich so gedruckt wie sie vorgetragen wurden – einschließlich der Seitenhiebe –, und keines ist köstlicher und zugleich erhellender als Hans-Joachim Schulzes „Bach and Mozart: from the Perspective of Different Documentary Evidence", ein intelligenter Kommentar zu ausgewählten Quellen, darunter der Zeitungsbericht über Bachs Besuch in Potsdam im Jahre 1747. Schulze kommt zu dem Schluß, daß die 1802 von Forkel präsentierte ausführlichere Schilderung dieser Reise wahrscheinlich wahrheitsgetreuer ist als der stilisierte zeitgenössische Hofbericht. Robert Levins großzügig illustrierter Aufsatz „Mozart's Working Methods in the Keyboard Concertos" ist nicht zuletzt wegen der hier abgebildeten 17 Faksimiles von Skizzen des Komponisten wertvoll. Seine Untersuchungen am Autograph des c-Moll Konzerts KV 491 bestätigt den oben erwähnten Artikel von Neal Zaslaw. Bei Christopher Hogwoods ähnlich wertvollem Essay „The Clavier Speaks", in dem er Klavierlehrbücher des 18. Jahrhunderts auswertet, handelt es sich sicherlich um die vorläufige Fassung einer umfangreicheren Untersuchung.

Nur Weniges ist zu korrigieren: Der Übersetzer von Ulrich Konrads Beitrag transponiert die „Champagnerarie" aus *Don Giovanni* irrtümlich in die weniger spritzige Tonart H-Dur. In Hermann Danusers Artikel wurde die Erstaufführung von Haydns *Schöpfung* versehentlich auf das tumulthafte Jahr 1789 vorverlegt (S. 47). Im Vorwort schlagen die Herausgeber Christopher

Hogwood zum Ritter. Zweifellos ist Hogwood ein verdienstvoller Kandidat für eine solche Ehrung, diese Auszeichnung muß er jedoch erst noch von Ihrer Majestät empfangen. Doch abgesehen von diesen wenigen Fehlern präsentiert der vorliegende Band einen hervorragenden und würdigen Tribut für einen eminenten Wissenschaftler und Musiker.

Stephen Roe (London)
Übersetzung: *Stephanie Wollny*

About Bach, hrsg. von Gregory G. Butler, George B. Stauffer und Mary Dalton Greer, Urbana und Chicago: University of Illinois Press 2008; 216 S.

Hinter dem schlichten Titel des vorliegenden Buches verbirgt sich eine gehaltvolle und breit gefächerte Anthologie von fünfzehn Einzelstudien, die sich auf unterschiedlichste Weise mit dem Thema Bach auseinandersetzen und insgesamt die Bandbreite der gegenwärtigen Forschung spiegeln. Von Pachelbel und der Bachschen Familiengenealogie über Bachs Vokal- und Instrumentalschaffen, die Rolle der Söhne und Schüler sowie das Umfeld des Thomaskantors bis hin zu Fragen der Spieltechnik und Bach-Rezeption im 19. Jahrhundert spannt sich der weite thematische Bogen dieses Bandes. Der unmittelbare Anlaß für das von den drei Herausgebern initiierte und umsichtig durchgeführte Unternehmen ergibt sich aus der Widmung: „Dedicated with affection to Christoph Wolff – Scholar, Mentor, Friend". So versteht es sich nahezu von selbst, daß viele der Beiträge Anregungen und Methoden aufgreifen, die Wolff in seinen Lehrveranstaltungen und eigenen Schriften vermittelt hat. Da es im Rahmen dieser Besprechung nicht möglich ist, auf alle Beiträge näher einzugehen, seien diejenigen herausgegriffen, die – aus der Sicht des Rezensenten – direkte Impulse zu derzeit aktuellen Fragen der dem Leben und Schaffen Johann Sebastian Bachs gewidmeten Forschung geben.
Den Wurzeln von Bachs Kunst und Lehrmethoden widmet sich Kathryn Welters Studie zu Johann Pachelbels „Deutlicher Anweisung wie man durchs ganze Jahr bey wehrenden Gottesdienst, so wohl in den Vespern als Tagambt, bey S: Sebald mit der Orgel zu intoniren und zu respondiren sich zu verhalten habe", einem wichtigen Zeugnis der Unterrichtstätigkeit des Nürnberger Organisten und der Praxis des liturgischen Orgelspiels in seinem Umfeld. Die Autorin vergleicht die „Deutliche Anweisung" speziell mit dem Tabulaturbuch von Johann Valentin Eckelt, einem weiteren bedeutenden Dokument aus Pachelbels Unterrichtspraxis, das gleichwohl in erster Linie auf die Vermittlung eines künstlerisch anspruchsvollen Repertoires zielt. Pachelbels Nürnberger Spätzeit bedarf noch der gründlichen Erforschung; die „Deutliche Anweisung" wird dabei gewiß eine zentrale Rolle spielen. Hingewiesen sei hier nur darauf, daß es sich bei der Quelle – entgegen den Angaben bei Welter – nicht um ein Autograph Pachelbels handelt, sondern um eine vermutlich im Schüler- oder Familienkreis anzusiedelnde Abschrift. Der Kopist ist übrigens identisch mit dem Hauptschreiber der in der Bodleian Library Oxford aufbewahrten umfangreichen Sammelbände mit großbesetzten Magnificat-Bearbeitungen und anderen Vokalwerken Pachelbels. Vielleicht ergibt sich aus dieser Erkenntnis eine Spur, die das Rätsel um diese Nürnberger Hauptwerke des Meisters und ihren Weg nach England lösen hilft.
Mary Greer sucht nach möglichen Anstößen und Anlässen für Bachs Beschäftigung mit der eigenen Familiengenealogie. Daß dies ausgerechnet 1735

– mithin im Jahr der Vollendung seines 50. Lebensjahres – erfolgte, ist nach Ansicht der Autorin kein Zufall; sie verweist insbesondere auf die Bedeutung, die das Alte Testament dem 50. Geburtstag als wichtige Lebenszäsur zuweist. Dieser Hinweis macht jedoch die Frage nach den von Bach für seine Genealogie konsultierten Vorlagen keineswegs überflüssig.

Alexander Fisher behandelt am Beispiel der Kantate BWV 24 die Frage, wie es Bach gelingen konnte, in seinem ersten Leipziger Jahr unter extremem Zeitdruck und größter beruflicher Belastung fast allwöchentlich mit einem neuen Figuralstück aufzuwarten. Am Beispiel des Chorsatzes „Alles nun, das ihr wollet" zeigt Fisher eindrucksvoll, wie Bach ein bereits existierendes formales und satztechnisches Modell aufgreift und auf subtile Weise in ein neues Werk überführt. Die Mitteilung des Leipziger Theologen Theodor Leberecht Pitschel über Bachs Gepflogenheit, sich durch das Spiel fremder Werke zu eigenen Improvisationen inspirieren zu lassen (vgl. Dok II, Nr. 499), läßt sich somit ohne weiteres auch auf seine Kompositionspraxis ausdehnen.

Eine verläßliche Beschreibung der Merkmale von Bachs reifem Stil gehört seltsamerweise noch immer zu den Desiderata der Forschung. Daniel Melamed trägt in seinem Aufsatz die Belege für Bachs Verwendung des Unisono in der Vokalmusik zusammen und zeigt dessen Gebrauch als Mittel zur Akzentuierung bestimmter Textpassagen auf, wobei Bachs Intentionen in den angeführten Beispielen mit unterschiedlicher Deutlichkeit hervortreten. Daß dieses kompositionstechnisch neuartige Verfahren bewußt und gezielt eingesetzt wurde, ist zweifellos richtig; offenbar reizte Bach aber auch die rein musikalische Lösung des Problems einer Einbindung einstimmiger Passagen in einen primär von der Polyphonie geprägten Kompositionsstil.

William Scheide, der Senior der heutigen Bach-Forschung, stellt die These auf, daß verschiedene Sätze der h-Moll-Messe auf die verschollene Trauungskantate „Sein Segen fließt daher wie ein Strom" (BWV Anh. 14) aus dem Jahr 1725 zurückgehen. Der Beitrag scheint mir in erster Linie aus methodischer Sicht bemerkenswert: Nicht die Wiedergewinnung eines verloren geglaubten Werks steht hier im Zentrum des Interesses, sondern der Versuch, Möglichkeiten und Grenzen eines Verfahrens aufzuzeigen, bei dem affektgeladene oder bildträchtige Formulierungen mit einem bestimmten musikalischen Kontext assoziiert werden.

Dem Leben und Schaffen des bislang nur wenig bekannten Bach-Schülers Johann Friedrich Schweinitz (1708–1780) widmet sich der Beitrag von Hans-Joachim Schulze. Aus der Fülle des zusammengetragenen, gleichwohl konzentriert dargebotenen biographischen Materials erwächst das Bild eines ehrgeizigen Leiters des nach Leipziger Vorbild errichteten Collegium musicum der Universität Göttingen und eines versierten „Cantor figuralis" der dortigen Stadtschule. Eine Würdigung von Schweinitz' Leistungen und Verdiensten war nicht zuletzt auch deshalb wünschenswert, weil sich mit ihm ein recht stattlicher Bestand von Textdrucken (Universitätsbibliothek Göttingen) und musikalischen Quellen (Konservatorium Brüssel, Staatsbibliothek zu Berlin) in Verbindung bringen läßt, die willkommene Aufschlüsse über das Musikleben einer kleinen Universitätsstadt bieten. Aus Sicht des Rezensenten wäre nur noch hinzuzufügen, daß Schweinitz auch als Schreiber in originalen Aufführungsmaterialien seines Leipziger Lehrmeisters nachzuweisen ist: Von seiner Hand stammt die später hinzugefügte, im Violinschlüssel notierte Violoncello-piccolo-Stimme zur Pfingstkantate „Er rufet seinen Schafen mit Namen" BWV 175 (D-B, *St 22*). Diese – angesichts ihres singulären Wasserzeichens bislang nicht datierbare – Stimme kann anhand der biographischen Daten ihres Schreibers nunmehr auf die Zeit zwischen Ende Juni 1732 und Mitte Oktober 1735 angesetzt werden. Eine Wiederaufführung von BWV 175 kommt innerhalb dieses Zeitraums lediglich in den Jahren 1734 (3. Pfingsttag: 25. 6.) und 1735 (3. Pfingsttag: 31. 5.) in Frage.[2] Die Anfertigung einer zweiten Violoncello-piccolo-Stimme könnte darauf deuten, daß der Part bei der Wiederaufführung einem Spieler (Schweinitz?) zufiel, der (als Geiger?) im Lesen des Violinschlüssels geübt war, mit der älteren, im Tenor- und Baßschlüssel notierten Stimme hingegen nicht zurecht kam.

Daß auch längst bekannte und intensiv untersuchte Quellen immer wieder überraschende Einsichten erlauben, zeigt Gregory Butlers anhand seiner gründlichen Untersuchung der Originalquellen zur Kunst der Fuge, mit der der Autor eigene ältere Arbeiten weiterführt, ergänzt und teilweise revidiert. Umsichtig und kenntnisreich argumentierend versucht Butler Bachs ursprünglichen Plan für die Satzordnung des Zyklus zu erschließen. Wie vor ihm schon Gustav Leonhardt, aber mit zusätzlichen Argumenten, vertritt der Autor die Ansicht, die unvollendete „Fuga a 3 Sogetti" gehöre in Wirklichkeit nicht zur Kunst der Fuge, sondern sei ein unabhängig und zu einem anderen Zweck entstandenes Einzelwerk.

Als „work in progress" bezeichnet George Stauffer seine Untersuchungen zum Repertoire von Bachs Collegium musicum, mit denen er an die Arbeiten von Werner Neumann und Andreas Glöckner anknüpft. Inwieweit die von ihm in die Diskussion eingebrachten Werke tatsächlich Repertoirebelege darstellen, bleibt im einzelnen noch einmal zu überdenken. Aus methodischer Sicht wäre zudem zu fragen, ob sich Kriterien finden ließen, die eine Abgrenzung der institutionellen gegenüber der häuslichen Musikpflege möglich machen.

Andrew Talle greift mit seiner Studie über Bachs Handexemplar des Originaldrucks von Clavier-Übung I ein Thema auf, das den Adressaten der vorliegenden Festschrift selbst einmal intensiv beschäftigt hat. Talle kann neue Argumente für die Gleichsetzung des Exemplars in der Sammlung Hoboken

---

[2] Das Jahr 1733 kann wegen der Landestrauer nach dem Tod Augusts des Starken († 1. 2.) ausgeschlossen werden. Siehe auch Kalendarium ³2008, S. 68–70.

mit dem von C. P. E. Bach 1774 an Forkel verkauften Druck beibringen. Die Bewertung der handschriftlichen Einträge wird dadurch allerdings nicht leichter. Speziell die gravierenden Eingriffe in die Gigue der dritten Partita können, so Talle, nicht als „Fassung letzter Hand" gelten, sondern entspringen vermutlich einem spontanen Einfall, der den gedruckten Notentext keinesfalls dauerhaft außer Kraft zu setzen beabsichtigt.

Peter Wollny (Leipzig)

NEUE BACHGESELLSCHAFT e.V., SITZ LEIPZIG
Mitglieder der leitenden Gremien

VORSTAND

Prof. Dr. Martin Petzoldt – Leipzig
Vorsitzender

Dr. Dirk Hewig – München
Stellvertretender Vorsitzender

Eberhard Lorenz – Leipzig
Geschäftsführendes Vorstandsmitglied

RA Franz O. Hansen – Eisenach
Stellvertretendes Geschäftsführendes Vorstandsmitglied

Prof. Dr. Johann Trummer – Graz
Beisitzer

DIREKTORIUM

Thomaskantor Prof. Georg Christoph Biller – Leipzig
Reimar Bluth – Berlin
KMD Prof. Dr. Dr. h. c. Christfried Brödel – Dresden
Prof. Dr. Daniel Chorzempa – Florenz
Ingeborg Danz – Frechen
Dr. Jörg Hansen – Eisenach
Prof. Dr. Hans Hirsch – Hamburg
Rudolf Klemm – Saint Cloud
Prof. Dr. Ulrich Konrad – Würzburg
Prof. Edgar Krapp – München
Kreuzkantor KMD Roderich Kreile – Dresden
Dr. Michael Maul - Leipzig
Dr. Martina Rebmann – Berlin
KMD Prof. D. Dr. h. c. mult. Helmuth Rilling – Stuttgart
Dipl. phil. Michael Rosenthal – Leipzig
Sibylla Rubens – Tübingen
Dr. Lotte Thaler – Baden-Baden
Rosemarie Trautmann – Stuttgart
Prof. Gerhard Weinberger – Detmold
Doz. Jens Philipp Wilhelm – Mannheim
Pfarrer Christian Wolff – Leipzig
Prof. Dr. Dr. h. c. mult. Christoph Wolff – Cambridge, MA
Priv.-Doz. Dr. Peter Wollny – Leipzig

EHRENMITGLIEDER

Dr. Dr. h. c. mult. Alfred Dürr – Göttingen
Prof. Dr. Wolfgang Rehm – Hallein (Salzburg)
Prof. Zuzana Růžičková – Prag
Dr. h. c. William Scheide – Princeton, NJ
Prof. Dr. Hans-Joachim Schulze – Leipzig
Prof. Adele Stolte – Potsdam

GESCHÄFTSFÜHRUNG

Wolfgang Schmidt M.A. – Leipzig

Mitglieder der Neuen Bachgesellschaft e.V. erhalten neben anderen Vergünstigungen das Bach-Jahrbuch als regelmäßige Mitgliedsgabe. Der jährliche Mitgliedsbeitrag beträgt nach dem Stand vom 1. Januar 2007:

    Einzelmitglieder   € 40,–
    Ehepaare   € 50,–
    Schüler/Studenten   € 20,–
    Korporativmitglieder   € 50,–

Beitrittserklärungen – formlos mit Angaben zur Person oder auf einer Kopie des untenstehenden Formulars – richten Sie bitte an die Geschäftsstelle der Neuen Bachgesellschaft, Postfach 10 07 27, D-04007 Leipzig (Hausadresse: Burgstraße 1–5, Haus der Kirche, D-04109 Leipzig, Telefon bzw. Telefax 03 41-9 60 14 63 bzw. -2 24 81 82, e-Mail: info@neue-bachgesellschaft.de).

Mitglieder der Neuen Bachgesellschaft können zurückliegende Jahrgänge des Bach-Jahrbuchs (soweit vorrätig) zu einem Sonderpreis erwerben. Anfragen richten Sie bitte an die Geschäftsstelle.

Beitrittserklärung:

Ich/Wir möchte/n Mitglied/er der NBG werden:

Vor- und Zuname: _____

Geburtsdatum: _____

Beruf: _____

Straße: _____

PLZ – Ort: _____

Telefon/Telefax: _____

Gleichzeitig zahle/n ich/wir € _____

als ersten Jahresbeitrag sowie € _____

als Spende auf das Konto Nr. 672 27-908 bei der Postbank Leipzig (BLZ 860 100 90) ein.

_____ _____
Ort, Datum   Unterschrift

Einzugsermächtigung

Ich/Wir erkläre/n mich/uns damit einverstanden, daß mein/unser Mitgliedsbeitrag von meinem/ unserem

Konto Nr. _____

bei der _____
   (Bank/Sparkasse)

_____

BLZ _____

bis zum schriftlichen Widerruf abgebucht wird.

_____
Datum/Unterschrift